국회 프락치사건의 재발견 II

그레고리 헨더슨의 한국정치담론 2
중간 지대의 정치 합작

김정기 지음

한울
아카데미

이 도서의 국립중앙도서관 출판시도서목록(CIP)은 e-CIP홈페이지(http://www.nl.go.kr/ecip)에서 이용하실 수 있습니다. (CIP제어번호 : CIP2008002715)

그레고리와 마이어 헨더슨 부처 영전에 바칩니다.

일러두기

1. 이 책이 인용하는 그레고리 헨더슨의 주저 『Korea: The Politics of the Vortex』(하버드대 출판부, 1968)는 『회오리의 한국 정치』라고 부른다. 한국어 번역본이 『소용돌이의 한국 정치』(한울, 2000)라고 제목을 붙였지만 헨더슨이 책을 출판한 지 20년 뒤인 1988년에 전면 수정한 원고에서 그가 말하는 vortex는 '물의 소용돌이(water vortex)'가 아니고 '회오리 폭풍(tornado)'이라고 분명하게 밝힌 것을 전거로 했다.
2. 이 책이 인용하는 헨더슨 책과 자료의 전거에 관해서 다음과 같은 인용 표기를 사용한다. 1) 영어 원본 『Korea: The Politics of the Vortex』(1968): 『회오리의 한국 정치』(1968); 2) 지은이가 소장한 1988년 미출판 전면 수정판: Henderson, "1988년 수정판"; 3) 2000년 한국어판: 『소용돌이의 한국 정치』(2000); 4) 1973년 일본어판: 『조선의 정치 사회』(1973). 그 밖에 하버드대학 하버드-옌칭 도서관이 소장한 "Henderson Papers"는 "헨더슨 문집"으로, 헨더슨 부인이 지은이에게 넘겨준 국회프락치사건 관계 자료는 "헨더슨 프락치사건 자료"로 표기한다.
3. 이 책은 문헌과 자료에 엄격하게 의존하고 있으나 때에 따라서 정황 증거나 문헌자료를 근거로 지은이가 추론하여 구성한 사례가 더러 있으며 대화체로 다시 구성한 부분도 있다.
4. 원의를 이해하는 데 도움을 주기 위해 지은이가 번역한 단어 또는 문절이 의미가 미묘하거나 애매한 경우 원어를 병기한다.
5. 인용문 중에 지은이가 부가 설명을 단 경우는 대괄호[ ]로 묶었다.

차례

제4부 국회프락치사건의 회오리

제8장 국회프락치사건의 배경과 성격
1. 국회프락치사건의 배경: 미국의 대한정책 _ 14
2. 미 대사관의 태도 변화와 소장파의 몰락 _ 23
3. 대한정책의 실패: 실수인가? 기획공작인가? _ 40
4. 국회프락치사건의 성격: 정치 음모와 테러 _ 48
5. 대한정치공작대 사건: 절정에 이른 정치 음모극 _ 67

제9장 국회프락치사건 터지다
1. 모호한 남로당 7원칙 _ 90
2. 남로당의 소장파 의원 공작 _ 103
3. 김우식이 겪은 '작은 프락치사건' _ 109
4. 암호 문서의 수수께끼 _ 137
5. 가혹한 고문 수사 _ 160

제5부 정치 재판에서 정치 합작으로

제10장 정치 재판 열리다
1. 사광욱 판사의 공판 주재 _ 172
2. '준열한' 논고와 메아리 없는 변론 _ 198
3. 선고 공판 _ 208
4. 사회적 담론의 타락 _ 215

제11장 마녀 재판을 따진 두 외교관
    1. 헨더슨의 프락치사건 연구 _ 229
    2. 헨더슨 공판 기록과 프랭켈 법률보고서 _ 245
    3. 검사의 유죄 입증 실패 _ 261
    4. 국제법 위반 _ 279
    5. 프랭켈-헨더슨 조의 막후 활동 _ 287
    6. 보고서가 판결에 준 영향? _ 294

제12장 헨더슨의 한국 정치 담론 II: 중간 지대의 정치 합작
    1. 회오리 정치의 모델론 _ 306
    2. 회오리 정치의 고고학 _ 322
    3. 회오리 정치의 현상학 _ 332
    4. 중간 지대의 정치 합작 _ 345
    5. 중간 지대의 정치 합작을 위한 모색 _ 350
    6. 남북한 관계: 냉전의 동토를 넘어 화해의 지평으로 _ 357
    7. 당면한 도전: 제왕적 대통령제 _ 363

에필로그 _ 371

참고문헌 _ 380
찾아보기: 인명 _ 395
찾아보기: 주제 _ 400

국회프락치사건의 재발견 I 차례

프롤로그
    그레고리 헨더슨, 프락치사건 소회를 말하다 _ 9
    책의 구성 _ 13
    감사의 말씀 _ 16

제1부 그레고리 헨더슨의 한국 여행

제1장 국회프락치사건 재발견의 길
    1. 헨더슨은 누구인가? _ 31
    2. 지은이가 맺은 헨더슨과의 인연 _ 37
    3. 국회프락치사건 자료를 넘겨받다 _ 46
    4. 국회프락치사건의 역사적 복원과 재조명 _ 55

제2장 그레고리 헨더슨의 한국 여행
    1. 40년간의 한국 현대사 여행 _ 74
    2. 소년 헨더슨, 조선 도자기를 동경하다 _ 77
    3. 조지 맥큔 박사와 만나다 _ 82

제2부 회오리 정치의 덫

제3장 회오리 정치를 참여 관찰하다: 대한민국 정부 수립부터 한국전쟁까지(1948~1950)
    1. 국회프락치사건을 노려보다 _ 93
    2. 이승만의 이원국가 통치 _ 97
    3. 헨더슨이 만난 한국전쟁 _ 102
    4. 정치 중간 지대의 상실 _ 109

제4장 회오리 정치의 유탄에 맞다: 이승만 정권 말기부터 5·16 쿠데타까지(1958~1963)

    1. 이영희 사건에 휘말린 헨더슨 _ 134
    2. 박정희의 공산주의 전력 보고서 _ 150
    3. 국무부를 떠나다 _ 161

제5장 유신 독재, 레지스탕스 그리고 헨더슨

    1. 헨더슨, 유신 독재와 맞서다 _ 168
    2. 한국 인권청문회 _ 182
    3. 도자기 사건에 휘말린 헨더슨 _ 206
    4. 광주 학살의 책임을 따지다 _ 222
    5. 국회프락치사건 연구에 몰두하다 _ 248

제3부 회오리 정치의 절정과 성찰

제6장 부산 정치파동: 제2의 국회프락치사건

    1. 부산 정치파동이란? _ 267
    2. 헨더슨과 라이트너 _ 271
    3. 무초 대사의 은밀한 내정 간여 _ 282
    4. 라이트너 대리대사가 도모한 간섭의 정치 _ 299
    5. 흔들리는 미국의 대한정책 _ 334
    6. 국제공산당 음모 사건 _ 368

제7장 헨더슨의 한국 정치 담론 I: 미국의 대한책임론

    1. '무대응'에서 '간섭'으로 _ 389
    2. 헨더슨의 정치 프로그램 _ 403
    3. 하지 군정의 실패 _ 410
    4. 미국의 철군 정책: 다리 없는 괴물 _ 451

5. 한국 분단과 과잉 군사화 _ 460
6. 소결 _ 468

제1권을 마치며 _ 471
부록: 그레고리 헨더슨 연보 _ 479
찾아보기: 인명 _ 487
찾아보기: 주제 _ 492

국회프락치사건 자료집 차례
국회프락치사건 재판 기록(영문): 미 국무부 외교 문서

1. 해제 _ 5
2. 헨더슨 국회프락치사건 공판 기록(영문) _ 16
3. 프랭켈 법률보고서(영문) _ 125

1988년 헨더슨이 별세한 후 하버드대학에서 헨더슨 추도식을 위해 만든 팸플릿 표지.

헨더슨의 주저 『소용돌이의 한국 정치』 출간기념회에서 마이어 헨더슨 부인과 만난 지은이(2000년 가을 프라자호텔에서).

제4부

국회프락치사건의 회오리

우리는 이 책의 제1권 모두(冒頭)에서 1949년 여름 일어난 국회프락치사건이 한국 의회주의가 들어선 몰락의 길의 음산한 입구라고 묘사했다. 그리고 1952년 여름 그것이 부산 정치파동이라는 낭떠러지에서 비명을 지르면서 추락했다는 은유를 써서 기술했다. 제1권을 찬찬히 읽은 독자들이라면 한국 의회주의가 죽음의 길로 들어선 그 입구에 호기심을 가질 것이다. 도대체 국회프락치사건은 왜 일어났는가? 이 사건의 내막은 무엇인가? 그리고 이 사건이 일어난 다음 수사와 재판은 어떻게 진행되어 어떤 결말을 냈는가?

역사적으로 일어난 한 사건의 배경에는 수많은 조건이 있다. 국회프락치사건도 복잡한 조건들이 얽혀 있다. 이승만 정권의 공안 당국은 남로당이 벌인 공작에 따라 소장파 국회의원들이 국회 안에 남로당 '프락치'를 구성하고 그 지령에 따라 정부 전복 활동을 범했다고 했다. 그러나 이 사건에 연루된 소장파 국회의원들은 고개를 가로젓는다. 그것은 이승만 정권이 반대파를 때려잡기 위해 조작한 사건일 뿐이라는 것이다.

이 사건의 내막은 아직 많은 부분 베일에 가려져 있다. 그리고 그것은 완전히 벗겨질 수 없을 것이다. 이 책 제2권은 그 베일을 일부 벗길 것이지만 완전히 벗길 수는 없으며 그것을 의도하지도 않는다. 이 책의 의도는 이 사건이 갖는 역사적 의미를 오늘의 관점에서 해석하고 설명하는 것이다.

제4부는 두 개의 장으로 구성된다. 제8장은 국회프락치사건이 일어난 배경과 성격을 살피고 아울러 이 사건의 일심 재판이 끝난 뒤 이어서 일어난, 이 사건이 갖는 함의의 실마리를 풀 수도 있는 한 사건을 다루고자 한다. 그것은 국회프락치사건 당시 현장에 있었던 미 대사관 정치과 한국인 직원 김우식이 겪은 '작은 프락치 사건'이다. 김우식은 국회프락치사건 재판을 직접 참관하고 공판을 기록한 한국인 직원 두 명 중 한 사람으로, 그 자신이 공산당 프락치로 검거되어 갖은 고초를 겪다가 한국전쟁 발발 2일 전에 극적으로 풀려났다. 그가 휘말린 사건은 국회프락치사건의 한 단면을 보여준다고 생각된다.

마지막으로 1950년 4월 일어난 '대한정치공작대 사건'을 다루고자 한다. 대한정치공작대 사건은 국회프락치사건과는 직접 연관이 없지만 그 시대 "극우 반공 체제를 이해하는 데 좋은 텍스트라고 할 만하다"(서중석, 1996: 91쪽)는 점에서 국회프락치사건의 성격을 이해하기 위한 안내자와도 같다.

제9장은 국회프락치사건 자체에 좀 더 가까이 다가가 사건의 몇 가지 중요한 면모를 조명하고자 한다. 체포된 국회의원들이 남로당과 관련되었다고 한 부분의 실상이 무엇인지, 한 여인의 은밀한 곳에서 발견했다며 수사의 단서가 된 암호 문서의 정체는 무엇인지, 마지막으로 헌병대에 끌려간 국회의원들이 받은 '고문수사'의 실태가 어떠했는지 살펴보고자 한다.

요컨대 제4부는 헨더슨이 직접 체험한 국회프락치사건이 회오리 정치의 생생한 한 단면임을 보여주고, 그 특징으로 사법부가 회오리 정치의 도구로 동원된 점을 보여주고자 한다.

대한민국 정부 수립 선포 기념식[1948년 8월 15일 구(舊)중앙청]에 나타난 헨더슨. 왼쪽부터 하지, 맥아더, 이승만이며, 맥아더와 이승만 사이에 보이는 사람이 헨더슨이다(≪조선일보≫).

제8장
국회프락치사건의 배경과 성격

헨더슨은 1948년 7월 중순 주한 미국 '특별대표부'(미국 정부가 아직 대한민국에 대한 국가 승인을 하기 전이라 '대사관'으로 부르지 않았다) 부영사로 부임한 지 한 달 뒤 중앙청[구(舊)국립박물관] 광장에서 열린 남한 정부 수립 기념식에 참석했다. 아직 무초 특별 대표가 서울에 당도하기 전이었다. 거의 모든 참석자들은, 우여곡절이 많았지만 하지 군정이 3년간 공들인 끝에 보게 된 단정 정부의 탄생을 축하하는 분위기에 들떠 있었다. 단상에 앉아 있던 맥아더 연합군 총사령관, 주한미군 사령관 하지 중장, 유엔 한위단장 루나 박사 등이 새 공화국의 앞날을 축하했다. 특히 맥아더 장군은 "만일 한국이 공산군에게 공격을 받게 되면 나는 한국을 캘리포니아 주와 같이 방위할 것"이라고 선언해 분위기를 돋웠다.

헨더슨은 이승만 대통령 뒷자리에 앉아 기념식을 참관했는데, 그는 당시 74세의 노회한 이승만이 연설한 기념사를 무심코 들었을 것이다.

이승만은 "민주 정체의 요소는 개인의 근본적 자유를 보호하는 것입니다. …… 국민이나 정부는 언론과 집회와 종교와 사상 등 자유를 극력 보호해야 될 것입니다"라고 자못 그럴듯한 민주주의 원론을 늘어놓았다.

그러나 이승만은 이어 토를 달았다. "자유의 뜻을 바로 알고 존숭(尊崇)하되 한도가 있어야 합니다. …… 개인으로나 도당(徒黨)으로나 정부를 전복하려는 사실이 증명되는 때에는 결코 용서가 없을 것이니……." 당시 중앙청 광장에 모인 청중은 물론 단상에 앉아 이승만의 연설을 들은 한미 고위 관리들도 일 년도 채 지나지 않아 이 말이 의회주의의 심장을 겨눈 화살로 되돌아올 줄은 아무도 몰랐다.

제8장에서는 (1) 1949~1950년 미국의 대한정책의 틀에서 프락치사건이 발생한 배경을 살펴본 뒤, (2) 이 기간 이승만 정권이 벌인 프락치사건을 비롯한 '6월 공세'에 대해 미 대사관이 어떤 대응을 보였는지 다룬다. 다음으로 이승만 정권이 마련한 국가보안법 체제 아래서 (3) 국회프락치사건이 갖는 정치적 성격을 살펴본 뒤, 마지막으로 (4) 이 사건에 뒤이어 일어난 이른바 '대한정치공작대 사건'을 다루고자 한다. 이 사건은 정치공작의 절정으로 국회프락치사건의 성격을 생생하게 보여줄 뿐만 아니라 반공 지배구조의 생태학을 알려준다.

1. 국회프락치사건의 배경: 미국의 대한정책

국회프락치사건이 본격적으로 터진 것은 국회부의장 김약수를 포함한 7명의 국회의원이 체포된 1949년 6월 21~25일부터다. 물론 소장파의 리더 격인 이문원 의원이 체포된 것이 4월 말경이었고 이어 5월 17일 이구수와 최태규 의원이 체포되지만 그때만 하더라도 그것이 '국회프락치사건'

과 같은 공안 사건으로 발전할 줄은 아무도 몰랐다. 6월 20일 제3회 국회가 폐회된 직후 다시 부의장 김약수를 포함한 7명에 대해 구속영장이 발부되고 이들이 체포되면서 대형 사건으로 발전하고 말았다. 이승만 대통령이 1948년 8월 15일 정부 수립 기념식전에서 민주주의를 선포한 지 10개월 남짓 지난 시점이었다.

당시 무초 대사와 드럼라이트 참사관, 그리고 우리의 주인공인 헨더슨이 국무부에 보낸 전문을 보면, 그들은 프락치사건이 이승만 정권이 자행한 국회 탄압임을 간취(看取)하고 있었다. 예를 들면 6월 21일 헌병이 동원되어 김약수 부의장을 비롯한 7명의 국회의원에 대한 체포가 진행되고 있던 때, 무초 대사는 이승만을 면담한 자리에서 국회의원들의 체포가 전 세계 앞에서 대한민국의 이미지를 망칠 것이라고 항의했다. 이에 대해 이승만은 체포는 불행한 일이나 한국은 지금 "공산당의 위협에 맞서 생존을 위해 싸우고 있기 때문에" 극단적인 조치가 필요하다는 주장을 굽히지 않았다(무초가 애치슨에게, 1949년 6월 25일, 국무부 기록, 895.00B/6-2549). 드럼라이트(Everett Drumright)도 7명의 국회의원이 검거된 뒤 7월 8일 보낸 한 전문에서 이승만이 지금 국회를 "호령할 수 있게 되었다"[드럼라이트가 애치슨에게, 7월 8일 국무부 기록(Dept. of State Records), 895.00B/7-1149]라고 보고하고 있다. 그렇다면 미국은 프락치사건이 갖는 정치적 의미를 꿰뚫고 있었으면서 국회에 대한 이 노골적인 정치적 탄압을 눈감아 준 셈이 된다. 정말 그럴까?

이승만은 작은 장제스

여기서는 그 답을 잠시 유보하고 당시 워싱턴이 본 극동 상황을 추적해 보자. 국회프락치사건이 발생한 1949~1950년 워싱턴의 입장에서 볼 때 아시아는 비상사태 지역이었다. 극동 정세는 불안하기 짝이 없었다. 부패한 장제스(蔣介石) 국민당 정권이 무너지는 것은 시간문제로 보였다. 공산군이 국부군에 대해 연전연승을 거둬 1949년 1월 말 베이징(北京)이 함락되었으며, 4월 23일 국민당 통치의 중심지인 난징(南京)이 함락되었다. 중국 대륙이 공산군에게 넘어가는 것은 필지의 사실이 되어갔다.

이는 미국이 장제스 정권을 위해 쏟아 부은 막대한 군사 원조가 공산주의 중국 석권을 막는 데 실패했음을 의미했다. 그 원인은 무엇인가? 미국 조야의 중국 문제 전문가들은 장제스 정권이 국민의 신망을 잃은 것이 그 원인이라는 데 의견이 일치하고 있었다. 그렇다면 남한도 같은 운명에 처할 것인가?

미국은 우여곡절 끝에 남한에 단정 정부를 세우는 데 성공했으나 한국 문제는 여전히 골칫거리였다. 유엔을 개입시켜 5·10 선거를 치른 끝에 이승만 정권이 탄생했으나 과연 남한 정권이 유지될 수 있을지 불안해 보였다. 이승만은 1948년 10월 여순 사건을 계기로 경찰국가적 행태를 더욱 강화했지만, 내부의 정치적 불안은 계속되었다. 게다가 북한에는 강력한 소비에트식 정권이 들어서 남한을 위협하고 있었다. 김일성은 1949년 1월 1일 신년사에서 '국토 완정'을 다짐하면서 인민이 조국 통일을 위해 총궐기할 것을 호소했다. 소련은 북한의 조선민주주의인민공화국을 한반도를 대표하는 유일한 합법정부라고 승인하는가 하면, 1948년 말까지 소련군을 철수하겠다고 선언하면서 이와 함께 미국도 동시에 철군해야 한다고 요구했다.

소련의 전략은 미국 대한정책의 허를 찌른 격이었다. 미국의 입장에서 철군은 한국을 위험에 빠뜨리는 일이었지만, 그렇다고 미국의 군사적 보호에 계속 의존하는 것도 한국이 얻어야 할 국제적 승인에 장애가 된다는 딜레마를 떠안게 된 것이다. 그러나 미국이 맞닥뜨린 진정한 딜레마는 합참이 결정한 철군 방침이었다. 합참은 이승만 단정 정부가 탄생한 해인 1948년 11월 15일 철군을 끝낸다는 시간표를 마련하고 있었다.

미군의 철군 뒤 과연 남한이 유지될 수 있을 것인가? 남북한이 서로 통일을 다짐하고 있는 상황에서 결국 '내전'으로 발전하게 된다면 남한의 운명은 어떻게 될 것인가? 당시 전문가들의 견해로는 남한은 살아남을 기회가 희박했다(무초가 마셜에게, 1948년 10월 26일 및 11월 4일, 국무부 기록, 895.00/10-2648). 게다가 이승만의 독재와 개혁의지의 실종으로 남한 정부가 국민의 신망을 잃어가고 있다는 증좌가 보였다.

라티모어(Owen Lattimore)[1]와 같은 진보적인 중국 전문가는 남한을 '작은 중국'으로, 이승만을 '또 하나의 장제스'로 보면서, 만일 우리가 장(蔣)으로 이길 수 없다면 "어떻게 '작은 장제스 몇 명(a scattering of little Chiang Kai-sheks)'으로 중국이나 그 밖의 아시아에서 이길 수 있단 말인가"라고 의문을 표한다. 그는 실제로 한 신문 기고에서 "우리가 해야 할 것은 남한이 조용히 무너지도록 내버려두는 것이지 마치 우리가 무너지도록 추진한 것처럼 보여서는 안 된다는 것이다"(≪뉴욕 데일리 뉴스≫ 1949년 7월 17일자; Oliver, 1954: 245쪽, 재인용)라고 주장해 미국이 남한을 포기해

---

[1] 1900년 태어난 라티모어는 중국 톈진(天津)의 한 대학에서 영어를 가르치던 부모 밑에서 자랐는데, 뒤에 중국 문제 전문가가 되었다. 그는 하버드대학에서 중국을 연구한 뒤 현지에 복귀, 신혼여행으로 베이징부터 뉴델리까지 실크로드를 육로로 여행하여 화제를 뿌렸다. 그는 1938~1950년 존흡킨스대학 월터페이지 국제관계대학원 원장을 지냈으며, 중국학 강의는 1963년까지 계속했다. 그는 1930년대 진보적 성향의 태평양관계연구소(Institute of Pacific Relations) 이사회 멤버를 지냈는데, 이 경력과 관련하여 뒤에 매카시 상원의원으로부터 '소련 최고스파이'라고 매도당했다. 1949~1950년 중국이 공산군에 넘어가고 한국전쟁이 터지면서 우파들은 그가 중국 공산당에 호의적이었다고 비난했다. 1989년 5월 31일 졸.

야 한다고 요구한다. 라티모어는 당시 국무부의 정책자문역인데, 이승만 정권이 국민의 신망을 잃었기 때문에 중국의 장제스 국민당 정권과 같은 운명을 피할 수 없다고 본 것이다.

한국이 공산주의의 손에 넘어가도록 내버려둘 것인가? 이 문제는 트루먼 행정부가 결정해야 할 우선적 현안이었지만, 대한 철수정책과 맞물려 있었다. 우리가 제1권 제7장 "헨더슨의 한국 정치 담론 I"에서 살펴보았듯이 미국은 한국으로부터의 철수를 가장 우선시했다. 이 철군 정책은 이승만의 마구잡이식 반공국가라는 대가를 치르고 진행되었다. 그리고 이 철군 정책의 희생자가 바로 소장파였다.

'자유 민주국가'의 빛과 그림자

이 과정을 잠시 살펴보자. NSC-8이 추구하는 정책 목표 중 한국에서 자유 민주국가를 수립한다는 것은 공허한 수사학적 선전만은 아니었다. 그것은 미국 이상주의의 꿈인 동시에 외교 정책의 기본 이데올로기이기도 했다. 모든 국내 정책에 '공익'이라는 버팀목이 있듯이 미국의 대외 정책은 자유 민주주의라는 이데올로기적인 버팀목이 지탱했다. 따라서 남한 점령군 사령관 하지는 1946년 3월 11일 제1차 미소공동위원회 개최에 즈음하여 발표한 성명에서 다음과 같이 천명했다.

> 첫 번째로, 가장 먼저 실현할 미군의 목표는 한국에서 언설, 집회, 종교, 신문의 자유를 확립하고 영속화하는 것이다. 이런 자유는 정치적 호감을 얻기 위해 사용되는 단순한 말이 아니다. 그것은 모든 민주주의가 근거해야 할 원칙을 대표한다(헨더슨 정치비망록, 1950년 11월 28일).

또한 미국은 1948년 남한 정부가 들어서자 8월 12일에 공식적인 성명을 발표하면서 "유엔은 한국 국민이 자유롭고 민주적인 선거를 실시하고, 그것을 기초로 국민 국가를 설립함으로써 그들이 오랫동안 추구했던 자유와 독립을 가능케 하기를 목표로 한 것이다"라고 선언했다. 그러나 이런 장밋빛 정책 목표는 현실적으로 적용할 때 빛이 바래기 일쑤다. NSC-8의 경우도 예외가 아니었다. 그 함정은 그것이 갖는 남한의 국내 정치적 함의에서 나타난다. 반공 단정정권 체제를 강화하겠다는 미국의 공식적인 입장은 남한의 극우 세력이 그것을 정치적으로 이용함으로써 중도파를 위협할 수 있는 물리적 경찰력을 키워준 셈이 되었다.

그 결과 중도파의 입지는 좁아져 생존 공간 자체가 위협받게 되었다. 그 확실한 신호로 나타난 것이 1948년 12월 1일부터 시행된 국가보안법이다. 이 국가보안법안에 대해 소장파는 결연히 반대했지만 미국의 엄호를 받는 이승만 정권 앞에서는 계란으로 바위를 치는 격이었다.

이승만 정권이 만들어놓은 국가보안법 체제 아래서 미국이 이상적 정책 목표와 관련하여 할 수 있는 일은 현실적으로 거의 없었다. 이 경우 자유 민주주의는 수사학적인 슬로건, 혹은 관심의 표현으로서 그저 거시 담론적인 토론이나 연설로 이어질 수밖에 없었다.

그 좋은 예가 1950년 1월 초순 남한을 방문한 필립 제섭(Philip C. Jessup) 순회 대사의 경우다. 제섭 박사 일행은 1월 11일부터 14일까지 극동 정세 조사의 일환으로 남한을 방문하던 중, 이승만 정권의 '경찰국가적 면모'에 대해 우려와 관심을 표명한다. 그는 38선을 오고 가는 기차 안에서 장경근 내무차관을 만나 장시간 이야기를 나누는데, 그것은 비판의 표적이 된 국가보안법의 '경찰국가적 면모'에 관한 그의 우려와 관심 표명 이상은 아니라는 인상을 준다. 그는 국가보안법 아래서는 '친공(pro-communist)'

이라는 이유로 아무라도 마음대로 체포할 수 있다고 하면서 다음과 같이 문제를 제기한다.

장 차관의 말에서 내가 알게 된 실상은 어느 누구라도 친공이라는 이유로 체포될 수 있다는 것이다. 피고는 판사 4인으로 구성된 특별법원에 의해 재판받는데, 판결에 대한 항소 제도가 없다. 만일 피고가 재판받는 국가보안법이 위헌이라고 주장한다면, 이 문제는 대법원에 갈 수 있는데, 다만 해당 판사가 결정하는 경우에 그렇게 한다는 것이다. 피고는 변호인을 선임할 수 있고, 만일 변호를 받을 수 없다면 법원이 누군가를 변호인으로 지명한다(순회 대사 필립 제섭 비망록, 1950년 1월 14일, *FRUS 1950, VII*: 6~7쪽).

제섭 박사는 국회프락치사건에 관해서도 장경근 차관과 토론을 했다면서 그가 이 사건에 대해 '대단히 회피하는' 모습을 보였다고 말한다. 그리고 다음과 같이 계속한다.

그[장 차관]는 체포된 사람은 실제로는 14명이나 15명이 아니라 7명이라고 말했다[프락치사건과 관련해 체포된 국회의원은 모두 15명이었는데, 그중 13명이 재판에 회부되었다]. 그의 주장에 의하면 그들은 외국의 지령으로 행동했다는 것이 밝혀지지 않는다면 유죄 판결을 받지 않을 것이라고 한다. 그가 애써 주장하려는 논지는 누구도 정부에 반대하는 견해를 가졌다는 이유로 기소되지 않는다는 점이다. 무초 대사는 검찰이 외국의 지령을 증명할 수 있을지 회의를 표하면서, 이승만이 이들 국회의원들을 체포했을 때 리스트에는 아마 20명이 더 있었을 것이지만 이번에는 체포하지 않을 것이라는 편지를 자신에게 썼다고 말했다.[2] 그것은 국회의 머리를 겨냥한 분명한 위협이다. …… 장 차관은 이러한 사건 중에 외군 철수를 주장한 것이 미국 정부가 결정한 것과 일치하는데도 왜 공산당 지령이 분명한 증거라고 생각하느냐는 질문에 대답하지 못했다(같은 비망록: 7쪽).

제섭 박사는 이승만 정권의 경찰국가적 경향을 장 차관과 길게 토론했지만, 정작 그가 이승만을 네 차례 만났을 때, 그리고 이범석 국무총리를 만났을 때 이 문제에 대해 거론했다는 기록은 그가 쓴 비망록에는 보이지 않는다. 요컨대 국회의원들의 구속이라는 의회주의의 절체절명의 위기 상황에서, 그는 차관과 한가한 토론을 벌이는 것으로 관심을 표명했을 뿐이었다.

그는 이 비망록에서 이승만 독재에 관해 다음과 같이 결론을 맺는다.

나의 전반적인 인상은 무초 대사가 보고한 대로 이승만에 감히 맞설 사람은 아무도 없다는 사실로 보아 그의 독주는 의심할 바 없다는 것이다. 다만 국회의장인 신익희는 상당한 독자적 자세를 보여주었다. 이 독자성은 금요일(1월 13일) 밤 만찬 때 나와 가진 대화에서 보였는데, 그는 번스 박사와 내게 말하기를 여하한 상황에서도 총선은 연기되어서는 안 되며, 예정대로 5월에 실시되어야 한다고 말했다. 그는 총선이야말로 민주적 발전을 위한

---

[2] 여기서 리스트에 20여 명의 국회의원이 더 있다는 이승만의 말은 음미할 만하다. 이는 이승만이 프락치사건 수사에 관해 장경근이나 어떤 사람으로부터 상시적으로 보고받고 있다는 것을 시사한다. 아마도 1949년 6월 말 프락치사건 관련 국회의원 2차 검거로 모두 10명이 체포된 뒤 무초 대사가 문제를 제기하자 20명이 더 있지만 체포하지 않는다고 서한을 보냈던 것 같다. 그때 이승만은 정재한의 몸에서 발견된 암호 문서에 등장하는 국회의원 30여 명의 이름을 보고받은 것으로 보인다.

전체 기반이기 때문이라고 했다(같은 비망록: 3~4쪽).

미국은 신익희가 한 말에 주목했을까? 미국은 국회프락치사건의 경우와는 판이하게 이승만의 총선 연기 술책에 단호한 태도를 보인다. 잠시 그 과정에 눈을 돌려보자. 앞서 살펴보았듯이 트루먼 대통령의 고위 외교정책 결정자들은 중국이 공산군에게 넘어간 것을 용인한 뒤, 한국이 봉쇄정책의 시험 무대라고 보았다. 이 정책결정자들은 중국에서 얻은 교훈, 곧 부패한 장제스 정권이 국민의 신망을 잃은 데에 중국정책의 실패가 있다고 보았고 이를 남한의 이승만 정권에서 되풀이하지 않기를 바랐다. 이를 위해서는 한국에 대한 경제적·기술적·군사적 원조 못지않게 이승만 정권이 국민의 지지를 받는 것이 중요했다.

그러나 이 문제에서 이승만 정권은 미국의 대한정책 결정자들에게는 골칫거리였다. 1949년 1월 이승만이 보낸 특사 조병옥, 국무부 북아 문제 담당 국장 버터워스(W. Walton Butterworth), 한국 문제 담당관 본드(Niles W. Bond) 간에 오고 간 대화는 이 문제를 둘러싼 갈등을 보여준다(대화비망록, 1949년 1월 5일, *FRUS 1949*, VII, pt.2: 940~941쪽).

조병옥: 중국이 무너진 뒤 한국은 적대적 공산주의 아시아 대륙에 둘러싸여 있습니다. 그런데도 한국 국회의 경박한 의원 몇 명이 북한이 내세운 조건에 따라 북한과 협상을 통해 통일하자는 것입니다.
버터워스: 남한은 진보적 개혁을 지향하는, '정체적(static)'이 아닌 '역동적(dynamic)'인 정책을 실행해야 합니다. 그것은 대내 정치 통합과 강력한 힘을 결집하는 데 필요한 국민의 충성을 얻게 할 것입니다. 만일 대한민국이 국민의 요구를 무시하면 장제스가 중국에서 범한 똑같은 치명적인 오류

를 범하게 될 것입니다.

조병옥: 그 말씀은 이론적으로는 옳습니다. 진보적이며, 계몽적인 프로그램을 말씀하시는데, 그것은 바로 생존 그 자체를 위해 싸우는 정부에게는 누릴 여유가 없는 사치품일 것입니다.

버터워스: 그 말씀도 일리는 있습니다. 내가 지적하는 것은 한국이 정체적이 아닌 역동적인 정책을 시행함으로써 생존 그 자체를 위해 싸워야 하는 사태를 피할 수 있다는 것입니다.

조병옥: 그 말씀을 한국으로 가져가 유의하도록 하겠습니다.

1949년 1월 조병옥과 버터워스가 나눈 대화비망록을 보면 미국 측 대한 정책 결정자들의 시각이 그대로 드러난다. 그들은 한국 정부가 국민의 지지를 얻을 수 있는지 여부가 공산주의의 팽창 위협을 막는 열쇠라고 본 것이다. 그런데도 미국은 어찌하여 국회 소장파를 때려잡는 이승만 정권의 정치적 탄압을 그냥 보고만 있었을까?

2. 미 대사관의 태도 변화와 소장파의 몰락

위 질문에 대한 해답을 구하기 전에 프락치사건을 둘러싼 정치 환경에서 국내 부분을 잠시 들여다보자. 이승만은 미국의 후원 아래 단정 정부를 세운 뒤 반공주의의 이름으로 독재 체제를 강화해나간다. 그는 자신의 리더십에 대한 여하한 도전도 허락하지 않았다. 그 결정적인 계기가 된 것이 1948년 10월 터진 여순 사건이다. 10월 19일 제주 공비 소탕 작전에 투입 명령을 받은 제14연대가 국방경비대에 침투한 남로당 계열의 젊은 장교와 하사관들의 부추김으로 전남 여수에서 반란을 일으켰다. 민중들이 가담하면서 대번에 3,000명으로 불어난 반란군은 여수를 점령하고 '인민공화국' 지지를 외쳤다. 이들은 순천까지 석권하여 무기 창고를 접수하는가 하면 경찰서를 불살랐다. 또한 '인민재판'을 통해 경찰관, 군 장교, 정부 관리 수백 명을 처형했다. 민중들이 폭도화된 것은 경찰의 부패와 권력 남용에 대한 적개심이 작용한 것이 중요한 요인이었지만 이는 뒤에 묻혀버렸고, 오로지 공산분자의 정부 전복 음모만이 부각되었다.

이 사건에서 미국이 놀란 것은 수많은 민중이 반란에 가담했다는 사실이었다. 정보보고에 의하면 이들은 공산분자도 동조자도 아니었다. 또한 괴로운 일은 공산분자들이 그렇게 쉽게 국방경비대에 침투하여 그들의 정치적 목적에 민중의 불만을 이용할 수 있었다는 사실이었다.

여순 사건 뒤 미국 대사관이 신생 이승만 정권의 존망에 대해 내린 전망은 결코 밝지 않았다. 무초 대사가 보기에는 정치적 관용과 개혁조치만이 국민의 신망을 얻을 수 있고 북한 측의 선전을 막을 수 있었지만 사정은 그렇지가 않았다. 무초가 1948년 10월 26일부터 11월 초순까지 국무부에 보낸 전문은 그의 어두운 전망을 반영하고 있다. 그는 한 전문에서 북한이 침공할 경우 대한민국이 생존할 가능성은 많지 않다면서 이승만의 '고압적인 통치(heavy-handed leadership)'에 대해 민중의 반대가 치솟고 있다고 우려했다. 그는 국내 정치 상황이 '심각한 모습'을 보인다며, 북한 침공이 1949년 봄에 있을 것으로 내다봤다(주한 대사가 국무장관에게, 1948년 10월 26일, *FRUS 1948*, VI: 1325~1327쪽).

한편 여순 사건에 대한 이승만의 대응은 국가보안법 체제를 만드는 것이었다. 그 결과 이승만은 철통같은 반공 체제 아래 독재를 강화했다. 헨더슨은 이렇게 말한다.

이런 사건들이 독재 체제로의 경향에 박차를 가했다. 정부는 재빨리 국가보안법을 국회에 제출했으며, 11월에 들어서 약간의 반대가 있었지만 이를 가결했고, 12월 1일 시행에 들어갔다. 이 법은 안보의 이름으로 공산주의를 불법화하고 공산주의자들을 기소할 수 있게 한 것이지만, 행정부가 정적을 없애기 위해 사법부를 이용할 수 있을 정도로 모호한 정의를 내릴 수 있게 규정되었다. 다만 미국 대사관이 개입해 소급처벌법 조항은 포함되지 않았다. 사법부는 행정부의 지배 도구가 되고 말았다. 사법부는 권리의 옹호자도 권력 균형의 기관도 아니었으며, 식민 지배 아래서보다도 오히려 더욱 적극적인 행정부의 지배 도구가 되었다(헨더슨, 2000: 251~252쪽).

국회프락치사건은 위와 같은 국내외 정치 환경에서 일어났다. 미국은 봉쇄 정책의 틀 안에서 한국 문제에 접근하기로 했는데, 그 전략의 핵심은 소련 공산주의의 팽창을 막기 위해 미국이 군사적으로 직접 보호하기보다는 한국의 자력 방어 능력을 높여 대처한다는 것이었다. 문제는 미국은 이를 위해 경제 및 군사 원조를 하겠지만 이승만의 고압적 독재와 개혁 프로그램의 실종이 국민의 신망을 잃게 한다는 점이었다. 그 좋은 예가 바로 국회프락치사건이었다. 이미 살펴본 바와 같이 이 사건에 걸려든 소장파 국회의원들은 개혁 입법을 통해 여론의 주목을 받고 이른바 '소장파 전성시대'를 구가할 만큼 무시할 수 없는 정치 세력이 되고 있었다.

미국은 이 사건에 어떻게 대응했을까? 이 문제에 대해 답하기 위해서는 당시 소장파 그룹의 활동과 그에 대한 대사관의 반응을 면밀히 살필 필요가 있다. 미 대사관의 무초 대사를 비롯해 드럼라이트 참사관, 헨더슨 3등서기관이 1949년 6월 국회프락치사건 관련 국회의원 2차 검거 뒤 국무부에 보낸 전문을 보면, 이 사건을 이승만 정권이 자행한 국회 탄압이라고 본 것이 분명하다. 대사관은 이 사건에 관심을 보였지만, 그 이상의 아무 것도 하지 않은 것도 사실이었다. 헨더슨이 1950년 11월 작성한 비망록은 이 사건을 '국회에 대한 테러'라고 하면서 대사관이나 새 유엔한위가 그런 테러 행위를 방지하고자, 또는 재판 개선의 필요성을 지적하고자 "도대체 무엇을 했는가?"라고 비판한다(제7장 1절 "'무대응'에서 '간섭'으로" 참조).

그러나 헨더슨의 상관인 드럼라이트가 국회 소장파를 보는 시각은 달랐다. 그 당시 소장파 의원들은 좌충우돌하는 측면을 보이기도 했다. 이문원은 한미 재정재산협정에 반대하면서 그것이 가진 자에게만 유리하고 점령 비용을 한국에 전가한다고 했다. 이 소장파들은 미군의 즉각 철수는 물론 미 군사고문단의 주둔도 반대하는가 하면, 미국 대사관이 있는 반도호텔을 미국에 양도하는 이승만의 계획에도 반대했다(드럼라이트가 애치슨에게, 1949년 2월 11일, 국무부 기록, 749.0019 Control(Korea)/2-1149).

이런 상황에서 미국 대사관은 이승만 정권이 소장파 의원들을 마구잡이로 체포한 것에 대해 어떻게 대응했을까? 이미 살펴본 대로 1949년 6월 말 프락치사건 관련 의원들의 2차 검거가 대규모로 행해진 뒤 미국 대사관은 이들의 체포가 국회의 무력화를 가져온다는 사실을 알게 되었다. 그런데도 미 대사관, 또는 미국은 이에 대해 '무대응(inaction)'으로 일관했다. 8월 10일 3차 검거가 행해졌을 때도 마찬가지였다. 결국 이승만 정권이 '자유 분위기'에서 이뤄졌다고 하는 5·10 선거에서 당선된 15명을 구속한 행동에 대해 미국 대사관은 눈감은 셈이었다.

물론 미 대사관이 전혀 관심을 표명하지 않은 것은 아니다. 프락치사건 관련 국회의원 2차 검거가 있자 무초 대사가 이승만 대통령을 만나 항의성 문제 제기를 했음은 전술한 바 있다. 드럼라이트도 김약수 부의장의 체포에 이승만의 정치적 동기가 분명히 작용했다고 하면서, 남한의 민주주의에 공헌한 사람들을 처벌하는 것은 잘못이라고 주장한다. 그는 "그들의 [정부] 비판은 다소 감정에 치우치긴 했지만 일반적으로 타당한 근거를 갖고 있다. 그들이 지방자치와 토지 개혁 같은 민중을 위한 조치를 위해 보수주의자들에 대항해 싸웠기에 이들 법안이 국회를 통과하게 된 것이다"(드럼라이트가 애치슨에게, 1949년 7월 11일, 같은 국무부 기록)라고 평가하고 있다.

그러나 헨더슨에 의하면 미 대사관의 우려는 관심을 표명한 수준 이상은 아니었다. 미국이 최종적으로 마련한 NSC-8/2도 이승만의 북진통일론에 대한 유혹을 차단한다는 의도를 보이기는 했지만, 국내 정치에서 중간파의 입지를 넓혀주는 것은 결코 아니었다. 대사관 2인자인 드럼라이트 참사관이 소장파에 보인 반응은 이런 미국의 입장을 잘 보여준다. 드럼라이트는 이 소장파를 너무 민족주의적이며 세상 물정을 모르는 '절망적으로 천진하고 비현실적인' 집단으로 보았다. 그는 1949년 3월 17일 보낸 전문에서 소장파 지도자들이 전 세계에 걸쳐 확산되고 있는 소비에트주의의 성격을 모른다면서, 독립과 민주주의의 완전한 상실, 그리고 아마 생명 그 자체를 빼앗기지 않고는 소비에트와의 타협이 불가능하리라는 점을 이해하지 못한다고 강하게 비판하고 있다(드럼라이트가 애치슨에게, 1949년 3월 17일, *FRUS 1949*, *VII*, pt.2: 967쪽). 드럼라이트는 북한과의 협상을 통해 통일을 이룩하려는 소장파 의원들의 남북협상안을 어리석기 짝이 없는 '비현실적인' 방안으로 보았다.

드럼라이트가 소장파가 내세운 평화통일안과 주한 외군 철수안을 폄훼한 것은 당시 미 대사관 내지 국무부의 입장을 대변한 것이었다. 당시 소장파는 유엔 한국위원단(United Nations Commission on Korea: UNCOK,

이후 '새 유엔한위'로 표기)의 활동을 앞둔 1949년 2월 5일 김병회 의원 외 70명이 '남북 평화통일에 관한 긴급결의안'을 국회에 제출했다. 그것은 첫째, 이승만, 김구, 김규식 등 민족적 애국 진영은 총 단결하여 민족 역량을 집결하도록 노력할 것, 둘째, 남북 평화통일을 실현하기 위해 유엔 결의에 의한 한국 내 주둔 외군의 즉시 철퇴를 실현하도록 새 유엔한위에 요청할 것을 주장하고 있었다(『제헌국회 속기록』, 제2회, 24호, 1949년 2월 7일).

이 결의안은 기립 투표에서 재석 159명에 가 37표, 부 95표, 기권 27표로 부결되었으나 적어도 이 결의안에 반대하지 않은 의원이 64명이나 되어 남북 협상 평화통일안이 적지 않은 의원들의 동조를 이끌어냈음을 보여주었다. 이 결의안 표결에 앞서 김병회 의원과 서용길 의원이 발언한 내용을 보면 드럼라이트가 평한 것처럼 '절망적으로 천진한' 발상이 엿보이기도 하지만3 "남정(南征)이나 북벌(北伐)은 절대로 용납할 수 없는 망상이며 평화적 방법 대신 무력에 호소한다면 우리의 숙원은 달성되지 못할 것"이라고 역설하여 중도파의 입장을 대변하고 있다.

그러나 국회 소장파가 주장한 남북 협상 평화통일안은 미국이 대한정책으로 정한 NSC-8에 반하는 것이었다. 당연히 주한 미 대사관은 이들의 입장을 옹호할 수 없었으며 아예 소장파 자체를 배격했다. 그것은 미

---

3 김병회 의원은 이 결의안에 찬성하면서 "1947년 11월 14일 유엔 총회 결의에 의해 외군 철퇴와 동시에 국군에 포함되지 않은 군사 및 반군사단체는 해산시킬 것이 규정되어 있으므로, 우리 국가에 포함되지 않은 북의 인민군과 보안대는 유엔한국위원단의 감시하에 해체되어야 한다"고 발언하는가 하면, 서용길 의원은 결의안 지지 성명에서 "소련군이 북에서 철퇴했으면, 그 지역은 한국의 영토이고 인민은 한국의 국민이므로 이제 그곳을 왕래할 수 있게 되었다"고 말했다(『제헌국회 속기록』, 제2회, 24호, 1949년 2월 7일). 이는 당시 남북 대결의 현실에 전혀 맞지 않는 발언이다.

대사관이 남북 협상 방안을 두고 새 유엔한위에 보인 비판적 태도에서 잘 나타난다. 주한 미 대사관은 남북협상안에 대해 적대적 캠페인을 펴는 이승만 정권의 손을 들어주는가 하면 경찰의 반공적 행위를 옹호했다. 잠시 이를 부연해서 설명해보자.

외군 철수 진언서

국회 소장파 의원들은 '남북 평화통일에 관한 긴급결의안'이 폐기된 뒤 다시 새 유엔한위를 찾아 주한 외군 철수에 관한 진언서를 제출한다. 이 진언서는 전혀 헛된 도로(徒勞)만은 아니었다. 그것은 새 유엔한위 사무국장 란쇼펜 베르트하이머(Egon Ranshofen-Wertheimer) 박사[4]가 소장파가 주장하는 남북 협상과 외군 철수 제안에 공감하는 사뭇 독자적인 행보를 보였기 때문이었다. 오스트리아 출신으로서 미국으로 이민한 국제 외교관이자 학자 출신인 란쇼펜 베르트하이머는 1949년 3월 19일 소장파 의원 62명이 유엔한위에 '주한 외군 철수를 촉구하는 진언서'를 제출했을 때, 그 대표인 김약수 국회부의장을 대동한 소장파 의원들과 진지하게 협의했다. 뒤에 프락치사건 담당 검사 오제도가 작성한 기소문에 의하면 김약수 일행과 '하이만'(란쇼펜 베르트하이머를 그렇게 표기) 유엔한위 사무국장과의 대화는 다음과 같았다(김세배 편, 1964: 795~796쪽).

---

[4] 에곤 란쇼펜 베르트하이머는 1884년 9월 4일 가톨릭 가정에서 태어난 뒤, 1930년부터 제네바에서 10년간 외교관으로 일했다. 그는 『영국 노동당의 얼굴』(1929)이라는 책을 썼는데, 이 책이 일약 베스트셀러가 되어 유명인사가 되기도 했다. 1940년 미국으로 이민한 뒤 아메리칸대학 교수로, 카네기 평화재단에서 연구원으로 일했다. 그는 1946년부터 1955년 은퇴할 때까지 유엔의 고위직 행정관으로 일하다가 유엔한국위원단 사무국장으로 임명되었다. 유엔의 국제 행정에 관한 저서를 써내 유엔의 '선구자'라는 평을 받는다. 1957년 12월 27일 졸.

김약수: 우리는 병든 사람이기 때문에 미리 통지를 하지 않고 돌연 의사를 방문했습니다. 이것을 양해해주십시오. 우리는 전 민족의 의사와 요구를 대표하여 온 것이며 그 내용은 이 진언서 가운데 충분히 표현되었습니다. 곧 외군 즉시 철수와 자주적 평화통일의 진언서는 우연히 작성한 것이 아니요, 본래의 숙원이었던 것입니다. 충분히 검토하여 참고해주기 바랍니다.

베르트하이머: 62인이 개인입니까? 당원(조직원)입니까?

노일환: 우리는 전부 국회의원입니다. 각계각층을 망라한 것이며 나는 한민당원입니다.

이문원과 박윤원: 우리는 동인회 회원입니다. 전 인민을 대표하여 온 것입니다.

베르트하이머: 공개적으로나 비공개적으로나 전부 만나 기탄없이 이야기를 나누고 싶습니다.

김약수: 자유로운 분위기만 허용된다면 언제든지 만나겠습니다.

베르트하이머: 언제가 좋습니까?

김약수: 그럼 20일로 하지요.

베르트하이머: 좋습니다. 그런데 이문원 씨가 누구입니까?

이문원: 접니다. 당신들은 사명을 완수하지 못하면(벽에 걸린 사진을 가리키며) 고국의 스위트홈으로 돌아가야 합니다.

이문원 의원은 그 뒤 약 한 달 반 만인 4월 말경 체포되었다. 소장파 의원들이 유엔한위 사무국장의 진지한 반응에 고무된 것은 사실인 듯하다. 프락치사건 관련 의원들의 1차 검거 뒤에도 김약수 부의장 등 6명의 의원들은 6월 17일 다시 란쇼펜 베르트하이머 박사를 만나 의원 62명의 이름으로 미 군사고문단 설치에 반대한다는 서한을 건넸다. 이들 의원을 포함한 7명이 6월 21~25일 체포되었다.

이승만 정권은 새 유엔한위의 활동에 촉각을 곤두세우고 있었다. 그것은 이 유엔 기구가 한반도로부터 점령 외군의 철수를 감시하고 검증하며, 한반도의 재통일을 위해 노력할 뿐만 아니라 '국민의 자유로운 표현 의사에 근거한 대의제 민주정의 계속적인 발전을 위해 관찰하고 협의'해야 한다는 광범한 임무를 떠맡고 있는 것에 불안을 느끼고 있었기 때문이다. 아직 새 유엔한위가 본격적인 활동에 들어가기 전인 1949년 2월 중순 이승만은 유엔한위가 북한 정권과 접촉하는 것은 공산 정권을 묵시적으로 승인하는 것이라고 주장하면서, 유엔한위의 임무는 대한민국을 절대적으로 지지하고 북한 정권의 불법적이며 비민주적인 성격을 조사하는 것이라고 천명했다.

이는 새 유엔한위의 입장에서는 임무에 간섭하는 것이기 때문에 마찰은 이미 예고되어 있었다. 이승만 정권은 '공산분자들이 유엔한위를 오도한다'는 명목으로 덕수궁 안 유엔한위 사무실 앞에 경찰을 세우고 방문자를 검문하기까지 했다. 이는 새 유엔한위 사무국장의 격렬한 항의를 불러 일으켰다. 미국 대사관의 입장으로서는 전체적으로 새 유엔한위가 한국 문제를 국제화한다는 미국 전략에 부합하기 때문에 이승만을 설득하여 새 유엔한위에 협력하도록 하는 수밖에 없었다(드럼라이트의 대화비망록, 1949년 2월 23일, FRUS 1949, VII, pt.2: 964~965쪽). 이승만은 꺼림칙해하면서도 경찰을 철수시키지 않을 수 없었다.

새 유엔한위와 이승만 정권의 갈등은 여기서 끝나지 않는다. 새 유엔한위 사무국 차장 샌포드 슈워츠(Sanford Schwarz)가 신문기자와의 인터뷰에서 1949년 3월 북한 지도자와 독자적으로 접촉하겠다는 의사를 표명하자,

당시 윤치영 내무장관은 국회에 출석해 "샤바츠[슈워츠]가 북쪽 요인을 만난다고 하면 그것은 대한민국에 반항하는 반역자와 만나는 것이므로 절대 반대한다"고 비난하면서 대한민국은 불법점령당한 영토의 회복을 위한 방어권을 발동할 뿐이므로 평화적 통일이라든가 하는 것은 있을 수 없다고 말했다. 또한 기자가 "북에서 남을 친다든지 남에서 북을 친다든지 하는 것을 어떻게 생각하느냐"고 물은 것은 북쪽의 주권을 인정하는 발언이므로, 대한민국의 신민(臣民)으로 이러한 말을 쓰는 것을 그대로 둘 수 없다고 극언했다(『제헌국회 속기록』, 제2회, 51호 및 54호, 1949년 3월 11일 및 15일).

이러한 발언에 대해 소장파 국회의원 강욱중, 노일환 등은 북쪽 요인을 만났다는 것만으로는 주권 침해라고 볼 수 없으며 평화통일이 될 수만 있다면 그것보다 더 좋은 일이 어디 있느냐고 반박하고 기자들의 질문을 주권 침해니 대한민국을 무시하느니 한 윤 장관의 말은 '궤변 중의 궤변'이라고 공박했다. 아직 체포되기 전이었던 이들은 여전히 소장파의 목소리를 내고 있었다. 특히 신성균 의원은 새 유엔한위가 한국의 통일을 돕는 것이 왜 나쁘냐고 힐난하면서 유엔한위의 입장을 지지했다.

새 유엔한위에 대해 이승만 정권은 과잉반응을 보였다. 그러나 새 유엔한위는 처음부터 이에 흔들릴 필요가 없었다. 제39차 회의에서 이 유엔 기구는 남북 간 중개 역할을 자임하는 한국 통일 방안을 결의했다. 그것은 (1) 한국의 통일을 위하여, 그 방책과 가능성을 고려한 남북 간 대표자들의 여하한 종류의 회담도 원조할 의사와 용기가 있음을 숙지할 것, (2) 남북 간의 교역을 시험적으로 시작하고 정상적으로 계속 회복시킬 목적으로 도울 것, (3) 통일의 앞날에 지대한 손실을 끼치고 있는 양 지역의 계획적인 악감정적인 격앙을 의도한, 한국 내외로부터 나오는 선전을 중지하도록 할 것을 내용으로 하고 있었다.

이 통일 방안은 기본적으로 국회 소장파 의원들이 제출한 결의안과 상통하는 것이지만 여순 사건 뒤 국가보안법을 무기로 한 이승만 정권의 반공 체제 강화와는 정반대의 방향을 향하고 있었다. 당연히 이승만 정권 극우 반공주의의 궤적을 따라 움직이는 인사들의 반발이 봇물처럼 터졌다. 대표적으로 신익희 국회의장은 새 유엔한위의 이런 결의는 대한민국의 대표성을 인정하지 않는 것으로, 공산당 오열(伍列)의 행동과 같은 담화 발표가 민심을 소란케 하고 공산당에 선전 재료를 준다는 것은 용납할 수 없으므로 한국위원단의 퇴거를 외무부에 요청할 수 있다고 열을 올렸다.

새 유엔한위의 통일 방안은 남북 간의 첨예한 긴장을 완화하기 위해 양측의 협상 회담을 중개하겠다는 것으로, 자신의 임무에 충실한 것이었으나 동시에 당시 이승만 정권의 신경을 자극하는 것이었다. 국회 밖에서 중도파 세력을 상징하는 김구, 김규식이 버티고 있을 뿐만 아니라 소장파 의원들이 이런 입장을 견지하고 있었기 때문이다. 실제로 김구는 소장파 의원들이 새 유엔한위에 제출한 외군 철수 '진언서'에 대해 "건설적으로 본다"면서 통일을 위한 '백절불굴(百折不屈)의 열의'를 강조했다(≪서울신문≫, 1949년 3월 26일자). 그러나 새 유엔한위가 결의한 남북한 통일 방안과 뒤에 채택한 보고서에 대해 미 대사관은 크게 못마땅해하고 있었는데, 이에 관해서는 곧 살필 것이다.

경찰의 언론인 체포

이승만 정권의 새 유엔한위 때리기가 계속 가열되고 있는 가운데, 7월 16일 서울시경 형사들이 중도 영자지 ≪서울 타임스(The Seoul Times)≫

의 편집국장 최영식을 체포한 사건이 일어났다. 경찰은 최영식이 남로당의 비밀 당원이며 새 유엔한위와 "너무 친근한 접촉을 유지하고 있다(maintaining too close liaision)"는 것이 혐의라고 미 대사관에 알려왔다. 그날 오후에 다시 새 유엔한위 출입기자 4명이 체포되었는데, 이들은 남로당의 비밀당원이며, 한 유엔한위 위원에게 공산당에 호의적인 질문서를 보냈다고 했다(주한 대사가 국무장관에게, 1949년 7월 18일 및 19일, *FRUS 1949*, VII, pt.2: 1062~1063쪽).

국무부는 서울의 대사관으로부터 새 유엔한위 관련 언론인 체포에 대해 보고받고, 체포된 최영식 국장의 혐의가 고작 새 유엔한위와 '너무 친근한 접촉을 유지한 것'이라면, 이는 '어떠한 문명 기준'에도 어긋나는 한국의 '죄악'이 될 것이라고 경고하고 나섰다. 국무장관은 그러한 '자의적인 행동'이 새 유엔한위 창설에 찬성한 유엔국들에게 모욕이 될 것이며, 이들 국가들의 우호적 협조를 상실하게 되어 결과적으로 다가오는 총회에서 한국에 해악을 끼칠 것이라고 지적하라는 훈령을 내렸다. 이 훈령은 또한 이런 일이 미 의회가 한국 원조 계획을 승인하는 것도 어렵게 만들 것이라고 경고했다(국무장관이 대사관에, 1949년 7월 19일, 같은 문서: 1063쪽).

이 훈령에 대해 무초 대사가 국무장관에게 보낸 반응은 흥미롭다. 그는 경찰의 자의적인 행동을 문제 삼기보다는 오히려 옹호했다. 무초 대사가 7월 21일과 22일 국무부에 보낸 전문에서는 최용식이 새 유엔한위와 너무 친근한 접촉을 유지하고 있다는 말은 치안국장이 비공식적으로 한 구두 발언이고, 그의 공식적인 주요 혐의는 남로당의 당원이라는 것이며 이에 대한 결정적인 증거라고 주장하는 내용을 다음과 같이 기술하고 있다.

7월 16일 5명의 기자를 체포한 한국의 조치는 **홍보적 관점**(public relations

view point, 강조는 지은이)에서는 지탄할 일이지만, 새 유엔한위에 대한 한국인의 적대감을 고무하고 한국 정부와 미국의 주한 활동을 미묘하게 음해함으로써 유엔한위 위원들과 사무국원들의 마음에 공포와 편견을 심으려는 남로당원들의 캠페인을 차단한 듯하다. 대사관이 믿기로는 남로당원 측의 이런 활동은 유엔한위에 영향을 주고 한국의 이미지를 깎아내리는 데 어느 정도 성공하고 있다. 만일 공산주의자들이 한국으로부터 새 유엔한위를 축출하려는 당면 목적에 성공한다면 이는 그들의 현재 '조국 통일' 캠페인에 일대 승리를 의미한다. 이 캠페인은 민족주의와 반외세주의 호소에 기반을 두고 있는데, 여기에 새 유엔한위가 주요한 걸림돌이 되고 있다는 것이다(주한 대사가 국무장관에게, 1949년 7월 21일 및 23일, 같은 문서: 1064~1065쪽).

무초 대사는 언론인 체포는 '홍보적 관점'에서 잘못임을 인정하지만 그것이 새 유엔한위를 축출하려는 남로당의 캠페인을 차단했다는 점에서는 오히려 바람직하다는 입장을 드러낸다. 곧 그는 이들 체포된 언론인들이 남로당원이라는 한국 경찰의 주장을 인정하고 있다. 무초 대사는 한 대목에서 "대사관은 체포된 이들 언론인 5명의 혐의를 입증할 증거는 없으나, 몇 명의 기자들이 유엔한위와 한국과의 관계를 악화시키려 안간힘을 썼지만 결코 성공하지 못했음을 관찰했다"고 말한다. 이 점이 중요한 것은 대사관의 태도가 프락치사건 관련 국회의원들이 남로당 프락치라는 수사 당국의 주장과 같은 맥락에 있음을 엿볼 수 있기 때문이다. 이것은 워싱턴 본부가 대한정책으로 NSC-8을 결정했을 때보다도 1949년 8월 한국 문제에 관한 새 유엔한위의 보고서가 유엔에 제출되었을 때 미 대사관의 태도가 더욱 강경해졌음을 보여준다(같은 문서: 1068~1070쪽).

무초 대사는 이 유엔한위 보고서가 이승만 정권이 독재 정권이라고 비판한 대목에 이르러, 이를 힘주어 부정한다. 그는 "남한 경찰이 정치적 탄압의 죄를 짓고 있지만, 만일 침공의 위협이 똑같이 크다면 워싱턴도 같은 처지가 될 것이다"라며 이승만 정권을 강한 목소리로 옹호하고 있다. 그는 계속해서 "남한의 경우 북한과는 대조적으로 '비공산주의적 반대는 상대적으로 자유롭기 때문에' 남한 사람들은 정부를 비판할 수 있다"고 주장한다(주한 대사가 본드에게, 1949년 9월 12일, 국무부 기록, 501.BB Korea/8-3149).

이승만의 입장을 보다 분명한 어조로 지지한 사람은 대사관 일등 서기관인 노블(Harold J. Noble) 박사다. 그는 1949년 8월 20일 쓴 비망록[5]에서 새 유엔한위의 보고서를 분석하면서 이승만의 입장을 그대로 대변한다. 그는 새 유엔한위 보고서의 내용이 전반적으로 미국의 이익에 해롭다고 평가를 내리면서, 특히 란쇼펜-베르트하이머를 수장으로 하는 사무국을 신랄하게 비판한다. 이는 이승만이 새 유엔한위의 임무를 둘러싸고 유엔 기구를 성토한 것을 상기시킨다.

구체적으로 노블은 1948년 12월 12일 사무국이 유엔결의 제4항을 잘못 해석하여 남북한 정부 간의 중재를 임무로 삼았다고 지적한다. 그 조항이 말하는 것은 북한에서의 선거를 감시하는 임무라고 보아야 옳다는 것이다. 이는 이승만 정권의 목소리를 그대로 반영한 것이다. 그러나 보다 중요한 것은 새 유엔한위 사무국의 입장이 국회 소장파 의원들이 내세운

---

[5] 이 비망록은 무초 대사가 1949년 8월 20일 국무부에 보낸 전문(*FRUS 1949*, VII, pt.2: 1068~1070쪽)에 동봉문(enclosure)으로 첨부한 보고서("제4차 유엔총회에서의 유엔한위와 미국 정책", 같은 문서: 1070~1075쪽)이다. 이 비망록의 서두는 "한국에 관한 UNCOK 보고서는 전의 UNTCOK 보고서보다 더욱 변변찮게 작성되었다"라고 시작한다.

평화통일안과 부합한다는 사실이다.

그는 남북한 간의 성공적인 중재의 가능성은 전무한 것 같다면서도, 그러한 중재가 가능하고 성공적이라면 그것은 사실상 미국의 이익에 반한다고 주장한다. 공산주의자들이 남한에 들어올 수 있는 길을 열어주기 때문이다. 이는 이승만이 북한과의 타협을 전면 거부한 입장과 완전 일치한다. 노블은 한국의 사태는 그리스의 경우와 유사한데, 그리스에서는 유엔 감시관들이 게릴라 침공과 이웃 나라의 침공 행위에 관해 보고하게만 되어 있지 그리스 정부와 공산 반군 간의 중재자로서 활동은 못 하게 되어 있다고 말한다(노블 비망록, *FRUS 1949, VII*, pt.2: 1073쪽).

새 유엔한위의 보고서를 평가한 노블의 비망록은 사실상 국회 소장파가 주장하는 평화통일론을 정면으로 부인한다. 무초 대사, 드럼라이트 참사관, 노블 1등 서기관의 기록은 모두 남북협상론을 배제하면서 이승만 정권의 극우반공적 행태를 옹호하고 있다.

여기서 우리는 소장파 국회의원들이 대거 체포되었는데도 미 대사관이 눈감고 넘어간 정책적 배경을 읽게 된다. 노블이 본 것처럼 국회 소장파들이 '남북 평화통일에 관한 긴급결의안'을 국회에 제출한 것은 미국의 국익에 반하는 것이었다. 그렇다면 미 대사관이 이들 개혁적 성향을 지닌 국회의원들의 체포를 말릴 필요는 없으며 오히려 그들의 국익상 바람직한 일인 것이다. 이것이 국회프락치사건과 같은 대형 정치 사건이 일어날 수 있었던 배경이라고 추정할 수 있다.

다시 노블 박사가 한 말로 돌아와 보자. 그는 사실상 이승만 정권의 대변인이 된 것처럼 보인다. 새 유엔한위가 이승만 정권을 비판한 대목에 대해 그가 제기한 반론이 그것을 반증한다. 유엔한위 보고서가 한국 정부를 비판한 대목은 (1) 통일에 대해 적대적이라는 것, (2) 1948년 유엔 결의는 한국 정부가 남한만을 관할한다고 했음에도 전 한반도를 관할한다고 해석하는 것, (3) 남한 국민의 국론이 분열되어 있다는 것, (4) 한국 정부의 정치적 기반이 좁다는 것이었다.

이에 대해 노블은 한국 정부가 다음과 같이 대처할 것이라고 반론한다(같은 비망록: 1074쪽). 첫째, 한국 정부가 통일에 적대적이라는 점에 대해서다. 1947년 11월 14일 유엔은 1948년 총선에서 북한 대표를 결정하는 선거가 유엔의 감시 아래 치러져야 한다고 결정했다. 이승만 정부는 새 유엔한위가 이를 실행해야 한다는 점을 촉구하는 서한을 발송할 것인데, 이 서한은 한국이 유엔 후견 아래 통일을 갈망한다는 사실을 보여줄 것이다. 그는 "이런 요청이 비록 비현실적이긴 하지만, 그 서한은 한국 정부가 통일에 적대적이라는 비판을 반박하는 데 도움이 될 것이다"라고 덧붙인다.

둘째, 한국 대표가 파리 총회에 참석하여 한국 정부는 전 한국을 대표한다고 주장할 것이다. 새 유엔한위가 도착한 이래 한국이 이러한 주장을 한 것은 새로운 일이 아니며 이런 주장을 하는 것은 한국 정부의 권리이지만, 그것을 거부하는 것도 유엔의 권리다.

셋째, 한국 국민의 국론이 분열되어 있다는 새 유엔한위의 주장은 근거가 없다. 왜냐하면 실제적 근거는 1948년 5·10 선거와 정부에 충성하는 관리, 경찰, 군이며, 또한 앞으로 치러질 1950년 새 선거이기 때문이다. 마지막으로 그는 1950년 선거를 앞두고 새 유엔한위나 유엔 총회가 한국 정부의 정치적 기반이 좁다느니 넓다느니 하고 판단하는 것은 부적절하다고 주장한다.

노블의 반론 속에서 그가 국론의 중심축을 이승만 정권에 충성하는 관리, 경찰, 군으로 보고 있다는 점이 드러나며, 또한 1950년 5·30 선거 결과가 이승만에게 유리할 것으로 점쳐지고 있다. 그러나 선거 결과는 이승만파 거물들이 대거 낙선하고 중도파 세력이 두드러지게 약진한 것으로 나타나게 된다.

미 대사관의 선임 외교관이 이승만 정권의 대변인처럼 목소리를 내는 것은 노블이 이승만과 가까운 사이로 참모 역할을 했다[6]는 사정도 감안해야 하지만, 당시 미국의 대한정책이 이승만을 한국의 지도자로 선택하고 있음을 반영한다.

여기서 우리는 1949년 여름이 지나면서 미 대사관 지도부가 프락치사건에 대한 태도를 바꿨다는 점을 알 수 있다. 그해 6월 하순 프락치사건 관련 국회의원들의 2차 검거에 대해 무초 대사가 이승만을 만나 항의했다는 사실은 이미 언급했다. 미 대사관이 이것을 이승만이 저지른 야당 탄압으로 인정했다는 것은 무초, 드럼라이트, 헨더슨이 6월 21~25일 국무부에 보낸 전문에서 밝혀졌다. 그런데 뒤이어 미 대사관은 이승만의 경찰국가적 행위를 싸고돈다. 경찰이 7월 16일 새 유엔한위 출입기자 등 언론인 5명을 체포했을 때는 그들이 남로당의 비밀 당원이라는 경찰의 주장을 증거도 없이 그대로 받아들인다. 이렇게 달라진 까닭은 무엇일까?

그것은 북한 측이 남한에 대한 선전 공세뿐만 아니라 무력 공세도 한층 강화한 데 따른 반응일 것이다. 게다가 북한군은 38선 남북 대치 지점에서 무장 공세를 강화했다. 예컨대 평양방송은 새 유엔한위를 '미제 침략자의

---

6 해럴드 노블은 한국 선교사 가정 출신으로 그의 아버지가 1890년대 배재학당에서 이승만을 가르치기도 했다. 노블은 군 정보기관에서 근무한 경력의 소유자로 이승만과 하지 또는 무초 대사와의 협상에서 중재자 역을 맡았다고 한다. 그는 1950년 9·28 서울 수복 뒤 이승만의 유엔군 사령부 연설문을 직접 써주기도 했다(Cumings, 1990: 230쪽). 그는 1953년 죽기 전 유고를 남겼는데, 1975년 『전쟁을 만난 대사관(Embassy at War)』으로 출간되었다.

주구'라고 매도하면서 한국에서 축출하기 위한 캠페인을 강화했다. 이는 무초 대사가 언론인 체포와 관련해 보낸 전문에서 평양방송의 유엔한위 축출 캠페인에 따라 남로당이 움직인 것으로 보고 있다는 입장을 취한 데서도 드러난다.

이러한 맥락에서 미 대사관은 국회프락치사건의 경우도 이승만의 정치 탄압보다는 북한의 공세에 더 주목했을 것이다. 드럼라이트는 국회의원들의 2차 검거 뒤 국무부에 보낸 전문에서 "소장파 집단이 '공산당의 남한 접수(Communist takeover)'를 방지하기 위한 행동을 하지 않았을지라도" 그들의 처벌은 잘못된 것이라고 말한다(드럼라이트가 애치슨에게, 1949년 7월 11일, 국무부 기록, 895.00B/6-2549). 바꿔 말하면 그는 적어도 소장파 국회의원들이 북한의 남한 침투 공작에 소극적으로 대응하고 있다는 점을 인정한 것이다. 미 대사관 지도부는 이런 심리가 내연하는 가운데 이승만의 반공적 정치 탄압에 동조했다고 보인다.

북한에서 박헌영의 남북노동당 전체 헤게모니 장악을 염두에 두고 남로당이 소장파에 대한 공작을 '소리 나게' 벌인 것 때문에 미 대사관이 이승만의 반격을 적어도 묵인했다고 보인다. 이러한 차원에서 1949년 여름 이승만 정권의 소장파 탄압은 조용하게 이뤄질 수 있었다. 무초 대사를 비롯한 대사관 지도부는 그해 6월 말 이래 계속된 국회의원 검거에 철저한 침묵으로 일관하고 있었다.

3. 대한정책의 실패: 실수인가? 기획공작인가?

여기서는 1948년 단정 수립부터 한국전쟁을 거쳐 1952년 부산 정치파동에 이르기까지의 미국의 대한정책에 눈을 돌려보자. 확실히 미국은 이 중대한 시점에 한국에서 민주주의를 제도화하는 데 실패했다. 1948년 이승만 대통령 선출과 뒤이은 극우 독재 체제 성립, 1949~1950년 국회 소장파 탄압, 1952년 헌정 위기와 국민 직선에 의한 이승만 대통령 선출에 이르기까지 미국의 대한정책은 과연 어떤 평가를 받아야 할까?

헨더슨은 1950년 11월 새 임지인 서독으로 가기 전 장문의 비망록에서 국회프락치사건에 대해 국무부는 '무결정'으로, 대사관은 '무대응'으로 임했다고 지적했다. 전통적으로 비판가들 사이에서는 이 기간 한국 민주주의의 실패가 의도적이었는지 여부에 대해 견해가 갈리고 있다. 여기에는 '경솔한 실수인가 기획공작인가(inadvertence or design)', '작위(作爲)인가 부작위(不作爲)인가(commission or omission)', '결정인가 무결정(또는 우유부단)인가(decision or indecision)', 또는 '대응인가 무대응인가(action or inaction)'와 같은 문제가 제기된다.

예컨대 이승만이 초대 대통령이 된 뒤 경찰국가적 방법으로 계속 권좌를 누린 것이 미국의 '경솔한 부주의 산물인가 또는 기획 공작의 산물인가' 하는 문제는 가디스(John Lewis Gaddis, 1972)가 논쟁에 불을 지폈다. 그는 트루먼 행정부의 대한정책이 처음부터 일관성이 없었으며 부적절하고 결단성이 없었다고 주장한다. 따라서 워싱턴은 미국의 이상과 맞지 않은 철학을 신봉하는 일단의 개인들에게 점점 무심하게 끌려들어가게 되었다는 것이다. 돕스(Charles M. Dobbs, 1981)와 헨더슨(Henderson, 1968) 도 이런 입장을 취하고 있다. 그러나 커밍스(Cumings, 1981)는 후자의 입장에서 트루먼은 처음부터 이승만을 선호했으며, 그의 정치적 승리를 적극적으로 고무했다고 주장한다. 미국으로서는 이승만의 독재 성향을 걱정하기보다는 그가 전후 세계에서 미국의 정치적·경제적·전략적 목표 달성을 위해 협조할 것이라는 점을 좀 더 높이 샀다는 이야기다.

매트레이(James Irving Matray, 1985)는 이 두 가지 해석 모두 2차 대전 이후 한국에서 발생한 일련의 사건에서 미국의 통제력을 과장하고 있다고 말한다. 실제로 이승만의 승리는 트루먼이 통제할 수 있는 영역 한계를 벗어나는 역학이 작용한 결과라는 것이다. 예컨대 소련이 북한에 소비에트 모델의 비민주정권을 세우겠다고 작심한 이상, 미국은 극우 세력을 '더 작은 악(the lesser of two evils)'으로 선택할 수밖에 없었다는 것이다(Matray, 1985: 161쪽).

한편 미국의 대한정책 비판가들은 1952년 부산 정치파동에 대한 트루먼 행정부의 정책적 대응이 한국의 민주주의를 구출하지 못했다는 데 의견의 일치를 보이고 있다. 그렇다면 그것은 작위에 의한 것인가 부작위에 의한 것인가? 키퍼(Edward C. Keefer, 1991)는 1952년 한국의 헌정 위기를 다룬 논문에서 트루먼 행정부가 '작위가 아니라 부작위의 행위(an act of omission, not commission)'에 의해 실패했다고 주장한다(149쪽).

국회프락치사건의 경우에는 미국의 정책을 어떻게 평가할 것인가? 우리는 위에서 정책 논쟁의 한 축으로 '대응인가 무대응인가'를 들었다. 헨더슨이 주장한 것처럼 미국은 무대응으로 일관했는가? 지은이는 헨더슨이 옳다고 생각한다. 그렇다면 그 증거는 무엇인가?

이승만은 1949년 초부터 조병옥(趙炳玉)을 대통령 개인 특사로 미국에 여러 번 파견해 미군 철수의 반대 또는 연기를 요청한다. 조병옥은 1949년 1월 5일 극동문제국장 버터워스를 만나 중국이 공산군에 넘어가 한국이 공산주의 국가들에게 둘러싸이게 될 것인데, '몇 명의 경박한 국회의원들'이 북한과의 협상을 통해 통일을 하려 한다고 우려를 표한다. 앞에서 살펴본 것처럼 그때 버터워스가 한국이 중국과 같이 '정체적이고 반진보적이 되는 잘못'을 범해서는 안 된다며 중국 국민당 정부를 예로 들어

충고했다는 것은 이미 살펴본 바와 같다. 곧 버터워스는 한국의 공산주의 침공 방어에 국민의 지지가 중요함을 강조했던 것이다.

조병옥은 1949년 4월 11일 다시 버터워스 국장을 만난다. 이번에는 장면 대사와 자리를 함께했다. 그때 그는 미군의 철군에 대비한 한국에 대한 경제 및 군사 원조의 필요성을 다시 강조했다. 이어서 그는 지난번 버터워스의 지적을 대통령에게 전했으며, 그것이 좋은 효과를 거두고 있다고 설명했다. 그 한 예가 한국이 추진하고 있는 토지 개혁이라고 했다(극동문제국장 버터워스 대화비망록, 1949년 4월 11일, *FRUS 1949*: 984~985쪽). 그 뒤에도 조병옥은 5월 11일 장 대사와 함께 버터워스를 만난다. 그때는 프락치사건 관련 국회의원 1차 검거가 행해지기 일주일 전이니 이 문제에 관한 대화가 없었음은 당연하다고 할 것이다.

문제는 조병옥 특사가 장면 대사와 함께 7월 11일 국무장관 애치슨을 만난다는 사실이다. 이때는 프락치사건 관련 국회의원들의 1차 검거가 끝나고 6월 25일 국회부의장 김약수가 체포됨으로써 제헌국회의원 10명의 구속이 공지의 사실이 된 뒤였다. 또한 6월 26일 김구 암살이라는 충격적인 뉴스가 전해진 다음이었다. 서울 대사관은 6월 25일부터 연일 전문을 띄워 급박하게 돌아가는 한국의 정세를 국무부에 전한다. 이러한 전문은 조병옥이 국무장관을 만나는 7월 11일도 보내진다. 그것은 이승만 정권의 마구잡이식 국회의원 체포를 부정적으로 보는 내용이었다.

그런데도 국무장관이나 자리를 함께했던 본드 동북아문제 과장보나 프락치사건에 관해서는 대통령 특사인 조병옥에게 일언반구도 비치지 않았다. 버터워스가 강조했던 개혁 프로그램에 관해서도 언급이 없었다. 이를 볼 때 미국은 프락치사건에 관한 한 문자 그대로 무대응의 태도를 보인 것이라 해도 틀림이 없을 것이다.

프락치사건에 대해 미국이 어떻게 대응했어야 옳았는지를 따지는 것은 지난 역사를 반추하기 위함만은 아니다. 그것은 프락치사건과 유사한, 또는 그보다 더욱 험악한 정치 사건에 대한 미국의 정책적 대응이 오늘 한국과 한국인의 삶에 끊임없이 영향을 주고 있기 때문이다.

헨더슨의 편에 서서, 미국이 프락치사건에 보인 태도가 '무대응'이라는 데 공감할 수 있지만, 그것은 더 나아가 독재를 눈감아준 무작위에 의한 승인이라고도 할 만하다. 이에 관해 이승만과 그의 개인 보좌관으로 활동 했던 올리버와의 서신 교환은 한 가지 중요한 단서를 제공해준다. 당시 올리버는 이승만에게 보내는 서한에서 경제협조처(ECA)의 한국 담당행정관 존슨(Edgar Johnson)이 한국 원조 계획의 의회 투표를 앞두고 다음과 같이 말했다고 밝히고 있다.

> 나는 ECA의 존슨 박사와 이야기를 나눴는데, 그는 한국에서 오는 모든 뉴스와 그것이 의원들에게 끼치는 영향에 관해 상당히 흥분하고 있었습니다. 그는 말하기를 "우리는 모든 것이 잘되고 있다고 그들[의원들]에게 확신 시키기 위해 최선을 다하고 있습니다. 그런데 갑자기 나쁜 뉴스가 연속으로 터집니다." '김구 일(Kim Koo business)[김구 암살]'은 물론 어쩔 수 없다 합시다. 그러나 국회의원들의 체포는 의회 투표가 끝난 뒤까지 연기되었어 야 했다고 그는 생각했습니다(Oliver, 1954: 234쪽).

이 말은 당시 대한 원조 계획을 담당한 ECA 행정관의 시각을 그대로 전한다. 그는 이승만 정권이 소장파 의원들을 체포하는 것을 문제 삼은 것이 아니라 그 시기를 문제 삼은 것이다. 이는 당시 트루먼 정부 대한정책 결정자들의 생각을 반영한 것으로 볼 수 있다.

1950년에 들어 한국의 정치경제가 갈수록 악화되자 미 국무부는 3월 15일 때마침 워싱턴에 온 한국 ECA 책임자인 번스(Arthur C. Bunce) 박사, 버터워스 극동 문제 담당 차관보 등 한국 정책 고위 정책결정자들의 긴급회의를 열었다. 여기서는 걷잡을 수 없이 악화되는 인플레이션과 이승만의 경찰국가적 경향을 미국이 어떻게 대처하느냐를 숙의했다. 이 회의의 대화록은 미국이 한국의 '정상적 민주주의'에 대해 우려하면서도 그 희망을 체념하고 있다는 느낌을 받게 한다.

번스: 미국 외교단은 이 대통령, 특히 경찰의 지원에 의한 개인 독재 형 정부로 발전하는 경향을 대단히 걱정한다. …… 한국 정부가 현재 취하고 있는 경찰국가적 경향으로 보아 지금 5월 10일로 예정된 총선이 전혀 실시되지 않을지도 모르지만, 실시된다 해도 경찰과 청년단체에 의해 지배될 것 같다. …… 이 대통령을 상대하는 데 있어 미국 외교단이 직면한 가장 큰 장애물은 첫째, 대통령 자신의 무능이요, 둘째, 대통령이 인플레이션 위협의 심각성을 제대로 깨닫지 못하도록 집요하게 작용하는 대통령 고문 레디(Harold Lady)[이승만의 개인 경제 자문역] 씨의 영향이다.

스트리트: 한국 문제는 근본적으로 정치적인 문제이며 국무부는 한국에서 '정상적인 민주주의'를 회복시키는 조치를 취해야 한다.

버터워스: 우선 한국 같은 나라에서는 '정상적인 민주주의' 절차라는 것이 없고 달리 생각한다면 우리 자신을 기만하는 것이다. 또 우리가 한국에서 직면한 문제는 서로 분리될 수 없는 정치적·경제적 요인이 복합적으로 작용한다. 국무부는 작년 가을 이미 한국에서 점증하는 인플레이션 위협을 우려해왔고 그러한 위협에 대처하는 방식에 박력이 부족한 것을 염려했다. 지금 인플레이션 사태와 불만스러운 정치적 사태가 서로 상승 작용을 일으

켜 현재의 전면적인 문제를 만들어낸 것이 아닌가 생각한다. ……

본드: 우리가 한국에 존재하는 불건전한 정치와 경제적 경향에 가장 잘 대처하는 전술은 현장에서 결정되어야 하며, 국무부는 그러한 전술을 어떻게 가장 잘 수립하느냐 하는 문제에 관한 제의를 미국 외교단으로부터 확실히 받아들일 것이다. 내가 보건대 이 대통령의 가장 강력한 무기는 미국이 대단히 심각한 정치적 충격을 각오하지 않고는 한국이 망하도록 내버려둘 수 없다는 사실을 알고 있다는 것이다.

도허티: 만약 현재와 같은 추세가 아주 오래 계속된다면 두 개의 악 중에서 보다 덜한 것을 잘라내고 그 결과를 감내해야 할 시기가 올지도 모른다. 우리는 이를 각오해야 한다(한국 문제 담당관 본드 비망록, 1950년 3월 15일, *FRUS 1950*, VII : 30~33쪽).

워싱턴의 이들 고위 한국정책 결정자들은 이승만 대통령과 그의 경찰국가적 국정 운영에 심각한 불만을 토로하고 있다. 워싱턴의 대한정책 결정에 핵심적인 위치를 차지하는 버터워스 극동 문제 담당 국무부 차관보는 아예 "한국과 같은 나라에서는 정상적인 민주주의 절차가 없다"고 잘라 말한다. 우리는 이들의 어조에서 이들이 한국에서의 민주주의를 체념했다는 느낌을 읽게 된다. 이들은 고민한다. 그러나 어떻게 할 것인가? 한국이 망하도록 내버려둘 것인가? 또는 이승만을 잘라내야 할 것인가? 도허티가 말한 것처럼 정치적 충격을 감수하고라도 이승만을 잘라내야 하지 않을까?

이 문제를 두고 국무부는 또 하나의 시험에 당면하는데, 그것은 1950년 5월 예정된 총선을 연기하겠다는 이승만의 술책이었다. 이승만은 제헌국회 임기의 종료를 앞두고 총선에서 자신의 정치적 입지가 불리할 것이라고 내다본 나머지 총선의 연기를 획책하고 있었다. 1950년 4월 1일, 이승만은 5월 선거를 11월로 연기하겠다는 행정부의 의사를 국회에 통고했다. 이승만은 이것이 예산안 통과가 지연되고 있기 때문이라고 둘러댔다. 그러나 이때 국무부는 단호했다. 4월 3일 딘 러스크 국무차관보는 장면 대사를 불러 일종의 최후통첩을 했다. 만일 한국 정부가 인플레이션을 억제하기 위한 단호한 조치를 취하지 않는다면 미국은 ECA 원조 계획을 재고하겠다는 것이다. 러스크는 "미국의 경제 원조는 민주적 제도의 존재와 발전에 근거하고 있다"는 것을 상기하기 바라며, 따라서 "5월 총선이 연기되어서는 안 된다"고 경고했다(1950년 4월 3일, 같은 문서: 40~43쪽). 다시 말하면 이때 미 국무부는 경제 원조를 지렛대로 삼아 이승만의 정치 농간에 최후통첩을 보낸 것이다.

이승만은 이 최후통첩을 접하고 한 발 물러서지 않을 수 없었다. 그는 4월 7일 국회에 나가 5월 총선을 연기하지 않을 것이라면서 예산안의 조속한 통과를 요청했다. 미 국무부의 단호한 결단에 노회한 이승만도 굴복하지 않을 수 없었던 것이다. 4월 11일 한국 정부는 5월 총선이 예정대로 실시된다고 공식적으로 발표했다. 이러한 국무부의 단호한 대응과 그 결과는 국회프락치사건의 경우에도 국회의 몰락과 사법부의 정치도구화를 막을 가능성이 있었으리라는 점을 시사한다. 헨더슨은 바로 이 점을 국무부의 '우유부단', 미 대사관의 '무대응'이라고 외친 것이다.

결론적으로 볼 때, 국회프락치사건이 일어난 배경에는 소장과 국회의원들이 미국의 국익에 반하는 것으로 인식되는 남북 협상 평화통일안을 들고 나왔을 뿐만 아니라, 외군 철수안을 포함하여 미 군사고문단 설치 반대 등 일련의 행동으로 미국의 냉소적인 반응을 얻은 것이 잠재해 있음은 어렵지 않게 짐작할 수 있다. 그런 상황에서 이승만 정권이 눈엣가시가 된 소장파 의원들에게 경찰국가적 철퇴를 휘두르자, 그 절대적 후원자인 미국은 악어의 눈물을 흘리면서 무작위에 의한 승인을 해준 것으로 추정할 수 있다.

4. 국회프락치사건의 성격: 정치 음모와 테러

헨더슨은 국회프락치사건의 성격을 어떻게 특징짓는가? 그는 이것을 한마디로 정치 사건으로, 따라서 그 재판은 정치 재판으로 본다. 더 나아가 그는 이 재판이 한국 정치 재판의 원형이라고 본다. 곧 헨더슨에게 프락치사건은 사법 사건이 아니라 정치 사건이다. 이승만 행정부가 이원 권력 기관, 곧 경찰과 사설 단체를 동원해 국회 소장파를 탄압한 정치 사건이라는 것이다. 게다가 그는 1949년 6월의 이른바 6·6 반민특위 습격 사건도 프락치사건의 연장선상에서 본다. 특히 그는 이 사건을 처리하는 사법 절차의 문제점을 법률적인 관점에서 조목조목 따지고 있다. 이것은 그가 한국의 사법제도 발전이 정치 발전에 직결된다고 보았기 때문이다.

헨더슨(Henderson, 1968)은 프락치사건의 정치적 성격과 이승만 정권의 독재 체제 운영을 연결시키고 있다. 그는 이승만 정권이 국회와의 힘겨루기 끝에 국회를 무력화하고 소장파를 때려잡기 위해 정치적 음모를 꾸며 만들어낸 사건이 프락치사건이라고 말한다.

긴장감이 감돌던 1949년 봄, 국회는 대통령의 반대에도 불구하고 지방자치법안을 가결했으며, 더욱이 대통령의 거부권을 무시하고 토지개혁법을 가결함으로써 행정부에 대한 저항을 노골화했다. 1949년 6월에는 국무위원들의 총사퇴를 요구한 두 개의 중요한 결의가 가결되었다. 대통령은 자신의 통제력이 위협받고 있음을 분명하게 알았다. 한 젊은 국회의원[이문원]이 5월 18일 체포되었다. 6월 26일 김구가 한 육군 소위에게 암살됐다. 이 소위는 유죄 판결을 받은 뒤 얼마 지나지 않아 석방되어 군에 복귀했으며 결국 중령까지 승진했다. 경찰이 암살 사건 때 현장에 도착했는데, 미 대사관 전문가에 의하면 한국의 통상적인 경찰 통신 시스템과는 맞지 않게 신속하게 왔다고 한다. 그 며칠 전후로 '야당' 국회의원들 10여 명이 더 체포되었는데, 이 중에는 독립투사로 잘 알려진 국회부의장 김약수도 포함되었다(Henderson, 1968: 165~166쪽).

헨더슨은 1949년 5월 18일 이문원 국회의원 체포, 6월 6일 국회 반민특위 습격, 6월 26일 김구 암살, 6월 21~25일 김약수 국회부의장 등 국회의원 체포로 이어지는 정치 테러 시리즈 안에서 프락치사건을 본다. 당시 미 대사관 정치과 소속 국회연락관으로 있었던 헨더슨에게 이것은 하나의 흐름으로 보였을 것이다. 그것은 행정부 권력을 위협하는 존재가 된 국회에 대한 이승만 정권의 반격으로 자행된 연속적인 정치 사건의 일환이었다.

국회프락치사건에 연루된 이들 대부분은 소장파 의원들이다. 그들은 누구인가? 그들은 왜 이승만의 표적이 되었을까?

소장파의 등장

소장파가 이승만 정권의 반대 세력으로 결집하게 된 것을 이해하기 위해서는 제헌국회 안의 각 정치 세력의 포진과 그 성격을 이해할 필요가 있다. 1948년 5·10 선거는 김구와 김규식을 중심으로 하는 단정 반대 세력이 불참했지만, 그 밖의 제반 세력의 선거 참여로 제헌국회가 이승만을 지지하는 독립촉성국민회(독촉)와 한민당을 핵심으로 하는 '극우 세력의 정치적 장'일 뿐인 것은 아니었다(윤민재, 2004: 413쪽).

5·10 선거 결과, 무소속 85명을 비롯해 독촉 55명, 한민당 29명, 대동청년단 12명, 조선민족청년당 6명, 대한노동총연맹 1명, 대한독립촉성총연맹 2명, 기타 단체 10명이 당선되었다. 미 군정의 후원 아래 5·10 선거에 적극 참가한 단정 추진 세력은 국회 진출에 그다지 큰 성과를 얻지 못했고, 특히 한민당의 경우 부진함을 면치 못했다. 독촉과 한민당 의석을 합쳐도 원내 과반수에 미달한 한편, 85명이나 당선된 무소속 중에는 한민당의 공천을 얻지 못하거나 일부러 무소속으로 출마한 인사들, 그리고 한독당의 경우처럼 중도파 인사들이 당명을 어기고 출마한 이들도 포함되어 있어 제헌국회의 인적 구성은 복잡하게 얽혀 있었다.

이는 원내 제반 세력의 이합집산 끝에 소장파 의원들이 득세할 수 있는 틈새를 보여주는 것이었다. 원내로 진출한 여러 정치 세력 중 한 정파나 특정 세력이 주도적인 위치를 확보하지 못한 채 제헌국회가 출발했기 때문에, 각 세력의 주도권 경쟁이 치열하게 전개되는 가운데 조봉암을 중심으로 하는 무소속구락부가 나타났다. 그렇다고 독촉-한민 연합 세력과 무소속구락부가 여야로 구분된 것은 아니었다. 정부 수립 전 국무총리와 각료 인선에서 한민당이 소외되면서 독촉과 한민당의 연합 세력이 무너지는 한편, 다른 한편으로 이승만 지지를 둘러싸고 무소속구락부도 핵분열을 일으켰다. 이승만을 지지하는 의원들은 무소속구락부에서 이탈해 이정회(以正會)를 결성했다.

이런 과정을 거치는 동안 원내에서 여야 세력이 구분되기 시작했다. 이정회가 이탈한 뒤 무소속구락부는 다시 동인회(同人會: 한독당계 서클), 청구회(靑丘會: 족청계 서클), 성인회(成仁會: 급진적 이론파) 등 세 파로 분산되어 완전 해체되었지만, 다시 이들 소속의 젊은 의원들이 소장파 정치 세력으로 결집하기 시작했다. 따라서 원내 세력은 이승만에 반대하는 한민당, 지지하는 이정회, 개혁의 목소리를 대변하는 소장파로 나뉘게 되었다.

소장파 의원들은 제1회 국회(1948년 5월 31일~12월 18일) 시절 약 60명 내외가 등장했으며, 제2회 국회(1948년 12월 20일~1949년 4월 30일) 때는 동인회와 성인회가 합친 동성회를 중심으로 청구회와 연합 전선을 펴면서 70여 명 선으로 불어났다. 이들은 주요 국정 운영에서 이승만 정권과 대립각을 세우면서 위세를 떨쳐, 제2회 국회가 열렸던 1948년 12월 20일부터 1949년 5월 프락치사건이 터질 때까지 약 반 년 동안은 '소장파 전성 시기'로 불렸다(대한민국건국10년지 간행회, 1956: 216쪽).

이들의 위세는 보수 세력의 정당 개편을 일으킬 정도였다. 한민당은 소장파가 외친 개혁의 목소리에 수세적인 입장에 있었고 인기 하락을 피할 수 없었다. 결국 한민당은 신익희의 대한국민당 세력, 지청천의 대동청년단 세력과 규합하여 1949년 2월 1일 민주국민당으로 간판을 바꿨다.

소장파는 그 자체가 정당의 간판을 올린 것도 아니며, 단일한 소속으로 뭉친 정치 단체로 보기 어려웠는데, 가장 넓게 잡았을 때 80명, 소극적 참여자를 포함한 통산적인 규모는 60여 명, 비교적 지속적인 입장을 견지한 적극적 구성원은 50여 명, 그리고 시종일관 통일된 행동을 보인 핵심 세력은 30여 명선인 것으로 알려졌다(백운선, 1992: 84~85쪽). 소장파를 광범하게 잡았을 때, 독립촉성국민회의 관계자가 20여 명, 우익 청년단체 출신자들도 18명이나 되었으며, 소장파의 주도적 인물인 노일환은 한민당원으로 당선된 사람이었다. 이들 중 민족진영계로 볼 수 있는 건준이나 민련 관계자는 8명, 한독당 관계자는 8명밖에 되지 않았다. 그런데도 어떻게 이들 소장파 의원들이 민족주의적이고 개혁적인 목소리를 통일성 있게 내며 위세를 떨칠 수 있었을까? 서중석은 다음과 같이 설명한다.

해방과 함께 민족혁명적·변혁적 기운이 높았는데, 이것이 이 시기까지 남아 있었고 여기에 분단 위기가 겹쳤다. 그리하여 이 시기에는 친일파 처단, 토지 개혁, 평화적 자주 통일에의 요구가 다른 진보적 주장과 함께 강했던 바, 이러한 분위기가 헌법기관으로 민족과 국가의 운명을 짊어졌다고 자부하는 소장 제헌국회의원들의 민족의식, 양식, 정의감에 영향을 미쳤을 것이다. 지식인, 언론인들은 민족 문제, 진보적 개혁에 민감한 반응을 보이고 여론을 형성했는데, 이것이 여론에 민감한 젊은 의원들에게 자극을 주었을 것이다. 특히 친일파 처단에 대해서는 언론 기관들이 적극 호응했다. 극우 단정 세력들은 위와 같은 분위기와 정부 수립 초기의 미비, 미숙 때문에 상대방에 대한 위해나 위협, 탄압을 즉각적으로 하기가 어려웠다(서중석, 1996: 102~103쪽).

해방과 함께 닥쳐온 민족혁명적 분위기는 미 군정 3년이 끝난 뒤 반쪽짜리 단정 정부의 탄생에도 불구하고 여전히 남아서 제헌국회 의정 단상의 여론을 지배하고 있었다. 따라서 당시 친일파 처단, 토지 개혁, 평화적 자주 통일은 한 독일의 여론 전문가가 말하듯 우리 사회의 지배적인 여론의 기류였다. 이 지배적인 여론의 기류를 당시 언론이 공론으로 승화시키자, 초창기 친일파들은 침묵할 수밖에 없었다. 이른바 '침묵의 나선'이 증폭되는 가운데 소장파들의 목소리가 의정 단상을 압도한 것으로 볼 수 있다. 그러나 그것도 잠깐, 이승만 정권의 반격으로 반공의 목소리가 여론의 기류로 나타나기 시작한다. 그것이 프락치사건, 반민특위 경찰 습격 사건으로 표면화된 것이다.

헨더슨은 당시 국회연락관을 맡고 있었기에 자연히 이들 젊은 국회의원들과 친교를 맺었다. 그는 당시 20대 중반을 갓 넘긴 젊은 외교관으로서 이승만 정권과 대립각을 세우고 벌이는 이들의 반대 활동에서 한국 의회주의의 어린 싹을 보았으며, 이들의 개혁적 성향에서 민주주의의 희망을 읽고 있었다. 헨더슨이 보기에 이승만 정권은 경찰의 권력 남용, 공직 부패, 공·사설 조직의 테러, 기부금의 강제 갹출, 인권 유린 등으로 국민으로부터 신망을 잃은 정권이었고, 따라서 그는 남한이 안으로부터 공산주의의 공세에 무너질 위험에 처해 있다고 믿고 있었다.

그런 상황에서 이 소장파는 신생 대한민국의 의회주의와 민주주의의 밝은 희망이었다. 그는 소장파를 부패하고 무능할 뿐만 아니라 독재를 자행하는 이승만 경찰 정권에 대한 훌륭한 견제 세력으로 보았던 것이다. 사실 이들 소장파는 지방자치제 실시, 반민특위 활동, 농지 개혁, 귀속재산 처리 등 개혁 입법 활동에서 이승만 정권에 대항해 국민을 대변하고 있었다. 제1권의 프롤로그에서 헨더슨이 밝힌 프락치사건에 관한 소회 중 소장파와 관련한 부분을 기억해보자.

나는 미 대사관 국회연락관으로서 국회에 관해 보고하는 일을 해야 하는 관계로 많은 의원들과 사귀었는데, 그중 내 자신과 나이가 비슷한 소장파 그룹과 자연히 친교를 갖게 되었습니다. 유명한 독립운동가인 김약수(당시 소장파 그룹의 리더) 의원에 대한 체포 영장이 발부되었지만 오랫동안 일본 경찰의 눈을 피했던 경험으로 피신하자 그가 내 집에 은신하고 있다는 소문이 나돌았던 것은 그런 연고에서였습니다. 이따금 나는 그가 내 집에 왔었다면 오죽 좋았을까 하고 생각하기도 했습니다. 나는 집에 커다란

금고를 갖고 있었기 때문에 그가 안전하게 숨어 지낼 수 있었기 때문입니다. 나는 그들의 재판이 중요하다고 확신한 나머지 그것을 면밀히 지켜봤습니다.

외교관인 헨더슨이 자기 집 금고를 김약수 부의장의 피신처로 주고 싶었다고 말하는 데서 그가 얼마나 분개하고 있었는지를 알 수 있다. 그는 서울이 수복된 뒤 국회 소장파가 사라진 상태에서 쓴 1950년 11월 30일의 정치비망록에서도 그들의 목소리를 담고 있다.

이러한 배경에서 대한민국은 개혁에 대한 누구의 바람도 만족시키지 못했다. 이승만 정권은 사실상 불법을 저지르면서까지 개혁을 방해했다. 두 건의 가장 중요한 법안이 토지개혁법과 지방자치법인데, 이 법안이 가결되어 1949년 봄 법으로 선포되기 전 거부되었다. 이들 법률이 한국 헌법에 규정되어 있고 입법이 바람직하다는 점과 여하튼 법으로 선포되어 행정부가 시행할 책임이 있음에도 불구하고 행정부는 법이 가결된 지 1년 뒤까지 토지 개혁을 시행하지 않고 있으며(그 시행과정은 전쟁 전까지 끝나지 않았다), 지방자치법의 경우 전혀 시행할 의도를 보이지 않고 있다. 세 번째 기본적으로 중요한 법이 귀속재산처리법인데, 이 법은 대통령과 국회, 그리고 내각 간의 격렬한 싸움의 대상이 되어 그 시행이 크게 늦어졌다. 대통령 혼자만이 법에 규정되어 있지 않은 경매제를 고집하고 내각에 경매제를 시행하기 위해 법을 '비틀 것'이라고 말했다고 한다. 이 경매제는 부유층의 이해를 반영하고 있어 전쟁이 일어나기 전 주에 발의됐는데, 이미 심한 언쟁의 대상이 되었다(헨더슨 정치비망록, 1950년 11월 30일).

헨더슨은 소장파의 개혁입법 활동에 전적인 공감을 표시하지만 그것은 당시 미국의 대한정책 결정자들이 이승만 정권이 제2의 국민당 정권처럼 되는 것을 경계했다는 점과 부합한다. 이승만 정권이 만연한 경찰의 권력 남용과 부패로 국민의 신망을 잃어간다는 점에서 보면 국민을 대변하는 국회 소장파는 신생 대한민국의 희망이었다. 그런데 뒤에서 살펴보듯, 소장파가 주도한 남북 협상을 통한 평화통일론의 경우 헨더슨은 미묘한 입장에서 소장파와 토론을 벌인다.

헨더슨이 1949년 5~6월 일어난 일련의 정치 테러 사건의 연장선상에서 프락치사건을 기술하면서 그것을 정치 사건이라고 본 까닭을 정리하면, (1) 이승만 정권이 경찰과 사설 테러 단체를 동원하여 소장파를 위협하고 일부 테러까지 가한 정치 테러라는 점, (2) 이승만 정권과 대립각을 세우고 있는 소장파를 거세하기 위한 정치적 음모가 개재되었다고 짙게 의심한 점, 마지막으로 (3) 사법부를 위협하여 사건을 행정부 의도대로 재단케 한 점을 들 수 있다. 여기서는 (1)과 (2)를 살펴보고, (3)의 경우 개괄적으로 다룬 후 뒤에서 프락치사건 재판을 다룰 때 자세히 살펴볼 것이다.

프락치사건은 정치 테러

국회는 이문원, 이구수, 최태규 의원이 제3회 임시국회가 개회되기 직전 체포되자 1949년 5월 24일 그들의 석방을 찬반 토론 끝에 표결에 부쳐 부결시켰다. 그런데 석방하라고 투표한 의원이 88명에 이르렀다. 그 뒤 국민계몽회의라는 단체가 5월 31일 파고다 공원에서 난데없이 이른바 '민중대회'를 열고 "구속된 세 의원이 공산당원인데, 이들 공산당원을 석방하라고 한 88명의 의원도 공산당원이다"라는 식으로 선동했다. 이들은 그 자리에서 이의를 제기한 국회의원 유성갑을 폭행하여 중상을 입혔으며, 김옥주 의원도 뭇매를 맞았다. 이들의 실제 공격 표적은 반민특위였다.

이들이 6월 2일 다시 민중대회를 연 뒤 중앙청 국회로 진입해 들어온 사건이 발생했다. 이는 국회를 격앙시켰으며, 국회는 국무총리 이하 전 각료를 인책 퇴진할 것을 요구하는 결의안을 가결했다. 그러나 이들은 이에 아랑곳하지 않고 6월 3일 다시 남대문로 반민특위 사무실에 진입해 "반민특위는 빨갱이의 앞잡이다"라고 외치며 반민특위 조사위원들과 대치했다. 이런 불법시위는 경찰이 배후에서 지원하지 않고는 불가능한 일이었다. 경찰은 반민특위의 요청으로 출동하기는 했지만 수수방관하는 자세를 보였다(허종, 2003: 249쪽). 특위는 이런 불법시위의 배후에 서울시경찰국 사찰과장 최운하 등 친일 경찰 간부가 있다는 것을 알고 전부터 구속하고자 했던 최운하와 종로서 사찰주임 조응선을 구속했다. 특히 최운하는 프락치사건 관련 국회의원 1차 검거 때 주동적 역할을 한 인물이었다.

그 뒤 6월 6일 반민특위 습격 사건이 일어나 반민특위는 와해되고 친일파 처단은 유야무야됐다. 이는 친일파 처단에 앞장섰던 소장파에 대해 이승만 정권이 자행한 경찰 물리력에 의한 탄압이었다.

김수선 의원은 반민특위 경찰 습격을 '경찰의 쿠데타 사건'(『국회 속기록』, 제6회, 제42호, 1950년 3월 2일: 966쪽)이라고 불렀으며, 반면 헨더슨은 프락치사건에 연루된 소장파 의원들의 체포를 이승만 정권이 자행한 '국회에 대한 테러요 쿠데타'라고 불렀다. 헨더슨이 보기에 이 테러는 경찰이 묵시적으로 지원하고 경우에 따라서는 노골적으로 앞에 나서기까지 했으며, 사설 테러 단체가 경찰의 지원 아래 대규모로 동원되는 것이 특징이었다. 이는 1952년 부산 정치파동 때도 나타난 정치 테러의 한 패턴이었다.

프락치사건 관련 국회의원들의 2차 검거가 임박한 시점에서 정체 불명의 사설 단체들이 소장파 의원들을 위협하는 전단을 국회의사당에 살포하는가 하면, 서울시 공관에서는 반동 의원 성토대회가 열렸다. 6월 18일 정오 국회의사당 3층 창구로부터 수백 장의 삐라가 살포되었는데, '반공투쟁회'라는 단체 이름으로 뿌려진 이 삐라는 "소장파 의원들의 맹성을 촉구한다"라는 제목으로 "폭탄 선물을 받기 전에 회오 개심하여 민족만을 위해 참다운 대변인이 되라"는 등 노골적인 위협을 가했다(동아일보사, 1975: 102쪽).

게다가 아직 재판도 끝나지도 않은 상태에 있는 몇몇 소장파 국회의원들의 소환 운동이 일어나기도 했다. 강원도 정선 출신 최태규 의원과 전남 출신 김병회, 김옥주 의원의 경우 이들을 해임하라고 요구하는 주민 결의안이 국회에 제출되었다. 예컨대 최태규 의원의 경우 강원도 정선 군민들이 6월 30일 군민회의를 개최하여 그를 소환하기로 결정함과 동시에, 그런 인물을 국회의원으로 선출하여 국가와 국민에게 누를 끼친 데 대해 진사(陳謝)키로 결정하고 대통령과 국회의장에게 군민대회 참석자들이 서명 날인한 결의문을 전달하기로 했다(같은 책: 92쪽).

이는 헌법이 규정하지 않은 소환제로 국회의원들을 위협하는 엉뚱한 요구였지만, 당시 이승만 정권은 민의 조작을 통해 국회 내지 소장파를 위협하는 효과적인 무기라고 생각한 것이다(같은 책: 같은 쪽). 이는 1952년 부산 정치파동 때 이승만이 정치 깡패 집단과 꼭두각시 지자체를 총동원하여 전국적인 국회의원 소환 운동을 벌인 것의 기원이었다.

프락치사건이 과연 실체가 없는데도 정치적 음모로 꾸며졌는가? 이 사건이 일어났던 당시 헨더슨은 외교관으로서 정보 접근이 제한된 처지였고 이를 의심하고 있었지만 확증할 만한 정보는 없었던 것으로 보인다.

그러나 헨더슨은 1985년 말경부터 이 문제에 관심을 갖고 본격적으로 추적하기 시작한다.

김지웅이 쓴 악마적 각본

헨더슨은 그가 프락치사건의 진상을 추적하는 과정에서 갖게 된 여러 의문 때문에 프락치사건의 전반적 구도가 조작되었다는 의심을 확신으로 굳히게 된다. 예컨대 그는 1985년 말 도쿄의 한 친지인 유의상과 교환한 서한에서 프락치사건이 음모에 의해 조작됐다는 정보를 듣고 대단히 반긴다. 그것이 정경모(2002)가 제기한 조작설이다. 유의상은 1985년 12월에 쓴 서한에서 오재호(吳在昊)가 쓴 『특별수사본부』(1972) "국회푸락치사건" 편에 나오는 인물들과 행적에 관해 기술하면서, "책은 전체적으로 믿을 만한 것이 못 된다"면서, 그것이 이승만과 그 자신의 행적을 옹호한 '삼류의 변명거리'라고 평가를 내린다(제11장 1절 "헨더슨의 프락치사건 연구" 참조). 그 대신 그는 정경모가 기술한 조작설을 소개한다. 이 조작설은 김준연(金俊淵) 의원의 비서로 일했던 김지웅(金志雄)의 역할에 주목한다. 정경모에 의하면, 김지웅이 김구 암살극의 실제 시나리오와 연출을 했으며, 국회프락치사건의 '악마적 각본'을 쓴 장본인이라는 것이다.

헨더슨은 정경모의 조작설에 마음이 크게 움직인 듯하다. 김지웅의 '악마적 각본'은 정경모가 1984년 처음 출판한 『찢겨진 산하』(일본어판)에서 나왔는데,7 이를 정경모의 친구인 유의상이 헨더슨에게 전해준 것이다.

---

7 이 책은 정경모가 1979년 이래 '씨아레힘(シアレヒム)'이라는 사숙(私塾)을 열어 강의한 것을 같은 이름의 일본어 잡지로 펴낸 것 중 하나다. 이 잡지 제6호 "삼선각 운상 경륜문답(三先覺雲上經綸問答)"은 책으로 발간됐는데, 이 책이 『斷ち割かれた山河』(影書房, 1984)다. 이 책은 한겨레신문사가 2002년 증보판으로 발간했다. 이 책의 프락치사건 부분은 '한국 문제 전문잡지' ≪シアレヒム≫ 제2호(1981년 7월)가 실은 "비화 반민특위 시말기"에

이 내용의 출처에 대해 알지 못했던 헨더슨은 1986년 정월 초하룻날 답장에서 다음과 같이 쓴다.

> 나는 개인적으로 정경모의 설명이 많은 것을 깨우쳐준다고 생각합니다. 예컨대 나는 분명히 기억할 수 있는데, 1949년 내 집에서 오찬을 하던 중 김준연이 프락치 국회의원들을 맹렬히 비난한 일이 있습니다. 다른 대목도 내게는 일리 있게 들립니다. 그런데 문제는 '전거(典據, reference)'의 어려움입니다. 당신과 나는 정경모의 정직성과 독자성을 높이 존중하지만 그의 구술 의견은 약간 확신을 주지 못하는 면이 있습니다. 이런 의견에 대해 내가 인용할 수 있는 기록된 전거가 있나요?(헨더슨 프락치사건 자료, "빌에게", 1986년 1월 1일자 서한).

유의상이 이 서한에 대한 답장에서 전거로 기록한 것이 바로 일본어로 출판된 『찢겨진 산하』다. 이어서 그는 정경모 자신을 다음과 같이 소개한다.

> 정 선생은 스톤(I. F. Stone)[8]식의 탐사 저널리스트입니다. 나는 그의 글쓰기, 특히 일본어 문체를 찬탄합니다. 그러나 더 중요한 요점은 그의 정보가

근거를 두고 있다.

[8] 스톤은 스스로 기사를 쓰고 편집인/발행인을 겸해 발행하는 저널리즘 비평지 ≪아이에프 스톤의 주간지(I. F. Stone's Weekly)≫로 잘 알려진 저널리스트이다. 그는 냉전의 비판자 입장에서 「한국전쟁의 숨겨진 역사(The Hidden History of the Korean War)」(1952)를 써 한국전쟁의 음모설을 주장했다. 그는 1950년대 매카시즘을 비판하는가 하면 1960년대에 걸쳐 베트남 전쟁의 무모함을 규탄하는 글을 썼다. 그가 발행한 언론 비평 주간지는 7만 부나 보급되었으나 건강 때문에 1971년 발행을 중단했다. 1989년 7월 17일 졸.

가치 있고 정확하다는 것입니다. 그는 한 사건의 잘 알려지지 않은 사실을 파헤쳐 그 사건에 대한 우리의 상(像)을 자주 바꿔버립니다(헨더슨 프락치 사건 자료, 1986년 1월 16일자 유의상 서한).

정경모가 그의 책에서 그린 프락치사건의 정치적 음모는 무엇인가? 그는 『찢겨진 산하』의 한 대목에서 다음과 같이 주장한다.

나(김구)에 대한 암살 모의와 병행해서 진행되고 있던 게 이른바 '국회 공산당 프락치사건'(1949년 3~6월)의 조작이었지요. 이 사건은 당시 '반민특위'의 활동으로 이른바 '반민족분자', 특히 일제 시대 특별고등경찰 노릇을 하고도 정부 수립 후 그대로 눌러앉아 경찰의 실권을 쥐고 있던 무리들의 추방을 열심히 주장하던 김약수, 노일환, 김진웅 등 급진파 소장의원들에게 빨갱이 딱지를 붙여 '반민특위' 자체를 물리적인 힘으로 없애버린 역사적인 사건입니다만, 이 사건의 유일한 '물적 증거'는 항간에서 말하는 '음문 문서', 곧 어느 중년 여인의 국부에서 나왔다는 암호 연락문이었소. …… 하지만 '남로당 특수공작대원 정재한(鄭載漢)'이란 문제의 여인을 본 사람이 아무도 없는데다 재판 때 피고 측이 그렇게 요구한 이 정체불명의 여인과의 대질 신문도 끝내 실현되지 않았소이다. 그러나 명령을 받은 경찰관이 문제의 여인을 붙잡은 것은 사실인 듯합니다. 아마도 누군가가 아무것도 모르는 여인에게 돈을 쥐어주고 타일러서 암호문을 몸에 지니게 한 다음, 서울발 개성행 기차 편에 태웠으리라 생각됩니다. 그런 다음 영문도 모르는 한 경찰관에게 모종의 실마리를 주고 미행을 시켰겠지요.

이 날조 사건으로 인해 국회의원 13명이 '북진 통일에 반대했다'는 것을 포함해 5개 항목에 이르는 죄를 뒤집어쓰고 3년에서 15년[10년]의 중형을 선고받았고, '반민특위' 활동은 급제동이 걸리게 되지요. 이 사건의 비밀을 알아버린 문제의 여인은 아마도 일이 끝난 뒤 경찰의 손에 살해되어 암매장 당했으리라 생각됩니다.

다시 이야기를 김지웅에게 돌리면, 앞으로 일어날 엽기적인 사회적 소동을 충분히 계산한 다음 여인의 비밀스러운 곳에 날조된 비밀 문서를 숨긴다는 악마적 각본을 꾸며낸 게 김지웅이었지요. 실제 연출은 일제 시대 고등경찰이었고 당시 시경국장을 하고 있던 김태선이 맡았고, 검사 역을 맡은 것은 재일 한국인 정치범 가족들에게 터무니없는 몸값을 강탈해 공포의 표적이었던 '검은 변호사' 오제도였습니다. 이 자는 한국전쟁 때 보도연맹 감시하에 있던 '빨갱이' 30만 명을 학살한 살인마이기도 합니다.

김지웅이 어떻게 이런 짓을 할 수 있었겠소? 그 배후에는 김준연이 있었고, 한민당이 있었으며, 궁극적으로는 이승만이 있었기 때문 아니겠소(정경모, 2002: 146~147쪽).

정경모가 백범의 입을 통해 말한 위의 진술에서 보면 프락치사건이란 김준연의 엄호 아래 김지웅이 '악마적 각본'을 꾸몄고, 연출은 시경국장 김태선이 맡았으며, 검사 오제도가 얼굴 마담 노릇을 한 한 편의 연극이란 것이다. 그렇다면 김지웅은 누구인가?

김지웅은 한민당 국회의원 김준연의 '비서'로 행세한 동시에 '국방부 고문', '헌병사령부 보좌관' 등 직함을 가진 '수수께끼 같은 인물'로 정치 브로커 노릇을 했다(정경모, 같은 책). 해방 직후 그는 중국군 정보군관학교를 졸업하고 중국 제4방면군의 여단장을 지낸 중국명 왕금산(汪金山)이라고 허풍을 치고 다니기도 했으나, 실은 관동군 헌병대의 통역을 시작으로 시난(濟南), 쉬저우(徐州) 등 각처를 돌아다니면서 아편 밀매와 같은 일을 하고 관동군과 왕징웨이 괴뢰 정권에게 옌안(延安)의 조선독립동맹과 충칭(重慶) 임시정부에 관한 정보를 제공하던 일본군의 스파이였다고 한다. 김지웅은 이승만 정권 시절 정치 공작을 일삼다가 1960년 4·19 학생혁명이 일어나자 일본에 밀입국해 미즈하라 기요마사(水原淸正)라는 이름으로 '속 편하게' 지냈다고 한다.

다시 프락치사건으로 돌아와서, 김준연은 프락치사건과 어떤 관련을 갖고 있었는가? 그가 이 사건을 직접 조작했다거나 조작 음모에 가담했다는 확실한 증거는 찾기 힘들지만 사건의 단초를 제공했다는 것은 어렵지 않게 추정할 수 있다. 김준연은 프락치사건 관련 국회의원의 1차 검거가 있기 전 《동아일보》 5월 9일자 지면에 "의정 단상 1년"이라는 회고담을 기고했는데, 여기서 60여 명의 소장파 의원들이 김일성을 따르고 있고 그 선전 방침을 충실히 실행하고 있다고 '고발'한다.

김준연이 현역 의원 60여 명을 공산당원이라고 몰아세운 그 대담한 '고발'도 놀랍거니와 더욱 놀라운 일은 이 신문 2면에 이문원 등 4명의 체포를 예고하는 기사가 실린 것이다. 남로당원 서홍옥 등이 체포되어 서울지검에서 취조를 받아오다가 5월 6일 국가보안법 위반으로 재판에 회부되었는데, 이들이 2월 23일 최태규 의원을 만나 외군 철퇴 문제를 상정하면 관철될 수 있도록 적극 발언하겠다는 약속을 받았고, 2월 29일 이구수, 황윤호 의원을 만나 같은 취지의 말을 전했으며, 4월 1일 이문원 등 국회의원을 초청하여 외군 철퇴, 정치범 석방 등 이른바 '남로당 7원칙'과 같은 취지의 통일 방안을 제시하여 찬성을 얻는 등 국회의원을 조종했다는 것이다. 이 기사의 내용을 볼 때 프락치사건의 1차 검거 때 구속된 의원들이 신문지상에 국가보안법 위반자로 거명되고 있어 이문원, 이구수, 최태규, 황윤호 의원의 검거는 예고되어 있는 셈이었다.

김준연이 신문지상에 터트린 마녀사냥식 비방 기사에서 가장 흥미를 끄는 부분은 그의 대담한 고발이 사실상 그 뒤 일어난 반공 민중대회에서 실제 행동으로 재연되고 있다는 점이다. 곧 구속된 세 의원의 석방결의안에 대해 국회에서 88명이 찬성하자 국민계몽회의가 5월 31일 파고다 공원에서 '민중대회'를 열고 선동했던 것이다.

'공산당원'을 석방하라고 한 의원들도 공산당원이라는 이들의 논리는 김준연이 석방에 극구 반대한 논리와 동일했다. 석방결의안 표결에 앞서 그는 "피를 흘리면서 투쟁하여 …… 중간파, 남북협상파를 타도하여 만들어놓은 대한민국에서 체포된 의원들을 석방한다는 것은 언어도단"이라고 극언을 서슴지 않았으며, 세 의원의 석방 찬성은 "대한민국 국회와 정부를 부인하는 행동"이라고 단언했다(『국회 속기록』, 제3회, 2호, 1949년 5월 24일). 석방 찬성자는 '대한민국을 부인하는 자'라고 한 대목은 60여 명의 소장파 의원들이 김일성의 지시를 따른다고 신문에 쓴 부분과 함께 김준연이 징계자격위원회에 회부되는 이유가 된다(『국회 속기록』, 제3회, 6호, 1949년 5월 28일).

다시 5월 9일자 ≪동아일보≫ 기사로 돌아가 보자. 이 기사의 문맥과 김준연이 몇 년 뒤 자신이 직접 말한 내용을 볼 때 그는 이미 이문원이 국가보안법 위반 혐의로 4월 말 구속되어 있는 것을 알고, 이구수, 최태규, 황윤호가 같은 혐의로 체포될 것임을 시사하고 있다. 이런 맥락에서 당시 국회 자격심사위원장을 지낸 김영기가 이 사건은 "장경근 차관과 김준연 등이 만들어낸 사건이며 이 사건을 아는 자는 천지(天知), 지지(地知), 신지(神知), 그리고 연극의 조작자들까지 합쳐 사지(四知)다"(김태호, 1982: 143쪽)라고 장담한 것을 보면, 이를 마냥 낭설로 치부하기 어려워 보인다.

김준연 의원은 실제로 프락치사건이 터진 지 8년이 지난 1957년 11월 이문원 등 세 의원이 구속된 것은 자신이 권승열 검찰총장을 찾아가서 세 사람이 국가보안법을 위반했기에 체포하라고 했기 때문이라고 주장했다(『국회 속기록』, 제26회, 36호, 1957년 11월 3일). 그는 세 사람의 체포는 2차, 3차로 검거가 확대된 프락치사건 자체와는 관련이 없다고 말했다. 그러나 김준연과 김지웅이 그 당시 각종 정치 공작의 산실로 알려진 이른바 '88구락부'에 주요 멤버로 참여했다는 점으로 미뤄 국회프락치사건 조작에 가담했다는 정경모의 주장은 터무니없는 것이 아니다.[9] 결론적으로 이러한 일련의 행적과 배경을 볼 때 김준연이 당시 이승만 정권의 눈엣가시가 된 소장파 세력의 거세를 위해 사건을 조작하거나 적어도 터무니없이 부풀린 검은 세력과 전혀 관련이 없다고 보기는 어렵다.

그런데 헨더슨이 국회프락치사건을 정치 사건으로 규정한 것은 이 사건의 재판이 뚜렷한 증거도 없이, 핵심 증인이 출정하지 않은 채, 고문에 의한 자백만으로 단죄한다고 보았기 때문이다. 그는 이렇게 말한다.

구치소에서 고문으로 받아낸 자백을 근거로 검사가 작성한 기소장이 심리 절차를 주도했다. 자백은 한 여자 간첩 신체의 '은밀한 부분'에서 찾아냈다는 문서에 의해 '확인'되었다고 했는데, 이 여자 첩자는 그때까지도(그 이후에도) 누구인지 들어본 적이 없는 사람이며, 변호인 측으로부터 반복된

---

[9] 88구락부는 서울 팔판동 8번지 허정 교통부 장관 집에서 모임을 가졌는데, 이승만 대통령이 신뢰하던 당시 정군경(政軍警)의 실세들, 곧 허정, 윤보선 상공부 장관, 신성모 국방부 장관, 채병덕 육군 참모총장, 김준연 의원, 장은산 포병사령관, 김태선 수도경찰청장, 김창룡 특무부대장, 김성주 서북청년단장, 정치 브로커 김지웅, 노덕술, 최운하 등의 경찰 간부들이 모여 그때그때의 현안을 정치공작적으로 해결하려 했다고 한다[송남헌, "정치암살", 『전환기의 내막』(조선일보사, 1982): 281~283쪽)]. 여러 증언들은 이 88구락부가 김구 암살 공작의 산실이라고 지목한다.

요청에도 법정에 나타나지 않았다. 또한 이 문서의 신빙성을 다른 방법으로 검증하려 하지 않았다. 공산당의 지령을 전달했다는 두 명의 다른 '첩자'도 나타나지 않았으며, 법정에 선 한 공산당 증인은 아주 허약해진 몸으로 그 지령의 역할과 존재에 의구심을 표했다. 재판장은 검찰 측 요청에 따라 변호인 측의 증인 신청 13건 및 기타 요청을 기각한 반면, 검찰 측 신청 증인은 모두 인정하고 게다가 직권으로 경찰 스파이와 끄나풀까지 증인으로 인정했다. 가장 노골적인 유도신문이 주심 판사의 자리에서 재판장에 의해 행해졌다. 실제 사실로부터 동떨어져 있다는 점, 그리고 신청하고 결정한 증거가 주관적으로 채택되었다는 점에서 재판은 조선 왕조 시대 재판의 특징을 그대로 드러내고 있었다. 사건의 최종 심사와 판단에서 검사의 논고는 감방에서 받아낸 자백에 의존하고 있음에도 거의 배타적으로 원용되는가 하면, 공개 법정에서 나온 진술은 무시되었다(Henderson, 1968: 166~167쪽).

박원순은 이 사건의 핵심 증인이 정재한인데, "이 정 여인은 법정에 나오지 않았을 뿐만 아니라 도대체 본 사람도, 아는 사람도 그 전이나 후에나 없었다"고 하면서, "당시 문정관으로 근무하고 있던 헨더슨조차도 이 사건에 관해 조사하고 방청을 한 결과 그 여인은 존재하지 않는다는 결론을 내렸다고 한다"고 단정한다. 따라서 박원순에 의하면 그 여인은 유령이며, 재판은 '유령 재판'으로 묘사된다(박원순, 1989b: 229쪽).

헨더슨은 이승만 정권이 통제하기 힘든 세력으로 성장한 국회 소장파 의원들을 거세하기 위해 법원을 정치도구화했으며, 그것은 이후 반대당을 때려잡는 데 사법부가 동원되는 정치 재판의 패턴을 만들었다고 한다.

행정부에 의한 노골적인 협박은 더욱 확실해졌다. 판사나 검사는 국가 치안 관계의 재판 결과에 대해 개인적으로 경고를 받곤 했다. 그리고 이런 경고는 1949년 12월 전 대검차장검사를 포함한 21명의 판검사들이 체포됨으로써 현실화되었다[이른바 법조프락치사건]. 체포된 사람들 중 한 사람의 혐의는 "몇 회에 걸쳐 공산주의자들을 변호했다"는 것이었다. 그때 이들을 수사하기 위해 사용된 수법은 당시 법무장관이 1949년 12월 27일 기자회견에서 이제는 검찰관 인원이 늘어났기 때문에 "경찰이 고문할 수 없도록 피의자들이 수용되어 있는 독방을 엄격히 검사한다"고 기자들에게 말한 데서 유추할 수 있을 것이다. 체포된 사법부 판검사들 중 많은 사람이 재판 없이 4개월간 감방에 있었다. 그리고 법정은 그들에게 남조선노동당이 아직 합법 조직이었을 때 탈당하지 않았던 죄를 소급해 적용했다. 그러나 그 판결 형량은 아주 가벼웠기 때문에 실제로는 유죄가 아니었다는 것을 암시했다. …… 사법부가 입법부의 힘을 견제하기 위해 동원된 것이다 (Henderson, 1968: 165쪽).

결론적으로 헨더슨은 국회프락치사건이야말로 신생 대한민국의 민주주의와 독재주의를 갈라놓은 분기점이 된 정치 사건이었으며, 소장파를 때려잡으려는 이승만 정권의 테러와 음모가 개재되었다고 본다. 또 그는 이 사건을 이승만 정권이 독립적이야 할 사법부를 동원하여 반대당을 거세하는 데 이용한 정치 재판으로 특징짓는다.

헨더슨이 프락치사건이 정치적 음모로 꾸며진 것이라고 보았더라도, 그는 남로당이 당시 소장파 의원들을 겨냥해 공작했던 차원은 별개로 본 것 같다. 그는 프락치사건 관련 "피고인들이 1950년 5월 14일 모두 유죄로 입증되었다면 마땅히 받아야 할 기간보다 짧은 형기의 판결을 받았다"[10]면서 유죄가 입증되지 못한 것이라고 주장하지만, "서울 점령 동안 그들이 풀려난 뒤의 언행으로 보아 두 명은 유죄인 듯하고 나머지는 어떠한 공산당과의 접촉도 알지 못했다"고 말하고 있다(Henderson, 1968: 427쪽, 주 52).

5. 대한정치공작대 사건: 절정에 이른 정치 음모극

1949~1950년 국회프락치사건에 뒤이어 1950년 4월 중순 이른바 '대한정치공작대 사건'이 터졌다. 이 사건은 이 시기 정치음모극을 특징짓는 성격의 어두운 한 단면을 보여준다. 그것은 무엇보다도 정치 테러, 음모, 암호 문서, 가혹한 고문, 사설 테러 단체 등과 같은 음습한 단어들이 공산당의 공작이라는 정부 전복 음모와 연계되어 짜여진 각본으로서의 특징을 갖는다. 국회프락치사건의 경우 소장파 의원들이 제출한 외군 철수 진언서가 바로 북한 인민군의 남한 침공을 불러들이는 초청장이라는 논지가 꾸며졌다. 그런데 대한정치공작대 사건의 경우 더욱 극적으로 공산당의 암살과 정부 전복 음모가 꾸며졌다. 곧 '인민군 부사령관'이라는 가공인물이 지휘하는 2,000명의 '빨갱이 놈들'이 "총 봉기하여 대통령 관저를 습격하고

---

[10] 오제도 검사는 노일환, 이문원 피고인에 대해 당시 국가보안법 제1조 2호 및 3조 위반으로 12년을 구형하고 사광욱 판사는 징역 10년을 언도했다. 1호가 규정하는 국가 변란을 목적으로 하는 반국가단체를 구성한 자 중 '수괴와 간부'급에 대해서는 최고형으로 무기를 규정하고, 다음으로 2호는 '지도적 임무 종사자'에 대해 최고형 12년을 규정하고 있었기 때문에 중형에 해당했다. 헨더슨은 아마도 이승만 정권이 1949년 12월 개정했지만 헨더슨과 프랭켈 등이 미 대사관의 '은밀한 간섭'을 유도하여 시행하지 못하게 한 개정 국가보안법이 규정한 형기를 생각한 듯하다. 이 개정 국가보안법은 수괴와 간부는 물론 지도적 임무 종사자에게도 법정 최고형으로 사형을 규정하고 있었다.

대통령을 암살하고 정부요인들을 살해한다"는 것이다.

그런데 국회프락치사건의 경우 공식적인 수사 기관과 사법 절차가 이용되었지만, 정치공작대 사건은 비공식적인 사설 수사 단체가 주동이 되어 경찰력을 동원한 것이 특색이다. 미 대사관 법률고문 프랭켈 박사가 말한 이승만 체제를 구성하는 '이원 정부'가 이 두 사건의 경우 잘 들어맞는다. 뒤에서 보듯 커밍스(Cumings, 1990)는 이원정부론을 차용하여 대한정치공작대 사건의 상층부 모의 부분을 설명하고 있다.

대한정치공작대 사건에 주목해야 하는 것은 이 사건이 한 연구자가 평가하듯 "1948~1950년의 정치적 사건과 초기 극우 반공 체제를 이해하는 데 좋은 텍스트"(서중석, 1996: 91쪽)일 뿐만 아니라 에피소드 수준을 넘어 국회프락치사건과 흥미 있는 관련을 맺고 있기 때문이다. 만들어진 음모 각본의 내용 가운데 "국회 프락치 김병회(암호: 虛無人)와 윤재욱(암호: 在)을 중심으로 민주국민당 소속 각계각층을 통해 정부 기관을 상대로 자금 조달을 할 것"(선우종원, 1992: 194쪽)이 포함된 것은 작은 에피소드일 것이다. 그러나 프락치사건 재판의 관여 검사의 한 사람인 선우종원(鮮宇宗源)이 대한정치공작대 사건의 '치졸한' 조작극을 세상에 폭로하여 알리는 데 한몫을 했다는 이야기(같은 책, 제5부 "광분하는 정치 브로커의 음모")는 전혀 다른 의미에서 중요하다.

이 '사상검사'의 이야기는 일견 프락치사건의 음모성을 상쇄하는 듯 들린다. 그가 쓴 『사상검사』(1992)라는 책은 이 이야기와 함께 국회프락치사건에 관한 수사당국판 이야기를 그대로 전하고 때문이다.[11] 그러나

---

11 선우종원은 그의 책 『사상검사』(1992)에서 수사 기관이 발표한 대로 국회프락치사건을 쓰고 있다. 이와 함께 그는 프락치사건 피고인 중 서용길 의원과 만난 이야기를 전하고 있다. 서용길은 서울이 공산군에 함락되자 프락치사건 관련 피고인들과 함께 서대문

그 자신이 2년 뒤 터진 부산 정치파동에서 이 사건과 닮은 '국제공산당 음모 사건'의 주모자로 몰린 것은 역사의 아이러니였다. 역설같이 들리지만 선우종원이 당한 체험은 국회프락치사건의 피고인들도 '마녀사냥'의 희생자들일 수 있다고 추론할 수 있게 한다. 뒤에 살펴보겠지만 선우종원은 이승만 독재에 반기를 들고 장면 총리를 대통령으로 추대하려는 운동을 벌이다가 1952년 부산 정치파동 때 "사상검사가 국제공산당원으로 몰리는 어처구니없는 처지를 당하고" 일본으로 망명길을 떠난다.

치졸한 정치음모극

대한정치공작대 사건에 다가가기 위해서는 상층부의 검은 모의와 하층부의 공작 행동을 종합적으로 다뤄야 한다. 지금까지 대한정치공작대 이야기는 주로 하층부의 공작 행동 부분을 중심으로 쓰여왔다. 선우종원과 다른 저자들이 다룬 이야기나 국회에서 나온 진상 보고도 주로 하층부 공작에 관한 것이다.[12] 다시 말해 이 사건의 상층부 모의 부분은 숨겨져

형무소에서 집에서 며칠 쉬고 있는데, 노일환 의원이 찾아와 "이제 살길을 찾아보자"고 하자 "나는 몸도 약하고 해서 동지들 모임에 나갈 수 없으니 그렇게 양해해주시오" 했다는 것이다. 그리고는 "다음날 보따리를 챙겨서 변성명하고 숨어버렸다"고 한다(선우종원, 1992: 115~116쪽). 선우종원은 프락치사건 재판 관여 검사로 이름이 올라 있지만 그가 국회프락치사건 수사에 관여했다는 기록은 없다. 그러나 선우종원 검사는 정희택 검사와 함께 1949년 1차 및 2차 법조프락치사건의 수사를 맡았고 재판의 관여 검사였다. 그가 직접 담당한 제1차 법조프락치사건에서 이봉규(李奉圭) 판사가 구형량에 비해 "상식 외로 너무나 가볍게 언도하자" ≪경향신문≫ 지상에 "심판부의 부당성을 지적하는 글"을 쓸 만큼 철저한 반공 사상검사였다.

12 선우종원은 위 책 178~207쪽에 그가 대한정치공작대 사건에 개입하여 수사하게 된 경위와 함께 그 사건의 내막을 자세히 기술하고 있다. 또한 해방20년사편찬위원회 편, 『해방 20년사』(1965): 334~341쪽에도 거의 비슷한 내용이 수록되어 있으며, 국회진상조사단이 보고한 내용도 기록으로 남아 있다. 서중석 교수는 이 사건을 상세히 다루면서 "이 사건은 1948~1950년의 정치적 사건과 초기 극우 반공 체제를 이해하는

있었던 것이다.

여기에는 이 사건을 수사한 검찰이 정치음모극에 제동을 걸어 사건은 불발로 끝났지만 정작 현실적인 제약 때문에 상층부의 검은 모의는 건드릴 수 없었다는 사정이 있다. 이것은 대통령이 이 사건에 관련되었기 때문이다. 선우종원은 사실 이 사건의 상층부를 언급하면서 "대통령까지 이 사건과 관련시켜 검찰 수사를 할 수는 없었다"고 실토하고 있다. 그는 "조작된 음모를 누가 명령했는가는 정운수와 백성욱 내무장관만이 알 수 있는 수수께끼"라고 그 윤곽만을 그리면서, "당시 이 사건의 기소장에서 경무대가 관련되었다는 피의자의 진술을 모두 허위로 돌려버렸다"고 증언한다(선우종원, 1992: 206쪽). 이 증언은 검찰이 이승만이 관련된 상층부 모의를 상당 부분 밝혀놓고도 빼버렸다고 의심할 만한 여운을 남기고 있다.

이승만 대통령이 관련된 상층부 모의 부분 '수수께끼'는 영원히 수수께끼로 남아야 하는가? 지금 관련자들의 증언을 얻을 수 없는 것은 물론이다. 그러나 지은이는 다행히 이 수수께끼의 윤곽이나마 관련 문헌을 면밀히 추적하여 재구성할 수 있었다.[13]

먼저 대한정치공작대란 단체의 정체는 무엇인가? 그 대원들은 국가보

데 좋은 텍스트"라고 평가한다(서중석, 1996, 제2권: 91~94쪽).
[13] 대한정치공작대 사건의 상층부를 추적하는 데 이용한 기존 문헌은 선우종원의 책(1992), 『해방 20년사』(1965), 조헌영 의원의 국회 진상 보고를 비롯한 다른 의원들의 질의에서 나온 진술, 그리고 브루스 커밍스 교수가 쓴 『한국전쟁의 기원(The Origins of the Korean War)』 제2권(1990): 489~490쪽을 포함한다. 커밍스는 이 사건에 관련된 인물과 사건의 내막을 이원정부론의 관점에서 상당히 자세히 다루고 있다. 그 밖에 이영신이 쓴 "이영신의 현대사 발굴", 『비밀결사 白衣社』 상, 중, 하(1993)는 백의사 총사령관 염동진이라는 인물에 초점을 둔 다큐멘터리인데, 대한정치공작대 구성원에 관한 정보를 담고 있다.

안법 위반자들을 수사한다는 명목으로 규합해두었던 107명의 인원들로 구성되었다고 한다. 그들은 누구이고 이 단체는 어떻게 생겨나게 되었을까? 1950년 4월 12일 국회가 이 사건의 진상조사단을 구성하기로 했을 때 곽상훈(郭尙勳) 의원은 "대통령 자신께서 수개월 전인 작년[1949년]에 청년 200명 정도의 조직체로서 매월 100여 만 원을 사용하여 국내 정보 및 여론 수집 기관으로 탄생시켜 전 반민특위가 있던 자리에서 사무를 보고 있었다는데, 그 후 그 공작대가 본의를 탈선하고 있었다는 것을 들었다"고 발언했다.(≪한성일보≫, 1950년 4월 13일자).[14]

이 발언과 여러 가지 기록을 종합해볼 때 대한정치공작대란 이승만 대통령의 특명으로 설치된 사설 수사 단체인 것이 분명하다. 곽상훈은 뒤에 그 발언이 문제가 되어 취소할 때 "대통령이 민간 실정을 직접 파악하시기 위하여 **정직한 애국 청년을 뽑아서 조직한 것을 불순분자들이 악용하여** (강조는 지은이)"(≪연합신문≫, 1950년 4월 25일자)라고 했다.

그렇다면 이들 '정직한 애국 청년'이란 누구인가? 이들은 해방 공간에서 우익 테러리스트 단체로서 암약했던 백의사(白衣社) 소속 청년들로 짐작된다. 백의사는 중국 남의사(藍衣社) 출신 염응택(廉應澤)이 해방 직후 남의사를 본떠 우익 테러를 목적으로 세운 단체로 알려져 있다.[15] 그러나

---

14 자신의 발언이 "연합 통신에 오보되어 많은 오해를 사고 있다 하여" 곽상훈은 4월 24일 성명을 발표, "대통령이 민간 실정을 직접 파악하시기 위해 정직한 애국 청년을 뽑아서 조직한 것을 불순분자들이 악용하여 대통령의 본의에 어그러진 이와 같은 음모 사건 운운을 밝혀 …… 다방면으로 철저히 조사한 결과 대한정치공작대는 대통령과 하등 관련이 없음이 판명되었으므로 이를 밝히는 바이다"라고 하여 자신의 발언을 취소했다(≪연합신문≫, 1950년 4월 25일자). 그러나 곽 의원은 실제로 대통령이 "정직한 애국 청년을 뽑아 조직한 것"이라고 하여 앞뒤가 안 맞는 발언을 하고 있다.
15 염응택은 중국 남의사에 몸담고 있던 시절에는 염동진으로 알려진 인물로 한국 독립군을 양성하기 위해 창설된 남경 중앙 군관학교 낙양 분교 출신이라고 한다. 염응택은

1948년 단정으로 대한민국 정부가 세워지자 백의사의 역할이 대통령 측근들에 의해 대한정치공작대로 대체된 것으로 짐작할 수 있다.16

대한정치공작대가 자신의 이름으로 활동을 개시한 것은 1950년 4월 초이지만 100여 명의 '정직한 애국 청년'의 실체가 생긴 것은 1949년 어느 때일 것으로 추측된다. 그렇다면 대통령을 움직여 테러와 수사를 목적으로 하는 이 사설 단체를 만든 장본인들은 누구인가?

대통령 특명으로

여기서 우리는 제일 먼저 편동현(片東鉉)이란 인물을 만난다. 편동현은 재미 시절 오랫동안 이승만의 비서를 지냈으며 이승만이 환국한 뒤 따라 온 인물이다. 그는 바로 정운수(鄭雲樹)의 장인인데, 정운수는 대한정치공

일본 관동군 헌병대에 체포되어 심한 고문을 당한 뒤 실명하여 '맹인 장군'으로 불리기도 했다. 그는 1944년 8월 중국 남의사를 본떠 대동단을 창설했는데, 해방 뒤 서울로 오고 나서 한국인의 전통 복색인 흰옷을 상징하는 '백의사'로 개칭했다고 한다. 이 백의사는 제2의 독립운동으로 타공(打共) 운동을 전개했다. 그는 당시 '정치 깡패'였던 김두한을 포섭하여 우익 테러를 사주한 것으로 알려졌다. 1950년 한국전쟁 때 납북되어 사망했다고 한다(안기석, 2004, http://blog.naver.com/les130/80003903615).

16 원래 대한정치공작대는 해방 공간에서 신익희가 만든 청년 조직이었다고 한다. 신익희는 1945년 11월 서울로 온 염응택을 만나 자신이 주도하는 대한정치공작대의 구상을 알리며 합류를 권유했지만 그가 정치적 성향의 조직과 일정한 거리를 두고자 했기 때문에 포섭하지는 못했다고 한다. 그런데 미국 측 기록에 의하면 하지 장군이 대한정치공작대 해체를 명하자 신익희의 측근인 조중서가 미국 CIC 소속 이순용과 협의하여 대북 정보 수집을 맡기로 하고 그 대역으로 백의사를 등장시켰다. 그러나 백의사는 1948년 대한민국 정부가 세워지자 그 역할이 축소되지 않을 수 없었다(안기석, 같은 글). 이런 상황에서 대통령 측근 세력 정운수, 장석윤 등이 전문 테러리스트인 김태수, 정동엽과 의기투합하여 1949년 말경 백의사에 남아 있던 100여 명의 '정직한 애국 청년'들을 규합하여 대한정치공작대를 만들었다고 보인다. 대한정치공작대가 백의사의 후속 단체라는 것은 공작대의 부대장 정동엽(일명 鄭鉉)이 백의사의 총사령관 염응택과 같이 중국 남의사 출신이라는 점에서도 엿볼 수 있다(선우종원, 1992: 192쪽).

작대를 지휘하여 1950년 4월 5일 밤 '무장간첩 소탕 작전'의 지휘를, 말하자면 정치공작대의 사령관 역을 맡은 셈이다. 정운수는 미국 시민권을 가지고 미군에 입대했으며 귀국한 뒤 이승만 대통령이 그를 해운공사 사장으로 임명했다.

정운수와 함께 한국계 미국 시민으로 미군 경력을 갖고 일한 사람이 이순영(李純鎔)과 장석윤(張錫潤)이다. 이순영과 정운수는 1943년 3월 인도 전선에서 미국 정보전략처(Office of Stragetic Service, 이하 OSS: 미국 중앙정보부 전신) 중국 본부에 전속되면서 장석윤과 만나게 된다. 장석윤은 1943년 봄 OSS가 실시하는 정보 통신 등에 관한 특수 교육을 받았다고 되어 있다. 이들 한국계 미국인 3인조가 한미 합동 작전 계획에서 한 몫을 담당하게 되어 1945년 8월 편성된 한국 정진군(挺進軍)의 총지휘관 이범석(李範奭)과 두터운 인연을 맺게 된다. 그런데 이 정진군의 국내 진입은 일본이 때이른 항복을 하는 바람에 물거품으로 끝나고 말았다. 그러나 이 3인방이 이범석과 맺은 인연은 쉽게 사라지지 않았다.[17]

1950년 이들의 행적을 추적한 미국 측 정보기관은 정운수와 장윤석이 이범석과 가까운 사이라고 주목한다. 장윤석의 경우 한국전쟁 직전 6월 19일 치안국장으로, 다시 1952년 1월 부산 정치파동이 일어난 시점에 내무장관으로 기용된다. 그의 전임은 1951년 5월~1952년 1월에 내무장관을 역임한 이순용이었다. 장윤석의 후임은 1952년 5월 내무장관으로 취임하여 부산 정치파동 때 이승만을 위해 직선제 개헌을 달성하는 데 일등공신 역할을 한 이범석이었다.

---

17 이순영, 장석윤, 정운수 등 한국계 미군 요원들이 광복군의 특수 훈련과 국내 정진(挺進) 계획과 관련하여 활동한 내용은 "임시정부의 군사 활동"에 자세히 나와 있다 (http://cafe.naver.com/comoim/35).

다시 대한정치공작대 사건으로 돌아가보자. 이 단체의 아이디어를 이승만에게 전한 것은 정인수의 장인 편동현으로 보인다. 국회 제81차 본회의에서 4월 19일 조헌영(趙憲泳) 의원의 진상 보고에 의하면 편동현이 자기 사위인 정운수에게 "큰일 났다. 군에 프락치가 몇 천 명이 있고, 경찰에도 있고, 또 법조계에도 있고 한데 …… [이들이] 대통령을 암살하고 경무대를 파괴하고 이런 일이 있으니 큰일 났다"라는 말을 했다는 것이다. "그래 장인한테 물어서 그 사람들이 확실한 사람들이냐 물으니까 몇 해 전부터 알았는데 튼튼한 사람이라고 해서 이무열이라는 사람을 만나 정보를 들었다고 합니다"(『국회 속기록』, 제6회, 80호, 1950년 4월 19일, 조헌영 의원 발언).

이 진상 보고가 사실이라면 이승만이 그의 측근 세력, 곧 이 장인-사위 커넥션과 정보 브로커 이무열의 말을 듣고 대한정치공작대가 무장간첩 소탕 작전을 맡아 처리하도록 명했음을 짐작할 수 있는 정황이 드러난다. 이승만 대통령은 군, 경찰, 검찰 공식 수사 기관은 남로당 프락치가 대거 침투하여 믿을 수 없으니 사설 수사 단체가 수사하도록 해야 한다는 권력을 노린 주변 측근들의 말에 솔깃한 것 같다. 게다가 "5 · 20 선거[5 · 30 총선]를 앞두고 김성수, 김준연, 백관수, 조병옥 등 야당계, 특히 민주국민당계 거물급 인사들이 군, 경 내부에 침투해 들어간 상당수의 오열들과 내통하여 선거를 방해하고 나아가서 이 박사와 그 세력을 몰아내기 위해 암살 음모를 꾸며 정부를 전복하려 했다"(선우종원, 1992: 188쪽)고 하지 않는가. 이런 죽일 놈들이 있나! 이는 총선에 호재다! 이승만은 쾌재를 불렀을 것이다.

앞에서 본 대로 편동현은 이승만의 재미 시절 그의 충직한 비서로 일했고 사위 정운수는 미국 시민으로 OSS 시절부터 미군 경력을 가진 한국계 미국 시민이다. 게다가 이승만은 정운수가 한국에 오자 해운공사 사장으로 앉혔다. 미국 측 정보에 의하면 정운수는 1950년에 이르러 이범석과 매우 가까운 사이가 되었다(Cumings, 1990: 490쪽—그러나 그전인 1943년 OSS 시절 이범석과 인연을 맺은 사이다). 이승만의 이들 최측근 커넥션이 정보 브로커들과 각각 다른 목적을 가지고 서로 죽이 맞은 셈이다.

이들은 자칭 대통령 고문이라는 이무열(李武烈)과 함께 이승만 대통령에게 사설 수사 단체가 필요함을 역설했을 것이다. 여기에 장석윤과 이순용이 그들 자신의 정치적 목적을 위해 가세했을 것이다. 선우종원이 쓴 기록을 보면 이들이 이승만을 설득하기 위해 간교하게 속인 수법이 드러난다. 3월 중순 김태수와 정동엽(鄭東燁, 일명 鄭鉉)이 이무열을 통해 날조된 허위 정보를 이승만 대통령에게 전했더니 대통령은 "자네(이무열)는 믿을 수 있지만 정보를 제공한 김태수가 누군지 알 수 없으니 믿을 수가 있겠는가?"했다고 한다(선우종원, 1992: 195~196쪽). 이에 이무열이 "대통령을 믿도록 하고 정[정운수]과 백 내무장관이 신용할 수 있도록 하려면 좀 더 감동적인 혈서를 쓰는 것이 효과적이겠다"고 말하자, "이윽고 명주 수건을 꺼내놓고 김태수가 오른쪽 약지를 면도로 베어 그 피로 '爲國(위국)'이라고 혈서(증제 11호)를 써서 이에게 건네주었다"는 것이다. 이무열은 혈서를 받아들고 "좌익 프락치로 잠입한 장교 한 놈이라도 체포했다거나 무기 한 자루라도 노획해야지 모든 일이 유리하겠고 효과적이겠는데 어떻소. 그러한 방법을 한 번 강구해봅시다"라고 다시 그럴듯한 흉계를 제안했다(같은 책: 196쪽).

선우종원이 전한 이 기록은 검찰이 사건이 조작되었음을 밝히고 수사하여 관련자 12명을 기소한 내용에 근거하고 있는 것이다. 이들이 대통령에게 전한 조작된 남로당 음모란 무엇인가? 대한정치공작대 대장 김태수와 부대장 정동엽이 서울 남대문 소복(笑福)여관에서 만들어낸 엉터리 허위 정보는 "신명규 소령[국방장관 신성모의 아들]이 중심이 되어 결사대를 조직하여 대통령을 암살할 것"을 비롯해 "내무장관과 김준연[암호-김(金)]을 통해 좌익 수감자의 석방 운동을 대대적으로 벌일 것"(증제 13호의 1)으로 되어 있다(같은 책: 194~194쪽).

대한정치공작대 대장 김태수와 간부 박문(朴文)이 이무열을 만나 "특별수사대를 만들라는 대통령의 특명이 내렸다"는 말을 들은 것은 1950년 3월 28일 오전 11시 무렵이었다(같은 책: 196쪽). 이무열은 또한 "정운수가 총책임자가 되고 나는 연락책임자가 된다"(같은 책: 196~197쪽)고 했다. 이들 정보 브로커들의 조작 모의가 성공을 거두는 순간이었다. 또한 이승만 측근 세력의 검은 커넥션이 추구하는 정치 목적과, 전문 테러리스트들이 음지의 활동 공간을 확보하려는 음모 공작이 맞아떨어지는 순간이었다.

그리하여 남로당 음모를 분쇄하기 위한 대한정치공작대의 '무장간첩 소탕 작전'이 본격적으로 시작된다. 백성욱(白性郁) 내무장관, 신태영(申泰英) 육군 총참모장, 최영희(崔榮喜) 헌병사령관, 김병완(金炳玩) 치안국장 서리가 대통령의 특명을 받들어 이 소탕 작전에 힘을 보태게 된다. 1950년 3월 30일 이무열은 내무장관의 명령이라고 하면서 치안국장 서리로부터 대한정치공작대 본거지를 반민특위 청사였던 경찰병원 안에 두라는 지시를 받았다. 또한 치안국으로부터 지프 1대를 제공받았다. 같은 날 정치공작대 간부 12명은 치안국장 서리와 헌병사령관의 이름으로 "상기자는 사전 승인 없이는 심문, 검거를 불허한다"는 특별 신분증을 받았다(같은 책: 198쪽). 그러나 이들의 꾸며진 무장간첩 소탕 작전은 검찰의 개입으로 그 거짓이 드러나게 된다. 또한 여기에는 미 대사관의 무초 대사가 이 대통령에게 직언한 것이 효과가 있었다고 볼 수 있다.

음지의 사나이 '몬타나 장'

우리는 대한정치공작대 사건과 관련하여 또 한 사람의 이승만 측근을 만난다. 그가 문제의 사나이 장석윤이다. 미국인들에게 '몬타나 장(Montana Chang)'으로 알려진 장석윤은 정운수가 무장간첩 소탕 작전을 지휘하여 출동한 날 밤 헌병사령관과 치안국장 서리, 미군 정보장교들과 함께 동행한 인물이다. 그는 미국 시민권자로 미군 상사 계급장을 달고 한국에 온 뒤 주한미군 G-2와 방첩대에서 일했다. 그때 그는 이승만에게 중요한 정보를 제공함으로써 이승만의 신임을 얻었다. 그는 이승만의 최측근인 윤치영과는 처남-매부 사이다. 미국 측 정보에 의하면 1950년에 장은 "오랜 기간 대통령의 특수 요원"이었으며, 미 대사관은 장을 "부패하고, 완고하며, 위험한 음모의 상시적인 원천"이라고 비방하면서 "강탈, 감금, 짐승 같은 구타 등 메스꺼운 음지에 깊숙이 관여하고 있다"고 인신공격을 가하고 있다(Cumings, 1990: 490쪽).

우리는 제1권 제6장 "부산 정치파동"을 다룰 때 '몬타나 장'을 만났다. 무초 대사는 이 대통령에게 그가 공식적인 채널보다 '몬타나 장'과 같은 사설 정보 채널을 이용하여 정부의 신뢰성을 떨어뜨리고 있다고(FRUS 1951: 418쪽) 쓴소리를 하는가 하면, '악명 높은 대한정치공작대 사건'을 주도했는데도 내무장관에 기용했다고 힐난했다(FRUS 1952~1954: 48쪽). 이를 볼 때 미국 측은 한국전쟁 전부터 이승만의 국정 운영에 대해 회의를 품고 있었음을 알 수 있다.

어떻든 이승만 측근 세력으로 정치공작대 사건에 관련된 인물은 백성욱, 편동현, 정운수, 이순용, 장석윤이다. 물론 육군 참모총장, 헌병사령관, 치안국장 서리도 업무 관할 책임상 개입하고 있다. 그 밖에 미국 측 정보는 윤치영, 임영신, 이범석이 관련되었다고 기록하고 있다(주한 미 대사관 주간보고서 3, 1950년 4월 21일: 292쪽). 이들 이승만 측근 세력은 대한정치공작대를 수단으로 무엇을 획책하려 했던가?

이와 관련해 이승만 체제 내부 측근-정상 세력 간의 권력 투쟁에 주의를 돌릴 필요가 있다. 커밍스는 미 대사관 법률고문 프랭켈 박사의 이원정부론을 인용하면서 이들의 권력 투쟁을 설명하고 있다. 프랭켈에 의하면 이승만 체제를 구성하는 두 정부, 곧 공식적인 조직과 비공식적인 '그림자' 조직 중 후자가 더욱 효율적이었다. 그는 1950년 4월 합법적인 권역 외에서 이뤄진 청년단체들의 기부금 강제 갹출과 관련하여 이렇게 말했다(Cumings, 1990: 489쪽 및 861쪽, 주 80). 이런 맥락에서 대한정치공작대 사건은 음지의 이승만 측근 세력이 양지의 세력을 몰아내기 위한 음모로 꾸며졌다는 것이다.

구체적으로 커밍스는 신성모 국방장관(당시 국무총리 서리 겸임), 김효석 내무장관, 치안국장 김병완을 내쫓고, 기타 고위직을 개편하여 그 자리를 이승만의 음지 측근 세력이 차지하려 했다고 말한다. 즉 국방장관은 정운수가, 치안국장은 장석윤이, 내무장관은 백성욱이, 육군 참모총장은 김석원이, 참모차장은 이응준이, 서울시경국장은 장윤보가 차지한다는 것이다. 또한 임영신의 경우 상공부 장관으로 복귀하려 했다고 한다(같은 책: 489~490쪽).

가장 두드러진 음모는 정운수가 신성모의 국방장관 자리를 차지한다는 것이다. 이를 위해 신성모의 아들 신명규 소령을 군 내의 남로당 프락치로 만드는 모략을 세웠다. 이무열이 3월 중순 대한정치공작대 대장인 김태수로부터 날조된 남로당 음모에 대한 정보를 받을 때, 김태수가 "신 소령에 대한 정보가 왜 그렇게 중요합니까?"라고 묻자 이무열은 다음과 같이 답한다.

오늘 저녁 8시 경무대에서 리 대통령을 만나게 되어 있는데, 국방부 장관 인사 문제가 논의될 거요. 구체적인 증거도 없이 어떻게 사람을 잡는단 말이오. 국방장관 후임으로 미군 정보기관 책임자로 있는 정운수라는 분을 추천하고 있는데, 현직 장관 아들이 좌익 극렬분자라는 것이 드러나야 일이 손쉽게 매듭지어질 것 아니오(선우종원, 1992: 195쪽).

그러나 당시 이승만은 신성모에 대한 신임을 쉽게 떨쳐버리지 않았다. 게다가 정운수가 지휘하는 가짜 무장간첩 소탕 작전은 그 거짓이 여지없이 드러나고 말아 이승만은 체면이 구겨지고 말았다. 따라서 정운수는 이승만 대통령 측근들의 내부 권력 투쟁에서 탈락한다. 그러나 백성욱, 이순용, 장석윤은 회오리 정치의 상승 기류를 타게 된다. 이승만 대통령은 1950년 4월 김효석 내무장관을 백성욱으로 교체하고 한국전쟁이 터지기 직전 6월 19일 장석윤을 치안국장에 임명했다. 또한 이순용은 잠시 내무장관에 기용되지만 장석윤과 권력 투쟁 반열에서 경쟁할 수는 없었다. 그 다음해 장석윤은 내무장관으로 발탁되었다. 그러나 장석윤은 이승만이 더욱 급박한 부산 정치파동의 상황에서 이범석을 다시 내무장관에 앉히는 바람에 자리를 내주고 말았다. 한편 김석원은 신성모와의 암투에서 오히려 미군 측에 밉보인 요인도 작용하여 1949년 가을 1사단장으로 좌천당했다(Cumings, 1990: 489쪽).

한 목격증인의 이야기

이제 대한정치공작대 사건의 하층부 이야기에 눈을 돌려보자. 공작대 상층부의 이해관계와는 달리 하층부의 공작 행동 부분은 그 자체의 존재 이유가 있다. 이들은 우익 정치 테러 단체로서 음지의 활동 공간을 확보하려 했다. 그 명목은 군, 경, 검 공식 기구에 잠입한 프락치들을 섬멸하고, 그들의 음모를 분쇄하지 않으면 안 된다는 것이다. 남로당 프락치와 그들의 음모가 있는지 없는지는 그들에게는 중요하지 않았다. 없다면 오히려 깨끗한 종이에 그럴듯한 음모 계획을 새로 그려낼 수 있기 때문이다. 그것이 그들이 생존할 수 있는 유일한 근거였다. 우리는 위에서 이 정치공작대원들이 우익 테러 단체인 백의사의 젊은 행동대원들일 것이라고 짐작했다.

이 사건에서 상층부와의 다리 역할을 수행한 정치공작대 간부 중에는 정당 또는 경찰과 연결된 정보 브로커들도 끼어 있다. 검찰이 구속 기소한 정치공작대 간부 12명 중 김낙영(金洛永)은 한때 한민당 선전부장을, 김성광(金盛光)은 한민당의 감찰부장을 지냈으며, 이무열과 박문은 민국당원이었다(≪국도신문≫, 1950년 4월 19일자). 이들 정보 브로커들은 중국의 남의사 출신 정보원 정동엽과는 공식 기구를 혐오한다는 점에서 이해관계를 같이했다. 또한 이들과 짜고 '인민군 부사령관'이라고 가짜로 자백한 최동석(崔東錫)은 성동서 분실의 정보원으로 전향자였다고 한다(『국회 속기록』, 제6회, 1950년 4월 19일, 조헌영 의원 발언). 또한 정치공작대 대원들이 꾸민 각본대로 체포한 최동석을 "철야 심문하겠다고 연행해 간 곳은 명동 입구에 자리 잡은 대한반공청년단 총본부였다"고 한다(선우종원, 1992: 185쪽).

위에서 살펴보듯 검찰은 대한공작대 사건의 내막을 파악하고도 대통령을 비롯한 상층부 관련 부분을 건드리지 못하고 주범인 공작대 대장 김태수와 부대장 정동엽을 비롯한 간부 12명만 기소하고 말았다. 검찰이 애초부터 '송사리'들만 사법 처리하는 것으로 끝내려고 한 것 같지는 않다. ≪서울신문≫ 1950년 4월 20일자에 의하면, "배후에서 조종했다는 모모

인사"에 대한 조사에 착수하고 "3인을 정식 소환했다"는 보도가 보인다. 이들 중 "K[김병완 치안국장 서리로 보임]는 모종의 공무로, C. W[장석윤으로 보임]는 신병이란 이유로 출두를 거부하고 J. W[정운수로 보임]만이 출두하여 정희택, 오제도 양 검사의 문초를 받았다"고 한다.[18] 또한 신문 보도는 치안국장 서리 김병완의 입건 수사를 개시하고 그를 소환하여 '준열한 문초'를 했다고 전하고 있다(≪국도신문≫, 1950년 4월 25일자). 극우 정치인 김준연은 엉뚱하게도 공산당으로 몰리는 일을 당하고 이 사건을 '신판 105인 사건'이라고 하면서 "배후관계를 철저히 규명하여 발본색원적 조치가 있어야 할 것"(≪서울신문≫, 1950년 4월 26일자)이라고 담화를 발표했다.

그러나 이들 이승만 측근 세력 특히 정운수와 장석윤에 대한 수사는 벽에 부딪치지 않을 수 없었을 것이다. 대한정치공작대 사건의 상층부 정상에 이승만 대통령이 앉아 있었기 때문이다. 권승열 법무장관이 "경미한 사건" 또는 "몇몇 협잡꾼들이 꾸민 허무맹랑한 사건"(≪서울신문≫, 같은 일자) 등 적극적으로 진화에 나선 뒤 검찰도 상층부에 대한 더 이상의 조사를 포기하고 말았다.

정치공작대 대장 김태수[金泰守, 일명 김령(金嶺)]나 부대장 정동엽에 관한 개인적인 프로필은 거의 알려지지 않았다. 짐작건대 그들은 백의사 소속 전문 테러리스트일 것이다. 김태수는 이무열이 대통령에게 감명을 주기 위해 혈서가 필요하다고 하자 즉석에서 약지를 면도로 베어 글을

---

[18] 국회 진상조사단이 대통령 측근인 정운수와 장석윤을 조사하려고 했을 때, 정운수는 응했으나 장석윤은 칭병하고 거부했다고 한다. 진상조사단은 육군 총참모장 신태영, 헌병사령관 최영희, 내무장관 백성욱, 치안국장 서리 김병완을 만나 조사했는데, 그때 내무장관 백성욱은 "이 문제는 법무부에서 지금 처리하고 있으니까 그때까지 정부 안의 일을 내가 이러니저러니 말할 수 없으니 그 말은 묻지 마시오"라고 말했다고 한다. 『국회 속기록』, 제6회, 80호, 1950년 4월 19일: 254쪽.

쓸 만큼 대담성을 보인 지하 세계의 사나이다. 정동엽도 중국 우익 테러리스트 단체 남의사 출신 정보원이다. 그는 "국군 제1사단을 중심으로 군대 내에 400명, 서울시 경찰국을 중심으로 약 30명의 남로당 프락치가 잠입하고 있으므로 정보기관을 한시바삐 조직해서 놈들을 뿌리 뽑아 숙청해야"(선우종원, 1992: 192쪽) 한다며 정치공작대의 절박성을 강조한 인물이다. 우리는 앞에서 이들 산하의 정치공작대원들이 우익 테러리스트 단체인 백의사 소속원일 것이라고 짐작했다.

과연 그들이 실행한 공작 행동은 테러리스트 단체의 존재 이유와 잘 맞아떨어진다. 그들은 깨끗한 종이에 공작 계획을 새로 그려놓고 이를 계획대로 실행에 옮겼다. 다행히 지금 우리는 그 공작 행동을 목격한 한 증인의 이야기를 들을 수 있다. 그는 당시 법무부 검찰과장 자리에 있던 선우종원이다. 그는 법무장관 권승열(權承烈)로부터 놀라운 음모 공작의 소식을 듣고 현장에 입회하여 공작대가 꾸민 범죄를 목격한 드문 증인이다. 이제 이 목격증인의 이야기를 들어보자.

빨갱이 2,000명이 봉기

법무부 검찰과장 선우종원은 1950년 4월 4일 오전 10시경 권승열 장관으로부터 부름을 받고 '청천벽력' 같은 정보를 들었다. 곧 당일 밤 2,000명의 빨갱이들이 봉기하여 경무대를 습격하고 이승만을 비롯해 정부 요인을 암살한다는 것이었다. 권 장관은 이 정보를 백성욱 내무장관으로부터 들었다고 했다. 참으로 놀라운 소식이었다. 그러나 선우종원은 그것이 조작된 것이라고 직감했다. 왜냐하면 당시는 공산당 지하조직이 거의 뿌리 뽑힌 상태였기 때문이다.

그런데 권 장관의 얘기는 점입가경이었다. 그의 얘기로는 이 빨갱이 봉기를 제압하는 작전을 지휘할 사람은 정운수라는 이승만 대통령의 측근으로, 당일 밤 조선호텔 215호실에 수사본부를 차려놓고 헌병과 경찰을 동원한다는 것이다. 더욱 수수께끼 같은 애기였다. 정운수가 대통령 측근이라고 해도 민간인일 텐데 이런 중대한 사건을 진압하고 수사 책임을 맡는단 말인가? 게다가 검찰은 이 사건에서 일체 손을 떼라는 상부의 특명이 내렸다고 장관은 귀띔했다. 그러나 선우종원은 검찰이 이 사건에 관여하지 않는다는 것은 직무 유기라고 믿어 장관의 양해 아래 이 사건 현장에 입회했다.

이런 경위로 선우종원 검찰과장을 비롯해 세 명의 검사가 이 희대의 정치조작극을 목격하게 된다. 그런데 그들이 목격한 이 '무장간첩 소탕작전'은 어설프게 짜인 만화같이 보였다. 이승만 대통령의 측근 정운수가 지휘하여 왕십리 야산 중턱 판잣집에서 잡은 '인민군 부사령관' 최동석의 '초라한 몰골' 하며, 경무대 뒷산 큰 바위 밑에서 노획했다는 '구구식 장총'과 실탄 몇 발 하며, 누가 봐도 조작극임이 분명했다. 도대체 대통령과 정부 요인을 암살하고 정부를 전복한다는 어마어마한 쿠데타에 영 어울리지 않는 유치한 정치 연극이었다. 검찰은 그 뒤 자칭 인민군 부사령관이라는 최동석을 심문해 정치공작대가 꾸민 정치 연극의 실체를 밝혀낸다.

그러나 이 정치 연극은 반인륜적인 범죄를 동반하고 있었다. 그것은 당시 사설 테러 단체가 자행한 범죄의 한 유형을 그대로 보여주고 있는데, 안일(安一)이라는 무고한 시민을 붙잡아 '인민군 부사령관'이라는 벼락감투를 씌우기 위해 전기 고문을 잔인하게 가하는 등 가혹행위로 전치 3개월의 상해를 입히는가 하면, 석주일(石宙一)이라는 시민에게는 남로당 공작원이라고 불게 하려고 마구 폭행하여 전치 2개월의 상해를 입혔다. 또한 육군 중령 이원장(李源長)은 남로당원이며 그의 숙부 이정현(李正鉉)도 좌익이라 하여 두 사람을 체포하고 자백을 받기 위해 가혹한 전기 고문을 가했다. 안일이 끝까지 버티자 이들은 최동석이라는 경찰 정보원을 '인민군 부사령관'으로 만드는 데 당사자와 합의하고, '무장간첩 소탕 작전'으로 그를 체포하는 상황을 연출했던 것이다.

무초 대사의 개입

문제는 대한정치공작대 같은 사설 테러 단체가 어떻게 이런 엉터리 정치 연극을 연출하고 실행할 수 있었느냐는 의문이다. 게다가 최고 권력을 대표하는 인물들이 이런 정치 연극에 버젓이 참여했다는 것도 얼른 납득하기 힘들다. 이는 당시 이승만 권력 체제 운영의 독특성에서 해답을 찾을 수 있을 것 같다. 이승만 체제는 공식 통제 기구는 그대로 두면서 법 권역 밖의 대한청년단, 학도호국단 같은 비공식 통제기구를 통해 국가를 운영해왔다.

이런 권력 체제 운영의 연장선에서 우리는 대한정치공작대의 '공작정치'를 이해할 수 있게 된다. 게다가 이승만은 자신이 '국부(國父)'로서 공식 정치나 법 위에 군림한다고 생각하고 있었으며, 이런 대통령의 사고방식은 권력층 내부에서 널리 받아들여지고 있었다. 따라서 아무도 감히 대통령 특명으로 설치된 대한정치공작대에 도전할 생각을 할 수 없었다. 이는 당시 공식 권력기구를 대표하는 인물이 보인 태도에서 드러난다.

조선호텔 215호실은 '무장간첩 소탕 작전'을 지휘하는 사령부였는데, 이 사령부 전략회의의 참석자들은 정운수 '사령관'이 들어서자 "일제히 일어서서 거수경례를 붙이는" 행태를 보였다(선우종원, 1992: 182쪽). 이들 참석자들은 육군 총참모장, 헌병사령관, 치안국장, 경찰서장 등이었다. 이를 보고 선우종원은 "왜 그 정이라는 사람에게 경례를 붙이고 그 앞에서 쩔쩔매는지 도무지 이해할 수 없었다"고 했지만, 참석자들은 이승만 대통령의 특명으로 설치된 사령부의 장에게 경례를 붙이는 것을 당연하게 생각했을 것이다.

이런 상황에서 이승만 대통령의 특명은 조선 시대 제왕의 '어명'처럼 떠받들어져야 할 뿐이었다. 이는 법무장관 권승열의 행태에서 잘 드러난다. 선우종원이 이 엉터리 정치 연극을 밝혀내고 4월 5일 권승열 장관의 자택으로 찾아갔을 때, 그는 권 장관의 이상한 행동을 보게 된다. 장관이 소복단장하고 앉아 있는 것이 아닌가. 그러면서 그는 "나는 특명을 어긴 죄인이 아닌가. 날이 밝으면 형무소 감방에 들어갈 터이니 뒷일을 잘 부탁하오"라고 담담하게 말하는 것이었다(선우종원, 1992: 190쪽). 권승열은 마치 왕의 어명을 어겨 사약을 기다리는 사람처럼 심정을 토로했다.

그런데 그를 살린 것은 의외의 인물로, 바로 미 대사관의 무초 대사였다. 선우종원을 비롯한 검사들도 대통령의 특명이 아무도 거스를 수 없는 어명이라는 것을 알고 있었던 것 같다. 이들은 내무부 장관, 육군 총참모장 등 정부와 군의 최고위층이 관여된 이상 이 사건에 대해 이승만 대통령에게 직언할 사람은 무초 대사밖에 없다고 보고 "무초 씨를 동원할 방침을 세웠다"(같은 책: 188쪽). 검사들은 무초 대사와 친분이 두터운 장도영(張都暎) 육군 정보국장의 협력을 얻어 이 사건의 내막을 무초 대사에게 알리게 했다.

장도영으로부터 사건의 전말을 들은 무초 대사는 4월 5일 아침 일찍 경무대로 가서 국무회의가 열리기 전 이승만 대통령을 찾아가 이 사건의 '자초지종'을 말했고, 이승만은 무표정하게 이야기를 다 듣고 나서 국무회의를 주재했다(같은 책: 191쪽).[19] 권승열 장관은 문책을 각오하고 있었으나 국무회의가 끝나자 이승만은 오히려 권 장관을 불러 "밤새 수고가 많았다"며 치하했다.

　결론적으로 대한정치공작대 사건은 이승만 정권이 운영하는 극우 반공 체제가 내정 측면에서 얼마나 속으로 곪아터지고 있는지 잘 보여주고 있다. 이들 이승만 측근 세력들은 반공 전선에서 싸우고 있는 것이 아니라 반공의 이름으로 서로 물고 물리는 추악한 이전투구의 권력 투쟁을 벌이고 있었던 것이다. 그러나 이승만이 이를 통제하거나 순화하는 리더십을 발휘했다는 기록은 보이지 않는다. 대한정치공작대 사건의 배후 인물의 한 사람인 장석윤은 전쟁 직전 치안국장에, 다시 내무장관에 기용된다. 이것이 한국전쟁이 터지기 불과 달포 전의 이야기다.

　결국 국회프락치사건이나 대한정치공작대 사건은 전쟁의 분진 속으로 사라졌지만, 그 망령은 좀처럼 사라지지 않았다. 국회프락치사건은 대한정치공작대 사건으로, 다시 1951년 12월 '대남간첩단 사건'[20]으로, 1952년

---

19 과연 무초 대사가 장도영 육군 정보국장으로부터 들은 대한정치공작대 사건의 전말을 이승만 대통령에게 전달해 공작단에 관련된 인물들의 조작 음모를 알렸을까? 무초 대사가 1952년 2월 12일 부산발로 남긴 이승만 대통령과의 대화 비망록은 이 점에 관해 의문을 풀 수 있는 실마리를 제공한다. 그는 '몬타나' 장석윤이 공금횡령으로 공개적으로 재판을 받았으며 "악명 높은 정치 공작 음모"를 주도했는데도 내무장관 같은 중요 직책에 임명된 사실에 관해 이 대통령을 힐난했다. 이승만이 무초의 힐난에 반론을 폈다는 기록은 없다. 이로 미뤄 보아 무초는 이미 정치공작대 사건에 관해 이승만과 말을 나눴다고 보인다. 이에 관해서는 제1권 제6장 3절 "무초 대사의 은밀한 내정 간여"를 참조.

20 이승만 정권이 조봉암을 주축으로 한 신당 운동의 핵심 세력에 철퇴를 가한 사건이다. 1951년 초 신당 사무국 책임자 이영근이 체포된 뒤, 이어 50여 명이 잇달아 연행되어 9명이 기소되었다. 체포된 사람 가운데는 남로당 간부였다가 전향한 김종원(金鍾元)과 남로당 서울시당 간부였다가 전향한 홍민표(본명 양한모) 전 경감도 포함되어 있다. 홍민표는 남로당 지하 세력을 파괴하는 데 결정적인 역할을 했고, 특히 서울에 침투한 김일성 직계의 성시백 세력을 궤멸시키는 데 큰 공로를 세운 것으로 알려진 인물이다 (제9장 3절 '김우식이 겪은 '작은 프락치사건'" 참조). 1952년 5월 이영근 등 3명에게는 사형, 또 다른 3명에게 무기, 나머지 피고인에게 5~10년의 중형이 구형되었으나 부산

부산 정치파동과 함께 터진 '국제공산당 음모 사건'으로, 연쇄 반응을 일으키는 방아쇠를 당긴 셈이었다. 이제 마지막으로 이 모든 망령의 발흥을 예고했던 국회프락치사건의 현장으로 들어가보자.

지방법원은 전원 무죄를 선고했다(서중석, 1999: 48쪽).

제9장
국회프락치사건 터지다

1949년 4월 말경 소장파의 리더 격인 이문원 의원이 아무도 모르게 체포되었다. 그러나 언론 매체가 그를 비롯해 이구수 의원과 최태규 의원 등 3명의 국회의원이 체포된 사실을 보도하기 시작한 것은 5월 20일 경부터다. 신문들은 이들이 5월 18일 전후로 체포되었다고 보도했다.[21]

---

21 공식적인 수사 기록은 국회의원 이문원이 5월 18일, 이구수와 최태규는 5월 17일 체포된 것으로 발표되었다. 그러나 세 의원이 정확히 언제 구속되었는지는 명확하지 않다. ≪자유신문≫ 5월 20일자는 이문원이 5월 18일 최운하가 지휘하는 경찰대에 체포 구금되었다고 보도했다. ≪조선중앙일보≫ 5월 21일자는 이문원과 최태규는 5월 18일에, 이구수는 이틀 뒤 체포되었다고 보도했다. 그러나 이 사건을 담당했던 오제도 검사는 이문원을 4월 말경 집 골목에서 체포했지만, 대외적으로 5월 18일 검거했으며, 이구수, 최태규의 경우 5월 17일 체포한 것으로 발표했다고 실토했다(오제도, 1982: 383~384쪽). 한편 동아일보사가 펴낸 『비화—제1공화국』, 제2권(1975)이 다룬 "국회푸락치사건" 편에서는 이문원이 4월 말 이전 아마도 4월 20일경 체포되었을 것이라고 기록하고 있다(383~384쪽). 이문원의 체포 일자에 관한 한 ≪동아일보≫ 기록이 가장 사실에 접근한 것으로 보인다. 이문원이 4월 그믐께 체포되었다는 것은 검사 오제도가

이것이 국회프락치사건의 서막을 올린 국회의원들의 1차 검거다.

국회의원 2차 검거는 1949년 6월 20일 제2회 국회가 끝난 직후 헌병을 동원해 실행되었는데, 6월 21일 노일환, 강욱중, 김옥주, 김병회, 박윤원, 황윤호가 체포되고 6월 25일 김약수 국회부의장이 체포되었다. 이로써 2차 검거로 체포된 7명을 합치면 구금된 이는 10명에 이르렀다. 국회의원의 체포는 이것으로 끝나지 않았다. 1949년 7월 30일 제4회 국회가 폐회된 뒤 3차 검거가 집행되었는데, 8월 10일 국회의원 배중혁과 차경모가 검거되었고, 8월 14일 서용길, 신성균, 김봉두가 마지막으로 체포되었다.

이로써 한 연구자가 표현하듯 "반대 연합 국회의원들은, 국가가 마음에 안 드는 국회의원들을 마치 순서를 정해 굴비를 엮듯 시차를 두고 구속되었다"(박명림, 1996: 465쪽). 프락치사건에 연루되어 3차에 걸쳐 검거된 국회의원은 총 15명에 이르렀다. 국회의원 김익로, 김영기, 원장길의 경우 구속 영장이 발부되었으나 집행되지 않았다. 따라서 이승만 정권이 국회

남긴 글과 기타 자료에서 밝혀졌다. 오제도는 "4월 말경 서울 저동 1가 37 자택 골목에서 옥신각신 끝에 연행되었다"(오제도, 1982: 384쪽)고 적고 있다. 또한 사법경찰관(헌병대위)이 송청(送廳)한 의견서에는 이문원의 범죄 사실에 관해 "4월 말일경(일자 미상) 남로당 국회프락치 공작책 하사복(河四福)으로부터 시내 돈암동 삼선교 노상에서 공작 자금으로 금 30만 원을 수여할 것과 금후 피의자의 활동 성적 여하에 따라서는 금 1천만 원 정도의 공작금을 수여할 수 있다는 지(旨)의 약속이 유(有)했으나 경찰의 사전 검거로 목적을 달성치 못하는 등"이라고 쓰여 있다(김세배 편, "국회 내 남로당프락치사건", 『좌익사건실록』 1964, 상권: 714~715쪽). 이렇게 체포 날짜가 변조된 것은 국회의원이 국회 회기 중 국회 동의 없이 체포될 수 없다는 헌법 조항을 위반했다는 비난을 피하기 위한 것으로 보인다. 이문원은 제2회 국회 회기(1948년 12월 20일~1949년 4월 30일)가 끝나기 직전, 곧 국회 회기 중 체포된 것으로 보인다. 이구수와 최태규는 제3회 국회가 1949년 5월 21일 열리기 직전 체포되었다. 신익희 국회의장은 80여 명의 의원이 5월 16일 임시국회를 소집해달라고 요구했는데도 납득할 만한 이유 없이 프락치사건의 1차 검거가 끝난 5월 21일에야 소집해 논란을 일으켰다(『제헌국회 속기록』, 제3회, 개회식, 1949년 5월 21일 참조).

프락치 혐의를 두고 구속했거나 구속하려 했던 국회의원은 총 18명이었는데, 이 수치는 당시 재석 국회의원 198명의 9%에 이르는 것이었다.

프락치사건 수사를 주도한 오제도 검사는 구속된 국회의원 15명 중 다시 차경모와 김봉두를 제외하고 13명을 재판에 회부했다. 재판에 회부된 피고는 변호사 오관과 5·10 선거 때 이문원 후보의 선거사무장으로 일했던 최기표를 합하면 15명이다. 이들 국회의원들은 첫 검거 뒤 무려 7개월이 지난 11월 17일 첫 공판이 열리기 전까지, 헨더슨이 말하듯 '소통 불능'의 상태에서 고문을 포함한 강압 수사를 받아야 했다.

이 장에서는 우리의 카메라 렌즈를 최대한 끌어당겨 포커스를 국회프락치사건 자체에 맞추고 집중 조명하고자 한다. 따라서 여기서는 (1) 수사 당국이 발표한 사건의 혐의 내용을 이른바 남로당 7원칙에 맞춰 살펴보고 (2) 당시 남로당 공작의 실상을 알아본다. 이어서 (3) 헨더슨과 그의 대사관 동료인 한국인 직원 김우식이 겪은 당시 체험에 눈을 돌리고자 한다. 김우식의 이야기는 그가 '공산당 프락치'로 체포되어 겪은 고초를 담고 있는데, 이는 '작은 프락치사건'이라 할 수 있다. 이 사건은 남로당 프락치로 얽혀 들어간 국회의원들의 사례를 들여다볼 수 있는 창문이다. 또한 (4) 검사가 프락치사건의 핵심 증거로 제시한 '증제 1호', 곧 남로당 암호문서에 얽힌 이야기와 수수께끼의 여인 정재한의 사례를 다룬 뒤, 마지막으로 (5) 국회의원 피고들이 당한 가혹한 고문 수사를 그들의 '자백 원문'을 통해 알아보고자 한다.

1. 모호한 남로당 7원칙

이승만 정권이 국회 회의 폐회 기간에 이렇게 소장파 국회의원들을 대거 체포한 과잉 행위에 국회는 앉아만 있지 않았다. 특히 국회를 격앙의 도가니로 부글부글 끓게 한 것이 앞에서 살펴본 바 있는 경찰의 6·6 반민특위 습격 사건이다. 이것은 프락치사건 1차 검거로 이문원 의원을 비롯해 3명이 구속되면서 1949년 6월 6일 연쇄적으로 일어난 사건이다. 국회는 (1) 6월 2일 제10차 회의에서 결의한 국무총리 이하 전 각료의 총 퇴진을 조속히 실행할 것, (2) 반민특위에 대한 경찰의 행동은 불법이므로 전부 원상회복시키고 사건 책임자를 즉시 처벌할 것, (3) 1, 2항을 시행할 때까지는 정부 제출 법안과 예산안의 심의를 거부할 것을 결의했다(『제헌국회 속기록』, 제3회, 13호, 1949년 6월 6일). 이는 국회의 권한을 벗어난 초강경 결의이지만 이승만 정권이 저지른 만행에 국회가 얼마나 격분했는지 잘 보여준다.

경찰이 소장파 의원 3명을 체포한 것이 알려진 것은 1949년 5월 21일, 제3회 임시국회가 열리기 직전이었다. 개회 둘째 날 국회에는 이들 의원들의 석방 결의안이 제출되었다. 그런데 검찰총장 권승열이 보고한 구속 의원들의 혐의 내용은 너무 막연했을 뿐만 아니라 요령부득이었다. 그는 1949년 3월부터 "남로당에서 국회의원과 내왕하며 모의하는 것"에 대해 내사에 들어갔으며, 4월 초부터 수사에 착수하고, 5월 17일 혐의를 잡아 3명을 구속했다고 밝혔다. 그러나 정작 혐의 내용에 대해서는 '수사 비밀'을 핑계로 말할 수 없다고 하면서 '남로당 7원칙'과 관계가 있음을 시사할 뿐이었다. 국회의원들이 혐의의 증거를 대라고 주장하자 권승열은 다음과 같이 말뜻의 기본이 서지 않는 발언을 했다.

이 사건은 물적 증거라는 것은 완전한 것이 없습니다마는, 다소는 있습니다마는, 없습니다마는, 대개 물적 증거가 있는 사건은 물적 증거만 가지고 이와 같은 일이 있다고 기소할 수 있습니다마는 그러나 물적 증거가 박약한 사건, 곧 모의 사건, 말과 말이 서로 연락해서 모의한 사건은 사람의 말에 의해서 판단하는 것밖에 없습니다(『제헌국회 속기록』, 제3회, 1호, 1949년 5월 24일).

한 나라의 법질서를 책임진 검찰총장이 국회에서 답변한 말치고는 너무 어이없는 횡설수설이다. 박명림(1996)은 이 '횡설수설의 극치'를 두고 이는 국회프락치사건이 처음부터 "증거주의가 채택되지 않았음을 그대로 보여준" 반증이라면서, "이는 권승열의 곤혹과 횡설수설이 아니라 이 사건에 대한 국가의 횡설수설이자 곤혹이었다"고 평했다(467쪽).

이렇듯 권승열이 도무지 알 수 없는 발언을 하자 의원들의 힐난과 질문이 빗발쳤다. 특히 김장열(金長烈) 의원은 "남로당계는 차치하고, 국제공산당의 주요 인물이라 할지라도 국회의원은 자유로이 접촉할 수 있어야 하며, 국가를 위한 대비책 강구는 존중돼야 한다"라고 주장했다. 김인식(金仁湜) 의원은 "색맹인 사람들만 모여 색을 보는 것과 마찬가지로 하얀 것을 빨간 것으로 …… 보는 그런 짓을 하지 말고" 영장 집행 과정에서 구속되지 않고 출석한 황윤호(黃潤鎬)의 말을 듣자고 동의를 발의했다. 등단한 황 의원의 말은 오히려 국회의원들에게 씌워진 혐의가 엉뚱했음을 보여준다. 그는 5월 23일 밤 뜬눈으로 밤을 새웠다면서 읍소에 가까운 연설을 했다.

구속영장 받은 황윤호입니다. 다행인지 불행인지 네 사람 중 나 하나 체포되지 않아 말을 하게 되니 감개무량합니다. 도피한 것이 아닙니다. 5월 20일 오후 세 시 서울을 떠나 밤 열 시 진양에 도착, 일박했습니다. 21일 오전 아홉 시, 경남 도지사실에서 모 의원을 만나 체포령이 내린 것을 알았습니다. 22일 밤 해방호 열차편으로 귀경했습니다. 신문지상에 체포령이 내렸다는 기사를 보고 놀랐습니다. 지난날을 회고하건대 무슨 죄를 졌나, 어느 날인지 기억 못하나 국회를 마치고 나가니까 정희근의 동생이라는 사람이 찾아와 만나자고 해 옥신각신 끝에 극동화성 상회에서 만났습니다. 정은 남북통일에 구체적인 방안이 있는데, 이것은 이런 것이라고 하길래 더 얘기할 생각이 없어 그런 것은 모른다, 쓸데없는 소리 말라, 딱 2분인가 3분 걸렸습니다. 내가 한 일은 이것뿐이고 그 이상은 아무것도 없는데, 체포 영장 발부는 도저히 이해하지 못하겠습니다. 내 선거구에 대해 면목이 없습니다. 그야말로 치명상이요, 죽고 싶어 어느 구멍이라도 있으면 들어가고 싶은 생각입니다. 이것이 죄라고 징역을 보낸다면 달게 받겠습니다. 그러나 내가 해방 직후에 공산당과 열렬히 싸웠다는 것은 진주에서 다 아는 일입니다. 내가 대한민국 국회의원으로 나온 죄밖에 없으니 이것이 죄라고 한다면 모르지만 …… 어젯밤 한 시간이나 울었습니다(『제헌국회 속기록』, 같은 호).

황윤호의 발언은 검찰총장의 애매한 보고보다 호소력 있게 들렸다. 이어 등단한 이원홍(李源弘) 의원은 자신의 경험을 바탕으로 관제 공산당을 만들지 말라고 정부를 비난했다.

방금 황윤호 의원 말을 들은 바 있으나 검찰총장의 보고 내용은 너무 모호하고 추측이어서 남로당 7원칙을 발표하고 국가보안법을 강요한 데 지나지 않은 것입니다. 국가와 민족을 위해 반대적 언사를 했다 해서 민중의 대변자인 국회의원을 모조리 붙들어 가려 하는 것은 언어도단입니다. 저 합천

산골짝 순경이 민보단장을 총살하고 빨갱이니까 죽였다고 하며 도저히 조사를 하지 않아 유가족들이 군민 대표자라고 이 사람에게 와서 이 사건을 밝혀주지 않으면 요 다음에는 당신에게 투표하지 않겠다고 폭언을 하는 바람에, 치안국장, 내무장관은 안 들어줘, 검찰총장, 법무장관에게 호소하여 민보단장이 빨갱이가 아니고 극우 민보단원임을 밝혀냈고 순경이 살인죄로 기소됐습니다. 그뿐 아니라 본 의원도 빨갱이라고 하여 우리 가족을 구속하고 우리 친척을 잡아가려고 야단친 일도 있습니다. 수일 전 우리 집을 가택 수색하고 잡을 사람이 없으니까 이 뒷산에서 사냥을 할 테니 쌀을 내라, 미나리를 내라 하고 강탈한 일이 있습니다(『제헌국회 속기록』, 같은 호).

그러나 세 의원의 석방결의안은 그때 부결되고 말았는데, 이는 그들이 남로당 7원칙에 동조했다는 혐의가 인정되었다기보다는 소장파를 둘러싼 국회 안의 여러 세력의 역학 관계에서 다수 세력인 민국당이 이승만 지지 세력과 연합했기 때문이었다. 당시 석방결의안에 극구 반대한 김준연은 1957년 11월 세 의원의 구속은 자신이 검찰총장에게 요청한 것이라고 회고하면서, 이문원 등 세 의원이 남북 요인 회담을 주선하여 다시 국회를 만들고 대통령을 뽑아 새 정부를 구성하자고 주장했는데, 이는 대한민국 파괴 공작으로 국가보안법을 위반한 것이라고 주장한 바 있다(『국회 속기록』, 제26회, 36호, 1957년 11월 13일).

도대체 공안 당국이 세 의원을 구속한 빌미가 된 남로당 7원칙이란 무엇인가? 1949년 5월 23일 권승열 검찰총장의 답변에 의하면, (1) 외군은 완전 철퇴할 것, (2) 남과 북의 정치범을 석방할 것, (3) 남과 북의 정당, 사회단체 각 대표로 남북 정치 회의를 구성할 것, (4) 남북 정치

회의는 일반, 평등, 직접, 비밀의 4원칙에 입각하여 선거 규칙을 작성하고 최고 입법기관을 구성할 것, (5) 최고 입법기관은 헌법을 제정하고 중앙정부를 수립할 것, (6) 반민족행위를 처벌할 것, (7) 조국 방위군을 재편성할 것이었다.

그러나 오제도 검사가 구속된 세 의원을 1949년 6월 25일 기소한 혐의는 애초 남로당 7원칙과는 상관이 없었다. 세 의원은 헌병대에서 문초를 받다 6월 6일 검찰로 송청되어 6월 25일 재판에 회부되는데, 특히 이문원 의원의 경우 그의 선거 지역인 전북 익산군에서 순회 강연을 할 때 경관이 신변 보호를 했는데도 지서장이 나오지 않았다고 지서장을 모욕했고, 5·10 선거 때 남로당과 내통하여 파괴·살인·방화자금을 제공하기로 약속했다는 등 상식적으로 얼른 납득하기 어려운 혐의들이었다(동아일보사, 1975: 105쪽). 따라서 이 시점까지 검찰은 세 의원을 남로당 프락치 혐의와 연계하지 않고 사건을 마무리짓고자 했던 것으로 추정할 수 있다.

그러나 김약수 등 6명의 소장파 의원들이 1949년 6월 17일 새 유엔한위에 미 군사고문단 설치 반대 서한을 건넨 다음 사태가 일변하여 국회프락치사건으로 돌변한 것으로 보인다. 곧 6월 21~25일에 김약수 부의장을 비롯한 7명이 체포되면서 애초 세 명의 국회의원에게 씌워진 혐의를 넘어 '남로당 프락치' 사건으로 확대된 것이다. 이 2차 검거 뒤 공안 기관의 장들은 1차 검거 때 쉬쉬하던 것과는 달리 이 사건을 남로당 프락치와 연계해 공개 담화를 발표했다. 김익진 검찰총장은 "국회의원들이 이북 괴뢰 정권을 위해 국회의원의 가면을 쓰고 남로당의 프락치가 됐다는 것은 국가에 대한 반역이요, 국민에 대한 배신이다"라고 했다. 김태선 시경국장은 "국회의원들이 남로당과 결탁, 대한민국을 전복하고 남한에 공산 국가를 세우려는 의도 아래 수단과 방법을 가리지 않고 국회 내에서 악질적인 공산당 지령에 따라 행동을 감행했다"고 지탄했다.

뒤늦게 추가된 프락치 혐의

　공안 당국이 소장파 국회의원 13명을 구속 기소한 혐의는 무엇인가? 오제도 검사는 기소문에서 피고 노일환과 이문원이 남로당의 지령에 따라 '남로당 7원칙'을 실현하기 위해 평화적 통일을 위장하여 소장파 의원들을 끌어들였다고 주장했다. 이들 피고인들이 대한민국과 헌법을 부정하고 국회와 정부를 참칭함으로써 국가 변란을 위한 파괴 활동을 벌였다는 것이다. 더욱이 피고인들은 남로당의 지령에 따라 외군 철퇴안을 국회에 제출했으며, 이 안이 실패하자 음모를 실현하기 위해 유엔한국위원단에 외군 철퇴 진언서를 제출했다고 주장했다. 또한 피고인들은 대한민국 국군을 강화하기 위해 마련된 미 군사고문단의 설치를 반대한다는 서한을 제출했다. 그뿐 아니라 진언서 제출 뒤 기자들을 모아 남로당의 음모를 '선전'했다. 요컨대 범죄 혐의의 요지는 국가보안법 제2조와 제3조를 위반했다는 것이었다.

　그러나 국회프락치사건에 연루된 국회의원들은 처음부터 남로당 7원칙이라든가 남로당 '프락치' 혐의로 체포되거나 기소되지 않았다. 이 사건에 연루되어 1차로 구속된 이문원, 이구수, 최태규의 경우 헌병대가 6월 6일 송청 의견과 함께 검찰에 넘겨 수사를 계속하다가 6월 25일에 검사가 재판에 회부한다. 그러나 검사가 기소한 혐의 내용은 너무나 부실하여 과연 국가보안법 위반으로 죄가 성립되는지 의문이 제기되었다.

　한편 검사가 이 시점에서 3명을 따로 기소한 것은 2차 검거로 7명이 체포될 것이라는 예상을 하지 않은 것이 아닐까 하고 추측할 수 있게 한다. 곧 3명의 국회의원만을 구속 기소한 것으로 족한 사건을 정치적인 이유에서 대형 프락치사건으로 인위적으로 확대시킨 것이라는 의심을 갖게 하는 것이다. 7월 30일 2차 검거된 7명이 기소되면서 이 3명도 추가 기소된다.

애초 3명의 국회의원들에게 씌워진 혐의 사실을 좀 더 자세히 알아보자. 최태규 의원의 경우, "1949년 1월 4일부터 10일 동안 정선군 임제면 외 4개 면에서 '국회 경과보고'라는 제목으로 순회 강연회를 하는 도중 한미 협정은 을사보호조약의 재판이라면서 적극 반대 투쟁을 하고 심지어 국회에서 퇴장했다는 연설을 함으로써 정부 시책에 공공연한 반대를 했다"고 되어 있다. 이문원의 경우도 "익산군 낭산국민학교에서 순회 강연 시 무장 경관이 그의 신변 경호를 했음에도 불구하고 지서장이 출동하지 않았다는 것을 빙자하여 지서장을 모욕했고, 5·10 선거 때 선거를 방해하는 남로당과 내통, 파괴 살인 방화 자금 60만 원을 줄 것을 약속하고 자기 선거 비용 중 9만 8천 원을 주고 백로지(白露紙) 1백 장을 제공한 사실이 있다"는 것이다. 이구수는 "3월 중순 순회 강연 중 평화적 남북통일을 위해서는 남북의 정치 대표들이 협상하고 헌법을 작성하여 중앙 정부를 수립해야 한다는 요지의 강연을 했다"는 것이 혐의 사실이었다(동아일보사, 1975: 105쪽).

요컨대 이때만 하더라도 피고인들이 남로당에 가입했다거나 남로당 지시로 외군 철수안을 국회에 냈다는 등 프락치사건에서 등장하는 핵심적인 '프락치' 혐의는 빠져 있었다. 곧 이 사건은 애초 기소된 혐의만으로 족한 것이었지만, 어떤 까닭에서인지 수수께끼 여인 정재한의 음부에서 발견되었다는 암호 문서를 끌어들여 대형 국회프락치사건으로 확대시켰다는 의혹을 자아낸다. 물론 처음 3명의 국회의원을 구속하고 재판에 돌린 사법 처리는 정당한가 하는 것은 또 다른 문제다.

세 차례에 걸친 국회의원들의 체포도 어떤 시나리오에 의해 이뤄졌다는 인상을 준다. 예컨대 이 사건의 핵심 인물로서 암호 문서를 북으로 옮기다가 붙잡힌 남로당 특수공작원 정재한이 체포된 시점은 1949년 6월 16일로 나와 있다. 그날은 국회부의장 김약수 등 6명이 유엔한위에 미 군사고문단 주둔을 반대한다는 서한을 전하기 바로 전날이다. 그렇다면 3일 만에 해치운 암호 해독으로 프락치사건의 전모가 드러났다는 구도를 믿는다고 하더라도, 이문원 의원 등 3명의 국회의원이 1차로 검거된 5월 17~18일과는 거의 한 달 이상의 간격이 있는 셈이다. 실제 이문원 의원이 체포된 시점인 4월 말과는 두 달 반이나 전이다.

　2차 검거로 잡힌 국회의원 7명의 경우 검거 시점이 6월 21~25일로 되어 있어 암호 문서가 해독된 직후이긴 하지만 해독과는 상관없이 수사 당국이 이전부터 2차 검거를 미리 계획하고 있었다고 보아야 합리적이다. 그렇다면 소장파 국회의원들은 프락치사건의 전모가 드러나기 전 붙잡힌 셈이 된다. 곧 공안 당국은 한 나라의 국민이 뽑은 국회의원들을 먼저 체포해놓고, 뒤에 드러난 프락치사건의 전모에 이들을 얽어 넣었다는 추정이 가능한 것이다.

　이미 수사 당국의 내사 단계부터 석연찮은 점이 노출된다. 마치 점쟁이가 번쩍 떠올린 어떤 영감으로 시작된 듯한 느낌마저 든다. 먼저 수사 당국이 발표한 기록(『좌익사건실록』, 상권, 1964)에 의하면 1949년 3월 '어느 날' 서울시경 사찰과장 최운하(崔雲霞)의 사무실에서 오제도 검사를 중심으로 한 검찰과 사찰경찰 수뇌 회의가 열려, 김약수를 중심으로 한 소장파 의원들의 '외국 군대 철퇴안', '남북통일 협상' 운운 등의 심상치 않은 동향을 검토하다가 "무엇인가 반드시 작용하고 있을 것이다"라는 공통된 의견에 도달했다고 한다. 이에 따라 최운하는 김호익(金昊翊) 경위에게 "소장파 의원의 중심인물인 김약수, 노일환, 이문원, 김옥주 네 사람의 뒤를 따라가보라"고 지시했다.

서울시경 사찰과 김호익 경위는 김윤쾌 경사를 중심으로 특별수사팀을 조직하고 네 의원을 한 달에 걸쳐 미행한 끝에 의외의 수확을 올렸다고 한다. 곧 네 의원이 접촉한 인물 가운데 남로당 중앙위원 이삼혁(李三赫), 이재남(李載南), 김사복(金思宓) 3인이 있었다는 것이다. 수사팀은 이 3인의 수사에 전력을 기울인 결과 이들과 연결되어 있는 선상에 박시현(朴詩鉉)이라는 남로당 중앙 간부가 있다는 것을 알아냈다. 이어서 박시현과 접촉선상에 있는 중년 부인이 등장했는데, 이 여자가 문제의 정재한(鄭載漢)이라는 남로당 특수공작원이었다.

'무엇인가 반드시 있을 것이다'라는 영감을 받은 듯한 수사관들의 짐작이 '의외의 수확'을 건져 올렸다는 것이 전혀 불가능한 일은 아닐 것이다. 오제도 담당 검사가 쓴 대로 "아니나 다를까 그 아지트[박시현의 사직동 아지트] 출입자 가운데는 김약수를 비롯한 소장파 의원 세 명이 끼어 있었다"(오제도, 1982: 379쪽)는 식으로 영감이 들어맞았을 수도 있을 것이다. 그러나 이들 내사 끝에 국회의원들을 체포했다는 이야기는 오히려 1949년 5월 9일자 ≪동아일보≫가 터트린 폭로 기사가 더 설득력이 있다(제8장 4절 "국회프락치사건의 성격" 참조).

이 기사에 의하면 남로당원 서홍옥(徐弘鈺) 등이 체포되어 서울 지검에서 취조를 받다가 5월 6일 국가보안법 위반으로 재판에 회부되었는데, 이들이 한 일은 2월 23일 최태규 의원, 2월 29일 이구수, 황윤호 의원을 만나 국회에서 외군 철퇴 등을 발의할 것을 조종했다는 것이며, 4월 1일에는 이문원 등 국회의원을 초청하여 외군 철퇴, 정치범 석방 등 이른바 '남로당 7원칙'과 같은 취지의 통일 방안을 제시하여 찬성을 얻었다는

〈그림 II-1〉 국회프락치의 기성 단체에 대한 공작 배치 도표

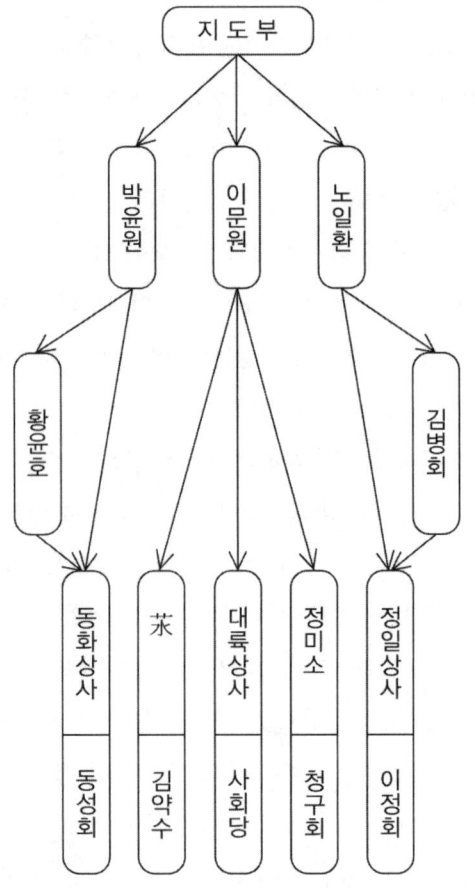

출처: 『좌익사건실록』, 1964: 682쪽

것이다. 이 기사의 내용은 프락치사건의 1차 검거 때 구속된 의원들이 국가보안법 위반자로 거명되고 있어 이문원, 이구수, 최태규, 황윤호 의원이 구체적 혐의로 인해 내사되고 있음을 암시하고 있다.

한편 프락치사건 관련 국회의원들이 국회 회기 중이 아닌 폐회에 때맞춰 체포된 것은 개회 중에는 국회 동의를 얻지 못하면 체포할 수 없다는 헌법적 요건을 피하고자 하는 의도가 빤히 보이는 행동이었다. 게다가 이런 식의 체포가 세 번씩이나 아무런 방해 없이 일어났다는 점에서 이승만 행정부가 국회를 국정 운영의 동반자로 보기는커녕 의원들의 독립적 신분조차 인정하지 않고 있음을 보여주는 것이었다. 3차 검거가 8월 중순경 행해진 것도 이문원 의원이 4월 말경 체포된 뒤 무려 4개월이 지난 시점이란 점에서 이 사건의 전체 구도가 고무줄처럼 제멋대로 늘어났다는 의심이 들게 한다.

오제도 검사의 기소

오제도 검사는 1949년 11월 17일 열린 첫 공판에서 50여 분 동안 기소문을 낭독했는데, 주로 피고 노일환과 이문원의 범죄 혐의에 초점을 맞추고 있다. 이들 피고인들에 대한 범죄 혐의는 (1) 남로당 가입, (2) 남로당의 지령에 따라 두 피고인을 중심으로 국회 안에 남로당 프락치 결성, (3) 같은 지령에 따른 외군 철퇴안 국회 상정 통과와, 그것이 여의치 않을 경우 외군 철퇴 진언서를 새 유엔한위에 제출, (4) 그 밖에 대통령제를 내각책임제로 바꾸는 등 국내 정치 혼란을 조장할 것 등으로 요약할 수 있다.

노일환의 남로당 가입에 관한 기소문은 피고인 노일환이 1949년 2월 4일 남로당 특수 조직 공작원인 이삼혁의 권유로 남로당에 입당했다고 기술했다. 노일환은 처음에는 거절했으나 "지금까지 …… 남로당에 충성하여 큰 공을 세웠고 멀지 않아 해방되면 노 선생의 천하가 된다"고 추켜올리자 2일간 여유를 두고 생각해보겠다고 하고, 남로당이 국가 변란을 일으킬 목적으로 조직된 결사임을 알면서도 같은 달 6일 가입을 승낙했다는 것이다. 또한 이문원도 1949년 1월 오관(吳寬)의 소개로 남로당 특수조직 책임자 하사복(河四福)을 알게 되어 남로당 입당을 수락했다고 기술했다.

오제도 검사는 이삼혁이 외군 철퇴를 위한 연판 운동을 벌이려는 목적으로 우선 프락치의 핵을 구성하고 다른 의원들을 끌어들일 것을 지시했다고 주장했다. 이 지령에 따라서 1949년 2월 말경 노일환이 이문원, 박윤원과 함께 핵을 구성하고 이어 황윤호와 다른 몇 명을 끌어들였다는 것이다.

또한 오 검사는 "미군 철퇴 후 남한 방위 태세가 취약하게 된 틈을 타서 인민군으로 하여금 남한 점령의 야망을 달성케 할 목적으로" 남로당 특수공작원이 노일환, 이문원에게 다음과 같은 지시를 내렸다고 주장했다.

(1) 국회에 외군 철퇴안을 다시 상정할 것, (2) 외군 철퇴(미군 철퇴)안 상정이 불가능하다든가 또는 부결될 경우 즉시 유엔한위에 외군 철퇴 주장을 담은 진언서를 제출할 것을 지시받았다. 국회부의장 김약수를 가담시켜야 일반 의원들을 용이하게 참가시킬 수 있으므로 반드시 포섭하도록 하고 철퇴안 상정 시에는 그를 의장으로, 진언서 제출 시에는 그를 대표로 할 것 등도 지시받았다.

이들은 국회 내의 방해 공작을 견제하고 연판한 의원들의 배반 이탈을 방지하기 위해 '잘 떠드는' 이문원 등으로 견제대를 조직할 것 등의 지령을 받았다. 이들은 개인 방문, 연회 등의 기회를 이용하여 미국의 제국주의와 침략적인 무력 정책 및 정부의 숱한 매국 정책을 폭로하는 동시에 외군 철퇴 요구는 모든 국민의 뜻이라고 역설하고, 미군 철퇴를 급속히 단행하라는 지령을 받았다. 연판 운동은 1백 명을 획득할 것, 국내에서 미군 철퇴 동의안을 상정하라는 지령 등도 아울러 받았다.

그러나 국회에서 미군 철수안은 두 차례나 부결되었을 뿐만 아니라 당시 남한 내의 정세에 비춰 도저히 상정하고 통과시키는 것이 불가능함을 깨달은 이들은 유엔한위에 진언서만을 제출하기로 의견을 모았다. 김약수를 대표로 하는 피고인 노, 이 등은 덕수궁으로 가 유엔한위 사무국장 하이만을 방문하여 진언서를 수교(手交)하고, 각 신문에 그 경위를 설명하기도 했다(오제도, 1982: 385~386쪽).

노일환이나 이문원은 공판 과정에서 이들 공소 사실을 대부분 부인했다. 이들은 이삼혁 또는 하사복(두 사람은 동일인)을 만났다고 시인했으나 남로당 가입을 부인하고, 지시를 받은 사실이 없었다고 주장했다. 게다가 사법경찰관 신문 조서에 나온 자백이 헌병대 고문에 의한 강요로 어쩔 수 없이 시인했거나 자신들의 생각이 아닌 수사관이 제멋대로 쓴 것이라고 폭로했다. 그러나 재판부는 공판정에서의 이 진술에 아랑곳하지 않고 헌병대의 밀실 수사에서 나온 자백에 비중을 두었다. 노일환과 이문원, 그리고 다른 피고인들이 공판정에서 진술한 부분은 뒤에서 다시 살펴볼 것이다.

2. 남로당의 소장파 의원 공작

남로당이 소장파 국회의원들을 겨냥해 과연 실질적인 공작을 벌였는가? 당시 남로당은 합법 정당으로[22] 남북 평화 협상 등을 전략적으로 이용하고 있었다. 따라서 남로당이 공작적 차원에서 소장파 의원과 접촉했다는 개연성을 부인할 수는 없다. 국회프락치사건 재판 과정에서도 피고인들은 남로당 공작원들을 만났다고 시인했다. 또한 당시 남로당이 남북노동당 통합 과정에서 '목소리를 높이는 전략'으로 나왔다는 설도 있다.

국회프락치사건의 도화선이 된 것은 그해 2월 5일 김병회 의원 외 70명이 국회에 제출한 '남북 평화통일에 관한 긴급결의안'이라고 여겨진다. 남북 협상과 외군 철퇴를 요구하는 이 결의안은 폐기되었지만 공안 당국은 이때부터 소장파에 의심의 눈초리를 보내기 시작했다. 실제로 서울시경 사찰과 특별수사팀이 3월부터 노일환, 이문원, 김옥주를 뒤쫓기 시작했다고 한다. 그런데 이 시기 북한에 있는 박헌영이나 이승엽(李承燁)은 남북노동당 통합을 앞두고 남로당계의 위세를 과시하기 위해 '큰 소리를 내는' 전술을 취했다고 한다(유영구, 1992). 이는 북한에서 그들의 정치적 입지를 강화하기 위한 것이었다. 그런 맥락에서 남로당이 소장파 국회의원들을 겨냥해 공작을 벌인 결과물이 외군 철군 긴급결의안이라는 것이다. 그렇다면 소장파 국회의원들이 남로당에 가입하여 국회 안에서 프락치가 되었다는 말인가? 또는 소장파 국회의원들이 남로당의 지령에 의해 움직였단 말인가? 결론부터 말하면 그것은 남로당 측 공작 문서를 부풀린 과잉 해석이 될 수 있을 뿐, 소장파 의원들의 행적은 될 수 없었다. 이러한 결론은 피고인들이 법정에서 증언한 진술과 다음에 전개되는 성시백의 프락치 공작 이야기에 근거하고 있다.

---

22 이철원 공보처장이 법령 제5호 2조를 근거로 남로당, 근민당 등 좌익 정당 및 사회단체 133개를 불법이라고 선포하고 해체를 명한 것은 1949년 10월 19일이다. 따라서 프락치사건이 터진 1949년 3~8월 사이 남로당은 법적으로는 합법 정당의 지위에 있었다.

성시백의 프락치 공작

이와 관련해 이 시기 남로당의 공작에 관해 흥미로운 글이 발표된 적이 있다. 그것은 중앙일보 동서문제연구소 연구원인 유영구(1992)의 글이다. 이 글은 '거물 간첩' 성시백(成始伯, 서울에서 공작을 벌이던 김일성 직계 북로당계의 고위 공작원)이 벌인 공작에 초점을 맞추고 있지만 성시백의 입장에서 남로당 활동을 비판적으로 다루고 있다는 점에서 상당히 흥미롭다. 이 글은 상당 부분 전 북한 노동당 간부라는 'S 씨'를 등장시켜 프락치 사건에 관해서 진술한 '증언'을 인용하는 식으로 이야기를 전개하고 있다. 문제는 S 씨가 누구인지 밝혀지지도 않았고, 게다가 얼마나 신뢰할 수 있는 인물인지 확인할 수 없다는 점이다.

그럼에도 이 글이 주목되는 까닭은 "성시백이 각국 대사관에 정보 프락치를 심어 정보를 수집했다"는 증언에서 김우식[23]의 이름이 나오기 때문이다. 김우식(金禹植)은 헨더슨의 동갑내기 친구로, 당시 헨더슨과 같이 미 대사관 정치과 소속이었으며 1948~1950년에 함께 제헌국회를 담당했다. 게다가 그는 헨더슨의 의뢰로 프락치사건 재판을 참관하여 재판 기록을 챙긴 2명의 한국인 중 한 사람이다(제1장 1절 "헨더슨은 누구인가?"

---

[23] 김우식(87세)은 1953년 일본에 건너가 모리토루(森徹)라는 일본 이름을 쓰며 지금까지 도쿄에 거주하고 있다. 연희전문학교를 졸업한 그는 1947년 9월 오스굿(Cornellius Osgood) 교수의 추천으로, 주한미군 사령관 하지 장군의 정치고문으로 있던 랭던(William Langdon)을 수장으로 하는 '정치고문청'에서 일하게 된다. 오스굿이 문화인류학적 방법으로 강화도를 전문적으로 연구할 때 김우식이 그들을 도와준 것이 인연이 되었다. 오스굿의 저서 『한국인과 그들 문화(The Koreans and Their Culture)』 서문에 김우식의 연구 참여가 언급되어 있다. 1948년 5·10 선거가 실시되고 대한민국 정부가 탄생한 뒤 정치고문청이 특별대표부(1949년 1월 1일부터 주한 미 대사관)로 승격되자 옮겨와 일하게 된다. 1948년 7월 중순 서울에 온 그레고리 헨더슨과 함께 정치과에 속해 같이 제헌국회를 담당하면서 교분을 쌓았다.

참조).

유영구가 쓴 글 중 주목할 만한 부분이 바로 김우식에 관한 S 씨의 증언이다. S 씨는 "예를 들어 미국 대사관에는 김우식을 비롯해 3명의 성시백 프락치가 있었고 중국 대사관에는 중국 공산당 출신인 김성민[김석민? - 주 30 참조]이 서기관으로 일했다. 김우식은 상당히 영향력 있는 인물이었다"(507쪽)고 기술하면서, 김우식이 관여했다는 공작에 관해 다음과 같이 '증언'한다.

이러한 정보 사건 가운데 가장 큰 사건이 49년 8월에 있었던 이승만과 장개석[장제스] 간의 진해 회담 녹음 절취 사건이었다. 중국 대사관에서 일하던 김성민이 중국 측 통역으로 참가했고 미국 대사관에 근무하던 김우식도 진해로 내려갔다. 김우식은 회담장에는 참석하지 않았으나 김성민은 장 총통의 통역으로 회담장 안에 있었다.
성시백의 지시를 받은 두 사람이 합작하여 이승만과 장개석 간의 회담 내용을 비밀리에 녹음하는 데 성공, 이 테이프를 송두리째 평양으로 올려 보냈다(유영구, 1992: 507쪽).

독자들이 이 말을 액면 그대로 듣는다면 김우식은 영락없는 성시백의 정보 프락치 같다. 과연 그럴까? 곧 다시 살피겠지만 이 문제는 국회프락치사건에 관련된 소장파 의원들이 과연 남로당 프락치일까라는 의문과 닮은꼴로 보인다. S 씨는 프락치사건 관련 국회의원들에 관해 남로당계와 성시백계가 있었다며 성시백이 "프락치사건에 깊이 개입해 있었다"고 말한다. 그는 "국회프락치사건의 핵심 인물인 노일환과 이문원 의원은 남로당 계통이었으나 진양 출신 황윤호 의원, 함양 출신 김옥주 의원, 광양 출신 강욱중 의원 등은 성시백 계통이었다"고 하면서 "두 계통의 프락치 맥이 하나로 얽혀 들어갔다"고 말한다(같은 글: 489쪽). S 씨의 말은 다음과 같이 계속된다.

왜 당시 두 계통의 프락치 맥이 하나로 얽혀 들어갔는지가 설명될 필요가 있다. 일제 때부터 ML파 공산주의자로 유명했던 강병도(姜炳度)의 친동생 강병찬이 성시백 선에서 활동한 주요 인물이었다. 따라서 국회 쪽의 성시백 선은 강병찬을 통해 황윤호로 이어졌다. 강병찬은 광양 출신 국회의원 강욱중, 함양 출신 국회의원 김옥주를 포섭하는 데도 성공했다. 이들을 통해 전라도 섬 출신 국회의원 김병회와 배중혁, 최 모 등이 포섭되기도 했다.
　강병찬은 성시백의 직계 선이었고 강병찬을 통해 국회 내에 성시백의 프락치 그룹이 5~6명으로 짜여졌다. 이로써 성시백은 국회를 합법적 정치투쟁의 장으로 활용할 수 있게 됐다. 남로당은 남로당대로 노일환을 통해 프락치공작을 펼쳤다. 나중에는 남로당의 프락치와 성시백의 프락치가 같이하게 된다(같은 글: 같은 쪽).

실제로 S 씨는 1949년 2월 초 71명의 국회의원이 상정하여 국회프락치사건의 도화선이 된 '평화통일에 관한 긴급결의안'을 남로당의 공작으로 전제하면서 비판적으로 말한다.

미군 철수와 남북 협상에 관한 동의안 제출 사건을 잘 뜯어보면 동의안을 제출했다는 것 자체 말고는 의의를 찾기 어렵다. 국회에서 논의할 수는 있다 하더라도 국회 동의안을 내서 채택될 가능성은 희박했다. 남로당 프락치의 긴급동의안 제출 전술이 옳다고 보긴 어려웠다.

　잘못된 전술이 나오게 된 것도 따지고 보면 이북에 와 있던 박헌영, 이승엽이 이남에서 남로당이 강력히 활동하고 있음을 과시하려는 것밖에 되지 않았다. 동의안 제출 시기를 보더라도 이승만 정권이 좌익 소탕에 주력한 것은 49년 3월 무렵에서였는데, 합법 투쟁의 교두보여야 할 국회에서 너무 성급히 프락치 활동을 노출시켰다. 결과적으로 서명한 국회의원들에 대한 뒷조사를 피할 수 없게 된 것이다(같은 글: 491쪽).

　위 글은 이북에 있는 박헌영, 이승엽 등 남로당 지도부의 지령 아래 김삼룡(金三龍), 이주하(李舟河)가 지도하는 남쪽 남로당의 국회프락치들이 일사불란하게 움직인 결과 미군 철수 결의안이 국회에 제출된 듯이 묘사해놓았다. 곧 결의안 제출은 남로당 공작으로 이뤄진 기획의 산물이며, 그 전술이 잘못된 것이었다고 비판하고 있는 것이다. 그러나 이는 남로당 공작 거점에서 압수된 문건을 과잉 해석한 것은 될 수 있을지 몰라도 사실과는 동떨어진 '증언'으로 보인다. 이는 뒤에서 자세히 소개할 김우식의 사례가 강하게 시사해주고 있다.

　그런데 S 씨는 각국 대사관에 심어져 있다는 중국 대사관 김성민과 미국 대사관 김우식의 행방을 부언하면서, 김성민의 행방에 관해서는 자세히 말하고 있으나[24] 김우식에 관해서는 "그 뒤 행방에 대해서는 알려

---

24 S 씨에 의하면 "김성민은 이 사건이 나고 얼마 뒤인 50년 초 대만, 홍콩을 경유, 대륙으로 들어갔다가 6·25 전쟁 시기에 중국 인민지원군에 소속되어 북한으로 들어왔다. 지원군에서는 미군과 국방군에 대한 적후 와해 공작을 담당하던 문화연락부에서 일했다. 문화연락부는 선무 방송, 정찰조, 파괴조 파견 등의 업무를 수행했다. 그 뒤 김성민은 군단의 부장으로 일하다가 정전 직전에 인민군으로 넘어가 적공부에서 일했다. 전후에 인민군 적공부장하던 인물이 당 대남연락부 부부장으로 왔는데 그때 함께 연락부로

진 바가 없다"고 짧게 말하는 것으로 그친다.

지은이는 국회프락치사건 추적 과정에서 김우식의 행방뿐만 아니라 그가 기이한 인연으로 자신도 모르는 사이에 공산당 프락치에 연루된 사실을 알게 되었다. 그것은 김우식이 겪은 작은 프락치사건이었다. 이는 도쿄에서 김우식을 두 차례에 걸쳐 장시간 면담한 결과 확신할 수 있었던 사항이다. 이 확신을 통해 S 씨가 김우식을 '성시백의 정보 프락치'라고 증언한 의미가 무엇인지를 추론할 수 있었다. "아아, 그럴 수 있구나! 소장과 국회의원들도 이렇게 남로당 프락치가 되었구나!"

3. 김우식이 겪은 '작은 프락치사건'

김우식은 1953년 미 대사관을 떠나 일본으로 건너갔고 도쿄에서 모리토루(森徹)라는 이름으로 오랫동안 사실상의 '망명' 생활을 하고 있었다. 주한 미 대사관 시절부터 헨더슨과 유지하던 친분 관계는 일본에 사는 동안 계속 이어졌다. 특히 1963년 헨더슨이 미 국무부를 떠난 뒤 그들 부부와 가까운 사이로 지냈다. 헨더슨과는 늘 편지가 오갔으며 헨더슨이 도쿄에 올 때는 김우식의 집에서 묵곤 했다. 김우식은 1949~1950년 대사관에서 헨더슨과 함께 일했을 때의 그와의 관계를 다음과 같이 말한다.

그[헨더슨]는 한국 사회 인사들과 빈번하게 접촉함에 따라 지식인 계층의 고민과 열망에 민감해지고 동조하는 쪽으로 생각을 바꿨다. 사실 그는 한국인을 나보다 더 많이 알고 있었다. 그는 관점과 취향이 다른 많은

자리를 옮겼다"(유영구, 1992, 하권: 507쪽).

지은이가 도쿄 뉴오타니호텔 식당에서 만난 김우식(왼쪽, 2006년 11월 14일).

한국인들을 내게 소개해주었는데, 나는 따라갈 수 없을 지경이었다. 이는 내 성격의 결함이던 소심성, 게으름, 성급함 때문이었다. 내 성격은 말하자면 누에고치 속에서 나오려면 시간이 걸리는 타입이었고, 얼굴이 새롭다고 하여 쉽게 끌려들려고 하지 않았다. 내가 끌려들어가자면 새로 만나는 사람이 내게 없는 자질을 갖추고 있어야 했다. …… 그러나 헨더슨은 평범한 마음에서 훌륭한 자질을 찾아내었으며, 결함이 있더라도 그대로 넘기는 사람이었다. 그는 몇몇 사람을 적으로 여기고는 있었지만 나는 그가 누구에 대해 나쁜 말 하는 것을 듣지 못했다. …… 그와 오랫동안 자리를 같이한 경우 내 마음속에는 그의 생각이 한두 가지 반드시 차지하고야 말았다. 그의 통찰은 우리 문화에 대한 이해로 깊어졌고, 그의 생각은 세계주의적인 관점으로 틔어 있었으며, 그의 탐구 방법과 관점의 강한 감각은 내 생활에 가장 의미심장한 영향을 끼쳤다(김우식, 미발표 영문 자서전).

요컨대 김우식은 헨더슨이라는 인물을 자신의 처신과 생각의 모델로 생각한 것 같다. 그는 1949~1950년 대사관 정치과에서 친구처럼 지낸 동갑내기 단짝이며, 옷이 그대로 맞을 만큼 몸집이 비슷했고, 인격과 성격이 보완 관계에 있던 헨더슨을 자신의 분신처럼 생각했던 것이다. 그는 헨더슨과 같은 진보적 자유주의의 사고방식으로 제헌국회를 관찰하고 프락치사건 재판을 참관했을 것이다.

헨더슨의 분신 김우식

지은이가 김우식에 관심을 가진 까닭은 무엇보다도 그가 프락치사건 재판을 참관해 재판 기록을 직접 챙긴 사람이었기 때문이다. 헨더슨 부인이 알려준 전화번호로 몇 번 연락을 시도한 끝에 좀처럼 모습을 드러내려 하지 않던 김우식을 만날 수 있었다. 그것이 2006년 11월 14일 도쿄 뉴오타니호텔의 레스토랑에서였다. 김우식은 당시 85세의 고령임에도 60대처럼 보일 정도로 건강하고 키가 큰 우람한 모습의 신사였다. 그는 "노상 일본말만 하다 몇십 년 만에 처음 한국말을 쓴다"고 하면서 웃었다. 그리하여 김우식은 대사관 시절 그가 겪은 여러 가지 사건을 이야기해주었다.

김우식이 제헌국회를 무대로 활동한 이야기를 들어보면 그는 거의 헨더슨의 분신(分身)이라는 생각이 든다. 그는 헨더슨과 '콤비'를 이뤄 제헌국회를 담당하면서 거의 매일 구(舊)총독부가 있던 중앙청 1층 홀에 나가 오전 중 회의 진행을 메모하여 헨더슨에게 보고하곤 했다. 그러는 과정에서 그들은 같은 동갑내기(당시 26세) 젊은이로서 친구처럼 지내게 되었다.

김우식은 1949년 11월부터 13명의 국회의원들에 대한 재판을 참관하면서 그 절차와 결과에 크게 관심을 기울였다고 회고했다. 그것은 이들 소장파 의원들이 그의 친구이기도 했지만 그 재판이야말로 "탄압에 의존하는 이승만 정권과, 법치와 자유를 열망하는 국민과의 대결"이기 때문이었다. "어떤 의미에서 우리 전 국민이 이들 국회의원들과 같이 재판정에 선 것이다. 이 재판이란 민주적 절차와, 억압을 극복하는 설득과 선택의 원칙을 통해 우리 국민이 자치를 할 수 있느냐를 판가름하는 시험인 셈이었다." 김우식은 다음과 같은 목격담을 전한다.

> 재판 심리가 열리는 법정은 일본인이 우리 독립 투사에 대해 자행한 그 무서운 재판을 생각하게 한다. 그것은 '합리적인 의심'을 다투는 사법 절차라든가 증거에 근거한 동등한 당사자 사이의 다툼이라기보다는 장례의식, 민주주의를 장사 지내는 장례의식 같았다. 그것은 원시적인 희생양 의식 같았다. 야만적인 국가보안법에 의한 재판 절차 기준에도 못 미치는 수준이었다. 곧 이승만의 신전에 바쳐진 야만적인 힘의 제단에서 일어난 이성의 희생이었다. 나는 인간의 존엄성에 가해진 공포가 어떤 것인지 목격하고는 충격에 휩싸였다. 이들 소장파 국회의원들의 천둥소리 같은 웅변, 확신에 찬 반박, 한때 국회의사당에서 다른 의원들을 압도하던 그 밝은 정신, 이 모든 것이 온데간데없이 사라져버린 것에 허탈감에 휩싸였다(김우식, 같은 글).

김우식은 물론 법률가는 아니다. 국회프락치사건 재판을 참관할 당시 그는 민족의식을 가진 27세의 젊은이였다. 그는 일제가 태평양전쟁을 터뜨리기 직전인 1942년 사상범으로 잡혀 들어가 거의 3년 이상 옥살이를 한 뒤 1945년 8월 15일 해방과 함께 풀려났다. 따라서 그의 눈에 비친

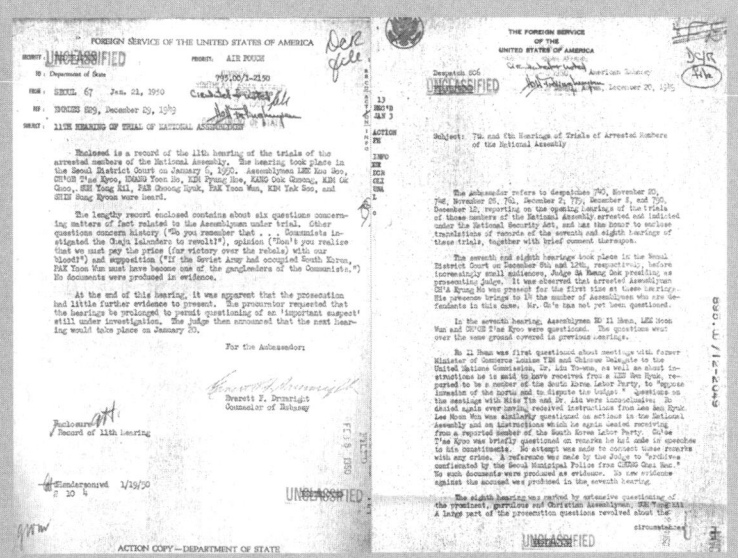

그레고리 헨더슨은 국회프락치사건 재판을 공판마다 기록하고 정리하여 미 국무부로 발송했다.

재판은 일제강점기 법조 관리를 지낸 판사와 서기직에 빌붙은 검사[25]가 김약수 같은 독립투사를 재판하는 역설의 현실이었던 것이다. 그는 대한민국의 민주주의에 강렬한 기대를 가진 젊은이로서 재판을 참관했다. 따라서 그가 이 재판을 민주주의를 장사 지내는 '장례의식'으로 본 것도 무리가 아닐 것이다. 그러나 그는 또한 법적 절차의 냉정한 관찰자로서 '합리적인 의심(reasonable doubt)'을 다투는 증거에 의한 재판은 그곳에서는 볼 수 없었다고 증언한다. 그는 소장파 국회의원들이 고문 끝에 인간으

---

25 프락치사건 주심판사 사광욱은 일제 때 경성 지방법원 판사였고, 검사 오제도는 신의주 지방법원 서기 겸 통역사로 일한 경력이 있다(서중석, 1999: 235쪽 및 233쪽).

제9장 국회프락치사건 터지다 | 113

로서의 존엄성이 무너진 것과 그들의 초라해진 목소리에 충격을 받았다고 기록하고 있다. 이는 김우식이 이승만 경찰국가식 독재 체제 아래 벌어진 정치 재판에 대해 얼마나 커다란 증오심을 가졌는지를 잘 보여준다. 그리고 이는 또한 그의 친구 헨더슨의 자세를 그대로 보여주는 것이기도 하다.

프락치사건에 대해 헨더슨이 보인 적대감은 이미 앞에서 여러 번 살펴보았다. 실제로 헨더슨은, 이 소장파 의원들의 개혁적 활동에 공감한다는 입장에서 북한과의 협상을 통한 평화 아니면 전쟁이라는 이분법적 논리가 아니라 제3의 선택, 곧 남한이 경제적·군사적으로 강해짐으로써 북한의 침략을 막을 수 있다는 길을 제시했다.[26] 그러나 이러한 입장을 갖고 움직인 헨더슨이 소장파를 백안시한 이승만 정권에 눈엣가시가 된 듯한 정황이 포착된다. 수사 당국이 1949년 3월 중순 헨더슨이 소장파 그룹과 나눈 대화에 관해 남로당 7원칙과 연계하여 신문 조서를 꾸민 것이 프락치사건 재판 과정에서 드러난 것이다. 1949년 12월 6일 열린 제7회 공판에서 사광욱 판사가 강욱중, 최태규, 김병회, 박윤원, 황윤호, 김약수를 증언대

---

[26] 남북 협상 아니면 전쟁이라는 소장파의 이분법적 논리에 대해서 헨더슨이 제시한 제3의 선택이란 무엇인가? 1948~1950년 미국이 한국에 적용한 봉쇄정책을 연구한 매트레이 교수에 의하면, 헨더슨은 동료 부영사 마크(David Mark)와 함께 소장파 의원들에게 다음과 같은 논리로 궁극적인 통일은 전쟁이나 투항이 아닌 제3의 길을 통해 가능하다고 설득했다.
"한국은 세계의 축소판이다. 한국이 분열된 것처럼 세계가 분열되었다. 그러나 미국과 소련과의 싸움이 이 같은 분열을 불가피하게 가져왔는지는 결코 확실치 않다. 수년간의 긴장 상태가 경과한 후 소련은 이성을 되찾아 타협하며 평화의 길로 접어들지도 모른다고 생각하는 미국인이 많이 있다. 이것이야말로 미국의 대외 정책이 기초로 삼는 희망이라고 할 것이다. 이와 비슷하게 한국에서도 분단이 지금과 같이 전쟁으로 발전하지 않은 채 수년 동안 긴장의 선으로 유지될 수도 있다고 본다. 그렇다면 미국과 소련이 궁극적으로 관계를 개선시킬 경우 남과 북도 통일될 것이다"
[드럼라이트가 애치슨에게, 1949년 2월 11일, 동봉문(enclosures), 국무부 기록, 740.00119 Control(Korea)2-1149; Matray, 1985: 188쪽, 재인용].

에 세워 사실 심리를 하던 중 '미 대사관 부영사 헨더슨'과 관련해 질문한 대목이 보인다.

사광욱: 최대규 피고인, 피고인은 노일환이 정부 정책에 반대하고 있어 그가 남로당원일 수 있다고 경찰에 자백했는가?

최태규: 아닙니다. 그런 말을 한 적이 없습니다. 저는 경찰에 그렇게 생각지 않는다고 말했습니다.

사광욱: 피고인은 '외군'이란 미군을 말하며, 미군이 철수하면 북한 인민군이 남한을 침략하여 공산 국가로 만들 것이라는 사실을 안다고 자백했나?

최태규: 아닙니다. 제가 헌병대에 취조받을 때 그들이 원하는 대로 썼을 뿐입니다.

사광욱: 3월 중순경 미 대사관 부영사 헨더슨이 피고인과 함께 노일환, 김옥주, 이문원, 기타 의원들을 아서원에 초청한 일이 있나?(강조는 지은이)[부영사 맥도날드와 헨더슨이 이때쯤 이들 의원들로부터 아서원으로 초청받은 일이 있다.]

최태규: 네.

사광욱: 그때 노일환 피고인이 유엔한위가 남북 정치지도자 회의를 주선해 열기를 기대하며, 비민주적 정치 단체들은 이 회의로부터 배제되어야 한다고 말한 일이 있는가?

최태규: 저는 그가 무슨 말을 했는지 기억나지 않습니다. 그렇게 중요하다고 생각하지 않았기에 기억해내지 못합니다. 비민주 정치 단체란 북한의 단체를 말하겠지요.

사광욱: 그렇지 않아요. 북한 단체가 아니라, 북한에는 정당은 단지 세 개 뿐인데, 남한 정당을 말하는 것이오. **강욱중 피고인이 미군 철수의 필요성**

을 헨더슨 씨에게 말했는가? 노일환 피고인은 현재의 대통령제가 나쁘고 내각책임제가 훨씬 좋다고 말했는가? 또한 몇몇 각료들의 비행을 말했는가?(강조는 지은이)

최태규: 저는 모릅니다.

사광욱: 내 생각에는 피고인은 우리 국가 정책이 우리가 준비태세를 갖출 때까지 미군을 오랫동안 유지하는 것임을 잘 알 것이 아닌가?

최태규: 아닙니다. 그것은 우리 국가 정책이 아닙니다. 우리는 독립국가이므로 우리가 처한 조건 때문에 그것을 요구할 수 있습니다[헨더슨 공판기록, 제7회 공판(1949년 12월 6일)분에서].

이는 사법경찰관 신문 조서에 나온 기록을 사광욱 판사가 사실 심리로 확인하는 질문과 답변이다. 이를 볼 때 경찰이 미 대사관의 '부영사 그레고리 헨더슨'이 마치 남로당 7원칙을 피고인들과 함께 공감하고 있는 듯 여겼음을 엿볼 수 있다. 특히 '헨더슨이 초청핸실은 초청받은' 고급 요릿집에서 노일환이 헨더슨에게 말했다는 신문 조서 대목에 관해 사광욱 판사는 조사의 차원을 넘어 피고인들의 언행을 단죄하는 듯한 질문을 하고 있다. 공안 당국이 헨더슨과 그의 분신처럼 움직이는 김우식에 대해 의심의 눈초리를 보내고 있었다는 말이 된다.

김우식이 제헌국회를 무대로 벌인 활동은 소장파와 맥을 같이한다. 지은이가 2006년 11월 14일 도쿄에서 그를 만났을 때 김우식은 1950년 3월 제헌국회에서 있었던 에피소드 하나를 소개했다. 그해 1월 민국당이 추진했던 개헌안을 둘러싸고 벌어졌던 이승만 행정부와 국회 간의 줄다리기 싸움 속에서 나온 이야기다. 이 개헌안은 의회가 국정에 책임을 지게 하는 내각책임제로 헌법을 바꾸려는 것으로, 당연히 대통령제를 고수하는 이승만과 그 일파는 한사코 이를 막으려 했다. 김우식은 이 개헌안에 정치적 불안정이라는 결함이 있긴 하지만 신생 대한민국이 독재자의 손으로 넘어가는 것을 막아주는 구세주 같은 마지막 제도적 장치로 보았다고 술회한다. 따라서 그는 이 개헌안 통과에 내심 큰 기대를 걸고 개헌 추진 세력에 동조하고 있었다.

이철원의 공갈

그러던 어느 날 김우식은 국회에 나갔다가 이철원(李哲源) 공보처장이 본회에서 희한한 발언을 하는 것을 듣게 된다. 이철원의 말인즉, 만일 개헌안이 국회를 통과하면 미국에 대한 원조를 끊는다는 것이었다. 이는 "국회의원들에게는 날벼락 같은 소리"였다. 미국이 원조를 중단한다면 이 나라는 살길이 없는데, 공보처장이 어떤 근거에서 이런 말을 하는가? 김우식은 이철원이 검은 정치적 동기로 미국의 대한정책을 악용하고 있다고 보고 바로 대사관에 그 문제의 발언을 보고했다. 당연히 ECA의 책임자 번스 박사는 격노하여 신익희 국회의장에게 미국은 "경제 원조를 빌미로 내정에 간여할 의도가 없다"고 부인하는 편지를 보냈다. 신 의장은 본회의에서 이 서한을 '환호하면서' 읽었다고 했다. 그때 많은 국회의원들이 김우식에게 우호에 찬 눈길을 보냈으며 몇몇은 그를 찾아와 악수를 청하기도 했다.

김우식이 그때 한 일을 정확히 알 수는 없으나 이철원 공보처장이 ECA 원조를 개헌 문제와 연계한 정치적 발언을 한 것은 기록에서도 찾을 수 있다. 그는 3월 1일 각 신문에 "개헌은 만부당"이라는 제목으로 담화를 발표하여 국회에서 크게 논란을 불러일으켰는데, 그때 국회에 출석하여 이러한 발언을 하게 된다. 제헌국회 회의록(1950년 3월 2일, 제42차 회의)은 당시 사정을 다음과 같이 전한다.

공보처장(이철원): 지금 여러분들은 혹 잘 모르실지 모르나 우리 국가에 안정성이 없으면 '이씨에이' 원조도 없습니다. 군사 원조도 없어요. 이것을 잘 아셔야 돼요. 없습니다. 어떤 사람을 보고서 이 돈을 주고, 어떤 사람을 보고서 이 원조를 하겠느냐는 것을 우리는 생각해야 됩니다. ('필요 없는 소리요' 하는 이 있음) 그러니까 여러분이 그 점을 절대로 경솔하게 생각하지 아니할 줄 믿습니다.

정해준 의원: 이제 이 공보처장이 답변하셨는데, 개헌론에 대하여 역설하는 것을 많이 잘 듣고 잘 납득했는데, 이 발언 가운데 중대한 발언이 있기 때문에 하나 지적하지 않을 수가 없습니다.

이것은 국제관계가 있는 것이니까 그 가운데서 하나만 묻겠습니다.

만일 개헌을 하게 되면 '이씨에이' 원조 물자, 외국에서 물자의 원조를 하지 않는다 이렇게 규정했는데, 이것이 어디서 근거해서 나왔는지 묻고자 합니다. 이것이 중대한 문제입니다. 그것이 어떠한 생각에서 '이씨에이'를 통해서 나오지 않는다고 하는지 저는 알 수가 없습니다.

공보처장: 그 원조 문제에 대해서 답변해 드리겠습니다. 미국의 원조는 첫째, 안정성 있는 정부를 가진 나라에는 원조를 주는 것이 철칙입니다. 아시는 바와 같이 장개석 정권과 같이 공중에 떠돌아다니고 경제 안정이 되지 않는 나라는 원조를 거부합니다.

지금 제가 아는 정도로는, 지금 6,000만 불 통과한 것도 지금까지 보류하고 관망 상태에 있는 줄 제가 알고 있습니다. 그뿐만 아니라 여기 '이씨에이'는 모르겠습니다마는 화성돈[워싱턴]의 '이씨에이'에 대해서 제가 정보를 수집한 결과 개헌에 절대 반대를 하고 있습니다.

(공보처장과 국무총리, 귓속말을 함)

잠깐 미안합니다. 제가 자리에서 말씀을 잠깐 여러분들과 같이 취소하겠습니다. 지금 '이씨에이' 문제에 관해서는 여기에 있는 기자라든지 혹은 여러분들도 그렇게 내용만 알아주시고 바깥에 내보내지 마시기 바랍니다.

김우식은 1950년 3월 2일 중앙청 1층 국회 본회의장에서 이철원 공보처장의 위와 같은 발언을 들었을 것이다. 이철원은 "화성돈[워싱턴]"의 ECA 본부를 들먹이면서 "제가 정보를 수집한 결과 개헌에 절대 반대하고 있습니다"라고 확언한다. 이를 보다 못한 이범석 국무총리가 귓속말로 이철원의 발언을 제지시켰겠지만 이미 엎질러진 물이었다. 이철원은 국무총리의 말을 듣고 "제가 자리에서 한 말씀을 취소하겠습니다"고 하면서 "기자라든지 혹은 여러분들도 내용을 바깥에 내보내지 말아달라"고 했지만 소용없었다. 김우식은 곧바로 미 대사관에 이철원의 발언을 보고했으며, 그 결과 이철원은 사과의 편지를 써야 했고, 게다가 그 발언을 취소하는 해프닝이 벌어졌다.

그러나 김우식에 의하면 민국당의 내각책임제 개헌안은 조봉암의 정략적인 반대, 그리고 윤치영과 이인의 회유와 금품 공작에 의해 와해되고 말았다. 1950년 3월 14일 투표 결과 재석 179명 가운데 가 79, 부 33, 기권 66, 무효 1로 부결되었던 것이다.

김우식은 개헌안이 부결된 뒤 한국에서 이제 민주주의는 끝장났다고 체념했다고 한다. 그러던 중 그는 국회 일에서 손을 떼고, 노동담당관 얼(Stanley Earl)과 같이 일하게 되었다. 얼은 미국 산업노동기구 CIO (Congress of Industrial Organizations) 오레곤 주 지부 사무국장이었다가 한국 노동담당관으로 발탁된 노동계에서 잔뼈가 굵은 사람이었다. 당시 한국 노동계는, 미 군정 때 공산당계 전평(全評)을 제어하기 위해 만든 대한노동조합총연맹이 노동자의 이익을 대표하기보다는 어용 기구로 전락하여 진보적인 젊은 노동 지도자들이 들고 일어나는 상황이었다. 유기태와 김구(임시정부 김구 주석과 동명이인)와 같은 진보적 노동 지도자와 대한노총의 총재 전진한 사이에 대결 국면이 전개되고 있었다. 이때 얼은 경찰의 탄압으로부터 진보적인 노동 지도자들의 권리를 보호하는 데 힘썼다고 한다.

성시백의 프락치?

앞서 소개한 S 씨의 증언 중 김우식에 관한 대목으로 돌아와 보자. 지은이는 2007년 10월 15일 도쿄 신주쿠 워싱턴호텔에서 김우식과 다시 장시간 인터뷰를 가졌다. 그는 1949년 8월 이승만-장제스 진해 회담에 참석해 '녹음 절취'를 했다는 문제의 '증언'에 관해 말도 되지 않는다고 일축했다. 진해에 간 적도 대사관이 가라고 지시한 적도 결코 없다는 것이다. 게다가 성시백의 지시로 갔다는 것은 '난센스'이며, 또한 중국 대사관의 김성민은 전혀 모르는 사람이라고 했다. 당시 미 대사관이 회담 결과를 공식 채널을 통해 전달받을 수 있는 처지에서 구태여 관례에 어긋나는 식으로 정보 수집을 했겠느냐고 의문을 표시하기도 했다.

사실 미국은 당시 이승만과 장제스 회담에 관심을 보이지 않았다. 그해 7월 11일 조병옥 특사가 장면 대사와 함께 애치슨 국무장관을 만났을 때 조 특사가 동북아조약기구 결성에 대한 미국의 협조를 요청했지만 애치슨은 분명하게 거절한 데서 이를 알 수 있다(애치슨 비망록, 1949년 7월 11일, 앞의 *FRUS 1949*).

그러나 김우식이 들려준 이야기 가운데 지은이가 크게 주목한 사건이 있다. 그것은 그가 대사관에 근무하고 있던 1950년 5월 23일 바로 '성시백 프락치' 혐의로 경찰에 체포된 사건이었다. 그는 그날 밤 납치당하다시피 경찰에 끌려가 온갖 고초를 받다가 한국전쟁이 터지기 이틀 전에 극적으로 풀려난다. 그 이야기에 귀가 번쩍 뜨인 것은 그 이야기 자체도 보통사람이 체험하기 어려운 극적인 사건들을 담고 있지만, 그것이 바로 소장파 국회의원들이 얽혀든 '프락치'라는 것의 정체에 대한 실마리를 말해주기 때문이었다.

이제 김우식이 성시백의 프락치로 체포된 이야기, 곧 '작은 프락치사건'에 눈을 돌려보자. 그가 서울에 침투한 김일성 직계 '거물 간첩' 성시백을 알 리가 없었다. 그러나 이야기는 성시백의 공작원으로 잠입한 한 사람과의 기이한 인연으로부터 시작된다. 인터뷰를 진행하면서, 지은이는 김우식이 성시백의 정보 프락치로 미 대사관에서 일했다는 정부 측 주장에 대해 듣고는 어이없다는 듯 미소를 지었다. 그러나 김우식은 뜻밖의 말을 하는 것이었다. 성시백의 프락치라고 "오해받을 만한 일이 있긴 합니다"라는 것이다.

김우식은 성시백 공작원과의 기이한 인연으로 자신도 모르는 사이 그의 정보 프락치가 되었다고 했다. 성시백(成始伯)은 누구인가? 그는 1949년 여름 서울에 잠입하여 활발한 공작을 벌이다가 1950년 5월 체포당하고 결국 한국전쟁 직전 처형당한 김일성 직계의 거물 첩자라고 알려져 있다.[27] 그가 체포된 것은 전직 남로당 간부 홍민표(洪民杓)의 전향과 역할에 직접적 관련이 있다고 한다. 홍민표는 본명이 양한모(梁漢模)인데, 남로당

---

27 수수께끼의 인물 성시백이 누구인가와 해방 공간 또는 1948년 단독정부 수립 뒤 서울에 잠입하여 벌인 공작에 관해서는 유영구가 ≪월간중앙≫ 1992년 6~7월호에 쓴 "거물간첩 成始伯"을 참조.

서울시당 특별위원회 책임자로 서울시당 수습위원장 지위에 있으면서 서울의 무장 폭동 사업을 지휘하다가 1949년 9월 16일 체포되어 서울시당 상임위원회 전원 및 서울지구 유격사령관과 함께 수류탄 6천 개 및 기타 무기류를 갖고 "대한민국 품 안에 안기게 되었다"(양한모, 1990: 209~219쪽).

그런데 김우식은 홍민표와는 일제강점기에 서울 북악산 밑자락에 있던 경북중학교 동기 동창이며 하숙 생활을 같이한 적도 있었다고 했다. 그는 성시백과의 기이한 인연으로 경찰에 의해 체포당하지만 바로 홍민표가 힘써준 덕분에 풀려나게 될 것이라는 말을 들었다고 했다. 또한 이 드라마 같은 이야기에는 헨더슨과 그와 의기투합한 프랭켈 박사가 조역으로 등장한다. 지은이는 그 이야기에 실로 아! 하고 마음속으로 탄성을 지르지 않을 수 없었다.

그것은 극적인 이야기 때문만이 아니라 어쩌면 국회프락치사건의 의문을 풀어줄지도 모르는 흥미로운 실마리를 제공한다고 보이기 때문이었다. 김우식이 공산당 프락치로 잡힌 경위를 보자. 1950년 5월 초 홍민표의 활약으로 북로당 남반부 정치위원회라는 조직이 포착되고 5월 5일 본거지가 확인된다. 성시백이 5월 15일 종로구 효제동에서 체포되고 5·30 선거 공작 자금 미화 1만 4,800달러를 압수했으며 그 일당 112명을 '일망타진'했다는 것이다. 김우식은 영문도 모른 채 이 '일망타진'의 그물에 걸려든다. 김우식이 서울 장춘동 자택에서 경찰에 연행된 것은 1950년 5월 23일 밤이었다. 이제 그의 이야기를 길게 인용해보자(김우식, 미발표 영문 자서전).

5월 23일 밤 대사관의 밀린 일을 쫓아가기 위해 자정을 넘어 일하고 있는데, 내 집 앞에 차가 '찍' 하고 멈추는 소리가 나더니 누군가 요란하게 문을 두드리는 것이었다.

"누구십니까?"

"경찰에서 왔습니다."

"경찰이라니요? 이 시간에 무엇 하러 온 거요?"

"유숙자를 점검해야 합니다."

문틈으로 보니 진짜 경찰관처럼 보였는데, 경찰은 당시 거주자의 신분증을 조사하는 등의 일을 하고 있었고, 가족 밖의 유숙자를 신고하는 것이 의무로 되어 있기도 하여 문을 열자 그들이 윽박지르며 쳐들어왔다.

"당신이 미 대사관의 김우식이오?"

"그렇소. 무엇이 문제요?"

"옷을 입어요. 같이 가야겠소."

"뭣이라고. 영장을 보여주시오."

그러나 그들은 나의 목을 감아 집 밖으로 끌고 나가더니 지프차에 태워 어디론지 달리는 것이었다. 나의 여동생은 그들의 난폭한 행동 때문에 그들을 납치범으로 생각하고는 옆[당시 김우식과 함께 일한 미 대사관 노동담당관에게 긴급하게 연락하여 도움을 요청했다. 미 대사관의 요청으로 미국 보안대와 한국 경찰은 경계근무에 들어가 이 '납치범'을 잡기 위해 서울시 외곽초소마다 점검하기도 했으나 결국 새벽 5시경 내가 경찰 구치소에 있다는 사실이 알려졌다.

경찰에 연행된 날 밤, 김우식은 일제강점기 사상경찰 특고(特高) 고문실과 같은 데로 끌려갔다고 한다. 그는 거기서 두 명의 요원으로부터 가혹한 전기 고문을 당했다고 하면서 다음과 같이 진술한다.

두 명의 사복형사가 내 옷을 벗기더니 호스에서 물을 뿜어 흠뻑 뿌리는 것이었다. 그리고는 나를 밧줄로 기둥에 묶고는 킬킬거리며 미군용 야전 전화선 하나로 내 발가락을 묶고, 다른 한 줄은 엄지손가락에 연결하는 것이었다. 그들 중 한 명이 이렇게 지껄였다.

"야, 지금 김일성 전화 와 있는데 말하고 싶지 않니. 동무, 네 이름이 뭐더라."

나는 무섭기보다는 너무 화가 치밀어 그자를 쏘아주었다.

"히야, 이놈 봐라. 제법이네. 배짱 있는데, 빨갱이가. 너 이 새끼 얼마나 견딜지 두고 보자."

그가 힘차게 전화 발전기를 돌리니 전기가 온 몸을 찌르는 것이었다. (미국 국민이 보낸 선의의 원조물이 이렇게 고문을 위해 사용되는 것을 알았겠는가?) 나는 고통으로 신음하면서도 견디려 악을 썼다.

"당신들이 누구를 고문하는지 알아? 당신들은 톡톡히 대가를 치러야 해."

그러나 나의 저항은 헛된 일이었다. 내가 계속 반항하자 전기 고문이 계속됐다. 그것은 그들의 짐승 같은 욕망을 채우는 일 외에 아무것도 아니었다. 정말로 어서 빨리 죽으면 좋으련만, 신경 마디마디마다 무섭게 찔러오는 고통, 전류가 한 번 통할 때마다 피가 마르는 것 같고 생명이 조각조각 찢겨져 나가는 듯했다. 만일 그들이 어떤 질문을 했더라면 나의 인내도 견뎌낼 수 없었을 것이다. 누구라도 신체적 고통을 당하면 벌을 어떻게 받든 어떤 범죄라도 고백할 것이다.

그러나 굴욕적이지만 고백 뒤에는 생각이 달라진다. 뒤에 알았지만 그것은 범죄 혐의가 어떻든 모든 혐의자에게 으레 가해지는 절차였다. 동물은 허기 때문에 먹잇감을 죽이거나 잡아먹지만 인간이라는 이들 짐승은 재미로 이 짓을 한다. 어떻게 인간의 탈을 쓰고 이런 잔학한 짓을 할 수 있을까! 그들 안에 있는 인간적이고 품위 있는 것은 전부 밀려났다. '반공주의' 또는 '애국심'이라는 이름의 정치적 사기 아래 말이다. 어떤 사람들은 천진하게 대한민국이 공산주의의 물결을 막는 민주주의의 보루라고 부르곤 한다.

프랭켈이 변호에 나서

이렇게 밤을 지나고 새벽 5시, 나는 시경 본부로 옮겨졌다. 거기서 나는 내 친구인 프랭켈 박사가 나와 있는 것을 보고 안도의 한숨을 내쉬었다. 그는 대사관의 법률고문이었는데, 내 변호인이 되겠다고 자원해온 것이었다. 그는 얼의 절친한 친구였지만 나와는 우연히 만나곤 했다.

프랭켈이 내게 말했다. "김우식 씨, 당신에게 이익이 되지 않는 말은 아무것도 하지 않아도 돼요. 알겠어요?"

이 말은 문명사회의 어느 변호인도 의례적으로 말하는 상식적인 법률 조언이었으나 특히 악몽 같은 감옥에서 그런 일을 당한 뒤의 나에게는 사막에서의 어떤 우물도 그보다 더 큰 용기를 줄 수는 없었을 것이다. 나는 온통 감사의 느낌뿐이었으며 눈물이 솟아났다.

한 경찰 경위 앞에서 미국 CIA의 조(Joe)가(그의 이름은 기억하지 못한다) 가 고문을 당하지 않았느냐고 내게 물었다. 나는 일부러 대답하지 않았다. 그 대신 나는 그 경찰 경위를 쏘아보고 있었다. 암시를 얻었다는 듯 조는 내게 웃옷을 벗으라고 했고, 내 등에 있는 흉터를 가리키며 어떻게 된 것이냐고 물었다. 그러나 나는 그 끔찍한 고문에 관해서 말하는 것이 너무 자존심이 상했다. 그래서 "아무것도 아니다"라고 말할 따름이었다. 조는 대사관 보안책임자인 히비(Heebee)에게 무엇인가 귀엣말을 하더니 이상하다는 몸짓을 했다. 프랭켈 박사는 이상하다는 듯 내 눈을 보았으나 나는 그를 실망시켰다.

암호명 K-1 프락치

지은이도 그것이 궁금했다. "왜 고문을 받았다고 하지 않았어요? 프랭켈은 한국 경찰의 약점을 알고 그걸 노렸을 텐에요"라고 말하자, 김우식은 "미국인들 앞에서 한국인 동족이 자신에게 그렇게 잔학한 고문을 자행했노라고는 차마 말이 떨어지지 않더라"라고 회고한다. 김우식은 그때까지만 해도 왜 자신이 붙들려 왔는지 몰랐으나 다음 순간 CIA 요원의 신문을 듣고 "아차" 했다고 토로한다.

이어서 CIA의 조가 다시 신문했다.
"김우식 씨, K-1이란 무엇이요?"
"K-1이라니요? 모릅니다."
"송태경이란 한국인을 압니까?"
"압니다. 내 친굽니다."
"당신이 그를 알게 된 경위와 정치적 관계가 있다면 말해주시오."
나는 송태경이 태평양전쟁 중 나와 몇 달 동안 감옥살이를 같이한 정치범 중 한 사람이라고 말했다. 사실 그는 내게 좋은 인상을 준 사람 중 한 명이었다. 해방 뒤 그는 당시 지식인들이 그렇듯이 좌익계에 속한 '정치범협회'에 가입하기도 했다. 해방 뒤 나는 서울 길거리에서 그를 우연히 만난 일이 있었는데, 당시 그는 대학에서 공부를 하고 있다고 말했고, 나는 미 대사관에서 일하고 있었다.

이렇게 만난 뒤 그는 이따금 내 집을 찾아왔다. 나는 일제 시절 감옥살이를 함께한 친구로서 그를 늘 환영했다. 우리는 자연스럽게 여러 주제에 관해 이야기를 나눴다. 사실 우리는 너무 친했기 때문에 그는 내 셔츠나 양말도 편하게 사용했고 나는 괘념치 않을 정도였다. 그는 내가 읽고 있는 ≪뉴욕 타임스≫에 특별한 관심을 갖고 있었는데, 한두 부를 가져가곤 했다. 그가 특별한 것을 원하지 않는 이상 나는 그가 원하는 대로 가져가게 했다. 나는 양심에 아무 거리낄 것이 없었기에 미 대사관이 나를 보증해줄 것이라고 희망했다. 그러나 신문을 받은 뒤 대사관 CIA 신문관들은 경찰이 나를 감옥으로 다시 데리고 가도록 했고 아무 혐의도 없는데도 풀려날 기미가 보이지 않았다.

중학교 동창 홍민표

고문으로 신음하는 정치범들로 꽉 찬 비좁은 방에서 죽을 듯이 침울해 있던 어느 날 한 형사가 감방으로 오더니 나를 불러내는 것이었다. 쳐다보니 그는 나를 보고 미소를 지었다. 그 순간 나는 자신도 모르게 소리를 지르고 말았다. "양한모 아니야, 어떻게 된 일이야?"

그는 내 중학교 동급생 친구였는데, 그때는 홍민표라는 가명을 쓰면서 남한 경찰 경위로 일하며 공산당원 체포로 이름을 날리고 있었다. 태평양전쟁 중 그는 공산당 지하조직의 당원으로 일제에 의해 체포된 일이 있었다. 그는 내게 털어놓기를 해방 뒤 공산당에 가입했는데, 남로당 서울지부 조직책임자 자리에 올랐으며, 그 자리에서 남로당 비밀 조직을 손바닥 보듯 훤히 알게 되었다고 했다.

그는 1948년 말경 체포되었는데, "나의 공산당 경력으로 볼 때 죽는 것은 뻔한 일이었다"고 말했다. 그러나 경찰은 그가 목숨을 구하고 싶어 하는 만큼 남로당의 비밀공작에 관한 정보를 원하고 있었다. 이러한 이해가 맞아떨어져 그는 목숨을 구했고 그 대가로 공산당을 잡는 일을 돕고 있었다. 그는 수많은 공산당 고위 공작원을 잡아들였는데, 그중에는 서울에서 맹활약 중이던 성시백이 포함되어 있었다(김우식, 미발표 영문 자서전).

위 김우식의 이야기는 마치 한 편의 드라마 같은 느낌마저 준다. 한국 경찰이 그를 체포한 것은 일제강점기에 감옥살이를 하던 중 알게 된 송태경이라는 사람 때문이었다. 일본 경찰이 김우식을 '사상범'으로 체포한 것은 1942년 12월 6일(태평양전쟁이 일어나기 2일 전)로 그는 만 20세가 채 못 되어 '금촌 소년형무소'에 갇혔다. 4개월 뒤 만 20세가 되자 '진주형무소'로 옮겨졌는데, 거기서 그는 독립 투쟁을 하다 감옥에 갇힌 김일성계 공산당원 다수를 만난다. 그중 한 사람이 송태경이었다. 당시 독립운동을 하다 일경에 체포된 한국인 중에는 공산주의자들이 많았으며 송태경도 그중 한 사람이었다.

김우식은 1945년 해방과 함께 풀려났고 취업을 못 해 헤매던 중 서울 길거리에서 그를 우연히 만났다. 그리고는 그와 연락이 끊겼는데, 1948년 가을 대사관에서 일하던 중에 길에서 다시 우연하게 만나게 되었다. 김우식은 옛정을 회상하고는 송태경과 친하게 지냈지만, 그는 그때 이미 성시백의 공작원으로 뛰고 있을 때였다. 김우식은 물론 그가 성시백의 공작원인 줄은 꿈에도 몰랐다. 그러나 뒤에 보듯 송태경은 김우식을 만날 때마다 그와 나눈 대화를 모두 적어 성시백 선에 보고했던 것이다. 곧 김우식은 자신도 모르는 사이 'K-1'이라는 암호명의 프락치가 되어 있었던 것이다.

그러나 김우식은 그의 중학교 동창인 양한모(홍민표의 본명)의 도움을 받게 될 것을 믿고 안도했다(그러나 그것은 사실이 아니었다). 또한 미 대사관의 법률고문 프랭켈 박사가 그의 변호인 역을 한 것도 크나큰 용기를 주는 일이었다.

1950년 초 홍민표는 성시백의 지하 비밀 조직을 탐지해냈다고 한다. 성시백은 옌안 중국 공산당 출신의 김일성 직계로 1949년 여름 서울에 잠입해 공작 거점을 확립하고 각계에 침입하여 성공적으로 공작을 수행했다. 그의 공작 덕분에 북한은 "남한 정부 안에 돌아가는 일을 이승만 대통령보다 더 잘 알았다"고 평가를 받았다고 한다.[28] 성시백은 정부 조직뿐만 아니라 경찰, 법조, 정당 조직에 프락치를 침투시키거나 동조자를 끌어들였다. 예컨대 당시 민국당 총부부장 김선주 같은 사람이 성시백 라인이었다.

1950년 4월 들어 홍민표는 성시백의 내밀한 참모 한 사람을 검거하게 되는데, 그의 자백으로 성시백 간첩 일당 112명이 체포되기에 이른다. 그때 성시백의 집 정원에 묻혀 있던 독 속의 서류 뭉치가 모두 압수된다. 나는 이 일당에 연루되어 체포된 것이다. 바로 송태경이 간첩 일당에 속했던 것이며, 그는 나와 나눈 대화를 모두 K-1이라는 암호명으로 보고한 것이다. 그런데 다행히도 그 보고의 복사본들이 경찰에 의해 발견되어 내 필적과 대조해본 결과 나와는 상관없다는 것이 밝혀졌다고 한다. 홍민표는 "우리에 관한 한 자넨 혐의가 벗겨졌어. 내가 미국 대사관의 말에 따라 내일 중으로 내보내줄게"라고 말했다.

---

[28] 성시백이 서울에 잠입해 벌인 공작 활동에 대해서는 유영구, 『남북을 오간 사람들』 참조. 그가 가장 성공적으로 벌인 공작은 한국군 안의 공작이었다고 한다. 당시 1948년 10월 여수 사건에서 체포된 박정희의 역할로 군대 내 남로당 조직이 거의 완전히 궤멸된 반면 성시백의 조직은 그대로 남아 활동했다고 한다. 1949년 5월 춘천 쪽에 주둔하던 8연대의 2개 대대가 월북한 사건도 성시백의 활동에 의한 것이라고 한다. 이 사건으로 육군 총참모장 이응준(李應俊) 소장이 물러나기까지 했다(유영구, 1993: 74쪽).

그러나 김우식이 그때 홍민표의 도움을 받게 될 것이라고 믿은 것은 잘못이었다.29 한참이 지난 뒤 김우식은 그가 아닌 대사관 미국인 친구의 '파격적인' 도움으로 한국전쟁 발발 직전 극적으로 풀려날 수 있었다. 이에 관해서는 곧 다시 살필 것이다.

충격적인 인간의 몰골

감방에 갇힌 김우식은 좀처럼 풀려나지 못했다. 그는 감옥에서 홍민표의 말에 기대를 걸고 풀려나기를 '일각이 여삼추'처럼 기다렸으나 풀려날 기미는 보이지 않았다. 김우식은 이때 자신이 믿었던 미 대사관에 복병이 숨어 있을 줄은 몰랐다. 그는 대사관의 CIA 보안책임자 히비였다. 그는 김우식을 계속 의심하면서 물고 늘어졌다. 김우식은 이때 히비의 시경 사무실에 불려가 충격적인 인간의 모습을 보고 몸을 떤다. 그것은 차라리 인간의 몰골을 한 귀신의 모습이었다.

---

29 이상한 일은 홍민표가 한 세대가 흐른 뒤 1980년대 후반에 쓴 글에서 문제의 이승만-장제스 진해 회담을 언급하면서 "미국 대사관의 김우식이란 자가 성시백의 공작원으로 침투했다는 놀라운 사실도 드러났다"고 주장한다는 것이다. 그는 "특히 김우식은 워싱턴 당국의 훈령을 비롯, 주한 미 대사관의 기밀 문서 내용을 제공하여 김일성에게 타전하게 했다고 한다"(양한모, 1990: 238쪽)라고 기술하고 있다. 『조국은 하나였다』라는 이 책은 《조선일보》에 연재된 기사를 모은 것으로, 문제의 대목은 양한모가 전두환 신군부 독재 시절 반공 기류에 편승해 성시백을 체포하는 데 결정적인 역할을 했음을 자랑하는 가운데 나온 '포장'이 아닌가 생각된다. 양한모의 이 주장은 조선일보사가 펴낸 『전환기의 내막』(1982)의 "남로당" 편에도 그가 성시백 체포를 주도하면서 "비밀 문서에 대해 취조하던 중 이승만 대통령과 장 총통 진해 회담의 통역을 맡았던 중국 대사관의 김석민과 미국 대사관의 김우식이라는 자가 성시백의 공작원으로 침투해 있다는 놀라운 사실도 드러났다"(241쪽)고 쓰고 있다. 이로 보아 1980년대에 쓴 글은 이때 쓴 것을 재탕한 듯하다.

그 뒤 3일째 되던 날 나는 시경 본부 미국 CIA 요원실로 옮겼다. 사무실로 들어가자 내가 본 것에 분노하여 부르르 떨었다. 한 구석에서 송태경이 왼팔이 늘어진 채 귀신처럼 서 있었다. 그의 앞쪽 팔목은 고문으로 부러져 있었다. 그의 얼굴은 멍으로 부어올라 거의 알아볼 수 없었다. 가슴은 붕대로 여러 번 감았는데, 부축을 받아 움직였다(그는 갈비뼈가 두 개 부러졌다).

대사관 보안관 히비는 송태경에게 명령했다. "경찰에서 말한 것을 김우식에게 말하라." 목소리가 푹 잠긴 송태경은 기침을 하며 말한다. "김우식이 중국백서[1949년 8월 5일 미 국무부가 발간한 『중국백서(The White Paper on China)』를 말함]를 내게 주었어요."

히비는 의기양양하여 "김우식이 당신에게 그것을 줄 때 어떤 말을 했나?" "그것이 대단히 중요한 문서라면서 내가 읽을 만하다고 했습니다."

히비는 도전하듯 누런 테안경 너머로 악의에 찬 눈빛을 보이며 내게 얼굴을 돌리더니 "자 당신, 송이 말한 진실을 들었지. 왜 깨끗이 털어놓지 않나?"

"내가 준 것은 맞습니다. 그것이 뭐가 이상한가요? 『중국백서』가 무슨 비밀입니까? 그것은 공개된 문서이며 당신의 국무부가 공식적으로 공중에 배포한 문서입니다. 당신이 원하면 어느 때 어느 곳에도 가져다줄 수 있어요. 그것이 죄입니까?"

그 뒤 히비는 송태경에게 제2의 폭탄을 터트리라고 명했다. 송태경은 목소리를 가다듬더니 내 눈을 피하면서 중얼거렸다. 곧 내가 "대사관 건물 '4층 영사과'(작은따옴표는 지은이)에서 심각한 사태에서의 미국 시민 긴급 철수계획이 담긴 비밀 문건을 보았다"라며 몇 날 몇 날에 말했다는 것이었다.

나는 그때 히비가 질문을 할 때를 기다리지 않고 지금 송태경은 고문의 위협 아래 누구에게도 뻔한 거짓말을 하고 있다고 말했다. "첫째, 당신이 알다시피 영사과는 4층이 아니라 2층에 있습니다. 둘째, 내가 하는 일은 일방통행입니다. 나는 보고만 할 뿐 아무것도 듣지 못합니다. 나는 그런 계획이 있는 것도 모르고 게다가 본 일도 전혀 없습니다."

히비가 제기한 다음 질문은 미 대사관에 대한 나의 충성심이었다. 히비는 내가 공산주의자를 당국에 신고하지 않았다는 이유로 내게 "심각한 보안 위험인물(grave security risk)"이라는 딱지를 붙였다.

이 대목에서 김우식은 송태경이 공산당원인지 전혀 몰랐다고 했으나 허사였다고 말한다. 그는 설사 송태경이 공산당원이라는 것을 알았더라도 친구를 신고한다면 그 일을 부끄러워했을 것이라고 쓰고 있다. 그러나 미 대사관에 대한 직업적 충성 문제에 대해서는 그는 단호하게 말한다. 그는 미 대사관에서 3년을 근무하는 동안 "최선의 충성을 다했고 그 기록을 자랑스럽게 여겼다"고 쓰고 있다. 대사관의 그의 친구와 상관들은 그의 충성과 성실성을 추호도 의심치 않았는데, 뒤에 알려졌지만 그의 상관 프렌더개스트(Curtis Prendergast), 전 상관 헨더슨, 노동담당관 얼은 그가 당한 구속에 항의해 사표를 제출했다고 했다.

그러나 김우식 사건은 쉽게 풀리지 않았다. 경찰은 이 사건을 검찰로 이첩했는데, 김우식은 여기에 대사관 보안책임자인 히비의 압력이 작용했을 것이라고 짐작했다. 김우식은 오해로 인한 모욕감으로 잠을 이루지 못했다. 그는 히비가 한 말로 인해 대사관의 미국 친구들이 오해할 수도 있겠다는 생각이 가장 견디기 힘든 것이었다고 토로한다.

여기서 우리는 당시의 무섭고도 냉혈한 현실을 만나게 된다. 곧 미 대사관의 히비라는 CIA 보안관이 한국의 고문 경찰과 똑같이 행동했다는 사실이다. 그는 가혹한 고문으로 팔과 갈비뼈가 부러진 송태경을 윽박질러 받아낸 진술을 가지고 김우식에게 죄를 씌우려 한 것이다. 이런 진술은 한국 경찰이 고문을 자행해 받아낸 자백과 조금도 차이가 없을 것이었다. 미 대사관 안에서도 김우식을 보는 눈은 이렇게 극명하게 갈라져 있었다.

김우식의 극적인 석방

그러던 중 김우식은 사태의 놀라운 반전을 맞는다. 그는 6월 22일 오제도 검사실에서 신문을 받게 되는데, 놀랍게도 오 검사가 예의를 다해 그를 접대하는 것이 아닌가! 심지어 미 대사관이 그를 오해하지 않았는지 걱정이 된다는 말까지 하는 것이었다. 김우식은 검사의 태도로 보아 기소되지 않을 것이라고 확신했다. 과연 그는 6월 22일 밤 9시에 석방되었다. 그 다음날 얼이 김우식의 석방을 축하하여 자기 집에서 티 파티를 열었다. 여기에 참석한 사람은 프렌더개스트, 프랭켈 박사, 한국인 직원 유의상이었다. 헨더슨은 당시 부산 영사과 책임자로 가 있어 참석하지 못했다. 김우식이 특히 즐거웠던 것은 대사관 친구들이 그의 성실성과 직업적 충성을 변치 않고 믿은 것이었다고 회고한다. 그때가 한국전쟁이 터지기 불과 30여 시간 전이었다.

여기서 한 가지 의문이 생긴다. 미 대사관의 보안책임자가 '심각한 보안 위험인물'로 딱지를 붙인 김우식이 어떻게 그렇게 풀려날 수 있었을까? 김우식은 지은이에게 자신이 자서전에도 쓰지 않은 은밀한 말(2007년 9월 15일 신주쿠 워싱턴호텔에서 김우식을 만났을 때 한 말)을 전했다. 그것은 얼이 주선한 티 파티에서 들은 이야기로, 그의 석방이 얼이 외교관 신분의 제약을 무릅쓰고 그를 위해 '파격적으로' 뛴 덕분이었다는 것이다. 얼은 서울지검 오제도 검사를 찾아가 김우식이 죄가 없는데도 계속 가둬두는 것이 잘못이라면서 항의 겸 사정을 했다. 오제도는 대사관 보안책임자 히비에게 책임을 돌리면서 곤혹스러워했다고 한다. 그런데 헤어지면서 오제도가 희한한 제안을 하는 것이었다. "수사상 필요한데 무선기 하나 구해줄 수 있어요?" 얼은 즉시 제니스 라디오 1대와 돈 400달러를 넣은 봉투를 오제도에게 전달했다는 것이다.

연속되는 히비와의 악연

김우식은 얼 등의 '파격적'인 도움으로 한국전쟁이 터지기 직전 극적으로 풀려나지만 그 뒤 히비와의 악연은 끝나지 않는다. 김우식은 전쟁이 터지기 불과 이틀 전 '무혐의'로 풀려났지만 공산당 치하가 되자 대사관 직원들이 공산당이 그를 감옥에서 풀어준 것이라고 믿게 된 것이다. 물론 히비도 마찬가지였다. 김우식은 서울이 적 치하에 넘어갔을 때 탈출하지 못하고 엉거주춤한 상태로 머물다가 강화도 고향으로 돌아가려 한다. 그러나 그 소식을 들은 친형이 극구 말리면서 강화도 고향 동네에서 공산당 조직이 그를 체포하려 한다는 것을 알렸다.

김우식은 강화도로 가는 뱃길에서 어정쩡한 상태로 머물다가 9월 중순 미 해병연대 해상경비대에 의해 '수상한 자'로 붙잡힌다. 그때 영어를 잘하는 김우식이 미 대사관의 직원이었다고 하자 연대장 슈마허 중령은 그를 자신의 개인 통역으로 삼았다. 그는 맥아더 장군이 지휘한 인천상륙작전을 목도한 뒤 서울에 입성한다. 그러나 김우식은 얼마 뒤 대사관 보안책임자 히비에 의해 다시 감옥 신세를 지게 된다.

이것은 오해로 빚어진 해프닝으로 치부할 수도 있다. 김우식은 전쟁 직전 무혐의를 인정받았지만 전쟁의 급박한 경황에서 그 사정을 아는 사람은 거의 없었기 때문이다. 그러나 그것은 또한 대사관 보안책임자 히비 또는 한국인 직원들이 쓰고 있던 반공 이데올로기라는 외눈박이 안경의 편협함을 보여주는 사례이기도 했다.

1950년 서울이 수복된 뒤 슈마허 중령이 이끄는 해병연대는 병참일을 도울 한국인 노동자를 모집했고, 김우식이 그 일을 맡아 진행했다. 그런데 여기에 대사관 운전기사로 일했던 한국인 직원이 지원했다. 김우식은 그를 알아보고 반가워하며 우선적으로 뽑았으나 그는 김우식을 히비에게 밀고하고 만다. 히비는 깜짝 놀라 "그 빨갱이가 미 해병대에 있다니!" 하며 인천에 있던 미 해병연대로 직접 와서 김우식을 잡아간다. 김우식이 사정을 이야기해도 소용이 없었다.

김우식은 경기도 수색에 있던 군 감옥에 갇힌다. 거기서 그는 우연히 고려대학 영문학 교수 이인수를 만났다. 그는 공산당 치하의 서울에서 북한군의 심리전을 위해 영어 방송을 했다는 죄로 갇혀 있었다. 헨더슨이 이인수와 친하게 지냈던 사이이기에 그들은 서로를 알고 있었다. 그러나 김우식과 이인수는 얼마 뒤 생과 사의 갈림길에서 갈라선다. 김우식은 며칠 뒤 그가 전쟁 전 무혐의로 풀려났다는 사실이 확인되자 풀려날 수 있었지만 이인수는 얼마 뒤 처형당하고 말았다(이인수의 이야기는 제3장 3절 "헨더슨이 만난 한국전쟁" 참조).

김우식 사례의 함의

김우식의 이야기는 국회프락치사건이 던지는 의문점에 대해 중요한 단서를 던져준다. 수사 당국의 주장처럼 국회 안 남로당 프락치가 공산당 세포조직으로 존재하고 실제로 남로당의 지령에 따라 움직이고 있었는가 하는 것은 프락치사건의 핵심이다. 그런데 수사 당국이 제시하는 증거는 정재한의 몸에서 나왔다는 암호 문서와 이를 뒷받침한다는 국회의원들의 자백이 거의 전부다. 문제는 암호 문서의 실체를 인정하더라도 그것이 남로당 공작 문서로서 '희망 사항'으로 부풀려졌을 수 있다는 점이다. 마치 김우식이 자기도 모르는 사이 K-1이라는 암호명으로 둔갑하여 성시백의 정보 프락치가 된 것처럼 말이다. 이 암호 문서는 이 사건의 핵심인물인 노일환과 이문원을 각각 '韓'과 '山'으로 적어놓고 있다고 되어 있다.

그런데 중요한 것은 성시백의 공작원 송태경의 입장에서 볼 때는 김우식을 '공산당 동조자' 또는 '프락치'라고 부풀려 생각할 수는 있어도 김우식 자신은 꿈에도 그런 생각을 해본 적이 없다는 것이다. 만일 프랭켈 박사의 법률 조언, 또는 헨더슨을 비롯한 대사관 미국 친구들의 경력을 건 동조 '파업', 마지막으로 노동참사관 얼의 '파격적인' 도움이 없었더라면, 그의 운명은 어떻게 되었을까? 그도 송태경처럼 가혹한 수사와 고문의 희생자가 되었을 것이며, 성시백의 프락치 'K-1'으로 낙인이 찍혀 비명을 지르며 사라져간 수많은 '빨갱이' 중 한 사람이 되었을 것이다.

국회 안의 프락치 조직의 성격에 관해서도 S 씨의 증언이 단서를 제공한다. S 씨는 "국회프락치는 정식 당원들로 구성된 것이 아니라 일반적인 의미에서 '조직관계 동조자로 형성된 소조(小組) 형태의 조직망이었다"고 말한다. 그는 "남로당의 정치적 지도를 받는 정치 소조는 정확한 의미에서 남로당 프락치 조직이라고 할 수는 없는 것이다. 엄격하게 조직적 소조라고 하기도 어려웠다"(유영구, 1993: 490~491쪽)고 이른바 국회프락치의 성격을 규정한다.

S 씨는 한국전쟁이 끝난 1954~1955년 국회프락치사건에 대한 '총화'에서 남한 수사 당국의 발표로는 "국회프락치사건과 관련된 여간첩이 38선을 넘으려다 개성에서 잡혔다는 데 이게 무엇이냐"라는 논의가 있었다고 하면서 다음과 같이 결론을 맺었다고 한다.

49년 3월 시점이면 박헌영과 이남의 김삼룡, 이주하 사이에 서득언과 같은 유능한 공작원들이 38선을 활발하게 오가면서 구두로 보고와 지시를 전달하는 등 연락 업무를 맡았는데, 어째서 허술하게 여자 연락원에게 그런 일을 맡겼다가 들통이 나버렸는가. 더욱이 남한 수사 당국의 발표대로라면 여자 연락원이 사타구니에 보고문서를 넣었다가 잡혔다는 것인데, 이는 말이 안 된다. …… 결국 이 부분은 남한 수사 당국의 조작일 가능성이 크다는 평가가 내려졌다(495쪽).

결론적으로 김우식의 사례는 그가 겪은 것이 '작은 프락치사건'임을 알려준다. 김우식은 여러 가지 요인이 우연하게 복합적으로 작용하여 천우신조로 공산당 프락치 혐의에서 풀려날 수 있었다. 이런 행운이 프락치사건에 연루된 13명의 국회의원 모두에게 주어질 수는 없는 일이다. 중요한 것은 김우식의 사례가 국회프락치사건을 들여다볼 수 있는 창문이라는 점이다. 이 창문을 통해 우리는 수수께끼 같은 암호 문서, 고문 수사로 얻어낸 자백, 무엇보다도 남로당 공작 문서를 악용하거나 속여 무고한 사람들을 법망으로 단죄할 수 있었다는 추론에 고개를 끄덕이게 된다. 요컨대 유영구의 글에 등장하는 S 씨의 '증언'을 비록 검증할 수는 없더라도, 성시백의 공작원 송태경이 김우식을 상대로 공작한 것이 틀림없는 사실로 드러난 이상, 김우식의 사례는 프락치 혐의를 입증하는 증거보다는 그 허구성을 반증하는 창문이 되는 셈이다.

4. 암호 문서의 수수께끼

국회프락치사건의 증제 1호는 정재한이라는 여인이 음부 속에 숨겨 운반하다 개성에서 체포되어 압수되었다는 암호 문서다. 이 여인을 둘러싼 수수께끼는 뒤로 미루고 먼저 이 암호 문서의 정체를 둘러싼 의문을 다뤄보자.

이 문서는 프락치사건 수사를 주도하고 기소한 오제도 검사에 의해 '증제 1호'로 재판부에 제출되었다. 이 문서에 의하면 남로당 첩자들이 공작한 결과 국회 소장파 의원들이 '남로당 프락치'를 구성하고 남로당의 지령에 따라 외군 철수 운동 등을 벌였다는 것이다. 그러니까 서울시경 사찰과 주임 김호익 경위를 비롯한 특수 요원들이 1949년 6월 16일 개성에서 노획한 이 문서가 없었더라면 국회프락치사건은 성립할 수 없는 것이었다.

'증제 1호'의 경우 그 진정성은 접어두고 남로당 공작 문서로서의 실체성을 인정하더라도, 문제는 공안 당국이 정치적으로 악용하거나 속을 수 있는 개연성이 여전히 남아 있다는 것이다. 김우식이 겪은 '작은 프락치사건'이 그것을 생생하게 보여준다. 여기서는 증제 1호를 둘러싸고 있는 문제점 중 다음의 의문에 대해 해답을 모색하고자 한다. (1) 이 남로당 공작 문서가 증거로서 검증이 제대로 되었는가? 다시 말하면 검찰이 남로당 기밀 공작 문서를 의도적으로든 아니든 '확대 해석'하여 증제 1호로 만든 것은 아닌가? (2) 재판부는 이 문서에 대해 어떠한 태도를 취하고 있는가? (3) 검찰은 왜 하필 정재한 여인의 음부운반설을 주장했으며, 그 주장의 문제점은 무엇인가? 마지막으로 (4) 이 문서의 운반책으로 알려진 정재한 여인은 실제 존재하는 인물인가?

해답을 모색하기 전에 먼저 이 암호 문서가 담고 있는 내용은 무엇인지 살펴볼 필요가 있다. 여기에는 근 30여 명의 국회의원들을 포함한 암호 기록의 '해표(解表)', "3월(1949년)분 국회 공작 보고, 유엔한위에 진언서를

〈표 II-1〉 증제 1호에 적힌 국회의원 암호와 해호

암호(暗號)	해호(解號)	암호(暗號)	해호(解號)
茶(수)	金若水(김약수)	長(장)	元長吉(원장길)*
韓(한)	盧鎰煥(노일환)	英(영)	金英基(김영기)*
會(회)	金秉會(김병회)	基(기)	金基喆(김기철)*
山(산)	李文源(이문원)	老(노)	金益魯(김익노)*
求(구)	李龜洙(이구수)	重(중)	裵重赫(배중혁)
宇(우)	李成佑(이성우)*	烈(열)	金長烈(김장열)*
梁(양)**	金沃周(김옥주)	中(중)	金仲基(김중기)*
元(원)	朴允源(박윤원)	植(식)	金仁湜(김인식)*
江(강)	姜旭中(강욱중)	甲(갑)	曹奎甲(조규갑)*
吉(길)	徐容吉(서용길)	云(운)	朴己云(박기운)*
尹(윤)	黃潤鎬(황윤호)	日(일)	徐相日(서상일)*
林(임)	林奭圭(임석규)*	夏(하)	洪性夏(홍성하)*
成(성)	趙鍾勝(조종승)*	延(연)	金俊淵(김준연)*
炳(병)	張炳晩(장병만)*	俊(준)	金光俊(김광준)*
丁(정)**	崔泰圭(최태규)		

• 프락치사건으로 기소되지 않은 국회의원임.
** 이문원의 경우 출신구 익산에서 '山'을 따오듯, 김옥주의 경우 출신구 광양(光陽)에서 '梁(양)'을, 최태규의 경우 출신구 정선(旌善)에서 '丁(정)'을 따온 것으로 풀이된다.
출처: 『좌익사건실록』, 1964: 679~680쪽.

제출하는 투쟁 보고서"를 담고 있다고 되어 있다. 특히 이른바 "…… 투쟁 보고서"는 40여 쪽에 이르는 장문이기 때문에 "작은 글씨를 한 칸에 두 줄씩 양면괘지에 수록했다"(오제도, 1982: 380쪽)고 하더라도 여인의 음부 운반설은 무리라는 것을 알 수 있다. 이 점은 마지막으로 살필 것이다.

눈길을 끈 암호 해표

먼저 이 문서에 씌어 있는 암호 해표가 눈길을 끈다. '주주 총회 보고서' 라는 표제를 단 이 암호문은 "38명의 유능한 형사들에 의해" 해독되어 내용 전모가 드러났다고 되어 있다(같은 글: 같은 쪽). 국회의원들을 주주 로 표시하고 암호로 표시된 '주주들의 활동 상황'과 '발언 평가' 등이 담겨 있었다는 것이다. 30여 명의 주주들의 암호를 푼 결과 '韓', '山', '元'과

같이 외자를 사용했으며, 외군은 '外資(외자)'로, 국민은 '消費者(소비자)'로, 정부는 '會社(회사)'로 표시되어 있다는 것이다. 그런데 '韓'의 경우 노일환(盧鎰煥)을, '元'의 경우 박윤원(朴允源)을 말하는데 비슷한 음의 한자를 쓴 경우이고 '山'의 경우 이문원(李文源)인데 그의 출신구 익산(益山)에서 따온 것으로 풀이한다.

앞의 표에서 보는 바와 같이 암호로 표시된 국회의원 29명 중에는 프락치사건에 연루되지 않은 의원들이 상당수 포함되어 있다. 이 암호 문서는 김약수 등 62명의 국회의원이 1949년 3월 19일 유엔한위에 외군 철수를 요구하는 진언서를 전달한 뒤 그 취지를 설명하기 위해 3월 22일 안국동 일심각에서 기자회견을 자청해 발언한 대목을 다음과 같이 적고 있다고 한다.

韓(노일환): 외자(외군)하에 진정한 민주적 통일은 없고 외자하에서의 통일이란 새로운 분열을 내포하고 있다.
吾(서용길): 외자 철거는 유엔 헌장을 당연히 진행하는 것이며 이것 없이는 평화통일이 있을 수 없다.
寄[基](김기철): 외자 철거는 전 소비자(국민)의 진정한 요구이며 어느 나라의 사주는 아니다.
江(강욱중): 외자 철거는 누구나 부르짖는 것이다. 외자 철거 없이 어떻게 자주 독립이 있는가?
元(박윤원): 우리는 전면적인 외자 철거를 주장한다(동아일보사, 1975: 49쪽).

이 암호 문서가 남로당의 내부 공작 문서로서 이북의 박헌영(朴憲永)에게 보고하기 위한 것이라면 위와 같은 표현들은 공작원들이 활동한 성과를 과시하는 것처럼 들린다. 문제는 이 문서에 관련된 핵심인물들, 곧 남로당 총무부 월북문건책인 박시현(朴時鉉), 문건부책 박정휘(朴廷暉), 연락원 전정환(全正煥): 판결문에는 전정환으로 나오나 실은 김정환(金正煥)임, 연락원 정재한, 그리고 접수책 우상덕(禹相德) 등이 공판정에 불려 나와 어떤 진술도 한 적이 없다는 점이다. 이들에 대한 사법경찰관의 신문조서에 의하면 1947년 9월부터 남로당 공작원들이 월북한 박헌영에게 20여 차례나 비밀 문건을 전해왔다고 한다. 신문 조서에서 박시현은 다음과 같이 증언하고 있다.

> 나는 남북연락책임자로 취임한 이후 나에게 배려된 박정휘, 전정환을 통하여 사무를 수행하는데, 하부 당원으로부터 상부 이북 박헌영에 송달할 정보를 이북에 보내는데 관헌에게 발각되지 않게 기술적으로 정리 포장하여 전정환을 주면 동인은 차(此)를 정재한이라 하는 여성에게 준다. 정재한은 그 기밀 서류를 수취하여 자기 신체 내에 교묘히 은닉하여 개성 부내 이하 불상거주(不詳居住) 우상덕에 수도(手渡)하여 이북에 연락을 한다(≪다리≫, "국회푸락치사건 판결" 제1회, 1972년 4월호: 199~200쪽).

그런데 이상한 일은 이들 핵심인물들이 모두 경찰에 체포되었음에도 공판정에 출정하여 증언을 하지 않았다는 점이다. 이들이 공판정에 출정하여 '증제 1호'에 관해 증언해야 할 절실한 필요성은 누구보다도 검찰이 잘 알고 있을 터이다. 그런데도 정재한의 경우만 변호인 측의 증인 신청이 있었고 다른 사람의 경우 아무도 문제를 제기하지 않았다. 이들 중 정재한, 박정휘, 김정환(전정환으로 오기)은 공판이 진행되는 중 처형되었기 때문에 증인 출정은 원천적으로 불가능했으나 이를 아는 사람은 아무도 없었다. 다만 이들이 진술했다고 되어 있는 신문 조서만이 증거로 제출되었을 뿐이다. 이에 관해서는 곧 살피도록 하겠다.

유일하게 검찰 측 증인으로 불려나와 '증제 1호'에 관해 증언한 사람이 남로당 중앙위원이라는 이재남이다. 재판부는 그의 증언을 증제 1호에 부합하는 취지로 해석했으나 다음 장에서 살펴보는 바와 같이 이는 견강부회이며, 오히려 그의 증언은 증제 1호의 신빙성에 의심을 불러일으키는 것이었다(제11장 3절 "검사의 유죄 입증 실패" 참조).

그렇다면 이 암호 문서의 실체는 있는 것일까? 프락치사건 피고인들과 변호인들은 이 암호 문서의 실체에 대해서는 이견이 없이 그 존재를 인정하고 있다. 그들이 힘주어 주장하는 것은 이 암호 문서의 실체라든가 내용이 아니라 그것이 남로당 공작원들이 쓴 공작 계획 또는 선전은 될지언정 사실이 아니라는 점이다. 《동아일보》 기자들이 쓴 기록은 이 암호 문서를 둘러싸고 수사 당국 안에서 '확대 해석'을 경계하는 목소리가 있었지만 무시되었다고 말하고 있다(동아일보사, 1975: 62쪽).

국회프락치사건 재판 결심 공판(1950년 2월 11일)에서 김약수, 이문원, 오관 피고인 담당 변호인 신순언은 다음과 같이 주장한다.

여러분도 아시다시피 고 김호익 총경이 이 사건을 수사하느라 많은 시간을 보냈습니다. 드디어 그는 증제 1호를 개성에서 압수했습니다. 그러나 이 문서는 남로당의 음모이며 증거로는 무가치합니다. 한 예를 들어봅시다. 한 아내가 병든 남편을 위해 한약을 달이고 있다고 칩시다. 그때 한 남자가 그녀에게 무엇인가 주고는 한약과 섞으면 남편을 치료하는 데 효험이 있을 거라고 알려주었습니다. 아내가 이를 섞어 남편에게 마시게 했습니다. 그러나 남편은 그 한약을 마시고 죽고 말았습니다. 섞은 것이 아편이기 때문이었습니다. 여러분은 이 여인에게 어떤 벌을 주겠습니까? 노일환과 이문원은 똑같은 조건에 있는 것입니다[헨더슨 공판 기록, 제15회(1950년 2월 12일) 결심 공판분에서].

여기서 신순언 변호인은 증제 1호가 보여주는 암호 문건은 남로당의 음모이며 노일환, 이문원 피고인이 이에 속은 것처럼 표현하고 있으나 실은 검사가 이를 악용하거나 속고 있는 것이 아니냐고 묻는 것이다. 최태규 피고인 담당 변호인 박원성은 "증제 1호는 믿을 만한 증거가 아니다"라며 "만일 박헌영이 남한 국민이 모두 남로당원이라고 말했다면 그것을 어떻게 해석해야 하느냐?"라고 물었다. 그는 "피고인들이 바로 똑같은 처지에 있다"고 주장했다(같은 글).

≪동아일보≫ 기자들이 작성한 "국회푸락치사건"(동아일보사, 1975)은 문제의 암호 문서가 1949년 4월 초 남로당 특수조직부가 있는 서울 중구 충무로 2가 55번지를 급습하여 취득한 '주주 총회 보고서(株主總會報告書)'라고 단정하고 있다(60쪽). 이 기록에 의하면 "정의 은폐 문서는 수사 결과 국회푸락치사건과는 관련이 없는 남로당의 통상적인 정보보고로 밝혀졌다"라는 것이다. 따라서 이 암호 문서가 "주주 총회 보고서가 아니라 정재한 여인의 은폐 문서라고 공표된 것은 여러모로 조작된 것임이 분명하다"(같은 책: 같은 쪽)고 결론을 내렸다.

위 기록이 이렇게 단정한 출처를 밝히지 않아 확인할 수는 없지만 이것이 사실이라면 정재한 여인이 지녔던 '남로당의 통상적인 정보보고'가 '암호 문서'로 둔갑한 셈이다. 여기서 문제의 암호 문서가 완전하게 조작된 것은 아니라고 하더라도 주요 부분은 짜맞추기식으로 조작되었다고 추측할 수 있다. 당시 경찰의 남로당 공작원들에 대한 '소탕 작전'이 상당한 성과를 거두었으며 그때 많은 기밀문서들이 포획되었다고 알려져 있다. 이런 기밀문서들을 짜깁기하여 '증제 1호'로 둔갑시켜 국회프락치사건의 내막을 '폭로'한 것이 아닐까?

음부 은닉을 미리 알고?

그렇게 추측할 수 있게 된 것은 증제 1호에 가장 근접한 검찰 측 수사관들이 이 기록을 둘러싸고 엇갈린 발언을 하고 있다는 정황 때문이다. 정확성과 진정성을 담보하는 문서라면 이해관계에 민감한 수사관들이 엇갈린 발언을 한다는 것은 경험칙상 상상하기 어렵다. 먼저 이 문서가 6월 16일 개성에서 노획된 경위다. 오제도 검사와 함께 수사 당국이 발표한 내용은 다음과 같다.

[1949년] 6월 10일[16일] 오전 10시 이 중년 여인은 광우리 장사로 가장하고 충무로 2가에 있는 집을 나와 서울역을 향해 가는 것이었다. 서울역에서 그 여자는 개성행 차표를 사고 차에 올랐다. 미행하던 김윤쾌 경사[와 그 일행]도 같이 개성행 열차에 올랐다. …… [열차가] 개성역에 도착하자 2명의 형사가 먼저 역전 파출소에 달려가서 입초 순경을 시켜 광우리 장사 여자를 불심 검문케 하였다. 불심 검문과 소지품 검사를 해보았으나 아무 이상이 없었다. 그대로 보낼 수도 없었다.

김윤쾌 경사는 그 여인을 파출소 숙직실로 들여보낸 다음 여순경을 입회시킨 자리에서 의복 속은 물론이려니와 치마허리, 옷고름, 버선 속까지 샅샅이 수색했다. 그러나 아무것도 나오지 않았다.

이제는 도리가 없었다. 최후의 방법만이 남아 있었다. 그 여자에게 용변을 강요해보는 수밖에 없었다. 그 순간 광우리 장사 여인의 얼굴빛이 달라지기 시작했다. 변소에 들어간 여인의 일거일동은 창문을 통해 샅샅이 살펴졌다.

허리띠만 끄르면 용변할 수 있게 된 옷차림의 그 여인은 변소에 들어가자마자 왼손으로 자기의 음부를 주무르는 동시에 잠시 반쯤 앉은 엉거주춤한 자세를 취하는 것이었다. 바로 그 순간 "여봣!" 하는 고함 소리와 함께 변소문 밖에 서 있던 형사들이 뛰어들어 그 여인의 왼손목을 잡아당겼다.

그 왼손아귀에 쥐어졌던 조그마한 '아이스캰디' 모양의 무엇인가가 변소 바닥에 떨어지는 것이었다. 이 여자의 '아이스캰디' 모양의 종이 속에서 나온 것은 암호로 엮어진 문서였다. 그 중년 여인의 이름은 정재한이며 남로당 특수공작원이었다. 정 여인과 암호 문서는 곧 서울로 압송되었다 (김세배 편, 1964: 626~628쪽).

이 기록은 한편의 저질 코미디같이 들린다. 오제도가 1982년 발표한 "국회프락치사건"도 이와 다를 바 없다. 그는 "수사관들이 찾던 것이 여인의 음부에 감춰져 있을 줄은 미처 예상하지 못했다"며 그 문서를 발견한 순간 "수사관들은 일제히 함성을 질렀다"고 감격적으로 표현하고 있다. 그러나 이상한 것은 수사 당국이 발표한 공식 기록은 문제의 암호 문서가 정 여인의 음부에 감춰져 있다는 것을 사전에 전혀 알지 못한 것처럼 기술하고 있지만, 정 여인을 체포한 당사자 김호익 경위가 쓴 것으로 되어 있는 『김호익 수사일기』[30]는 전혀 다르게 기술하고 있다는 것이다.

---

30 『한국에서 최초로 발생한 국제간첩단 사건: 일명 김호익 수사일기』(『김호익 수사일기』로 인용)라고 제목을 단 이 반공 홍보책자는 '내무부 추천 도서'로 되어 있고 내무장관 김효석이 서문을 썼는데, 1949년 11월 20일 '38사'라는 출판사가 펴낸 것으로 되어

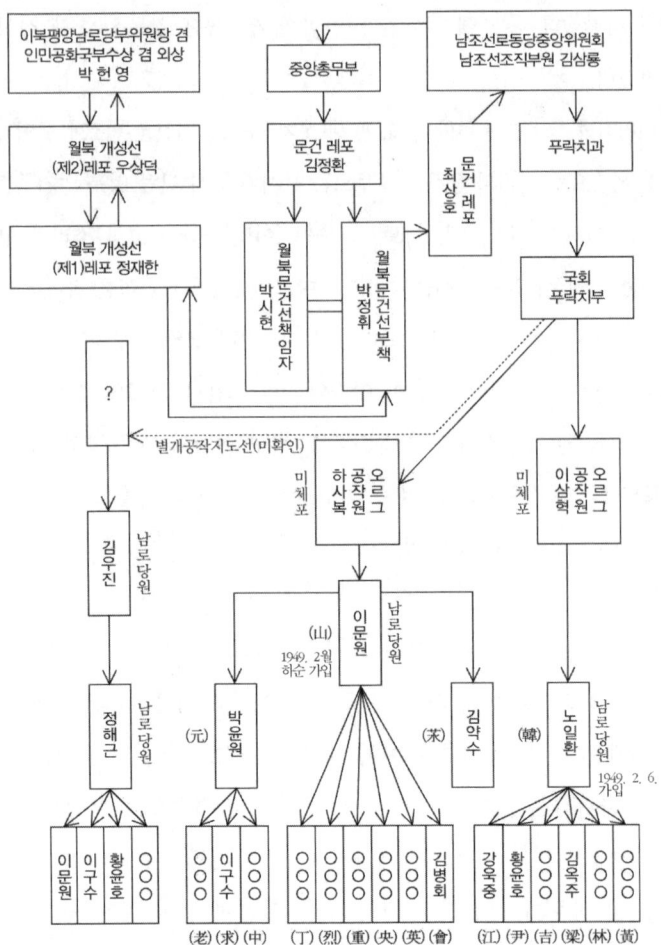

〈그림 II-2〉 남로당 중앙위 조직부 국회프락치부 조직체계 도표(공안 당국 발표)

* 래포와 오르그는 각각 연락책과 조직책을 의미
출처: 『좌익사건실록』, 1964: 681쪽

있다. 이 책은 김호익 경위가 최운하 과장과 함께 프락치사건을 수사하면서 일기 형식으로 썼다는 내용을 수록한 것 외에 의문의 남로당 특수공작원 정재한이 음부에 숨겼다가 발견된 암호 문서의 해독 등이 실려 있다.

146 | 제4부 국회프락치사건의 회오리

이 일기의 1949년 6월 15일자에 의하면 김호익과 함께 문제의 남로당 '의문의 집'(서울 중구 충무로 2가 55번지)을 주시하던 '김 경사'가 정재한이 늦은 밤 '비밀 문건'을 "치마를 뚫고 즈로-싀드로어즤에 넣는 것을 보았다"는 것이다. 바꿔 말하면 정재한이 암호 문서를 치마 속 '월경대'에 감춘 것을 미리 알고 있었다는 것이다. 그뿐 아니라 그 암호 문서에 국회프락치 사건의 전모를 푸는 열쇠가 들어 있다는 것도 미리 알았음을 시사한다. 이 일기는 이 대목을 다음과 같이 기술하고 있다.

밤 열 시가 되니까 정전이었던 전기가 들어왔다. 앞쪽 집 이층에도 불이 들어와 환하게 방안이 들여다 뵈인다. 이제 생각한즉, 전기가 오늘 밤 그대로 온 것은 참말로 하늘이 우리 일을 도와준 것같이 생각이 된다. 요즈음 집집마다 전기가 안 들어와 곤란 중에 있는데 오늘 밤 이처럼 불이 들어오고 보니 참 기쁘다.

앞집 이층을 바라보니 아까 촛불을 켰을 때는 사람들이 많은 것 같았는데, 전등이 들어오고 보니 단 세 사람뿐이었다. 박정휘(朴廷暉), 전정환(全正煥)[김정환]은 자리에 누워 있고 정재한만이 앉아서 무어라고 하는 것 같았다. …… 그러자 정재한이 벌컥 일어나드니, 조고만한 종이(文件) 뭉치를 치마를 뚫고 '즈로-싀드로어즤' 속으로 넣는 것이었다.

김 경사는 긴장된 얼굴로 나를 바라보면서 속말로 "저놈이 비밀 문건이올시다. 저것만 우리 손에다 넣으면 모든 '프락치'들을 다 잡을 수 있겠는데……"라고 말하였다(김호익, 1949: 148~149쪽).

김호익 경위는 "나는 말할 수 없이 흥분되어 못을 박은 듯이 꼼짝 못하고 정재한의 거동을 바라보고 있었다"면서 "아마 그 문건은 월경대(月經帶)

같은 데다 넣은 것같이 보였을 것이다"고 기술한다. 이어서 그는 그 위치를 미리 안 암호 문서의 입수 경위를 다음과 같이 계속 밝힌다.

나는 모든 인간적인 도덕적 양심을 버리고 속바지까지 벗으라고 명령하였다. 그때서야 정은 깜짝 못하고 목석같이 말조차 못하고 서 있을 따름이었다. "우리가 손을 대고 끄낼 때까지 그러질 말고, 어서 당신 손으로 끄내는 것이 어떠하십니까?" 한즉, 그때서야 하는 수 없이 눈물을 머금고 '월경대' 비슷한 길다란 주머니 속에서 모든 문건을 끄내는 것이었다. 그때에 정의 얼굴은 말이 아니었다. 그러나 할 수 있냐 하고 그 문건을 나의 가방 속에다 넣고 …… 결국 그 문건은 국부에서 나온 셈이다. 정의 국부에다 월경대 비슷한 것을 만들어 가지고, 거기에다 문서를 다 넣었던 고로 결과로 보아서는 국부에서 나왔다 아니할 수 없다(같은 책: 158~159쪽).

엇갈리는 암호 문서의 모양

증제 1호를 둘러싼 의문의 또 다른 문제는 이 암호 문서의 크기와 생김새에 관해 기록들이 각기 달리 묘사하고 있다는 점이다. 오제도(1982)는 "분필만한 크기의 똘똘 만 종이 쪽지"라고 표현하면서 "모래알보다 더 작은 글씨로 한 칸에 두 줄씩 양면 괘지에 수록하고 있었다"(380쪽)라고 쓰고 있다. 그러나 위에서 소개한 『좌익사건실록』(1964)은 외양을 '아이스캰디 모양의 종이' 뭉치라고 묘사하고 있다. 외양이 '분필만 한 크기의 똘똘 만 종이'인지 또는 '아이스캰디 모양의 종이' 뭉치인지는 중요하다. 왜냐하면 암호 문서가 지닌 보고서의 양이 한 여인의 음부에 담을 만한 것인지를 가늠할 수 있는 일종의 잣대가 되기 때문이다.

이 암호 문서의 '3월분 국회 공작 보고, 유엔한위에 진언서를 제출하는 투쟁 보고서'를 비롯해 '암호 해표' 등은 분량이 꽤 많아서 약 40~50쪽에 달하는 장문의 문건이다. 이는 살아 있는 한 여성의 음부에 담기에는 너무 많은 분량임을 말해준다. ≪동아일보≫ 기자들이 쓴 위 기록도 "정재한은 국부 은폐를 부인하고 있고 경찰에 압수된 서류는 **엄지손가락만 한 크기**(강조는 지은이)의 것이어서 국회프락치사건과 관련된 국회 내 공작과 군사 경찰 기밀정보 등 많은 것을 담을 수 없게 되어 있었다"(동아일보사, 1975: 60쪽)고 기술하고 있다.

오제도가 쓴 글에는 양면 괘지 한 칸에 '두 줄씩' 썼다고 묘사하고 있지만 아무리 작은 글씨로 썼다고 쳐도 이 분량은 "분필만 한 크기의 똘똘 만 종이 쪽지"에는 맞지 않는 것으로 짐작할 수 있다. 이 점을 의식했는지 모르지만 방송 드라마 작가 오재호가 쓴 『특별수사본부』(1972) "국회프락치사건" 편에서는 "양면괘지 한 칸에 양귀비 씨알만한 글씨로 네 줄을 써 내려간 이 기밀 문서"라고 기술되어 있다(303쪽). 또 이 암호 문서를 직접 썼다고 하는 남로당 공작원 이태철은 자수한 뒤 가진 기자회견에서 "이 손으로 양면 괘지 한 칸에 네 줄을 썼습니다"라고 진술하고 있다(오재호, 1972: 279쪽). 오제도의 글은 한 칸에 두 줄씩 썼다고 묘사하고 있으나 이 문서를 작성했다는 장본인 이태철이 한 칸에 '네 줄'씩이라고 말한 것은 무엇을 의미하는가? 이는 아마도 방송 드라마 작가 오재호가 오제도의 뜻에 따라 암호 문서의 분량과 이를 담을 수 있는 '그릇'의 크기와의 상관관계를 감안하여 양면 괘지 한 칸에 '네 줄'이라고 조정했을 가능성을 암시해준다.

암호 문서를 지근거리에서 관찰한 오제도를 비롯한 책임 수사관들의 기록이 문서의 취득 경위와 생김새에 관해 이같이 서로 다른 증언을 하고 있다. 이를 어떻게 해석해야 할까?

여기서 다소 대범한 추리를 해본다면, 기본적으로 이 암호 문서가 완전한 유령 문서는 아닐지라도 남로당 공작원들이 작성한 기밀 문서를 가공 변조한 문서라고 추정할 수 있다. 만일 암호 등 실체 정보가 실존하는 문서라면 이 문서를 가장 가까이에서 접한 수사 전문가들의 묘사가 이렇게 어긋난다는 것은 논리상, 경험칙상으로도 납득할 수 없기 때문이다.

이 문제의 암호 문서는 어떤 내용을 담았으며 믿을 수 있는 것인가? 그 핵심은 이른바 '3월분 국회 공작 보고, 유엔한위에 진언서를 제출하는 투쟁 보고서'라는 긴 이름의 보고서다. 그 내용은 요컨대 다음과 같다.

남로당으로부터 박헌영에게 보내는 보고안을 국회에 상정 통과시킬 것과 만일 그것이 불여의할 때에는 유엔한위에 외군 철퇴의 진언서를 제출하라는 남로당의 지령으로 이삼혁이가 이문원, 노일환을 국회 내 공작의 핵심 분자로 획득하고 나서 박윤원, 김병회, 황윤호, 서영길, 강욱중, 김약수, 이구수, 김옥주, 배중혁, 최태규 등을 대(對)국회 공작의 중심으로 하여 외군 철퇴안을 상정 통과시키려 하였으나 국회 내 정세에 의하여 그것이 불가능하였으므로 이상의 국회의원들이 주동이 되어 연판 운동을 개시한 결과 62명을 획득하여 유엔한위에 진언서를 제출하였다(김세배 편, 1964: 629쪽).

이는 법무부가 편찬한 『좌익사건실록』(1964)에서 "국회 내 남로당 프락치사건"이 인용한 내용이다. 이 보고서는 남로당 지도자 박헌영에게 간다는 기밀 공작 보고서치고는 요령부득으로 작성된 것이 눈에 빤하기는 하지만, (1) 이문원, 노일환 두 국회의원을 핵심으로 하여 국회 안에 남로당 프락치 조직을 만들 것, (2) 이들이 남로당의 지령 아래 외군 철퇴안을 국회에 상정하여 통과시킬 것, (3) 이것이 여의치 않을 때 외군 철퇴 진언서를 위한 연판 운동을 벌여 그것을 새 유엔한위에 제출할 것(100명을 목표로 연판 운동을 벌였으나 62명을 모음)을 핵심 내용으로 한다.

서중석(1996)은 이 보고서가 노일환, 이문원 등 국회의원들에게 구체적인 행동을 지시했는데도 정작 "1949년 2, 3월에 남로당에서 소장파 의원들에게 반드시 부탁 또는 지시했을 내용이 거의 포함되지 않은 점은 참으로 이상하다"(223쪽)면서 그 신뢰성에 전반적으로 회의를 표한다. 이 보고서는 새 유엔한위에 진언서를 제출하라는 지시 외에도 헌법 개조 운동, 정부 개조 운동을 벌이되, 구체적으로 정부의 북벌론, 예산 낭비, 미국에의 무기 요청, 식량 배급, 의타적인 산업 경제를 공격하라고 지시한 것으로 되어 있으며, 1949년 2, 3월경에 이승만 정권과 소장파 간에 최대의 접전을 벌인 쟁점이 반민법-반민특위, 토지개혁법, 지방자치법 문제 등이었는데도 이 부분에 대해서는 침묵하고 있다고 지적한다. 곧 이 부분이 이승만 정권의 약점인 반면 북한 정권의 강점인데도, 남로당이 이를 이용하지 않고 넘어간 것은 상식적으로 납득하기 어렵다는 것이다.

검증 없는 '증제 1호'

다음으로 재판부는 공판정에서 '증제 1호'를 둘러싸고 검사와 변호인 측이 벌인 대립에서 검사 측의 손을 일방적으로 들어주었다. 오제도 검사는 제11회 공판(1950년 1월 6일)이 끝날 즈음 중요한 증인을 부른다는 이유로 다음 공판을 2주간 연기해달라고 했고, 재판부는 공판을 1월 20일로 결정했다. 이때 검찰 측 증인으로 나온 사람이 남로당 중앙위원으로 있었던 이재남이며, 재판부는 '증제 1호'에 관해 그의 증언을 들었다.

반면 변호인 측이 신청한 증인은 거의 모두 기각했다. 특히 제14회 공판(1950년 2월 4일) 모두에 변호인 측은 정재한 등을 증인으로 신청했으나 납득하기 어려운 이유로 기각했다(이하 "미스터리 여인 정재한" 참조). 반면 재판부는 이때도 검찰 측이 신청한 남로당 공작원 정해근을 비롯해 3명을 증인으로 채택했다. 문제는 재판부가 공판정에 출정한 검찰 측 증인들이 진술한 증언을 들었지만, 증제 1호의 정체나 신빙성에 부합하는 증언을 들을 수 없었다는 점이다. 이에 관해서는 곧 다시 살펴볼 것이다.

오제도 검사는 "14차의 사실 심리와 증거 조사를 거듭한 후 구형 공판을 가졌다"(1982: 388쪽)고 주장하고 있으나 가장 중요한 핵심 증거인 증제 1호에 관해서는 진정성이나 신빙성 조사가 거의 이뤄지지 않았다. 이 암호 문서의 출처와 운반에 관여한 인물들을 공판정에 부르지도 않았으며, 이들이 작성한 신문 조서의 신빙성에 관한 조사도 하지 않았다. 피고인들이 이 문서에 관한 진술이 '강제 자백'이라고 공판정에서 거듭해서 토로했는데도, 판사는 귀머거리처럼 응대할 뿐이었다. 결과적으로 재판부는 검증 조사의 뒷받침 없이 증제 1호를 '증거'로 받아들인 셈이다. 공개 법정에서 오제도 검사가 제출한, 정재한을 포함한 남로당 공작원 두어 명의 신문 조서에 나온 수사 기록을 증제 1호의 신빙성을 믿는 전거로 삼은 반면, 이를 부정하는 진술은 배척한 것이다.

증제 1호를 뒷받침하는 증거는 그것의 운반 과정에 관여한 인물의 신문 조서가 전부였다. 이 중 정재한의 신문 조서는 "단기 4282(1949)년 6월 15일 오후 6시경 박정휘로부터 장(長) 약 4촌(寸), 폭(幅) 약 1촌 7분(分), 후(厚) 약 6분 정도의 백지로 포장된 서류를 수취(收取)하여 나의 내의에 봉착(縫着)한 주머니에 은익하고 익(翌) 16일 …… 개성 …… 역전 파출소에서 형사대에게 발각되었다 …… 보여주시는 증거 서류는 내가 전술한 동년 6월 16일 개성에서 압수당한 것에 틀림없다"라고 씌어 있다. 그러나 문제는 이 문서가 공판정 밖에서 행해진 수사에서 나온 신문 조서여서 그 신빙성을 검증받아야 하는 문건이라는 점이다. 그런데도 재판부는 증제 1호를 검증된 증거로 여기고 있다. 제6회 공판(1949년 12월 4일)에서 사광욱 판사는 노일환에게 신문을 하면서 다음과 같이 말한다.

판사: (증제 1호를 들어 보이며) 이 문서에 의하면 남로당이 유엔한위에 제출하는 진언서 비용으로 당비 130만 원을 썼다는데?
노일환: 전혀 모르는 일입니다. 진언서를 제출하는 데는 조금도 돈이 들지 않습니다.
판사: 왜 모른다고 하나? 이 문서에 쓰여 있는데.
노일환: 헌병대에서도 같은 질문을 했는데, 나는 남로당 지령에 관한 보고서에 관해 아는 것이 없습니다.

같은 6회 공판의 다른 대목에서 판사와 노일환 간에 다음과 같은 질문과 답변이 오갔다.

사광욱 판사: 1949년 3월 1일 이문원, 박윤원, 노일환 피고인이 이삼혁과 만나 다음과 같이 합의했다. (1) 진언서에 관해 절대 비밀로 할 것. (2) 제2선의 핵심을 구성하기로 하고 그들과 회합을 가져 진언서 제출의 목적과 금번 투쟁의 정치적 의의를 해설할 것. (3) 당분간 상정 문제를 누설하지 말고 연판 운동을 벌일 것.
노일환 피고: 하느님께 맹세코 그것은 거짓말입니다.
판사: 그것이 박헌영에게 보내는 보고서[증제 1회]에 적혀 있단 말이오(헨더슨 공판 기록, 제6회 공판분에서).

사광욱 판사는 또 다른 핵심 피고인 이문원에 대한 신문에서도 같은 태도를 보인다. 제8회 공판(1949년 12월 8일)에서 판사는 이문원이 하사복의 지령으로 남한의 북벌(北伐) 반대 투쟁과 정부 예산 통과 저지 투쟁을 벌였다는 점에 관해 피고인에게 다음과 같은 신문을 한다.

판사: 이문원 피고인, 하사복의 지령으로 북벌 반대와 예산 저지 투쟁을 벌였나?
피고: 아닙니다. 내가 헌병대에서 수사를 받았을 때, 체포된 다른 사람들이 모두 남로당 지령을 받았다며 자백했다고 했습니다. 수사관들이 증거를 보여주었습니다. 그래 하는 수 없이 그렇다고 했습니다.
판사: 체포된 피고인들 중 노일환과 이문원만이 남로당원이라고 자백했다는데?
피고: 헌병 수사관들은 체포된 피고인들이 모두 남로당원이라고 했습니다.
판사: 억지 변명을 해봐야 쓸데없어요. 피고인에 대한 증거는 너무 많아요. 증제 1호의 5항에 남로당이 노일환과 이문원에게 지령을 내려 헌법 개조 운동을 하라고 되어 있어요. 같은 사항이 서울시경이 정재한으로부터 압수한 문서에도 나와 있단 말이오.
피고: 하느님도 모를 겁니다. 이건 정말 하늘이 통곡할 노릇입니다(헨더슨 공판 기록, 제8회 공판분에서).

재판부가 프락치사건의 핵심 증거로 제시된 증제 1호를 검증도 없이 증거로 삼은 이상 피고인들의 유죄는 예고되어 있는 셈이다. 이런 주심 판사의 범의예단으로부터 이미 살펴본 대로 '외군' 철수는 '미군' 철수로 둔갑한다. 소장파 국회의원들이 외군 철수 결의안에서 사용한 문구가

'외군'이라고 표현하고 있고 게다가 공판정에서 '미소 양군'을 의미한다고 거듭 진술하고 있음에도 실제로는 미군이라고 단정한다. 또한 노일환과 이문원이 남로당에 가입한 것이나, 남로당의 지시로 소장파 의원들이 연판 운동을 벌였다는 공소 사실도 기정사실로 받아들인다. 먼저 사광욱 판사는 피고인들에게 남로당의 이른바 7원칙 중 제1순위가 미군 철수인데 그것을 몰랐느냐고 다그친다. 제3회 공판(1949년 11월 21일)에서 판사는 국회부의장 김약수에 대해 다음과 같이 신문한다.

> **판사:** 피고인은 미군 철수 요구가 유엔한위 임무를 방해하려는 남로당의 지시라는 것을 깨닫지 못했는가? 또 남로당이 평화통일 7원칙을 제안했는데, 피고인은 가장 첫 번째가 미군 철수 요구라는 것을 알았는가?
> **피고:** 남로당이 평화통일을 지지했다면 남한을 침공할 수 없으니까 그랬겠지요.
> **판사:** 피고인은 남로당 7원칙의 목표가 대한민국 정부를 파괴하는 것임을 아는가?
> **피고:** 그런 제안이란 모두 선전술일 뿐입니다. 그들은 우리 정부를 파괴할 힘이 없습니다(헨더슨 공판 기록, 제3회 공판분에서).

도대체 공안 당국이 증거 제1호의 음부운반설을 퍼뜨린 이유는 무엇일까? 앞에서 보듯 이 암호 문서를 한 여성의 몸 안에 숨겼다는 것은 양적인 면으로 봤을 때나 여러 가지 면에서 무리한 주장이다. 그러나 공안 당국이 발표한 모든 기록은 줄곧 음부 운반을 주장하고 있다. 『김호익 수사일기』는 이 설의 무리한 점을 의식했던지 음부가 아닌 월경대에 숨겼다고 하면서 "정의 국부에다 월경대 비슷한 것을 만들어가지고, 거기에다 문서를

다 넣었던 고로 결과로 보아서는 국부에서 나왔다 아니할 수 없다"(159쪽)
고 변명하듯 기술하고 있다. 암호의 음부운반설은 사실 여부에 관계없이
그 자체가 선정적일 뿐만 아니라 공산당의 음침한 모습을 낙인찍기에는
안성맞춤의 선전술이다.

암호 문서의 음부운반설은 간첩 사건에서 이어지고 있다. 중앙정보부
가 1967년 발표한 동백림 간첩단 사건에서도 이른바 북한과의 비밀 통신
을 위한 난수표가 여성의 음부를 수단으로 운반되었다는 주장이 나왔다.
이렇게 공안 당국이 여성의 음부를 '혁명을 위한 도구'로 사용하는 일은
5공 말기에도 계속되었다. 이른바 권인숙 씨 성고문 사건의 경우, 검찰은
"혁명을 위해 성까지 도구로 사용했다"고 발표했고, 언론은 이를 발표
그대로 대서특필했다. 그러나 그것이 거짓으로 드러나면서 인격적 파탄
자로 밝혀진 쪽은 바로 이를 조작한 공안 당국 자신이었다.

미스터리 여인 정재한

마지막으로 문제의 수수께끼 여인 정재한은 실존 인물일까? 그렇다면
왜 변호인 측이 요청한 증인 신청을 검사가 반대하고 판사가 이를 받아들
였는가? 프락치사건 재판이 막바지로 치닫던 제14회 공판(1950년 2월 4일)
에 노일환의 변호인은 정재한을 비롯해 여러 사람을 증인으로 신청했으나
오제도 검사는 이를 반대했으며 재판부도 이를 받아들였다. 검사는 정재
한 등 증인들이 첫째, "이 재판과 상관없으며", 둘째, 이들 증인이 피고인들
을 보호하기 위해 허위 증언을 할 우려가 있기 때문에 증인 신청을 받아들
여서는 안 된다고 주장했다(헨더슨 공판 기록, 제14회 공판분에서). 판사는
검사의 주장을 받아들였고, 정재한 증인 신청은 거부되었다. 그러나 곧
밝혀지듯 정재한은 실존 인물이기는 하지만 이 시점에서는 이미 이 세상

사람이 아니었다.

박원순(1989a)은 정재한이 '아무도 본 사람이 없는 유령'이며, "헨더슨조차도 이 사건에 관해 조사하고 방청한 결과 그 여인은 존재하지 않는다는 결론을 내렸다고 한다"라고 쓰고 있다(229쪽). 그러나 헨더슨은 SSRC 연구 지원으로 1972년 7월 중순 프락치사건 연구차 서울을 방문했을 때 정재한이 군법회의에 회부되어 사형 선고를 받고 처형당했다는 문건을 습득했다(제11장 1절 "헨더슨의 프락치사건 연구" 참조).[31] 이 자료에 의하면 당시 육군 참모총장 대리 육군소장 신태영의 이름으로 된 명령 아래 정재한(鄭載漢), 김정환(金正煥), 박정휘(朴廷暉) 3인이 군법회의에서 사형을 언도받았고 형이 집행된 것으로 나와 있다. 이 자료는 중앙고등군법회의가 1949년 9월 3일 국방경비대법 제32조(이적 행위) 위반으로 이 3인에 대해 사형 선고를 내리고, 11월 28일 사형 집행 명령을 하달했으며, 12월 6일 실제 총살이 집행된 것을 보여주고 있다.[32] 당시 헨더슨은 이 자료의 가치에 무게를 두지 않은 것으로 보이지만 정재한이 실존 인물로 프락치

---

31 헨더슨이 이 자료를 어떻게 습득했는지 확실치 않지만 당시 한국법학원 원장인 양준모 씨와의 인터뷰에서 국방경비대법이 군법회의에서 민간인을 관할할 수 있는 법적 근거 조항에 관해 의견 교환을 한 것을 알 수 있다. 이로 미루어 한국법학원 측의 도움으로 이 자료를 습득했을 것으로 짐작된다.

32 이 자료에 의하면, 이들 3인의 죄수명은 김정환(27세, 상업), 박정휘(24세, 무직), 정재한(42세, 무직)이며, 육군 중앙고등군법회의가 "단기 4282(1949)년 9월 3일" 사형 선고를 내리고, 사형 집행 명령은 "단기 4282년 11월 28일 중앙군법회의 명령 164호의 2에 의거하여 좌기 여(左記 如)히 좌기명 죄수에 대하여 사형 집행을 명함"으로 되어 있다. 또한 육군 총참모장 대리 육군 소장 신태영의 이름으로 단기 4282년 12월 1일 중앙고등 군법회의 명령 제180호가 이를 승인하고 있다. "사형 집행 일시 급(及) 장소: 단기 4282년 12월 6일 14시"로 되어 있고, 장소는 서울시 부근, 구체적 장소는 "사형 집행장교가 정함. 집행장교: 서울헌병대 육군대위 홍구표(洪九杓), 입회장교: 헌병사령부 육군군의소령 강순구(姜舜求), 정보국 육군대위 이옥봉(李鈺鳳)"으로 나와 있다. 헨더슨 프락치사건 자료 중 1972년 7월 서울 방문에 관한 자료철, '육군중앙군법회의' 문건 3점.

사건 공판이 진행되는 시점에서 형장의 이슬로 사라졌다는 것은 사실일 것이다.

재미있는 사실은 그로부터 사반세기가 지난 1998년 8월 17일자 ≪중앙일보≫는 같은 자료에 근거해 정재한이 "프락치사건 첫 공판이 열린 1949년 11월 28일 국방경비대법 위반(이적 행위)으로 사형을 선고받은 실존인물이었다"고 보도했다는 것이다. 이 기사는 이 사실이 ≪중앙일보≫ 통일문화연구소 현대사 연구팀이 발굴한 자료에 의해 밝혀졌다고 보도했다. 비록 프락치사건 첫 공판이 1949년 11월 28일 열리고 정재한이 같은 날 사형 선고를 받았다는 보도는 사실 착오였지만(첫 공판이 열린 것은 1949년 11월 17일이며 정재한이 사형 선고를 받은 일자는 같은 해 9월 3일이다), 정재한이 실존 인물이라는 것만은 틀림없는 사실이다.

형장의 이슬로

이 자료에 의하면 정재한과 함께 처형된 김정환과 박정휘도 실존 인물이다. 이들의 이름은 국회프락치사건 공작과 관련하여 체포된 남로당 공작원들 중에도 들어 있다.33 『김호익 수사일기』에 의하면 정재한의 경우 6월 16일 개성에서 체포되었고, 바로 다음날 '전정환'[김정환을 잘못 표기]과 박정휘는 충무로 2가 55번지 '국제간첩본부'에서 체포되었다고 되어 있다(김호익, 1949: 161~162쪽).

또한 이들의 이름은 무엇보다도 프락치사건 담당 검사가 증거로 제시한 '검사와 사법경찰관 신문 조서'에 나온다. 증인 박시현에 대한 검사의

---

33 이들은 "남로당 월북문건책 박시현, 월북문건 부책 박정휘, 연락원 김정환, 여자 연락원 정재한, 개성연락원 우상덕, 남로당 특수공작부원 이재남, 정해근, 김우진"(동아일보사, 1975: 60쪽)이다.

신문 조서에 의하면, "내가 박정휘 또는 '전정환[김정환]'에게 서류를 전하면 동인 등은 정재한이라는 여자에게 주어서 개성까지 운반하며……"(≪다리≫, 1972년 4월호, "국회푸락치사건 판결": 198~199쪽)라고 나와 있다.

여기서 의문이 생긴다. 이들 정재한을 비롯해 3인이 1949년 9월 3일 사형 선고를 받고 복역하다가 12월 6일 사형 집행을 당했다면, 프락치사건 재판이 아직 한참 진행 중일 때 죽은 것이다. 특히 정재한과 박정휘는 검사와 사법경찰관 신문 조서에서 암호 문서가 정재한의 몸속에서 나왔다는 점을 입증하는 진술을 하고 있다. 그런데도 그들은 왜 프락치사건 재판이 아직 진행 중일 때 사형대의 이슬로 사라져야 했을까? 그 재판의 가장 중요한 핵심 증거인 '증제 1호'를 입증하는 결정적인 증인들인데도 말이다. 그들이 제6회 공판(12월 4일) 뒤인 12월 6일 처형된 까닭은 무엇일까?

이는 쉽게 추정하기 어려운 문제다. 그런데 이렇게 한번 생각해보자. 검찰 측에 가장 중요한 증인이 될 수 있다는 말은 뒤집어보면 가장 불리한 증인도 될 수 있다는 말이다. 왜냐하면 문제의 증인이 어떤 사정으로 검찰이 바라는 대로 증언을 할 수 없을 수도 있기 때문이다. 이와 관련하여 ≪동아일보≫ 기자들이 쓴 "국회푸락치사건"에서는 정재한의 몸속에서 나왔다는 문건이 암호 문서가 아니라 '남로당의 통상적인 정보 보고'라고 주장한 바 있다. 이 주장이 사실이라면 수사 당국은 이 정보 보고를 암호 문서인 '주주 총회 보고서'로 둔갑시킨 것이 된다.

여기서 지은이는 다시 추리를 해보고 싶어진다. 서울시경 사찰과 수사진이 1949년 4월 초 충무로 남로당 아지트를 급습하여 발견한 주주 총회 보고서가 실체적 문서라면, 수사 당국이 어떤 이유에서든 정재한의 국부에서 암호 문서가 발견되었다고 발표한 것은 ≪동아일보≫ 기자들이 말하듯 조작된 것으로 드러나게 된다. 이는 수사 당국의 신뢰성이 걸린 문제다. 그런데 시계는 멈추지 않고 재깍재깍 재판 진행을 최촉(催促)하고 있다.

여기서 오제도 검사가 지휘하는 수사진은 고민의 주름살이 깊어지지 않을 수 없었을 것이다. 문제의 정재한을 증언대에 세울 경우, 그 여인이 과연 민감한 증언을 제대로 할 수 있을까? 게다가 그는 국부에 암호 문서를 지녔다고 수사 당국이 발표한 탓에 벌서 세인의 주목을 피하기 어려운 '유명인'이 되었다. 따라서 변호인들, 기자들과 새 유엔한위 사무국 직원을 비롯해 미 대사관 직원 등 외국 참관인들의 시선 집중을 받을 것이다. 정재한이 검찰 측 질문에는 자연스럽게 답변할 수 있다고 가정하더라도 변호인들이 쏟아내는 질문과 반박을 견뎌낼 수 있을까? 여기서 수사관들은 머리를 절레절레 흔들었을 것이다. 그렇다면 이를 어떻게 해결할 것인가? 아예 이참에 그 남로당 계집을 없애버려 화근을 도려내자. 정재한과 함께 김정환과 박정휘도 합장(合葬)해 버리자. 그리하여 수수께끼의 여인 정재한을 비롯한 3인은 재판 중에 더 이상 증인으로 부를 수 없는 저 세상의 유령이 될 수밖에 없었을 것이다.

5. 가혹한 고문 수사

다시 프락치사건으로 잡힌 국회의원 13명의 이야기로 돌아와 보자. 이들은 기소되기 전 헌병대 수사관들에게 가혹한 고문을 받았다고 공판정에서 토로했지만 그 실상을 자세히 알 수는 없다. 그러나 우리는 역설적으로 그들이 어떤 처우를 받았는지를 그들이 남긴 '자백 원문'에서 발견하게 된다.

이승만 정권을 탄생시킨 '48년 질서' 아래 공안 수사기관들이 좌파 인사에 대해 무자비한 테러와 고문을 자행한다는 사실은 공공연한 비밀이었지만 공적 수사기관이 국민의 대표로 뽑힌 국회의원들에 대해 고문 수사를 자행한다는 것은 상식적으로 생각하기 어렵다. 그러나 그것은 분명한 사실이었다. 이들 국회의원들에 대한 강압 수사의 특징은 헨더슨(Henderson, 1968)이 말한 대로 '소통 불능(incommunicado)' 상태에서 반복적으로 고문을 가하는 것이었다(166쪽). 소통 불능은 변호사의 접견은 물론 가족들의 면회도 제한받는 것을 의미한다. 이것은 국가보안법 위반 혐의로 구속된 피의자들의 공통된 사정으로, 이승만 정권 시절 헌병대나 방첩대 수사, 뒤에는 중앙정보부 수사의 일반적인 특징으로 굳어졌다.

1975년 박정희 유신 체제가 맹렬히 작동되고 있을 즈음, 감옥에서 풀려난 일단의 학생들이 심한 고문을 받았다고 폭로한 뒤 13명의 전직 야당 국회의원들이 이에 가세한 일이 있다. 이들은 1972년 이른바 '10월 유신'이 선포된 뒤 곧 잡혀 들어가 가혹한 고문을 당했다고 고발했다. 그중 최형우 의원은 고문으로 하반신이 일시적인 마비 증세를 보였다고 토로했다. 그는 자신이 당한 물고문을 묘사하면서 "요사이 소 장사 몇 명이 도축하기 전 몸무게를 불리기 위해 소에게 강제로 물을 먹인 죄로 붙잡혔다. 도대체 국회의원에게 물고문을 한 중앙정보부원들은 왜 잡아넣지 않는가? 국회의원이 소만도 못한가?"라고 항변했다(≪동아일보≫, "고문 정치의 실상", 1975년 2월 28일자).

국회프락치사건으로 연루되어 구속된 국회의원의 경우 체포부터 기소 단계에 이르기까지 여러 가지 의심스런 허점에 관해 위에서 살펴보았다. 여기서는 국회의원들이 헌병대 수사에서 당한 처우에 관해 그들의 '자백 원문'을 통해 드러난 점을 들여다보고자 한다.

현직 국회의원들을 고문 수사하다

왜 군대 요원이 아닌 국회의원의 수사를 헌병대가 맡았을까? 육군 참모총장 채병덕(蔡秉德)은 1949년 7월 2일 국회 본회의에서 그 까닭을 다음과 같이 해명하면서 고문은 없었다고 주장했다.

이번 일을 헌병이 착수한 것은 사실 경찰에서 하는 것이 좋은 일일 줄 아나 헌병 자체에도 형사소송법상 사법경찰권이 있다는 점과 이 사건의 중대성을 감안, 군-경이 일치되어 하는 것이 적당하다는 결론을 내렸다. 군은 표면에 서고 경찰이 이면에서 적극 협력하는 것이다. 헌병이 주도하게 되었으나 사실은 검찰총장 지휘하에 하는 것이며 현재로는 20일 이내에 일단락되리라 생각한다. …… 노일환, 이문원 두 분은 확실히 남로당원임을 자백했다. 이것은 들어와서 한 사흘 있다가 자백한 것으로 국회 내에서의 모든 책임을 두 분이 지고 했다는 것도 자백했다. 자백을 하는 데 초기에는 불응했으나 이 문서[암호 문서]를 보이니까, "아 그런 것까지 알 것 같으면 할 수 없이 말한다"고 순순히 자백했으며 암호라는 것이 우리가 수일 걸려 고생하던 것과 부합되는 점이 있다. 박윤원, 황윤호 두 분은 때때로 남로당에 가입했다고 그리고 때때로 그렇지 않다고 해서 확실치 않으나 우리로서는 고문이나 구타 등 비인도적 행동을 안 하기 때문에, 또 그것을 엄금했기 때문에 시간이 걸리리라 생각한다(『제헌국회 속기록』, 제4회, 1호, 1949년 7월 2일).

그러나 이 말은 새빨간 거짓말이었다. 이들 국회의원의 혐의에 대한 내사 단계에서는 서울시경 사찰과가 주도했으나 그 뒤 수사는 민간인 접근이 어려운 헌병대가 맡은 것은 무엇을 암시하는가? 곧 헨더슨이 말한 대로 변호인 접견이 차단된 채 헌병대 수사관이 밀실 수사를 할 수 있는 여건에서 제한 없이 고문할 수 있음을 의미한다.

국회프락치사건 관련 피고인의 경우, 그들이 이른바 국민이 선출한 '십만 선량'이라는 신분을 가졌음에도 고문을 당했다고 진술한 것에 누구도 주목하지 않았다. 주심 판사가 주재한 사실 심리 공판정에서 피고인들은 고문 사실을 여러 번 반복해 진술하고, 피고인 신문 조서에서 나온 자백이 고문 때문에 억지로 이뤄진 것이라고 거듭 진술했지만 고문에 대한 증거 조사는 이뤄지지 않았다. 이러한 주심 판사의 자의적 혹은 예단(豫斷)적 심리는 뒤에서 다룰 것이다.

여기서는 피고인들이 헌병대에서 수사를 받을 때 썼다는 이른바 '고백 원문(告白原文)'의 사례를 살펴봄으로써 그들이 당한 가혹한 처우를 짐작해 보고자 한다. 이 고백문들은 프락치사건을 다룬 한 반공 홍보책자에 수록되어 있는데, 물론 국회의원 피의자들이 자발적으로 쓴 '고백'은 아니겠지만 수사관들의 눈을 피한 대목들을 군데군데 엿볼 수 있다.[34] 이들 '고백 원문' 중 김옥주는 한 대목에서 다음과 같이 쓰고 있다.

> 본인은 6월 20일 피체될 때부터 금일까지의 모든 감방 생활과 그 생활에서 얻은 바 또는 본인이 결심한 바와 맹서한 바를 솔직히 고백하겠나이다. …… 십척수중(十尺水中)은 가지(可知)이나 삼촌(三寸)도 못 되는 인간의 심중은 알지 못하므로 범죄수사상 취초(取招)는 불가피한 것이며 그 정도 문제는 그 사건 당사자에 있는 것입니다. 과학 문명이 발달함에 따라 별별

---

[34] 『김호익 수사일기』에 실려 있는 프락치사건 피고인 고백문은 노일환, 김옥주, 김병회, 이문원, 박윤원, 최태규, 강욱중이 쓴 것이다. 이 책의 내용을 분석한 것으로는 서중석 1996: 218~224쪽 참조.

문화시설이 발명되었으니 범죄 수사에 적절한 기계를 발명하여 당사자의 심중을 보이게 하든지 또는 하느님 앞에서 죄를 범하기를 두려워하는 백성이 되어서 죄를 범치 않도록 하든지 만약 일시적 착오로 죄를 범할 시에는 곧 자백하고 회개하고 하여서 관대한 처벌을 받고 그 갱생의 기쁨으로 여생을 봉사에 이바지할 수 있는 인간이 되면 취조와 고문 등은 자연 소멸될 것입니다. 당하는 사람도 쓰라리지마는 하는 사람도 참으로 못할 노릇입니다(김호익, 1949: 181쪽).

김옥주는 서울 필동 소재 헌병사령부 제2호 감방에 수감되어 20일 동안 수사관에게 문초당하면서 이 고백문을 썼는데, 위 글은 자신이 고문당했음을 거의 노골적으로 시사하고 있다. 그는 "과학 문명이 발달함에 따라 …… 범죄 수사에 적절한 기계를 발명하여"라고 하여 어떤 기계에 의해 고문당했음을 암시하면서, 마지막 문절에서는 "당하는 사람도 쓰라리지마는 하는 사람도 못할 노릇입니다"라고 밝히고 있다. 이는 그가 고문 수사를 받았음을 거의 노골적으로 토로한 것으로 읽을 수 있다.

황윤호가 쓴 고백문 중 "취조 중의 그의 심경"에서 그는 다음과 같이 심경을 표현하지만, 종렬 2행(行)과 1행의 글자가 흑색으로 지워져 있는 것이 드러난다.

보초 헌병의 군율 엄숙과 식사에 대한 무차별과 또한 환자에 대한 의료 정확 등은 실로 우리 대한민국이 아니면 볼 수 없으리라고 생각되며 감격에 넘치는 바였습니다. 그야말로 죄는 미워도 사람은 밉지 않다는 표어 그대로이며 특히 본 피의자는 …… [약 37자 지워짐] 몸 보호에 친절히 염려와 구호하여준 데 대해서 감루하였습니다.

[약 35자 지워짐]추호도, 유감도, 원망도 없으며 당연지사라고 생각하였습니다. 이유는 이 나라를 파괴할 계획으로 남로당원과 동일한 행동을 취한 데 대해 그 죄상 유무를 판단키 위하여는 불가피한 사실이며 본 피의자의 입장이 바꾸었다면 더욱 극심할 것을 지각하였습니다(같은 책: 187쪽).

위의 문절 가운데 종렬 3~4번 줄 2행(行)에 걸쳐 약 37자와 6번 줄 1행의 약 35자는 흑색으로 지워진 모양이 그대로 노출된 채로 출판되었다. 지워진 글자는 어떤 것이었을까? 또 왜 지웠을까? 글자를 지운 흔적을 그대로 노출시킨 채 출판한 것을 보면 문제의 글자가 출판된 뒤 발견되고, 이미 일부 배포된 처지에서 허겁지겁 지웠다는 추정이 가능하다. 도대체 어떤 글자가 있었기에 출판된 뒤 황황히 지웠을까? 전후 문맥을 연결해보면 첫째 번 누락분은 황윤호가 고문으로 몸이 심하게 상했다는 것을 표현한 글자였으리라는 점을 짐작할 수 있다. 두 번째 누락분은 문맥상 고문으로 상한 몸의 상태를 묘사한 글자였을 것이다. 그는 여기서 "추호도 유감도 원망도 없으며 당연지사라고" 표현하여 지극히 나빠진 몸의 상태에 대한 자신의 감정을 역설적으로 말하고 있는 것으로 보인다.

이 고백 원문은 모두 8명의 국회의원들이 쓴 것으로 되어 있는데, 위에서 든 2명 외에, 노일환, 김병회, 이문원, 박윤원, 최태규, 강욱중이 있다. 이들의 고백문에는 한때 소장파 전성시기에 이승만 대통령에 맞서 싸우던 투사의 목소리는 간 곳 없이 사라지고 어찌 보면 비굴한 듯한 구걸마저 보인다. 이들이 강압적인 분위기에서 얼마나 시달렸기에 이런 고백문을 썼을지는 그저 상상만이 가능할 뿐이다. 히틀러 같은 잔인한 무한 권력 앞에 인간은 얼마나 무력하고 초라한 존재인가? 무한 권력의 비인간적인 힘이 우리 역사에서 의미하는 것은 무엇인가? 노일환은 한때 소장파 의원으로 이승만 대통령에 맞서 싸웠지만 이제는 다음과 같이 고백한다.

그리고 무거운 양심의 가책에서 자괴지심을 억제치 못하고 있습니다. 정치는 현실이라는 말을 조용한 옥중에서 외쳤던 것입니다. 우리는 국초에 있어서 우리가 직관하고 있는 현실을 수습함에 있어 삼권의 조화를 얻도록 함으로써 민족국가의 대국적 견지에서 나오는 강력한 집행력을 행정부에서 장악하여야 한다는 것을 느꼈으며 국회와 정부 간의 유기적 관련성을 보지함으로써 삼권의 조화를 얻는다는 것을 느꼈습니다. 나는 번연히 각오하여 또다시 과오를 범하지 않을 공고한 결의를 하고 있습니다(노일환의 고백문 중 "구속 취조 중 그의 심경"에서, 『김호익 수사일기』: 179쪽).

우리는 위에서 국회의원들이 썼다는 '고백 원문'으로부터 헌병대 수사관들이 국민이 뽑은 선량에 대해 아무 거리낌 없이 고문을 자행했음을 추론해 보았다. 한국의 신생 공화국 수사기관이 원시적인 고문을 그렇게 거리낌 없이 자행하던 시절, 일본의 경우 미국의 점령 체제 아래 있으면서도 새 헌법 아래 1948년 신형사소송법을 도입해 시민의 인권 존중을 기했다는 점이 비교가 된다. 1954년 도쿄지검 차석 검사인 다나카(田中萬一)는 피의자의 자백 또는 고문에 관해 다음과 같이 말한다.

그런데 신 형소[형사소송법]가 도입되고 나서, 이것 또한 구 형소 시대와 똑같이 유죄의 절대적인 요건은 아닙니다만, 한편으로는 아시다시피 공술거부권[진술거부권]이 인정되고, 게다가 보강 증거가 수반되지 않은 자백만으로는 유죄가 되지 않는다는 원칙적 규정이 제정되었기 때문에 자백만을 추구한다는 것은 드디어 의미가 없지 않을까요?…… 고문이라는 문제에

관해서 말씀드리면, 이른바 유형력(有形力)을 행사해 고문을 가하는 것은 구 형소 시대에서도, 하물며 현행법 아래서도 내가 듣기로는 거의 없지 않을까 생각합니다. 특히 신 헌법 시행 뒤에는 폭력을 가한다든가, 협박을 가하여 무리하게 고문을 가하여 자백을 시킨 것은 흔적을 없애버리면 괜찮다는 생각은 더 이상 통하지 않는다고 생각합니다. 다만 불필요하게 큰 소리로 조사한다든지, 또는 부당하게 장시간 조사한다든지, 또는 사술을 농(弄)하여 자백을 얻어내는 경우가 있을지도 모릅니다. 만약 있다면 이것은 하나의 부적절한 자백의 유인(誘因)이 될 뿐만 아니라 인권 존중에도 적절하지 않은 것이기에 경계하지 않으면 안 된다고 생각합니다. 어떻든 옛날 있었던 이른바 고문이라는 것은 현재 수사기관에서는 그 흔적이 없어졌다고 단언할 수 있다고 생각합니다(≪世界≫, 1954. "自白とわ?", 91쪽).

이것은 민주주의가 성숙한 먼 나라의 정치가나 인권 운동가가 한 말이 아니다. 같은 시절, 미국의 점령을 겪은 이웃나라 일본의 한 수사관이 한 말이다.

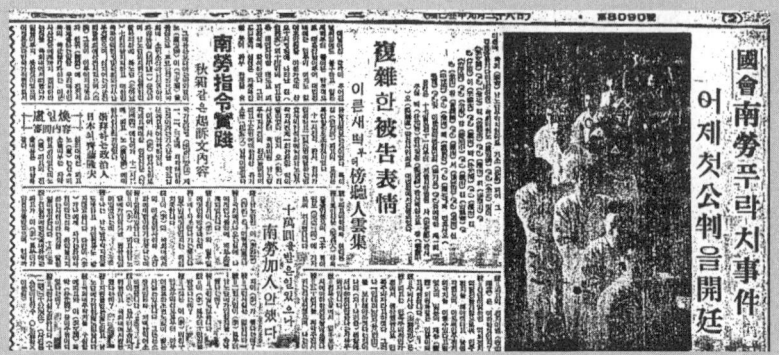

프락치재판 첫 공판을 보도한 신문 기사(《동아일보》, 1949년 11월 18일자)

프락치사건 재판 선고 공판을 보도한 신문 기사(《동아일보》, 1950년 3월 15일자)

제10장
정치 재판 열리다

국회프락치사건 재판의 첫 공판은 1949년 11월 17일에 열렸다. 이 수사가 시작된 지 반년 이상 지나서였다. 오전 11시, 서울 지방법원 대법정. 신문들은 첫 공판을 스케치하면서 대법정이 "갑자기 쌀쌀해진 날씨를 무릅쓰고 이른 아침부터 몰려드는 방청객으로 초만원을 이뤘다"고 묘사하고 있다.

그 뒤 공판은 해를 넘겨 1950년 2월 4일까지 모두 제14회나 거친 뒤 2월 10~13일에 결심 공판이 열렸다. 이 결심 공판에서 오제도 검사는 장장 2시간 반 동안 '준열한' 논고를 읽은 뒤 피고 모두에게 유죄를 구형했다. 다시 한 달이 지난 3월 14일 선고 공판이 열려 13명의 국회의원 모두에게 최고 10년부터 최하 3년에 이르는 실형이 언도됐다. 이로써 프락치사건 제1심 재판이 마감됐다. 그러나 피고인들이 모두 항소하여 제2심이 계류 중일 때 한국전쟁이 터져 이 사건은 '영구 미제'로 끝나고 말았다.

이 사건은 이미 4월 말에 소장파의 리더 격인 이문원 의원이 아무도 모르게 잡히면서 서막이 오른 해묵은 사건이었다. 게다가 6월 25일 검사가 애초 1차 검거로 붙잡힌 3명의 국회의원을 기소했으나, 공소장이 부실하다 하여 7월 30일 추가 기소하는 난항을 겪는다. 이와 함께 2차 검거로 체포된 7명의 국회의원들이 같은 날 기소되었다. 여기에 8월 10~14일 3차 검거로 체포된 3명이 추가로 재판에 회부되었다. 이로써 재판에 회부된 국회의원은 모두 13명이 되었다.

첫 공판정에서 초만원을 이룬 방청객에는 헨더슨이 의뢰하여 재판을 참관하러 온 미 대사관 한국인 직원 신정균(申珽均)과 김우식이 끼어 있었다. 새 유엔한위 사무차장 슈워츠의 얼굴도 보였다. 헨더슨은 스스로 재판을 참관하는 일은 자제했으나 매 재판마다 주로 신정균[별명이 '위스퍼링 신(Whispering Shin)'으로 1970년대에 작고]으로부터 공판 진행에 관해 자세히 브리핑받았다.

주심 판사 사광욱, 배심판사 박용원(朴容元), 정인상(鄭寅詳), 검사 오제도, 선우종원이 입정하고 다수의 변호인도 나왔다. 피고인석에 착석한 국회의원들은 국회부의장 김약수를 비롯해 노일환, 이문원, 박윤원, 최태규, 이구수, 김옥주, 강욱중, 김병회, 황윤호, 서용길, 신성균, 배중혁이었다. 이들 피고인들에 대해 판사는 인정 신문을 한 뒤, 검사가 50여 분 동안 기소문을 낭독했다. 이날 첫 공판은 사광욱 판사가 피고인 노일환에 대해서 사실 심리를 하는 것으로 끝났다.

이 장에서는 주로 60여 년 전에 일어난 이 대형 공안 사건 재판을 재현하는 데 초점을 맞추고자 한다. 그것은 이 재판이 1948년 국가보안법 체제가 들어선 뒤 열린 최초의 대형 공안 재판이며, 그 뒤의 공안 재판에 모델이 되고 있다는 점에서 중요하기 때문이다. 그러나 문제는 과연

이 대형 공안 재판을 얼마나 충실하게 복원할 수 있는가 하는 것이다. 이 재판에 관한 공식 기록은 1970년대 ≪다리≫지가 발굴한 판결문이 거의 전부다. 재판을 주도한 오제도 검사가 인정하듯 전쟁 통에 프락치사건 기록은 모두 없어졌다(오제도, 1982: 397쪽). 헨더슨이 지적한 대로 "한국 신문들은 첫째 또는 둘째 공판까지는 제법 자세히 보도했지만, 그 뒤 공판의 경우 아주 피상적으로 다루거나 한두 줄로 보도할 뿐이었다"(Henderson, 1972: 36쪽). 1975년 동아일보사가 펴낸 『비화-제1공화국』에 포함된 "국회푸락치사건"이 가장 충실하게 재판을 기술하고 있으나 이 '다큐멘터리'도 공판의 전모가 아니라 초반부 공판, 결심 공판, 선고 공판만을 그것도 스케치식으로 묘사할 뿐이다.

그러나 우리는 바로 헨더슨이라는 미국 외교관 덕분에 거의 완벽한 공판 기록을 갖게 되었다. 이 기록은 그가 제1회 공판부터 제15회 결심 공판에 이르기까지 모든 공판 진행을 세밀히 기술한 것이다. 한국의 옛 대형 공안 사건 재판에 관한 기록이 한국이 아닌 외국의 낡은 외교 문서철에 그렇게 완벽한 형태로 남아 있는 것이 신기할 정도다.

제10장은 '헨더슨 공판 기록'을 전거로 하여 (1) 주심 판사 사광욱이 주재한 이 사건 공판 진행의 전반적 특징을 기술하고, 이어 (2) 검사의 논고와 변호인의 변론을 다루고자 한다. 이제까지 프락치사건을 다룬 연구나 글은 검사의 논고나 수사 기록을 중심으로 논의하고 있으나 변호사들이 반박한 반론과 피고인들이 '최후 진술'한 항변은 이 재판에서 놓칠 수 없는 부분이라고 여겨진다. 마지막으로 (3) 재판부가 내린 유죄 판결이 어떤 성격을 지녔는가를 분석해보고자 한다.

1. 사광욱 판사의 공판 주재

국회프락치사건 재판은 모두 16회에 걸쳐 공판이 진행되었다. 공판의 전체 구도를 보면 몇 가지 특징이 드러난다. 먼저 피고인 노일환과 이문원에 대해 집중적으로 심리가 이뤄지고 다른 피고인의 경우 김약수 국회부의장을 제외하면 합동으로 신문하든 개별적으로 신문하든 남로당 공작에 대해서는 거의 추궁받지 않았다. 이는 재판부가 국가보안법상 '지도급 임무 종사자'로 여긴 두 사람 외의 다른 피고인들의 경우 국회 안에 남로당 '프락치'를 구성해 공작 활동을 벌였다는 공소 사실이 무리한 것이라고 판단했음을 추론할 수 있게 한다. 또한 판사의 공판 진행이 다분히 정치적 동기 또는 편견으로 채색된 '색깔' 심리라는 점이 두드러진다. 예컨대 사광욱 판사는 소장파 의원들이 내각책임제 개헌을 논의했다든가, 장관 비행 조사나 불신임 운동과 같은 국회의원들의 정상적인 정치 활동마저 남로당 지령에 따라 했다는 식으로 추궁하는가 하면 미군 철군을 둘러싼 문제에 관해 자신의 정치적 소신을 잣대로 삼아 심리를 주도했다. 그 밖에 판사가 자신의 숭미관(崇美觀)을 사법적 판단의 잣대로 삼은 점, 우익 정치인의 진술에 무게 중심을 둔 점, 친이승만 그룹의 정파적 전략을 그대로 믿은 점, 그리고 사법적 심리가 아닌 정치 설교 같은 훈화를 했다는 점이 두드러진다. 이 공판에서 핵심적인 문제인 사법 절차·방법·내용에 관한 난맥상은 이 재판을 분석한 프랭켈 박사의 보고서와 함께 제11장의 몫으로 남겨 둔다.

노일환, 이문원 집중 심리

먼저 공판이 두 피고인 노일환, 이문원에 대해 집중적으로 진행된 점을

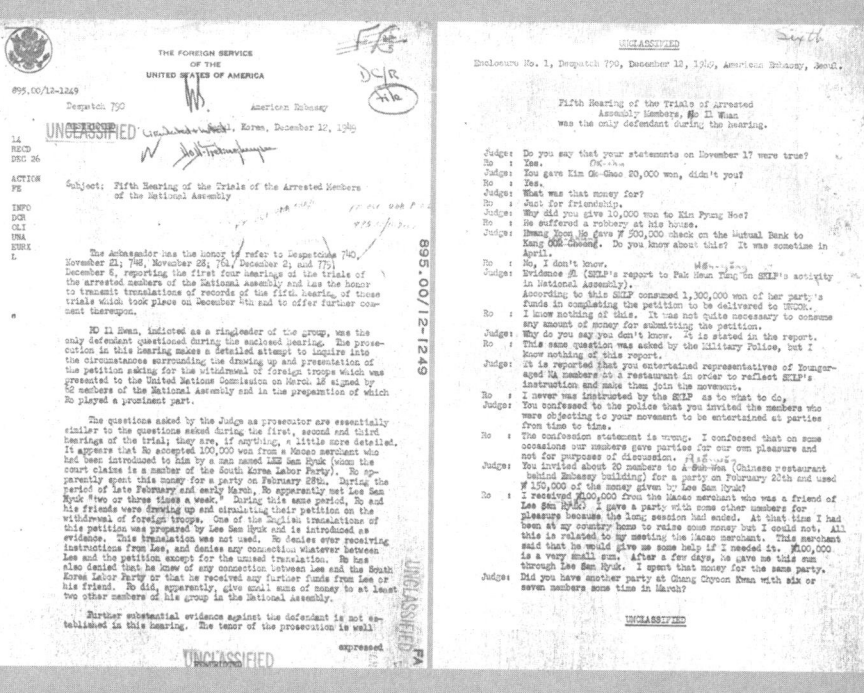

그레고리 헨더슨에 의해 미 국무부로 발송된 공판 기록. 제5회 공판에서 노일환의 심리 내용을 볼 수 있다. 왼쪽이 발송문, 오른쪽이 동봉문으로 보내진 공판 기록.

주목해보자. 이는 국회 안의 프락치가 이 두 사람을 핵으로 하여 구성되고 그들이 다른 소장파 의원들을 끌어들였다는 공소장의 방향을 따른 것으로 보인다. 이는 전체 14회에 이르는 사실 심리 공판 중, 거의 절반 이상의 심리를 노일환, 이문원 피고인에 배당하고 있는 데서 알 수 있다. 제1, 2회는 노일환과 이문원에 대해서만 각각 사실 심리가 행해졌고, 그 밖에도 제5회에 이문원에 대한 신문(5·10 선거 때 이문원이 남로당의 지원을 받았다는 기소 부분 조사), 제8회에 노일환과 이문원에 대한 증인 신문, 제12회에

제10장 정치 재판 열리다 | 173

노일환 증인 신문, 제13회에 이문원 증인 신문이 행해졌다. 먼저 프락치 재판의 전체 구도를 가늠하기 위해 첫 공판에서 이뤄진 노일환에 대한 사실 심리를 그대로 인용해보자.

1949년 11월 17일 첫 공판, 피고인 노일환에 대한 신문

(노일환은 이따금 미소를 지으며 자리에 조용히 앉아 있다.)

사광욱 판사: 피고인의 학력과 경력은?

노일환 피고: 보성전문 상과를 졸업하고 《동아일보》 기자로 취직했습니다.

판사: 정치이념은?

피고: 간단히 말하면 의회 정치의 발전을 기함으로써 민주정치를 늘 해야겠다고 생각했습니다. 그럼으로써 민주정치가 극치를 이룰 수 있다고 믿었습니다. 또한 저는 일본 국회의원인 사이토가 되고자 했습니다.

판사: 주의사상은?

피고: 민족주의적인 가정에서 성장했으므로 민족주의자라고 할 수 있습니다. 그러나 인텔리의 자유를 보장해야겠다는 것이 저널리스트로서 나의 생활에서 나온 확신이므로 나는 자유주의자입니다.

판사: 전북 순창에서 입후보 당시 어떤 정견을 발표했나?

피고: 5·10 선거를 적극 추진시키려는 입장이었습니다. 나는 이 나라 국민으로서 무력에 의한 통일은 안 되고 평화적 통일이 되어야 한다고 바랐습니다. 그래서 그 토대는 의회정치를 발달시킴에 있다고 생각했습니다. 나는 모든 집단을 포용하려 했으며, 만일 민주주의를 반대하는 집단이 있다면 힘으로 흡수해야 한다고 생각했습니다.

판사: 남로당원 이삼혁을 어떻게 알았는가?

피고: 중앙청에서 처음 만났습니다. 국회에서 나오는 길에 내게 다가와 인사를 하여 알았습니다. 다음번에 다시 그가 중앙청에 왔을 때 우리는 찻집에 가서 국회에서 일어난 일에 대해 이야기했습니다. 그 뒤 그가 내 집으로 찾아와 자주 만났는데 정치적 의견이 나와 비슷했습니다. 우리는 정치적 문제와 국회 안의 동태에 관해 이야기를 나눴습니다.

판사: 이삼혁이 남로당 가입을 권유하고 프락치를 구성하라고 했다는데?

피고: 나는 남로당 가입 권유를 받은 일이 없고 프락치라는 말도 들은 적이 없습니다.

판사: 피고인이 경찰에 자백한 내용인데, 내가 읽겠다. 2월 어느 날 이삼혁이 당신을 충무로의 어느 일식 가옥으로 데려갔다. 거기서 이삼혁이 남로당 가입을 권고했다. 피고인은 국회의원인 고로 가입할 수 없다고 했지만 이삼혁이 이를 끝내 가입하라고 하기에 이틀간 생각할 시간을 달라고 했다. 다음날 같은 장소에서 피고인이 이삼혁을 만났을 때 그가 말하기를 당신이 남로당에 가입하든 말든 여태껏 남로당 지령에 따라 많은 일을 한 것이 사실인 고로 경찰이 아마 당신을 쫓고 있을 것이다. 당신이 남로당 가입을 정 거부하면 당이 무기를 준비하고 있어 가만 있지 않을 것이다. 그래서 피고인은 협박을 받고 남로당에 가입했다고 자백했다 되어 있는데?

고문을 이기지 못해

피고: 나는 헌병대에 거짓 자백했습니다. 내 건강이 고문을 이기지 못했기 때문입니다(강조는 지은이).

판사: 이삼혁으로부터 10만 원을 받은 적이 있는가?

피고: 하루는 이삼혁이 나를 식당으로 데려가서 옷을 잘 입은 신사를 소개하면서 마카오 상인이라는 것이에요. 며칠 뒤 이삼혁이 10만 원을 주면서

마카오 상인이 정치 자금으로 주는 것이라고 했어요. 나는 그 돈으로 소장파 의원들과 저녁, 점심 값으로 썼습니다.

판사: 피고인은 국회 내 프락치를 구성함에 있어 이문원, 황윤호, 박윤원이 주동이 되고 국회부의장 김약수를 끌어들였다는데?

피고: 그런 사실 없습니다.

판사: 피고인이 경찰과 검찰에 자백한 것이 아닌가?

피고: 그런 일 없습니다.

판사: 피고인은 남로당 지령에 따라 미군 철수에 관해 국회의원을 상대로 연판 운동을 벌였다는데?

피고: 자발적으로 한 일이지 남로당 지령에 따라 한 것이 아닙니다.

판사: 피고인은 북한 괴뢰 집단을 위해 국회 내 활동에 관해 보고서를 썼다는데? 이 보고서는 한 여인이 가져가다 개성에서 잡혀 발각되었다는데?(판사가 문서를 보이면서)

피고: 아는 바 없습니다.

판사: 피고인이 이삼혁에게 말한 것을 그가 암호로 쓴 보고서인데, 가령 피고인 이름은 '한', 김약수 이름은 '수', 이문원 이름은 '원'으로 되어 있고, 정부는 '회사', 대통령은 '사장'으로 되어 있는데?

피고: 이삼혁이 사람 이름을 암호로 사용하는 것을 보았습니다만 대통령이나 정부를 암호로 사용하는 것을 들은 일이 없습니다.

판사: 이삼혁은 스스로 남로당원이라고 말했다는데?

피고: 그렇게 말한 적이 없습니다. 다만 그가 좌익 쪽 사람일 거라고 생각했습니다(공판은 오후 2시 15분 끝남—헨더슨 공판 기록, 제1회 공판분에서).

이 프락치 재판의 첫 공판에서 보듯 주심 판사는 국회프락치의 핵을 구성했다는 노일환을 집중 추궁한다. 판사는 '증제 1호'에 씌어 있는 대로 노일환이 남로당 가입 등을 '자백'했다고 따지고 있다. 그러나 노일환은 분명한 말로 그것은 헌병대의 고문 때문이었다고 토로한다. 이어 다음날 개최된 제2회 공판에서는 또 한 명의 핵심 피고인인 이문원을 집중 신문한다. 이들은 남로당 공작원들의 금품 공여 공작이나 위협에 의해 남로당에 가입하고 남로당 지령으로 외군 철수 운동을 벌였다는 공소 사실에 대해 추궁당한다.

그러나 노일환도 이문원과 같이 남로당의 공작원으로 알려진 이삼혁 또는 하사복을 만났다고 시인하고 있지만, 그가 남로당원인 것을 몰랐다고 진술하고 있으며, 게다가 남로당 가입을 극구 부인하고 있다. 또한 남로당의 지령을 받은 것은 더더욱 아니라고 주장한다. 다시 말해 그들이 추진한 외군 철수 운동은 남로당과는 상관없이 스스로의 판단에 의해 벌인 것이라고 말하고 있다. 또한 남로당 가입이나 지령에 의해 움직였다는 '자백'은 수사 기관이 고문을 자행해 어쩔 수 없이 나온 것이라고 토로하고 있다.

이 사건의 담당 검사나 주심 판사가 노일환, 이문원을 집중 심리하고 다른 피고들의 경우 합동으로 대충 신문하고 넘어갔다는 점은 무엇을 시사하는가? 여기에는 재판부가 이들 피고인들이 국회 안에 남로당 프락치 조직을 구성하여 남로당의 지령으로 공작을 벌였다는 공소 사실은 유지하기 어렵다는 암묵적인 판단이 작용했다고 보인다. 물론 검사가 제시한 '증제 1호'는 노일환, 이문원, 박윤원을 핵으로 하고 다른 국회의원들을 끌어들여 국회 안 남로당 프락치를 구성했다고 되어 있고 판결도 그렇게 나왔다. 그러나 사광욱 주심 판사는 남로당 공작원 이삼혁 또는 하사복이 주로 노일환과 이문원을 남로당에 가입시켜 남로당의 지시에 따라 외군 철수 운동을 벌였다는 점을 집중 추궁하면서도 다른 피고인들의 경우 남로당 공작 부분에 관해서는 추궁하지 않고 있다.

정치적 '색깔' 심리

사광욱 판사가 주도한 공판 진행은 전반적으로 정치적 '색깔' 심리라고 특징지을 수 있다. 이는 다음과 같은 점에서 두드러진다. 첫째, 사광욱 판사는 미군의 철군 문제를 둘러싸고 소장파 의원들이 제안한 철군 결의안이나 유엔한위에 제출한 진언서 연판 운동을 정치적으로 해석한다. 이는 당시 미군의 철군에 대해 이승만 정권이 극구 반대한 것과 입장을 같이하는 것이다. 둘째, 수사 기관이 증인으로 부른 우익 정치인들이 말한 진술에 무게를 두어 피고인들의 혐의를 추궁하고 있다. 셋째, 사광욱 판사는 개인적 숭미관이나 도덕적 기준을 사법적 판단의 잣대로 사용하고 있다. 마지막으로 넷째, 미스터리 여인 정재한의 음부에서 나왔다는 '암호문서'는 이승만 그룹의 소장파에 대한 공작 전략을 드러내고 있다.

이런 몇 가지 점을 감안한다면 재판부가 주도한 심리가 유죄를 예단했다고 보이며, 이러한 부분이 판결문에 그대로 인용되고 있다. 게다가 몇몇 피고인의 경우 이 사건이 터지기 거의 1년 전인 1948년 5·10 선거 때의 남로당 관련 혐의를 추궁당하고 있다. 남로당이 남한 단독 정부 수립을 예고하는 1948년 5·10 선거를 공식적으로 반대하여 지하에서 갖가지 파괴 활동을 벌인 것은 잘 알려져 있는데도, 이들 국회의원들이 남로당의 지원으로 당선되었다는 것이다. 다음 장에서 다루겠지만, 이러한 주심 판사의 추궁은 프랭켈 박사가 지적한 대로 국제 사회가 대한민국을 인정한 국제적 토대를 무너뜨리는 행위로서, 이는 헨더슨이 국회프락치사건을 정치 사건으로, 그 재판을 정치 재판으로 규정한 것과 맞아떨어진다.

〈표 II-2〉 국회프락치사건 공판(제1회 공판~제15회 결심 공판)

회	날짜	재판부	검사	변호인*	심리	피고인	증인
제1회	49. 11. 17	사광욱	오제도		기소	이문원	
제2회	49. 11. 18				신문	노일환	
제3회	49. 11. 21				신문	김약수	
제4회	49. 11. 24				신문	박윤원 외 10명	
제5회	49. 11. 28				신문	이문원, 최기표	
제6회	49. 12. 4				신문	노일환	
제7회	49. 12. 6**				신문	강욱중 외 7명	
제8회	49. 12. 8				신문	이문원, 노일환	
제9회	49. 12. 12				신문	서용길	
제10회	49. 12. 26				신문	이구수	
제11회	50. 1. 6				신문	이구수 외 11명	
제12회	50. 1. 20		장재갑		신문	노일환	이재남
제13회	50. 2. 3		오제도		신문 및 반대신문	이문원, 배중혁	
제14회	50. 2. 4				신문 및 반대신문	이문원	정해근, 최용희, 김경호
제15회 결심 공판	50. 2. 10		논고 구형	변론			
	50. 2. 11			변론			
	50. 2. 13			변론		최후 진술	
제16회	50. 3. 14	선고					

* 첫 공판 때 50명의 변호사가 입회했고 그 뒤 "진상이 드러나자 근 20명이 사퇴했다"는 기록(오제도, 1982: 388쪽)이 있다. 그러나 결심 공판에서 변론에 임한 변호인은 16명이다(제10장 2절, 주 33 참조).
** 헨더슨 공판 기록은 제7회 공판 기일을 명시하지 않고 있다. 이 기일은 지은이가 추정한 일자임.

출처: 헨더슨 공판 기록에 의해 작성

인민군 침공을 불러

사광욱 판사가 주도한 공판 진행의 정치적인 색깔은 철군 문제에 관한 그의 신문에서 가장 뚜렷하게 드러난다. 당시 외군 철군은 국회에서 쟁점화된 정치 문제였다. 1948년 10월 13일 박종남 의원 등 43명이 외군 철군을 위한 결의안을 상신했으나 부결되었고, 오히려 이에 자극을 받은 보수파 의원들이 같은 해 11월 20일 미군의 계속 주둔을 요청하는 결의안을 88 대 3이라는 절대 다수로 통과시켰다.

곧 외군 또는 미군의 철수 문제는 국회의원들 간에 토론과 정쟁의 중요한 대상으로 떠오르고 있었다. 이는 1949년 2월 4일 김병회 의원 등 72명이 다시 평화통일이라는 명목으로 외군 철군을 제안하는 결의안을 상정하고 있는 데서 알 수 있다. 이들은 결의안이 무산되자 유엔한위에 같은 취지의 진언서를 제출했다. 이런 분위기에서 프락치사건의 서막이 올라 1949년 5월 국회의원 3명이 구속된 뒤에도 6월에는 다시 미 군사고문단 설치를 반대하는 서한이 유엔한위에 전달됐다. 이는 이승만 그룹을 격앙시켜 김약수 등 6명의 국회의원을 체포하는 빌미를 주었다. 이와 같이 외군 철군 문제는 옳고 그름을 떠나 민감한 정치 문제였다. 소장파 그룹을 대표하는 동성회는 외군 철군과 남북한 평화통일을 정강 정책으로 내걸고 있었다. 그런데 미군 철군은 당시 미국 합동참모본부가 결정한 미국의 공식 정책이며, 유엔 총회도 한반도로부터의 외군 철군을 결의하고 새 유엔한위에 철군을 검증하라는 임무를 부여하고 있었다.

그러나 사광욱 판사는 외군 철군 문제를 사법의 잣대로 단죄하려는 태도를 보였다. 물론 그는 프락치사건에 연루된 국회의원들이 미군 철군을 위한 결의안을 제출한 것이 남로당의 지령에 따른 것이라고 추궁하지만 그것을 입증한다는 것은 쉬운 일이 아니었다. 따라서 그는 외군 철군, 곧 그의 입장에서는 미군 철군 자체를 죄악시한다. 제10회 공판(1949년 12월 26일)에서 사광욱은 이구수에 대한 신문 중에 외군 철수 요구가 "국민의 뜻에 거역하는 것이요, 국민의 이익에 역행하는 것이요, 남로당에 이용되는 것"을 알아야 한다고 훈계했다. 같은 공판, 신문의 다른 대목에서 그는 이구수와 다음과 같이 문답을 벌이고 있다.

사광욱: 피고인은 남한의 미군 존재가 인민군의 침공에 대한 유일한 억제력이라고 믿고, 미군이 철수한 그 순간 [북한] 인민군이 틀림없이 송악산, 옹진, 춘천 등 남한의 여러 지점을 습격할 것이며, 남한의 국군과 경찰을 쳐부수어 피고인의 계획을 실현하기 위해 [미군 철군] 결의안에 도장을 찍었을 텐데?

이구수: 우리 국군과 경찰은 이전의 일본군과 비견된다고 나는 확신하고 굳게 믿고 있습니다. 나는 우리 국군과 경찰이 남한의 질서와 안전을 유지할 수 있고 공산군의 도발을 막을 수 있다고 확신합니다. 소련군이 북반부에서 우리 민족에 막대한 피해를 주고 있는 마당에 우리가 왜 외군에 의존해야 합니까?(헨더슨 공판 기록, 제10회 공판분에서).

위의 신문에서 사광욱 판사가 보인 태도는 미군 철군을 북한 인민군의 남한 침공과 동일시하고 있음을 보여준다. 물론 당시 국회의 다수파와 이승만 정권은 미군 철군을 극력 반대하고 있었다. 그렇다고 하더라도 유엔이 외군 철군 결의안을 결정한 마당에, 그리고 미국이 철군을 공식화한 처지에서 한국의 판사가 똑같은 외군 철군을 제안한 국회의원들의 행동을 사법의 잣대로 단죄하려 한 것이다. 게다가 사광욱 판사는 "**피고인들은 항상 외군 철수를 요구하지만 사실은 미군 철수를 바라지 않았나?**(강조는 지은이)"(제4회 공판, 1949년 11월 24일)라고 넘겨짚는다.

국회 소장파 의원들이 외군 철수를 주장한 진의는 무엇일까? 역사적으로 회고하면 미군 철수는 헨더슨이 지적한 대로 미국의 '무책임한' 대한정책의 결과라 할 수 있다. 그러나 당시 소장파 의원들이 생각한 외군 철수 문제는 달랐다. 영토에 외군이 주둔하는 것 자체가 독립 국가 주권의 훼손이라는 '천진한' 생각에 젖어 있는 몇몇 의원들도 보인다. 그러나 당시 소장파의 정신적인 지도자인 김약수는 제7회 공판(1949년 12월 6일)에서 사광욱 판사가 제기한 질문에 다음과 같이 답한다.

사광욱: 피고인은 미군이 철수한다 할지라도 소련군이 철수하지 않을 것임을 잘 알 텐데요?

김약수: 확실치가 않습니다. 우리가 양군이 철수해야 한다고 유엔한위에 주장한 이유는 단순합니다. 유엔한위에 의무를 알리기 위해서죠. 미군 철군은 미국 국무부와 육군부에서 결정할 일이고 우리가 신경 쓸 일이 아닙니다. 만일 우리가 요구하더라도 그들은 우리 요구대로 하지 않을 것입니다. 우리가 미 군사고문단에 반대한 이유는 소련이 북한에 '소련 군사사절단(Soviet Commission)'을 설치한 것을 알았기 때문입니다. '사절단'이라는 말과 '고문단(advisory group)'이라는 말은 그 뜻이 아주 다릅니다. 사절단은 무한정 머문다는 것을 의미합니다. 장차 한국을 둘러싸고 미소 간에 분쟁이 발생하면 미국에 불리합니다. 내가 듣기로는 6월 중순 유엔한위가 홍콩이나 다른 곳에서 북한과 접촉하려 한다는 것이에요. 그래서 우리가 그 문제에 주의를 돌린 것이에요. 만일 미소 간에 전쟁이 일어나면 원자탄 한방에 공산당이든 우익이든 모두 끝장이 날 겁니다. 우리는 이런 사태를 막으려고 최선을 다해야지요.

판사: 피고인은 만일 미군이 철수하면 큰 문제가 일어날 것은 잘 알 텐데요?

김약수: 저는 그렇게 생각지 않습니다. 인민군은 남한을 침공할 만큼 강력하지 못합니다. 공산당은 그래서 항상 '게리라전'을 동원합니다. '게리라전'은 약한 나라의 전법입니다.

판사: 미 군사고문단을 어떻게 생각합니까? 현 상황에서 우리에게 중요하지 않습니까?

김약수: 네. 대단히 중요하죠. 그러나 이름이 좋지 않아요. 우리가 고문단 폐지를 주장했다는 사실을 알림으로써 장애물에 대한 책임을 북한에 떠넘길 수 있다고 생각합니다. 곧 우리는 고문단 설치를 반대했는데, 북한은 소련 사절단을 항의 없이 받아들였다고 말이지요. 우리는 정치에 관해 현실적이 되어야 하고 또 장기적인 목표에 대비해야 하지요. 우리는 우리 영토에서 전쟁이 발생하지 않도록 최선을 다해야 합니다. 왜냐하면 원자탄이 얼마나 끔찍한 대재앙을 가져오리라는 것을 알기 때문입니다. 우리는 북한과의 회담 기회에 대비하기 위해 미리 유리한 고지에 서야 합니다(헨더슨 공판 기록, 제7회 공판분에서).

김약수 국회부의장이 누누이 설명한 데서, 미군 철군이 기정사실이 된 마당에 소련군 또는 그 군사사절단을 철수시키기 위해 양군을 모두 한반도에서 철수시키려 했다는 것이 이들의 전략적 의도라는 것을 알 수 있다. 또한 소장파의 입장에서는 양군이 한반도에서 철수하는 것은 한반도에서 전쟁을 막는 길이기도, 평화통일의 길이기도 했다. 물론 소장파의 의도가 현실성이 있느냐라는 의문은 제기될 수 있으나 이는 또 다른 문제다.

사광욱 판사는 소장파 국회의원들이 원내에서 벌인 반정부 활동을 남로당 지령에 의한 것이 아니냐고 추궁한다. 그는 남로당이 피고인들을 상대로 여러 차례 내각책임제로의 개헌이나 내각 불신임을 지시했다면서 그 사실 여부를 캐묻는다. 예컨대 제4회 공판(1949년 11월 24일)에서 판사와 피고인들 간에 다음과 같은 질문과 답변이 오간다.

판사: 3월 22일(1948년) 당신들 8명 피고인[박윤원, 김옥주, 강욱중, 서용길, 신성균, 황윤호, 김병회, 배중혁, 최태규, 이구수: 10명이 평화옥에 모여 내각 불신임 결의안을 제출하기 위해 몇몇 장관들의 비행을 논의했다는데?

피고인들: 우리는 불신임안을 토론한 적은 없고 몇 장관의 비행을 조사하자는 논의를 한 적이 있습니다. 그 까닭은 당시 임영신과 조봉암 장관이 국민의 생활고는 돌보지 않고 호의호식하며 돌아다닌다는 일반의 비판이 일고 있었기 때문입니다. 그런 문제를 조사하는 것은 국회의원들의 임무입니다.

판사: 남로당이 내각책임제 개헌과 대통령 비밀투표제를 지시했다는데? 또한 내각불신임안을 바랐다는데?

피고인들: 그렇지 않습니다.

판사: 국회 감사위원회가 조사하면 될 텐데 왜 피고인들이 조사하려 드는가?

신성균: 그렇다면 감사위원회가 남로당 지령으로 조사하는 것입니까?(헨더슨 공판 기록, 제4회 공판분에서).

우익 정치인의 진술

다음으로 사광욱 판사가 우익 정치인의 진술에 무게를 둔 점을 살펴보자. 오제도 검사가 증인으로 부른 국회의원은 거의 소장파를 적대시하는 우익 정치인이다. 이들은 장병만(張炳晩), 원용한(元容漢), 서우석(徐禹錫), 이훈구(李勳求), 김준연이다. 이들은 당시 이승만 대통령의 수족처럼 움직이던 일민구락부에 속하거나 우익 내지 극우에 속하는 국회의원들이다. 이들은 물론 프락치사건 관련 국회의원들이 남로당 프락치가 틀림없다고 진술하고 있다. 문제는 판사가 이들의 진술을 근거로 특히 노일환, 이문원의 사상과 활동을 추궁하고 그것을 증거로까지 삼았다는 점이다. 검사가 부른 증인 중에는 동성회에 속하는 원장길 의원과 함께, 결코 우익에 속한다고 볼 수 없는 조봉암도 끼어 있긴 하다. 그들은 모두 미군 철수나 미 군사고문단에 관한 소장파의 연판 운동이 남로당의 목표와 일치한다는 의구심을 말하고 있을 뿐, 소장파 의원들이 남로당 프락치라고 말한 것은 아니다.

사광욱 판사가 제4회 공판에서 일민구락부 소속 국회의원 장병만과 원용한을 인용하여 신문한 내용에는 그의 정치적 편향이 그대로 드러난다. 원용한을 인용한 다음의 신문이 좋은 본보기다.

판사: 원용한 의원이 경찰에 진술한 것을 보면 "외군 철수는 이승만 대통령과 전 국민이 반대하고 있는데도 소장파 의원들이 주장하고 있는 것은 이상한 일이다. 그러므로 그는 연판장에 서명을 취소했다" 이렇게 말하고 있어요.
(이에 대해 피고인들 몇 명이 대답하려 했으나 판사는 이를 저지하면서 "당신들 모두 긴 정치 연설을 하려 하지만 이를 허용할 수 없소. 뒤에 말할 기회를 주겠소" – 헨더슨 프락치사건 공판 기록, 제4회 공판분에서).

사광욱 판사는 이들 우익 정치인들 중, 특히 김준연의 증언에 무게를 두고 있다. 예컨대 제4회, 6회, 11회 공판에서 김준연의 진술을 인용하면서 피고인들을 추궁하고 있다. 제4회 공판(1949년 11월 24일)에서는 박윤원, 김옥주, 김병회, 황윤호, 최태규, 이구수, 서용길, 신성균, 배중혁, 강욱중을 대상으로 한 심리에서 다음과 같이 신문한다.

사광욱 판사: 김준연 의원이 검사에게 진술하기를 박종남 의원 등이 10월 13일(1948년) 미군 철군 결의를 동의한 것이 남로당의 지령에 따라 이뤄졌다고 하던데?
피고인들: 허튼 소리입니다.
서용길: 김준연 의원은 자신만 빼고 그 밖의 모든 사람은 남로당원이라고 생각하는 사람입니다.
판사: 피고인들은 남로당 대변인인가?
피고인들: 그렇지 않습니다(헨더슨 공판 기록, 제4회 공판분에서).

사광욱 판사는 그가 내린 판결문에서 검사가 김준연 신문 조서에서 한 말, 곧 노일환이 '골수에 들은 공산당원의 핵심'이며 외군 철수 진언서를 추진한 소장파 의원들이 남로당의 지령으로 움직였다는 진술을 다음과 같이 길게 인용하고 있다.

단기4282(1949)년 2월 중순 노일환의 부(父)되는 노병권(盧秉權)을 서울시 세종로에 있는 민주국민당 사무실 현관에서 우연히 상봉하였을 때 나는 동인에게 대하여 당신의 장남 일환이가 공산당원인 듯하니 주의시켜달라고 말하고 그 후 3, 4일 지나서 동아일보사 편집국장실에서 다시 노병권을 상봉하였을 때도 역시 같은 취지의 충고를 한 일이 있다. 동년 5월 19일인가 20일경에 경회루에서 국회의원 다과회가 있었을 때 나는 김옥주를 한쪽에 불러내서 노일환이는 벌써 **골수에 들은 공산당원**(강조는 지은이)의 핵심이니까 동인에게는 그런 말을 하지 않는다, 그러나 자네는 일전에 자네의 형을 나에게 소개해주는 것을 보니 자네의 심정을 알 수가 있어서 말한다고 전제하고 체포된 이문원 등은 남로당의 7원칙을 지지하고 활동하다가 체포된 것이니 그 석방 운동을 할 필요가 없다는 말을 하고 이것이 자네에게 하는 마지막 충고라고 했더니 김옥주는 그렇지 않다고 자기 변명을 하기에 나는 길게 말할 필요가 없다고 말하였다. …… 소위 진언서를 유엔 한위에 제출하는 행동을 보면 그 진언서 연판에 맹종한 사람들과 단순히 뇌동한 사람들은 별문제로 하고라도 **적어도 그 진언서를 추진시킨 노일환, 이문원, 박윤원, 김옥주, 김병회, 황윤호, 강욱중, 최태규, 김약수, 이구수, 서용길 등은 남로당의 지령하에 행동하는 것이 틀림없으리라고 믿고 있었다** (강조는 지은이). …… 그뿐만 아니라 모윤숙(毛允淑) 여사로부터 들은 바에 의하면 비신스키[유엔 소련대표]가 한국 승인 문제에 있어 48 대 6으로 패배하자 자기(蘇)는 유엔에서 패했으나 한국 내에서 싸워서 한국도 중국같이 만들어서 읍리에서 진 것을 한국 내에서 회복하겠다고 공언하겠다는 사실에 비춰보아서라도 소련의 지령하에서 움직이고 있는 국회의원이 있다는 것을 충분히 추측할 수 있다(≪다리≫, 1972년 4월호, "푸락치사건 판결문": 171~172쪽).

앞서 본 바와 같이 김준연 의원은 프락치사건 관련 국회의원의 1차 검거가 있기 전 ≪동아일보≫ 1949년 5월 9일자 지면에 기고한 "의정단상 1년"이라는 회고담에서 60여 명의 소장파 의원들이 김일성을 따르고 있고 그 선전 방침을 충실히 실행하고 있다고 '고발'한 장본인이다. 국회가 프락치사건 관련 국회의원 1차 검거로 체포된 3명의 석방 결의안을 둘러싼 찬반토론에서 "피를 흘리면서 투쟁하여 …… 중간파, 남북협상파를 타도하여 만들어놓은 대한민국에서 체포된 의원들을 석방한다는 것은 언어도단"이라고 서슴없이 주장한 극우 정치인이다. 오제도 검사가 김준연을 증인으로 불러들인 것은 그의 기소를 정당화하기 위한 것이라고 해도 주심 판사가 이를 그대로 받아들인 데서 정치적 편향에 치우쳐 있음을 짐작할 수 있다.

이 재판의 공판 진행은 또 다른 정치적 색깔을 드러내는데, 그것은 역설적으로 '증제 1호'로 제출된 '암호 문서'로부터다. 곧 '증제 1호'에 나오는 "3월분 국회 공작 보고, 유엔한위에 진언서를 제출하는 투쟁 보고서"의 경우, 신뢰성에 의문이 제기되지만 여기에 등장하는 이승만 대통령이 소장파를 적으로 보는 시각을 재판부가 그대로 받아들인다는 점은 주목을 요한다. 이 점에 관해 이 투쟁 보고서의 한 대목은 이승만 정권의 소장파 공격 전략과 와해 공작을 그대로 보여준다. 예건대 김준연의 경우 노일환을 위협하면서, "외군 철수를 주장한다면 공산당의 주구가 되는 것이며 미국이 나간다면 조선은 공산화되고 말 것이다"라고 말했다는 대목을 인용한다. 문제는 재판부가 이러한 소장파에 대한 공작적 문서를 증거로 삼는 데서 그 정치적 편향을 드러냈다는 점이다.

이승만은 당시 친위부대 격인 이정회(以正會)를 통해 소장파 의원들이 새 유엔한위에 외군 철수 진언서를 제출하지 못하도록 '결사적으로 분쇄'하라고 하면서

[이승만이] 성(成)에게 방해공작금으로 금 2백만 원을 주었다는 것이다. 그 내용은 이정회의 매개 회원에게 5만 원씩 할당되는 것으로 매월 식비, 교제비를 포함하는 것이다. 이것은 금전에 의한 매수를 말한다. 이정회는 3월 9일, 10일 다음과 같이 결정하였다.
(1) 한민당 계열의 거세를 위하여서는 동성회 각 소장파 전체와 공동 투쟁을 할 수 있으나 외군 철거 요구에는 한민당 계열과 공동 제휴하여 이것을 반대 분쇄할 것.

(2) 동성회 각 소장파 전체와의 투쟁 방법은 동성회 각 소장파 내의 국회의
원들을 분리시킴으로써 내부 분열을 일으키도록 할 것(같은 글: 196쪽).

또한 이승만은 동성회(同成會) 각 소장파를 분열시키는 공작을 지시했다고 하면서

세멘트대 30원짜리를 이정회의 성(成)동생에게 이권 양도하고 매매 가격은 1매당 3백 원으로 하여 소위 정치 자금으로 충당하였다. (매수는 확정한 것만 수만 매임). 이정회의 동향은 대통령의 명령에 의하여 움직이는 것이지만 동성회 각 소장파 전체와는 물론이요, 한민당 계열과도 불협조하는 것이었다(같은 글: 197~198쪽).

주심 판사의 숭미관

사광욱 판사는 그가 미국을 숭상하고 있음을 숨기지 않는다. 판사가 미국을 좋아하든 말든 그것이 그의 개인적인 소신인 한 문제될 것은 없다. 그러나 그것이 프락치사건 피고인의 죄를 묻는 사법적 판단의 잣대가 되고 있다는 점이 특이하다. 제11회 공판(1950년 1월 6일)에서 사광욱 판사는 북한에 진주한 소련군이 저지른 만행을 하나하나 열거한 뒤 미국에 대한 그의 소견을 털어놓고는 피고인들이 동조하느냐고 묻는다. 이는 친미를 넘어 숭미에 가까운 견해라고 여겨진다.

사광욱 판사: 소련군이 북한으로 들어온 뒤 공산 독재 정권을 세웠고, 대한민국을 상징하는 태극기를 없애버리고는 애국가를 폐지했고, 애국적 민족주의자들을 도살하고 투옥시켰으며 …… 수백만 명의 동포들을 38선 이남

으로 내쫓고 방황케 하고 아사시켰다. 피고인들은 이 사실을 아는가?
피고인들: (모두 동시에) 네.
판사: 반면에 미국은 대한민국에 대해 하등의 영토적 야심 없이 태극기와 애국가를 틀림없이 숭상하는 마음으로 존중했다. 그 나라는 우리 대한민국에 경제적·군사적·정신적 원조를 해주면서도 어떤 야심이 없다. 다만 민주주의의 원리만을 사랑할 뿐이다. 피고인들은 그것을 아는가?
신성균: 우리들은 미국이 물질적·정신적으로 우호적인 지원을 한 것에 크게 은혜를 입고 있습니다. 그러나 우리는 주권 국가로서 그 나라가 우리 나라와의 조약에도 불구하고 일본의 조선 합병을 제일 먼저 인정한 나라 중의 하나라는 것도 항상 잊지 말아야 하죠(헨더슨 공판 기록, 제11회 공판분에서).

사광욱 판사는 판결문에서 숭미적인 소견이 유죄 판결의 지침인 듯 밝히며 자신의 친미적, 또는 숭미적(崇美的) 소신과 반소적(反蘇的) 감정을 다음과 같이 대비한다.

미국은 차(此) 결의[1947년 12월 14일 유엔 결의앤에 가장 충실하였으며 이 국가 이 민족의 평화통일과 완전 자유 독립에 물심양면으로 절대한 원조를 제공하였으며 그 위대한 공헌에 대하여서는 우리 민족은 최대의 사의를 표하는 바이며 더욱 미국은 하등 영토적 야심이 무(無)한 민주주의 우호 국가임을 상기할 때 우리의 감격은 한층 더한 바 있도다. 만일 소련도 미국과 같이 유엔 회원국으로서 또 당사국으로서 차 결의에 충실하였드라면 우리 강토는 벌써 수년 전에 남북이 완전히 화평통일되었으며 무궁화 삼천리 금수강산에는 우리 백의민족의 우슴웃음과 노래의 낙원이 건설되었을 것이다. 그러나 소련은 유엔 회원국이며 또 당사국임에도 불구하고 전시(前示) 유엔총회의 결의를 무시하고 38선 이북 지역에 평화의 사도인 유엔한위의 입경을 거점[거절]하고 그 감시하의 총선거를 실시할 성의를 소(少)모되['조금도'의 일본어 표기 'ﾅﾚﾓ' 인 듯] 표시하지 아니하였도다 (≪다리≫, 1972년 4월호, "푸락치사건 판결": 190쪽).

제11회 공판에서 흥미를 끄는 것은 주심 판사가 8명의 피고인을 상대로 한 증인 신문을 끝내면서 신성균 피고인만을 증언대에 세운 뒤 단독으로 신문을 계속한 부분이다. 마치 '이 시건방진 놈, 단단히 훈계해야지' 하는 식 같다. 그때 미 대사관 한국인 직원이 본 신성균의 모습은 이렇게 전해진다. "일제 시절 면장(面長)을 지낸 신성균은 감옥에서 턱수염이 길게 자라 위엄 있게 보였다"(헨더슨 공판 기록, 제11회 공판분에서). 다음은 판사와 신성균의 문답.

판사: 노일환의 진술에 의하면 만일 자신이 나머지 소장파 의원들에 속해 있다면 자기와 이문원의 활동이 남로당 지령에 따른다는 것을 알아차렸을 것이라고 했는데? 노일환에 의하면 더욱이 신성균이 노일환과 이문원이 이삼혁과 하사복을 통해 남로당 지시로 움직이는 것을 틀림없이 알았을 것이라고 말했다는데?(노일환은 냉소적으로 웃는다).
피고: (신성균은 노일환의 정치적 활동을 길게 설명하고는 그와는 거리가 있다고 말한다.) 제가 질문과 다른 말씀을 올린다면 노일환과 이문원은 순수한 공산당원이 아니라고 생각합니다. 아마도 그들은 남로당의 교묘한 음모에 속았을 것이라고 생각합니다.
판사: 오제도 검사의 신문 조서에 의하면 피고인은 외군 철수 결의안에

서명 날인한 것을 크게 뉘우쳤다던데?

무죄 투쟁이 애국적이다

피고: 그때 내가 느낀 감정을 자세히 말씀드리겠습니다. 제가 지금 말씀드린 대로 오제도 검사에게 똑같이 진술했습니다. 그러니 오 검사가 말합디다. "비록 성인(聖人)이라도 잘못을 범할 수 있다. 결의안에 서명한 62명이 모두 죄를 범한 것이긴 하지만……." 나는 오 검사가 하는 이 말을 듣는 순간 생각했습니다. '아하, 이 사람이 내가 사과하는 것을 바라는구나. 그는 우리 대한민국이 처한 어려움을 극복하려는 노력으로 62명에 대해 경고하려는 것이구나.' 그 뒤 오 검사가 서기에게 "이렇게 써. '저는 사죄합니다'"라고 말하더군요. 나는 "아니다"라고 구태여 말하지 않았습니다. 제가 생각하기에 만일 내 사죄가 나라에 보탬이 된다면 투옥이라도 두려워할 게 아니라고요.

그러나 지금 나는 달리 생각합니다. 정부가 국회부의장과 수십 명의 국회의원을 잡아들여 기소하는 행동은 공산당 음모에 잘 빠져든 것입니다. 우리 정부는 공산당에게 이용당하고 있습니다. 나는 재판에서 무죄를 위해 싸우는 것이 더 애국적 방향이라고 생각하게 되었습니다.

판사: 피고인이 정말 미군이 나가기를 바랐다면 국회 원내에서 문제를 제기했어야지 왜 개인 자격으로 유엔에 진언했는가?

피고: 민주주의 정치 제도 아래서는 누구도 정부에 반대하는 의견을 제한 없이 표명할 수 있습니다. 그것이 민주주의입니다. 우리는 모두 국회의원이 아니더라도 언론의 자유를 누릴 권리가 있습니다.

판사: 피고인은 전주 10만 유권자가 선출한 국회의원으로서 의원 권한을 남용한다고 생각하지 않는가?

피고: 국회의원의 공적 임무와 사적 생활을 혼동해서는 안 되지요.
판사: 피고인은 국민의 대표인 국회가 결의한 것을 개인이 반대하는 것이 어떻게 정당화될 수 있다고 생각하는가?
피고: 소수 의견을 억누르는 것은 전체주의적인 독재입니다. 소수자가 반대 의견을 제한 없이 자유롭게 표명할 기회가 있다면 그것이 진정한 민주주의 입니다.

이쯤 되면 누가 누구를 훈계하는지 어리둥절해진다. 이렇게 제11회 공판은 이 사건의 근본적인 정당성을 두고 판사와 신성균 피고인 간의 미완의 토론으로 마감된다. 그러나 그때의 방청객들과 함께 독자들은 아마도 누가 이 토론의 승자인지 가렸을 것이다.

고문으로 뽑아낸 자백

사광욱 판사가 주재한 국회프락치사건 재판이 보인 뚜렷한 특징은 공판정에서 국회의원 피고인들이 거듭하여 고문 수사 끝에 나온 '자백'이라고 폭로했는데도 판사가 이를 아랑곳하지 않고 완전히 묵살한 것이다. 명색이 인권을 운위하는 법조인으로서 최소한의 가책도 보이지 않는 그의 태도에서 우리는 정치 재판의 오싹한 현실을 만난다. 판사는 오히려 경찰이나 검찰에서 고문으로 뽑아낸 '자백'에 더 신빙성을 두는 태도를 보였다.

프락치사건 관련 소장파 국회의원들이 처음 헌병대에 의해 수사를 받을 때부터 계속적으로 가혹한 고문을 받아왔음은 이미 살펴본 바와 같다(제9장 5절 "가혹한 고문 수사" 참조). 문제는 공판을 주재하는 주심 판사가 당시 경찰, 헌병대, 검찰과 같은 수사기관에서 자행된 고문 행위를 아주 당연하다는 식으로 대응하는 점이다. 당시 남로당이 날뛴다는 상황에서

의원 피고인들의 인권이란 그에게 사치였을까? 사법경찰관 신문 조서에 나타난 피고인들의 자백을 추궁하는 사광욱 판사의 언행을 살펴보면 이 법조인의 인권 의식을 알 수 있다.

이들 국회의원 피고인들은 제1회 공판 때부터 고문 수사를 폭로한다. 그때 노일환은 남로당 가입 문제를 물고 늘어지는 판사의 신문에 대해 "건강이 고문을 견딜 수 없었기 때문"에 거짓 자백을 했노라고 토로했으며, 그 외에도 여러 피고인들이 거듭해서 고문당했음을 호소했다.

피고인들이 고문을 받았다는 진술은 제2회 공판(1949년 11월 18일)으로 이어진다. 이문원 피고인은 왜 남로당의 비밀 당원이라고 자백했느냐는 판사의 신문에 대해 "고문을 받았기 때문에 거짓 자백했습니다"(헨더슨 공판 기록, 제2회 공판분에서)라고 분명히 답한다. 또한 이문원은 검찰에서 한 진술도 번복하면서, 그 까닭을 "헌병대 수사실에서 검사가 취조했는데, 만일 내가 자백하지 않았다면 헌병으로부터 더 많이 고문을 받을 것이기 때문입니다"라고 말한다.

피고인 김병회는 제7회 공판(1949년 12월 6일)에서 판사가 "피고인은 경찰에서 노일환은 거의 남로당원이라고 자백하지 않았나?"라고 질문하자 "네, 나는 고문을 견딜 수 없었기 때문"이었다고 말한다. 피고인 황윤호도 제12회 공판(1950년 1월 20일)에서 "내가 연회를 열었다고 자백한 것은 헌병대로부터 고문을 받았기 때문이었습니다. 체포 상태에서 몸이 좀 쉬어야 했기 때문입니다. 고문이 무서웠습니다."[35] 핵심 피고인 이문원

---

35 피고인 황윤호가 이런 진술을 한 것은 사광욱 판사가 미 군사고문단 설치를 반대하는 서한의 작성을 두고 그것이 남로당 공작원 이삼혁의 지시에 의한 것인지를 캐묻는 과정에서 나온 것이다. 사광욱 판사는 이 서한이 작성되어 새 유엔한위에 제출된 경위를 노일환, 박윤원, 황윤호 간의 대질 신문으로 밝히고자 했다. 여기서 노일환은 6월 16일 장춘각에서 열린 저녁 모임에서 미 군사고문단 설치 반대 서한을 처음 보았다

피고의 경우 제13회 공판(1950년 2월 3일)에서도 그가 어떤 사실을 부인하면 오제도 검사가 다시 헌병대에 보내겠다는 위협을 했다고 진술했다.

피고인들은 분명한 말로 고문당했다고 폭로하기도 하지만 그것을 간접적으로 시사하기도 했다. 다음은 제9회 공판(1949년 12월 12일)에서 판사의 신문에 대해 서용길이 한 말이다.

판사: 기록에 의하면 피고인은 외군 철군이 대한민국을 약화시킬 것이라고 했다는데?

서용길: 나는 당시 늑막염으로 아파 건강이 좋지 않았어요. 나는 자백 문서에 서명하기를 거부했는데, 어떻게 도장이 찍혔는지 모르겠습니다.

판사: 수사 기록에 의하면 피고인은 우리 국방군이 완전히 대비하기 전에 미군이 철수하면 인민군이 남한을 침공할 수 있을 것이라고 했다는데?

서용길: 우리나라의 통일 문제를 해결하지 못하는 것은 남북한이 38선에서 서로 대결하고 있다는 사실에 기인하고 있는 것입니다. 만일 외군이 우리 땅에서 철수하면 우리 국민이 서로 문제를 해결할 수 있습니다.

판사: 피고인은 노일환과 이문원의 활동이 남로당 노선과 일치한다고 경찰에 진술했지요?

서용길: 내가 당시 의식이 있었다면 그런 말을 할 리가 없었겠지요. 그러나 내가 말한 것은 우리 입장과 어느 정도 일치하는 남로당 슬로건 때문에 우리가 대놓고 말할 수 없었다고 한 것입니다(헨더슨 공판 기록, 제12회

고 말한다. 판사가 추궁한 것은 이 군사고문단 반대 서한의 경우, 이삼혁이 노일환에게 지시하고, 노일환이 황윤호에게 서한의 기초 작업을 맡기고, 황윤호가 그것을 박윤원에게 직접 건네줬다는 구도에 관한 것이다(헨더슨 공판 기록, 1950년 1월 20일 제12회 공판분에서).

공판분에서).

서용길은 늑막염으로 아파 건강이 좋지 않았다든가 의식이 없었다든가 하는 말로써 그가 정상적인 방법으로 수사를 받지 않았음을 항변하고 있으나 판사는 이에 귀머거리처럼 응대할 뿐이다.

사광욱 판사가 주재한 공판 진행은 전반적으로 검사 측의 입장만을 배타적으로 받아들이고 피고인이나 변호사의 입장을 고려한 흔적은 거의 찾아보기 어렵다. 판사는 검사가 이 사건의 핵심 증거로 제시한 '증제 1호'(정재한의 몸속에서 나왔다는 암호 문서)를 의심 없이 증거로 받아들이는가 하면 변호사가 신청한 증인 신청을 거의 모두 기각하지만 검사가 신청한 증인은 모두 받아들인다.

그런데 판사가 주도한 공판 진행에서 이례적인 일도 벌어졌다. 제15회 결심 공판 제3일째(1950년 2월 13일) 되던 날 신성균과 배중혁 담당 변호인 최용묵이 행한 변론 중 "외군 철군이 국민의 뜻"이라면서 "이 사건의 결과 한미 관계에 중대한 영향을 끼칠 것으로 우려한다"고 주장하자 오제도 검사가 이에 이의를 제기하며 "외군 철군이 국민의 뜻"이라는 표현을 삭제하라고 요구했다.

오제도 검사: 외군 철수는 국민의 뜻이 아닙니다. 왜냐하면 국회가 1948년 12월 9일 미군의 계속 주둔을 결의했기 때문입니다. 더구나 이 사건은 아무런 외교적 영향을 일으키지 않을 것입니다. 왜냐하면 ECA 경제 원조 협정은 공산주의자가 정부 공직자에 고용되면 취소될 것이라는 조항이 있기 때문입니다. 그뿐이 아니라 미국과 모든 민주 국가들이 공산주의와 싸우고 있기 때문입니다.

최용묵 변호사: 국회는 미군의 주둔을 결정했지만 이들 국회의원들은 외군 철수를 요구한 것입니다.

판사: 국회의 결정은 민주 국가에서 국민의 의견입니다.

최 변호사: 내 주장은 검사와 나 사이의 의견 차이이므로 이 표현을 삭제할 수 없습니다.

(오 검사가 계속 삭제할 것을 요구하자 최 변호사는 삭제할 수 없다고 맞서면서 검사가 삭제를 계속 요구하면 변론을 포기할 수밖에 없다고 주장을 굽히지 않았다.)

판사: 내가 삭제를 요구할 수 없지요. 그 문제는 검사와 변호사 간의 문제입니다. 변호인이 삭제를 바란다면 그대로 하면 되고, 바라지 않는다면 하지 않으면 됩니다.

최 변호사: 재판장님이 공판을 주재하시니 요구하면 삭제할 것입니다.

판사: 나는 삭제할 수 없습니다. 변호인과 검사 간에 해결하십시오(결국 최 변호사는 문제의 표현을 삭제하지 않고 변론을 마쳤다―헨더슨 공판 기록, 제15회 공판분에서).

이 대목을 보면 판사가 공판 진행을 상당히 공정하게 한다는 인상이 든다. 그러나 이는 사광욱 판사가 외군 철군 문제에 대해 시종일관 유지해 온 강경한 태도와는 잘 들어맞지 않는다. 제10회 공판(1949년 12월 26일)에서 보듯 그는 외군 철수를 제언한 진언서를 "국민의 뜻에 역행하는 것"이라고 힐난했기 때문이다. 이러한 사광욱 판사의 모순된 행동을 어떻게 보아야 할까? 그가 뒤늦게라도 진정한 의미에서 공판 진행에 공정성을 보인 것일까? 아니면 변론을 포기하겠다는 변호사의 으름장에 조금 물러선 것일까?

2. '준열한' 논고와 메아리 없는 변론

1950년 2월 10일 낮 12시 15분경, 결심 공판이 열렸다. 재판부가 제14회 공판까지 모든 사실 심리와 증거 조사를 마쳤다고 선언한 뒤 제15회 결심 공판이 열린 것이다. 결심 공판은 사흘간에 걸쳐 열렸는데 2월 10일은 검사의 논고와 변론, 11일은 변론, 13일은 변론과 피고인들의 최후 진술이 있었다.

헨더슨 공판 기록은 오제도 검사가 2시간 반에 걸쳐 주장한 논고를 피고인들에 대한 '준열한 공격(scathing attack)'이라고 기술했다. 논고는 '증제 1호'에서 나온 남로당 공작 시나리오를 반복하는 것이 대부분이었는데, 외형상 서론, 증거론, 정상론으로 구성되었다. 오제도는 주로 헌병대, 경찰, 검찰이 조사한 '사법경찰관 신문 조서'를 근거로 피고인들이 남로당의 지령에 의해 "국헌을 위배하여 괴뢰 조선민주주의인민공화국을 정통 정부로 참칭하고, 유엔에 의한 한반도에서의 유일 합법 중앙 정부인 대한민국의 부인, 파괴, 전복을 기도했다"고 주장했다. 물론 논고는 뒤에 내린 선고와 함께 피고인들이 공판정에서 반박하거나 밝힌 진술을 완전히 묵살한 것이었다.

오제도 검사는 구체적으로 (1) "피고인들은 북한의 공산 인민군이 소련의 중무장으로 국군보다 배수의 무력을 갖춘 데 비해 국군은 경무장도 갖추지 못한 실정에서 민족, 자주, 자결의 미명 아래 외군 철퇴, 곧 미군 철퇴를 주장하는 것은 무엇을 의미하는지를 누구보다 잘 앎에도 이를 막아야 할 중책을 망각하고, 남로당의 지령이라는 것을 알면서도 그대로 국회 내외에서 활동"한 사실, (2) 노일환, 이문원 등은 "남로당의 특수공작원들과 자주 만나 동인들의 정체를 충분히 알고서도 동인들의 권유에 따라 공작비를 받아가면서 시내 각 요릿집에서 불법 지령에 따라 회합하며 헌법과 국회의 기능 및 중앙 정부를 파괴할 것을 구체적으로 협의"한 후, (3) 이를 실현하기 위해 국회 내에서 각양각색의 투쟁 내용을 적시하고, 특히 미군 철퇴 요구와 대미 무기 원조 반대, 한미 협정 반대, 유엔한위 철수 등으로 조국 방위 체제와 민심을 오도하고 국가 공익과 발전을 저해 했기 때문에 국가 변란의 반국가적 죄상이 명백하다고 주장했다.

오제도(1982)는 구형에 앞서 "잠시 머뭇거리지 않을 수 없었다"고 토로한다(393쪽). 그것은 김옥주 때문으로, "피고인 김옥주는 본직과 와세다대학 동기 동창으로 가장 가까운 친구로 지냈는데, 오늘 공판정에서 검사와 피고로 대하게 됨이 가슴 아프며 친구의 불행을 동정해 마지않는다"고 말했다. 그는 관련 국회의원들을 기소할 때 "김옥주와 천성이 순박한 이구수만은 불구속으로 기소하려 했지만 뜻대로 되지 않았다"라고 털어놓기도 하고, "김옥주를 감옥으로 면회갈 때 그가 좋아하는 말눈깔사탕을 사다 주기도 했고, 조사가 끝난 후 정담을 나누기도 했다", 혹은 "정말 그런 친구를 단죄한다는 것은 인간적으로 감당하기 어려웠다"며 자신의 인간적인 모습을 보이려 했다.

방송 드라마 작가 오재호는 『특별수사본부』(1972)의 "국회푸락치사건" 편에서 오제도 검사와 김옥주 피고인이 선고 공판에서 보인 모습을 감동적으로 그리고 있다. 그는 "국가와 우정의 기로에서"란 한 장을 오제도가 보인 인간적인 모습을 부각시키는 데 할애하고 있다.[36]

---

36 이 다큐드라마적인 픽션이 구성한 오제도의 인간적인 면모는 다음과 같다.

> 어제의 친구가 오늘은 검사와 죄수라는 입장에서 이제 작별의 인사를 나눠야 할 순간이었다. 김옥주는 얼어붙은 사람처럼 빳빳하게 굳어 있었다. 떨리는 목소리로 그가 말했다.

이 드라마는 오제도의 뜻에 따라 썼을 것으로 보이지만, 결심 공판일 법정에서 일어난 사실은 다르다. 게다가 김옥주는 '고백 원문'에서 헌병수사관들이 가혹한 고문을 자행했음을 노골적으로 토로하고 있다(제9장 5절 "가혹한 고문 수사" 참조). 이는 당시 오제도 검사가 프락치사건 수사를 총지휘하고 있는 입장에서 그가 말하는 '국가와 우정'의 기로가 과연 무슨 말인지 어리둥절하게 한다. 뒤에서 보듯 김옥주는 최후 진술에서 오제도의 행동을 냉소적으로 보았다.

오제도는 김약수 국회부의장에 대해서도 "피고인 김약수는 해방 전 조국 독립 투쟁을 다년간 한 분으로 그 공로에 대해 존경과 사의를 표한다"고 정상을 참작하는 듯했다. 하지만 그는 다음 순간 "그러나 과거의 투쟁 또는 친구의 다정함이 그렇다 하더라도 건국 초기 혼란을 틈탄 비상 시기에 십만 선량인 국회의원 제공이 남로당 프락치 활동을 감행한 범죄는 범죄 가운데 가장 중한 것이다"라고 차가운 결론을 내렸다.

"고생했제……."
오제도는 들은 척도 않고 전혀 다른 곳을 보고 있었다.
"오 검사!"
"……."
"엄니한테 잘 말씀 잘 해서 날 더 이상 죄인으로 만들지 말게! 간밤에 자네 엄니가 꿈에 오셔서 어찌나 질책하시는지 밤새 울었네만…… 아직도 속이 풀리지 않았어!"
"옥주."
비로소 오제도는 김옥주의 초췌하고 창백한 얼굴을 핥듯이 바라보았다. 그의 눈이 충혈되어 있었다.
"죄인이 너무 말이 많았구먼! 난 가네!"
……
"제도."
오제도 검사의 어깨가 물결치듯 하더니 김옥주를 덥석 끌어안았다. 마침내 법정 복도에서 두 사람은 끌어안은 채 더 이상 참지 못하고 목 놓아 울었다(오재호, 1972: 372-373쪽).

그는 관련 국회의원 전원에게 각각 국가보안법 1조 2호 위반, 3조 위반, 법령 19호 4조 나항 위반, 형법 54조 위반 등을 걸어 최고 12년에서 최소 2년을 구형했다. 논고가 집중 거론한 노일환, 이문원에게는 국가보안법 1조 2호 '지도적 임무 종사자' 규정을 적용하여 징역 12년을 구형했고, 김약수 등 다른 피고인들에게는 같은 법 3조 '결사 집단의 지령 목적 사항의 실행을 협의, 선동, 선전한 자' 규정을 적용하여 2년에서 8년까지를 구형했다. 노일환, 이문원에게 적용된 국가보안법 1조는 "국헌을 위배, 정부를 참칭하고 국가 변란을 목적으로 한 결사 집단을 구성한 자" 처벌을 명하여 1호 '수괴와 간부'급에게 최고 무기를, 2호 '지도적 임무 종사자'에게 최고 10년을 규정하고 있었다. 군정 법령 19호 4조 나항은 정부의 계획을 반대·파괴하는 자에 대한 처벌 규정으로 당시 국회가 이를 폐기하기로 의결했으나 아직 대통령이 공포를 하지 않은 상태에 있던 미 군정 시절의 낡은 법령이었다.

논고가 끝나자 그날 오후부터 피고인들을 위한 변론이 시작되었다. 총 16명의 변호인들은 변론에서 국회의원 13명 모두를 포함해 15명 전원이 무죄라고 주장했다. 그런데 헨더슨 공판 기록은 변호사가 원고 없이 진행하는 바람에 개별 변론의 요지만을 기록했다고 적고 있다.

무죄를 호소한 변론

먼저 변호인 오견인(노일환 담당)과 신순언(노일환, 이문원 등 담당)은 노일환과 이문원이 무죄라고 반박했다. 오견인 변호인이 주장한 요지는 다음과 같다. 검사의 논고는 노일환이 남로당에 가입했고 남로당 지령에 따라 외군 철수 운동, 헌법 개조 운동, 그리고 내각 불신임 운동을 벌였다고 했으나 이 주장을 증명하는 증거는 없다. 증제 1호는 법정에서 검증된 바 없기 때문에 신뢰성이 없다. 더욱이 남로당원들이 법정에서 증언한 바에 의하면 노일환은 남로당에 가입하지 않았다고 했다. 이른바 증거란 단순한 의심일 뿐이며 사실의 증거가 아니다. 경찰에서 진술했다는 자백이란 임의성이 없기 때문에 신뢰성이 없다. 노일환은 외군 철수를 주장할 권리가 있는 국회의원이다. 외군 철수를 논하는 것은 잘못이 아니며 국회의원은 원내에서 발언할 자유가 있고 그 발언에 대해서는 면책 특권을 가진다. 따라서 노일환은 무죄다. 신순언이 이문원 피고인을 위해 반박한 변론도 유사하다.

요컨대 변호인 16명[37]이 개진한 변론의 요지는 증제 1호가 믿을 만한 증거가 아니라는 점, 자백이 임의성이 없어 증거 능력이 없다는 점, 철군 제안은 범죄를 구성하지 않는다는 점, 그리고 국회의원들의 면책 특권에 모아진다. 특히 거의 모든 변호인들이 이 사건의 핵심 증거로 제출된 증제 1호가 믿을 만한 증거가 못 된다고 일치하여 주장했다. 그 이유로는 그것이 공판정에서 검증되지 않았다는 점, 남로당이 작성한 음모는 될지언정 증거로서 무가치하다는 점, 이 문서를 운반하다 체포된 정재한이 증인으로 출정하지 않았다는 점을 들고 있다.

다음으로 변호인들이 피고인의 '자백'을 문제 삼은 대목을 보자. 그들은 피고인들이 남로당에 가입했다든가 남로당 지령에 따라 철군, 내각책임제 개헌, 내각 불신임 등 반정권 활동을 했다고 '자백'했으나 그 자백은 고문

---

[37] 결심 공판 때 변론에 임한 변호사는 오건인(노일환), 신순언(노일환), 이문원, 신성균, 최기표, 김병회), 강봉숭(김약수), 최경신(김약수), 서용길, 황윤호, 오관), 박병준(김약수), 김석봉(서용길), 서완휴(김약수, 이문원, 오관), 최용식(박윤원), 김병관(강욱중), 이범성(강욱중), 김용인(김옥주), 임원병(황윤호), 박원성(최태규), 신태악(신성균, 이구수), 최용묵(신성균, 배중혁), 최대영(김병회, 오관)이다. 괄호 안의 이름은 의뢰받은 피고인(헨더슨 공판 기록, 제15회 결심 공판분에서).

등에 의해 강제로 이뤄졌기 때문에 증거 능력이 없다고 지적했다. 다음으로 외군 철군을 주장한 것은 정치 문제지 사법적 판단의 대상이 아니라고 주장했다. 그 밖에 변호인들은 국회의원들이 원내에서 반정권 운동을 벌인 것은 법 위반에 해당되지 않거나 면책 특권에 해당된다는 점도 들었다.

여기서는 변호인들이 변론한 내용과 취지를 가늠하기 위해 대표적으로 신성균과 배중혁 피고인을 담당한 변호인 최용묵의 변론 전문을 예시적으로 인용해 보자. 헨더슨 공판 기록은 이 변론을 중시하여 4쪽에 걸쳐 상당히 충실하게 번역하고 있다. 최 변호인은 앞서 살펴본 대로 "철군은 국민의 뜻"이라는 주장을 펴 오제도 검사에 의해 삭제를 요구당한 바 있다.

많은 변호인들이 장시간 변론을 했으므로 할 말은 많지 않습니다. 따라서 나는 중요한 점만을 말하고자 합니다. 이 사건은 대한민국이 생긴 이래 가장 중요한 사건입니다. 우선 피고인 13명은 현역 국회의원들입니다. 그들은 남한뿐만 아니라 전 한국을 대표하는 의원들입니다. 그들은 전 한국에 대해 책임을 지고 있는 분들입니다. 따라서 이 사람들은 한국에 관한 모든 문제에 관해 말할 수 있는 것입니다. 이들은 유엔 결의에 따라 한국에 온 유엔한위에 외군 철군을 제안했습니다. 이 문제는 이들이 제안할 수 있는 정치 문제입니다. 따라서 이는 [정치 문제를 사법 처리의 대상으로 삼았기 때문에] 큰 사건입니다. 만일 이러한 고려를 하지 않는다면, 100명의 피고가 관련되어도 큰 사건은 아닐 것입니다.

이 사건은 한 마디에 달려 있습니다. 유엔한위에 철군을 제안한 것이 과연 죄가 되느냐 아니냐입니다. 이를 누가 안단 말입니까? 이 사건에는 실질적인 증거가 없습니다. 만일 이 사건이 국사범에 관한 것이라면 피고인들은 사형을 선고받아야 마땅합니다. 그렇지 않다면 그들은 무죄가 되어야 합니다. 우리는 미군이 한국에서 철군하면 한국이 곤경에 처할 것인지 여부를 따져봐야 합니다. 우리가 해야 할 큰 임무는 38선을 없애는 것입니다. 이를 위해 미소 양군이 철수한다면 38선은 자동적으로 사라집니다. 이것은 유엔 결의에 따르는 것입니다. 우리는 유엔한위가 그 결의를 이행하도록 도울 책임을 지고 있습니다. 그렇다면 외군 철수 제안은 어떤 법을 위반한 것이 아니며 오히려 대한민국을 튼튼하게 하는 일입니다.

어떤 사람들은 미군이 철수하면 남한이 곤경에 처할 것이라고 우려합니다. 그러나 그것은 잘못된 생각입니다. 우리는 독립 국가이며 북한과 통합되지 않았더라도 자신을 지킬 만큼 강합니다. 우리가 강해질 때까지 외군을 여기에 영원히 남아 있으라고 요구하는 것은 수치입니다. 외군이 이곳에 온 것은 일본군의 무장 해제를 위한 것입니다. 그 임무가 끝났다면 외군은 당연히 철수해야지요. 만일 미국이 우리를 더 돕고자 한다면 미군은 새로운 제복을 입고 와야 하는 것입니다.

철군은 따라서 우리 국민의 뜻입니다. 우리는 우리 국군이 강력하다는 사실을 알고 있습니다. 모든 사람은 38선이 하루 빨리 없어지기를 바라고 있습니다. 그러나 우리는 만일 미군이 남한에 남아 있다면, 소련군이 철수하지 않을 것임을 알고 있습니다. 남로당은 항상 미군 철수만을 요구합니다만 여기 피고인들은 양군의 철수를 제안한 것입니다.

남로당 음모에 속아

다음으로 증제 1호에 관해서 말씀드린다면 그것은 남로당이 꾸민 음모의 일부입니다. 만일 우리가 그것을 믿는다면 음모에 속는 것입니다. 양군이 철수해야 한다는 제안은 범죄를 입증하는 증거로서 가치가 없는 것입니다. 그것은 어떤 생각의 표현일 뿐입니다. 결국 미국은 이 제안에 따라 철군하는 것이 아니라 그 나라의 정책에 따라 하는 것입니다. 따라서 그런 제안은 우리에게 전혀 해로움을 끼치지 않습니다. 철군한다면 실질적으로 국군이 스스로 방위 능력을 갖추고 있음을 증명하는 것이기 때문에 좋은 것입니다.

게다가 이 제안은 62명의 국회의원들이 서명하고 있습니다. 만일 여기 피고인들이 유죄라면 다른 49명도 유죄일 것입니다. 그렇다면 우리 국회는 어떻게 될까요? 이 모든 것은 남로당을 위한 좋은 선전 자료가 될 것입니다. 세계가 우리를 비판할 것이며, 다른 나라들은 우리나라가 민주 국가가 아니라고 생각할 것입니다.

또 한 가지 말씀드리겠습니다. 국회의원은 철군 문제에 관해 남로당원일지라도 서로 얘기할 수 있으며 아무런 해가 되지도 않습니다. 만일 국회의원이 공산당원과 얘기를 나눠 우리나라를 해치는 어떤 것을 결정했다면 그것은 잘못일 것입니다. 한국인들은 미군 철군을 바라고 있습니다. 한국인이 미국이 해방을 가져다준 커다란 은혜 때문에 미군이 영구히 여기 주둔하기를 바란다고 칩시다. 그러나 그들은 미군이 이곳에 있기 때문에 소련군이 철수하지 않는다고 깨닫는다면 미군 주둔을 원치 않을 것입니다.

황희 정승의 관용을

옛날 얘기를 하나 말씀드리지요. 오래전 우리는 황희 정승이란 분이 계셨다는 것을 알고 있지요. 그가 퇴궐해 집으로 오니 집에서 하인 두 명이 서로 싸우고 있더래요. 한 명이 그에게 다가가서 싸운 이유를 말하면서 다른 한 명에 대해 불만을 토로했더래요. 정승은 "일리가 있구만" 하고 대답했답니다. 다른 한쪽이 와서 자기 말을 전하니 또 정승은 똑같은 말을 하더라는 것입니다. 그 말을 들은 정승 부인이 왜 두 사람에게 똑같은 대답을 하느냐고 물으니 정승이 하는 말이 "부인이 묻는 것도 일리가 있구만" 하더라는 것이에요. 이것은 정치가가 적절한 관용을 보인 예가 됩니다. ……(헨더슨 공판 기록, 제15회 공판분, 1950년 2월 13일).

그러나 변호인들이 호소한 변론이 그 한 달 뒤 열린 선고 공판에서 사광욱 판사가 내린 판결에 고려된 흔적은 전혀 찾을 수 없다. 그들의 변론은 메아리 없는 외침으로 끝난 것이다. 그러나 뒤에서 살피겠지만 프랭켈의 법률 분석 보고서는 변론이 지적하는 중요 사항을 인용하고 있다.

최후 진술

이어 피고인들의 최후 진술이 시작되었다. 검사로부터 12년 징역형을 구형받은 노일환과 이문원은 그들이 증제 1호에 따라 남로당에 가입하고 지령에 따라 철군 운동을 벌인 것으로 되어 있으나 그 문서는 남로당의 음모일 뿐이라고 반박했다. 노일환은 "검사는 내가 헌병대에서 진술한 자백에 의존하고 있지만 내가 공판정에서 진술한 것은 전혀 고려하지 않았다"는 말을 남겼다. 이문원은 "개인적으로 나는 민족주의자다. 나의 정치적 이념은 민주주의며 자유주의다"라면서 "공산주의를 막는 유일한 길은 개인의 권리와 자유사상을 보호하는 것"이라고 주장했다.

헨더슨 공판 기록은 피고인들의 최후 진술이 저녁 8시 45분 끝남으로써 사흘간의 결심 공판이 마감되었다고 전한다. 그런데 특히 김옥주 피고인의 최후 진술은 눈길을 끈다. 이는 오제도 검사가 결심 공판 첫날 행한 '준열한 논고'에서 김옥주에 대한 인간적인 고뇌를 말했기 때문이기도

하다. 오제도는 그와는 젊은 시절부터 친한 친구 사이이며 와세다 대학 동기 동창이어서 "가슴이 아프다"라는 말을 했다. 과연 김옥주 피고인은 이에 어떻게 대응했을까?

오제도 검사는 청년 시절부터 내 가장 친한 친구의 한 사람입니다. 나는 지금 피고인으로 그를 대하고 있습니다. 그러나 나는 그가 노고를 해준 데 대해 감사를 표하고 싶습니다. 그러나 나 또한 양심을 가진 사람입니다. 그래 한 얘기를 전하려 합니다. 옛날 옛적에 한 시골 처녀가 가난한 청년과 결혼을 했습니다. 그들은 대단히 가난했지만 그녀는 남편과 열심히 일해 부자가 되었습니다. 부자가 된 뒤 남편은 나태해지고 무모하게 돈을 썼습니다. 그러니 부부는 이따금 싸움을 하게 되었습니다. 그런데 그때 남편과 원수지간의 한 남자가 복수를 꾀하게 됩니다. 그는 이 주부에게 가짜 연애편지를 쓰고는 일부러 남편에게 배달합니다. 남편은 이를 받아보고 놀라 이것이 부부 싸움의 원인이라고 생각했던 것입니다. 그래서 남편은 격분하여 아내와 격렬한 싸움을 벌입니다. 아내는 설명할 길이 없어 비참한 심정에 자살을 해버렸습니다. 원수지간의 남자가 그 소식을 듣고는 웃으면서 "복수가 좋았는걸"이라고 말했다는 겁니다. 내가 걸려든 사건이 바로 이 얘기입니다(헨더슨 공판 기록, 제15회 결심 공판 "피고인의 최후 진술"에서).

김옥주는 오제도 검사에 대해 의례적인 화답을 하지만 한 부부의 예를 통해 오제도가 남로당 음모에 속은 것이라고 분명히 항변하고 있다. 그의 최후 진술은 오히려 오제도가 말하는 '우정'에 대해 냉소적인 반응을 보인 셈이다.

3. 선고 공판

1950년 3월 14일 오전 10시, 이날 대법원 법정에서 국회프락치사건 재판의 선고 공판이 열렸다. 판사는 2월 13일 결심 공판을 마감하면서 2월 28일 선고 공판이 열린다고 예고했지만 다시 2주 이상 연기되어 이날 열린 것이다(연기된 이유에 관해서는 제11장 6절 "보고서가 판결에 준 영향?" 참조). 1949년 4월 말 첫 검거로부터 거의 1년 만이고 1949년 11월 17일 첫 공판이 열린 뒤 4개월이 지난 뒤였다. 국민이 뽑은 십만 선량이라는 국회의원들을 거의 최장 1년 가까이 미결 구류라는 형태로 인신 구속을 한 뒤 재판부가 선고를 내릴 판이었다. 그런데 이날 내린 판결에서 미결 구류 일수를 통산해 본형에 삽입한 기간은 총 미결 구류 일수의 절반도 못 되는 150일에 불과했다고 한다(동아일보사, 1975: 124쪽).

이날 신문들은 공판정 안팎은 유례없이 경비가 삼엄했고 긴장된 분위기가 감돌았다고 전하고 있다. 피고인들의 표정에는 초조한 빛이 역력했고 방청석에는 사람들로 입추의 여지가 없었다. 이들 중에는 내외신 기자들, 유엔한위 슈워츠 사무차장, 그리고 누구보다도 미국 대사관의 한국인 직원 신정균과 김우식이 있었다.

주심 판사 사광욱은 거의 4백 쪽에 달하는 판결문을 낭독한 뒤 국회의원 13명 전원에게 실형을 선고했다. 다만 5·10 선거 때 이문원 후보의 선거 사무장을 지낸 최기표 피고인에게는 징역 2년 6개월에 집행유예 3년을 선고했다. 노일환, 이문원은 12년을 구형받았으나 10년이 선고되었고 5년을 구형받은 서용길은 3년으로, 4년을 구형받은 배중혁과 신성균은 3년으로 감형되었다. 그러나 2년을 구형받은 최태규와 2년 6개월을 구형받은 이구수의 경우, 각각 3년으로 형량이 늘어났다. 구체적인 양형에는 차이가 있으나 재판부는 대체로 검사가 구형한 대로 선고한 셈이었다. 사광욱 주심 판사는 판결 이유에서 특히 외군 철수에 관해 다음과 같이 논지를 정리했다.

…… 남로당의 노선에 부합하여 남한 지역에서 소위 외군 철퇴의 구호로써 국민의 선량이며 따라서 지도적 지위에 있는 국회의원이 그 일거일동이 국내외에 중대한 영향을 미치는 직위에 있음을 이용하여 국회의 결의를 무시하고 국회 외부에서 무책임하게도 유엔한위에 대해 남로당이 주장하는 외군 철퇴를 진언하고 선전한 것은 결국 우리 동족 간에 비참한 살육전을 전개시키고 양육강식의 무자비한 투쟁을 초래하여 우리 대한민국을 중대한 위기에 봉착케 하고 국가 변란을 야기하여 마침내는 공산 독재 정권을 수립하려 함에 그 의도가 있었다고 볼 것이며 …… 미 군사고문단 설치는 우리 국군의 육성 강화를 위하여 절대로 필요한 것이어늘 적어도 국회의원으로서, 더욱 국회부의장의 요직에 있는 자로서 국회 외부에서 그 철폐를 진언하고 선전한다 하는 것은 도저히 용서할 수 없는 국가 민족에 대한 반역이요, 단호히 배격되어야 할 이적 행위라고 단정치 않을 수 없는 바이며 더욱 남로당의 지시를 받고 또 그런 자와 협력하여 이상의 주장을 한 자에 있어서랴(≪다리≫, 1972년 4월호, "국회푸락치사건 판결": 191~192쪽).

헨더슨은 한국인 직원으로부터 프락치사건 재판의 유죄 선고를 보고받자 곧 이를 국무부에 전문으로 보낸다. 피고인 15명에 대한 검사의 구형량과 판사의 실형 선고는 〈표 II-3〉과 같다.

신문들이 전한 공판정의 긴장된 분위기에도, 피고인들이 보이는 초조

〈표 II-3〉 프락치사건 재판 피고인 구형과 선고

피고인	나이	국회의원 출신구	구형	선고	기타
노일환	37	순창	12년	10년	5·10 총선 때 남로당 관련 부분 무죄
이문원	48	익산	12년	10년	
김약수	57	동래	8년	8년	
박윤원	42	남해	8년	8년	
김옥주	36	광양	6년	6년	
강욱중	42	함안	6년	6년	
김병회	34	진도	6년	6년	
황윤호	37	진양	6년	6년	
최태규	31	정선	2년	3년	벌금 10만 원 병과
이구수	38	고성	2년 6개월	3년	
서용길	39	아산	5년	3년	
배중혁	30	봉화	4년	3년	
신성균	44	전주	4년	3년	
오관	36		5년	4년	변호사
최기표	35		2년 6개월	집유 3년	5·10 선거 이문원 후보 선거 사무장

한 낯빛에도 불구하고, 재판부의 유죄 선고는 예고되어 있었다고 말할 수 있다. 그것은 공판 기록을 잘 보면 드러난다.

사광욱 판사는 판결문에서 재판부가 유죄 선고를 내린 논지를 장황하게 설명하고 있다. 그러나 증제 1호에 관해 검찰 측 증인으로 출정한 남로당 중앙위원 이재남의 증언은 이 문서의 신빙성을 검증하기보다는 오히려 이를 부인하고 있다. 사광욱 판사가 제12회 공판(1950년 1월 20일)에서 증제 1호에 관해 신문했을 때, 이재남은 "누가 그것을 썼는지, 얼마나 정확한지 모릅니다. 저와 관련된 사항만을 알고 있습니다"라고 말할 뿐이었다. 더욱이 판사가 증제 1호는 "개성에서 압수한 문서"라고 다그치자, 이재남은 "저는 신문에서 볼 때까지 그에 관해 몰랐습니다"라고 분명하게 답한다. 또한 또 다른 남로당 공작원 정해근은 판사가 (증제 1호를 보여주며) "증인은 이런 양식으로 보고서를 쓰는가?"라고 물었을 때 "아닙니다.

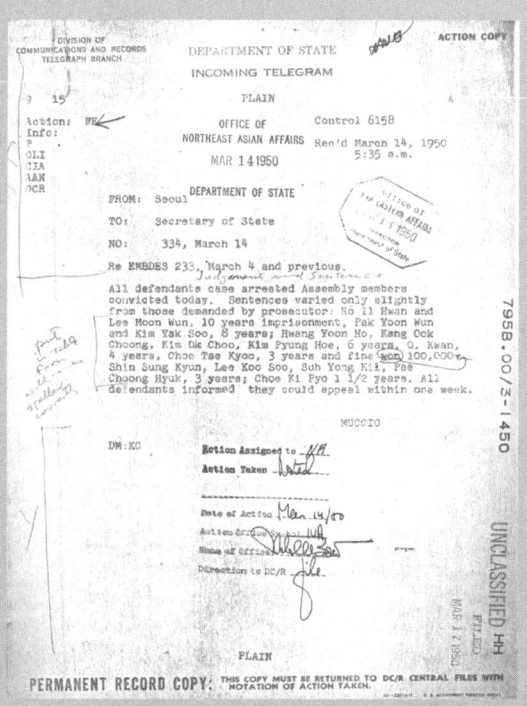

미 대사관이 국회프락치사건 재판 선고 공판 내용을 미 국무부에 보낸 발송문(1950년 3월 14일).

나는 보고서를 쓸 때 다른 양식을 사용합니다"라고 분명히 답한다.

이렇게 증제 1호의 신빙성에 관해 의문이 전혀 풀리지 않았는데도 판사가 증제 1호를 검증된 증거로 삼는 데서 유죄 선고의 논지가 어떻게 성립되는지 논리적으로 설명할 길이 없다. 결과적으로 사광욱 판사가 내린 유죄 선고는 공판 시작 때부터 예고된 것이라고밖에 말할 수 없다.

이는 사광욱 판사가 남로당 중앙위원 이재남이 진술한 증언(제11장 3절 "검사의 유죄 입증 실패" 참조)을 판결에서 증거로 인용한 대목에서 여지없이 드러난다. 먼저 판결문이 인용한 "당 공정(當公廷)에서 증인 이재남의"

제10장 정치 재판 열리다 | 211

로 시작하는 진술이다.

노일환은 내가 일정 시 동아일보사 근무서부터 잘 아는 사이다. 단기 4281(1948)년 10월 12일 외군 철퇴안이 박종남 의원 등 45명으로부터 국회에 상정된 것을 신문으로 알고 국회 내에도 양심적 분자가 있는 것을 발견하여 그 사람들과 손을 잡고 일을 하여야 되겠다고 특수공작부에서 합의하고 나는 동아일보사 시대부터 잘 아는 노일환을 찾아보겠다고 조동영에게 말하고 동년 11월 중순 오후 4시경에 서울시 종로구 가회동 번지 미상 노일환가(家)를 방문하고 동인에 대하여 국회에서 주장하는 외군 철퇴와 좌익에서 주장하는 그것과는 같은 것이라고 하니까 노일환은 좌익은 계급투쟁을 하고 여수 순천 등 사건을 일으키니까 좋지 못하다고 대답하였다. 나는 그것은 자발적으로 또 자연적으로 발생된 것이고 중국의 모택동과 같이하면 좋지 않으냐고 말하였다. 그리고 국회에서 외군 철퇴안을 다시 상정 가결토록 노력하여야 하지 않겠느냐고 말하였드니 노일환은 국회에는 미제(未濟)가 많아서 여의치 않다고 말하였다.

　동년 12월 중순 다시 노일환을 방문하고 동인으로부터 미군 계속 주둔 요청안이 가결된 것은 뜻밖의 일이며 자기들은 그를 극력 반대하였다는 말을 들었다. 그 후 시내 관수동 번지 미상 간판 없는 음식점에 노일환을 동반하고 가서 동소(同所)에서 대기 중이던 하사복(별명 이삼혁)을 노에게 소개하였다(《다리》, 1972년 4월호, "국회푸락치사건 판결": 197~198쪽).

여기까지는 남로당 중앙위원이라는 이재남이 동아일보 시절 같이 일한 노일환을 겨냥해 공작한 내용을 그런대로 충실히 담고 있는 듯 보인다. 그러나 사실은 여기서도 노일환이 정판사 위폐 사건에서 남로당에 치명상을 입혔다는 점, 그가 남로당의 박헌영을 가장 증오한다는 점, 민족주의적인 입장을 고수하고 있다는 점, 무엇보다도 이재남이 노일환에 대한 공작이 성공하지 못하자 하사복에게 공작을 인계했다는 점을 빼놓고 있다(제11장 2절 "헨더슨 공판 기록과 프랭켈 법률보고서" 참조). 게다가 다음에 이어지는 판결문은 이재남의 증언을 거의 노골적으로 왜곡하고 있다.

남로당 외군 철퇴 주장의 내용은 미군 철퇴에 중점을 두고 있으며 노일환, 이문원 양 국회의원에게 미군 철퇴를 주장하라고 지시하였다. 하사복은 직접 조동영에게 보고하나 나에게도 우(右) 지시의 사실을 말하였다. 남로당에서는 미 군사고문단 설치 반대를 지시하였다. 남로당에서는 처음부터 외군 철퇴를 국회에 상정하여 그 결의로써 유엔한위에 제출하는 것을 목적한 것이었다. 결국 하사복은 노일환에게 대하여는 이삼혁이라는 명칭으로, 이문원에 대하여는 하사복이라는 명칭으로 공작하였으며 그 결과를 조동영에게 보고하고 나에게도 구두로 말하여 주었다. 조동영은 국회 공작 보고를 상부에 하는데, 그 상부가 누구인지 모른다. 보여주시는 증제 1호(단기 4282년 압제 16호)는 그 기재 내용이 남로당의 공작 방향과 동일하며 남로당에서는 다소의 차이는 있을지 모르나 근거 없는 일을 하는 일은 없다. …… 증제 1호는 노일환, 이문원으로부터 받은 보고를 근거하여 작성한 것으로 생각하며 우 증제 1호 중 모두(冒頭)에 입10책 조만(立10責趙滿)이라고 기재한 것은 전시(前示) 조동만이를 표시한 것이라고 생각한다는 지(旨)의 공술(供述)(≪다리≫, 같은 글: 197~198쪽).

위의 판결문에서 인용한 이재남의 증언은 마치 이재남 자신이나 하사복이 노일환, 이문원에게 공작하여 외군 철수 연관 운동이나 미 군사고문단 설치 반대 운동이 남로당의 지시에 따라 이뤄진 것처럼 들린다. 그러나 이재남이 공판정에서 진술한 어느 대목에서도 그 자신이나 하사복이 위의 지시를 내렸다는 것도, 노일환이 그 지시를 받아들였다는 말도 나오지 않는다. 그러나 판결문은 "남로당에서는 …… 노일환, 이문원 양 국회의원에게 미군 철퇴를 주장하라고 지시하였다. 하사복은 직접 조동영에게 보고하나 나에게도 우(右) 지시의 사실을 말하였다. 남로당에서는 미 군사고문단 설치 반대를 지시하였다"라고 표현하고 있다. 그러나 이재남이나 정해근이 진술한 증언에는 어느 곳에서도 지시했다는 기록은 나오지 않는다.

물론 이재남이 1948년 12월 노일환을 만났을 때 "외군 철수안을 다시 상정 가결토록 노력하여야 되지 않겠는가"라고 말한 것은 그가 말한 진술에 나온다. 그러나 이것이 지시가 아님은 전후 문맥이나 이재남과 노일환이 옛날 ≪동아일보≫ 동료 기자라는 배경이 잘 말해주고 있다. 노일환이 설혹 이재남을 남로당 쪽 사람이라고 알았더라도 당시는 남로당이 합법 정당인 이상 옛 친구가 외군 철수 종용을 했다 해서 어쩌겠는가? 그는 오히려 남로당이 계급 투쟁을 일삼고 여순 사건을 일으켰다고 옛 동료의 종용을 에둘러 따돌리는 것이 고작이었을 것이다. 이재남은 구체적으로 "우리는 노일환과 이문원이 기꺼이 우리 전선에 가입할 사람이라고는 전혀 생각지 않았습니다. 그들이 말한 것에 우리와 부합하는 것이 있다면 그것은 그들의 영웅주의 또는 민중의 목소리가 그렇게 시킨 것입니다. 우리는 그들을 제 생각대로 움직이는 사람이라고밖에는 생각지 않았습니다. 우리는 유엔한위에 진언서를 전달하는 것 등에 전혀 신경을 쓰지 않았습니다"라고 진술하고 있다. 게다가 판결문은 이재남과 정해근이 노일환과 이문원은 남로당원이 아니라고 말한 대목을 외면한다.

결론적으로 프락치사건의 재판부는 신빙성이 검증되지 않은 증제 1호와 이를 뒷받침하는 피고인의 강제 자백을 증거로 삼아 유죄 판결을 내린 것이다. 이는 프랭켈이 지적하듯 재판부가 공판정에서 검찰 측 증인이 말한 진술과 피고인들이 말한 진술을 모두 배척함으로써 증거 법칙의 법리나 상식의 논리를 외면한 것이다. 이렇게 볼 때 이 판결이야말로 정치 색깔에 의한 재판의 전형을 이룬 사례라고 결론지을 수 있다. 공판에서 드러난 사법 절차의 여러 가지 문제점과 하자에 관해서는 프랭켈이 지적한 요점에 따라 다음 제11장에서 다룰 것이다.

4. 사회적 담론의 타락

위에서 우리가 살펴보듯 국회프락치사건은 정치 사건이요, 그 재판은 정치 재판이었다. 이런 재판 행태에 대해 우리 사회의 공론은 어떤 반응을 보였는가? 헨더슨은 1972년 컬럼비아대학에서 열린 한국학 세미나에서 국회프락치사건에 관한 주제 발표를 하면서 이 사건에 대한 사회적 냉담과 신문의 무관심을 지적했다. 이는 당시 시민 의식의 미성숙, 정파 언론의 횡행, 직업 언론직의 전문 의식 결여 등 여러 요인이 복합적으로 작용하면서 생겨난 기현상이지만, 이는 한마디로 사회적 담론의 타락으로 특징지을 수 있다. 무엇보다도 그 특징은 국회프락치사건이 의회주의를 몰락시킨 치욕적인 '역사 아닌 역사'가 되었음에도 그 뒤 한국 정치의 현실에서 반공 신화를 양산하는 대표적 텍스트가 된 것에 있다.

그 논의의 출발점을 국회프락치사건 발생 뒤 헨더슨이 법조계, 국회, 언론이 보인 반응에 대해 제기한 문제에서 찾아보자. 그는 한국법의 전통적인 수용 과정을 언급하면서 일본을 통해 도입된 대륙법이 한국법의 주류를 이루었고 1945~1950년 미 군정 기간을 거치는 동안 몇몇 미국 법규가 첨가되었지만 적응 과정과 전문 법조인 훈련이 미미한 수준에 그쳤다고 지적했다. 게다가 한국 법조인의 경우 일제 식민 통치의 틀에서 훈련을 받은 것이 불행이었다고 개탄했다. 가장 능력 있는 한국인 법조인들이 '스스로 일본인 관리'로 생각하여 식민 체제와 통치 과정에 협조했다는 것이다. 따라서 헨더슨에 의하면 불행하게도 이들 한국의 법조인들은 "미국 독립운동에서 샘 애덤스, 토머스 제퍼슨, 매디슨, 먼로와 같은 법조인들이 수행한 역할과는 정반대의 역할을 했다." 그는 이 법조인들이 배태한 "이러한 생래적인 직업적 보수주의는 일본의 영향력이 사라진 뒤에도 여전히 생명을 이어갔다"고 지적했다(Henderson, 1972: 35~35쪽). 이는 헨더슨이 1949~1950년 국회프락치사건 재판을 주도한 판사와 검사의 행태를 관찰한 뒤 평가한 대목일 것이다.

언론의 무관심

법조계의 개혁이 스스로 이뤄질 수도 없고 정부도 이에 무관심하다면 그것은 누구의 과제일까? 여기서 헨더슨은 공중과 매체의 압력이 중요하다고 일깨운다. 문제는 사법 개혁에 대한 여론의 분기가 거의 없다는 데 있다고 그는 지적한다. 헨더슨은 국회프락치사건의 예를 들어 다음과 같이 말한다.

> 내게는 증거의 채택과 공판정 절차가 놀라운 것이었지만, 이런 사례에 관해 공중이나 매체는 거의 관심을 보이지 않았다. 이것이 아마도 재판의 파행보다도 미국이나 유럽의 경험과 아주 특징적인 대조를 보인 부분일 것이다. 증거와 절차의 남용은 미국과 유럽 지역에서도 전혀 희귀한 일은 아니지만

흔히 가난하고 힘없는 피고인들의 재판도 보도되고 때로는 비판의 대상이 된다. 국회의원들의 경우, 한국 정도의 발전 수준에 있는 나라에서 그들의 재판이 매체의 관심과 논평 없이 행해진다는 것은 불가능한 일이다.

한국에서는 [국회프락치사건] 재판에 대한 관심이 없는 것이 특징적이다. 한국 신문들은 첫째 또는 둘째 공판까지는 제법 자세히 보도했다. 그러나 그 뒤 공판의 경우 아주 피상적으로 다루거나 한두 줄로 보도할 뿐이었다. 공판은 공개적으로 열렸고 피고인들과 개인적으로 관계 있는 많은 사람이 참석했다. 그러나 재판에 관해 여하한 논평을 듣기란 극히 어려웠다. 논평을 적극적으로 추구할 때도 아주 겉치레 수준이었다. …… 어떤 신문에도 사설이 나온 적이 없었다(같은 글: 36~37쪽).

당시 언론의 국회프락치사건에 대한 보도를 두루 살펴보아도 헨더슨이 육안으로 관찰한 언론 현실이 과장된 것이 아니었음을 알 수 있다. 당시 국민이 뽑은 이른바 '선량'들의 재판에 대해 '아주 피상적으로' 다루는가 하면, 관련된 어떤 신문 논평이나 사설도 찾아볼 수 없다. 예컨대 공판정에서 국회의원 피고인들이 헌병대 수사 과정에서 고문을 당했다고 거듭 밝혔는데도 이를 명시적으로 보도한 신문은 없었다. 그러니 판사나 검사가 이를 묵인하는 태도를 보였는데도 그것을 보도하거나 논평한 신문이 없는 것은 이상할 것이 없었다. 오히려 언론은 사실 보도에 있어서 피고인의 고문 진술을 호도한 것처럼 보인다. 예컨대 ≪경향신문≫은 1949년 11월 18일자 기사에서 제1회 공판을 비교적 상세히 보도하면서 남로당 가입과 관련된 노일환 피고인의 진술을 다음과 같이 쓰고 있다.

재판관[사광욱]: 2월 6일 피고는 충무로 4가에서 전기(前記) 이(李)를 만나 남로당에 가입하기로 하고 국회 내에서 남로당 프락치 행동을 하기로 되었다는데?

노: 그런 사실 없다.

재: 피고는 6월 26일 장재갑 검사에게 진술하기를 남로당 입당은 승낙하였다고 하였다는데?

노: **취조받을 당시 건강 상태가 좋지 못한 탓으로 부득이 그렇게 답변하였다고 장 검사에게 말하였다**(≪경향신문≫, "국회푸락치사건 제1회 공판 개정", 1949년 11월 18일자).

위에서 "취조받을 당시 건강 상태가 좋지 못한 탓으로" 피고인이 남로당에 가입했다고 말한 것이 사실이라고 치자. 그러나 당시 미국 대사관의 헨더슨 팀이 번역한 대로 '취조'가 고문이라는 것은 전후 문맥으로 보아 분명하다. 그러나 '건강 상태가 좋지 못한 탓으로'를 일반 독자가 무심코 읽을 때는 오히려 병약한 상태를 핑계 삼아 거짓 진술한 것이 아닌가 의심할 수도 있다. 헨더슨과 한국인 직원이 작성한 기록은 노일환이 "나는 헌병대에 거짓 자백했습니다. 내 건강이 고문을 이기지 못했기 때문입니다"38라고 말했음을 분명히 적시하고 있다(헨더슨 공판 기록, 제1회 공판분;

---

38 헨더슨 공판 기록은 이 대목을 "I falsely confessed to the military police because my health could not bear the torture I was given"으로 표현하고 있다. 실제로 피고인들이 '고문'이라는 말 대신 '취조'라고 말했을 가능성이 있다. 제2회 공판 때 이문원 피고인의 경우 판사가 남로당 "비밀당원으로 입당시키겠다고 하여 응했다는데?"라고 질문하자 피고인은 "그 진술은 취조에 이기지 못하여 허위 진술한 것이고 절대 그렇지 않습니다"라고 진술했다 한다(≪경향신문≫, 1949년 11월 19일자). 헨더슨 공판 기록의 경우 이 대목을 "I confessed falsely because I was tortured"(나는 고문 때문에 허위 자백을 했습니다)라고, 또 다른 대목에서는 "I was compelled to give another false confession to the prosecutor since he interrogated me at the M.P. office"(검사가 헌병대에서 나를

제10장 1절 "사광욱 판사의 공판 주재" 참조).

더욱 심각한 문제는 언론이 사실 보도의 이름으로 수사 당국의 발표를 진실인 양 보도하고 있다는 점이다. 예컨대 ≪서울신문≫ 1949년 6월 30일자 기사는 "······ 장재갑, 오제도 양 검사를 헌병대에 파견하여 직접 피고들에 대한 보충 문초를 개시하였던 바 29일에는 청천벽력과 같이 노일환(36), 이문원(43) 양 의원은 전기 양 검사에게 과거의 자기들의 죄상을 깊이 참회한 다음 작년 12월부터 금년 2월에 이르는 동안 자기들은 남로당에 가입하였다고 자진 고백하여 취조관들에게 적지 않은 충격을 주었다고 한다"라고 보도하고 있다.

이는 수사 당국이 발표한 또는 누출한 범죄 혐의를 아무런 검증도 없이 '사실'이라는 이름으로 보도하는 이른바 '발표 저널리즘'으로, 그 이후 특히 공안 사건 보도의 한 유형으로 자리 잡게 된다.[39]

당시 언론은 이 사건의 핵심 증인으로 떠오른 정재한 여인이 공판정에 나오지 않은 것에 관해 일언반구의 논평도 없을 뿐만 아니라 '증제 1호'를 검증하기 위해 부른 남로당 중앙위원 이재남이 진술한 중요한 내용(제11장 3절 "검사의 유죄 입증 실패" 참조)도 놓치고 있다. 이재남이 출두한 제12회 공판(1950년 1월 20일)을 취재한 한 신문은 이재남이 노일환 의원에 대한 남로당 공작이 실패했다고 진술한 대목은 빼고 "재판장이 입수한 보고서를 낭독 제시하였는 바, 대부분이 근거 있는 일일 것이라고 시인하였다"고 보도했다(≪서울신문≫, 1950년 1월 21일자).

취조했기 때문에 또 한번 거짓 자백을 했습니다)라고 기록하고 있다.
39 발표 저널리즘의 관행에 관해서는 김정기, ≪한겨레≫, 1996년 5월 15일자 "한국 신문 100년 반성과 과제"(창간 8주년 기념 특집); ≪바른 언론≫ 1996년 3월 23일자 "발표 저널리즘은 정보 조작의 통로"; 3월 30일자 "어느 범죄 보도의 범죄"; 4월 6일자 "사람 잡는 '경찰적 진실' 보도"; 4월 13일자 "한국적 발표 언론의 '마녀사냥'"을 참조.

지금도 마찬가지지만, 당시 언론은 소장파 의원들을 '국회프락치'로 만든 수사 기관의 주장을 의심 없이 받아들이는 태도를 보이고 있다. ≪동아일보≫ 1940년 5월 9일자 기사와 김준연 의원이 기고한 "의정 단상의 1년 회고" 칼럼은 "국회 내의 소위 소장파"가 "남로당의 선전 방침을 충실히 실행하고 있다"는 주장을 여과 없이 싣고 있다.

국회의 경우, 처음 3명의 소장파 의원이 구속되었을 때인 1949년 5월 하순에 석방결의안을 둘러싸고 논의가 있었지만 석방안이 폐기된 뒤 관심이 삽시간에 잦아들었다. 다만 피고인들이 재판 없이 장기간 구금되어 있는 사실에 대해 유감을 표명할 뿐이었다. 그 뒤 2차에 걸쳐 소장파 의원 12명이 더 구속되었을 때, "지배적인 감정은 운명론적인 것이었다. 곧 정부가 기소하기로 결정한 이상, 정해진 시나리오에 따라 사법 절차가 진행되고 유죄가 만들어져야 했다"(Henderson, 1972: 37쪽). 헨더슨은 다음과 같이 말한다.

사람의 인권을 지킬 수 있는 장소로서의 재판 개념이 입법하는 사람들의 마음에서조차 사라졌다. 선거에 대해 엄청난 관심과 흥분을 보였지만 13개 선거 지역의 경우 이 선거 결과가 끝나고 뒤집히는 절차에 대해서는 이토록 냉담한, 그 극명한 대조가 거의 관심을 끌지 못한 것이다. 한 서방 관찰자에게는 사람들은 생각하고 싶은 대로만 생각하고, 재판은 특히 한국 사회의 경우 불쾌한 주제인 것처럼 보였다(같은 글: 같은 쪽).

'프락치' 반공 신화

국회프락치사건 이래로 '프락치'는 '빨갱이'란 말과 함께 한국 사회에서 저주받은 단어로 각인되었다. 누구나 이 말의 덫에 씌워지면 그것이 사실이든 아니든 상관없이 중세의 '마녀'처럼 버림받은 존재가 되어 사회로부터 추방되는 것이 당연시되었다. 프락치와 빨갱이라는 말덫에 씌워진 사람은 더 이상 사람이 아니라 뿔 달린 도깨비였다. 따라서 가혹한 고문을 받아도, 조작된 증거로 '사법 살인'을 당해도 사회적 공론은 이의를 달지 않는 것에 익숙해져 있었다.

전후 일본의 경우 1949년 일본 공산당은 프락치 운동을 활발하게 전개하고 있었다. 남한에서 국회프락치사건이 터졌던 때다. 예컨대 교도(共同) 통신의 경우 공산당 프락치 그룹이 ≪프락슈(フラッシュ)≫라는 사내지를 창간하고 공산당 세포(細胞) 활동을 공식화했다. 당시 미 점령 당국은 일본 공산당을 불법화하지도 않았고 한국전쟁이 터지자 좌익 언론인들을 '공직 추방'하는 데 그쳤다. 일본 공산당은 극좌 모험주의가 사회로부터 배척받자 '당세포'[프락치]라는 말을 '당지부'라는 말로 바꿨으며, 1952년 4월 대일 강화 조약 발효로 미국의 점령이 공식적으로 종료하자 즉시 당 기관지 ≪아카하타(赤旗)≫를 복간했다.[40]

현해탄을 사이에 둔 두 나라는 프락치라는 말을 두고 이처럼 하늘과 땅처럼 태도의 차이를 보였다. 이 차이를 한국전쟁이라는 민족의 대재앙 때문이라고 치부하기에는 한국이 치른 대가가 너무 컸다. 지배 권력은 눈엣가시가 된 사람이나 정적을 '프락치' 또는 '빨갱이'라는 올가미에 씌웠고 사회는 이를 그대로 받아들였다. 예컨대 이승만 시대에 조봉암이 '간첩'의 올가미를 쓰고 형장의 이슬로 사라졌고, 박정희 시대에 일단의 젊은이들이 '인민혁명당 재건'이라는 올가미에 씌워져 죽어갔을 때도 우리 사회

---

[40] 일본 공산당이 언론계에 전개한 프락치 활동과 미 점령군 민간정보교육국이 이에 대응한 조치에 관해서는 김정기, 『전후 일본정치와 매스미디어』(2006): 130~138쪽을 참조.

는 둔감하게 대했다.

국회프락치사건은 우리 사회에 반공 신화를 고착시키는 텍스트가 되었다. 이 사건은 동아방송이 〈특별수사본부 국회푸락치사건〉으로 각색해 전파를 타면서 1970년대 인기 반공 드라마가 되었다. 황금시간대인 9시 45분부터 10시까지 총 120회 이상 방송된 이 반공 드라마는 하도 인기가 좋아 1980년 언론통폐합 뒤 KBS1 라디오로 옮겨가 〈19호 검사실〉로 재방송되기까지 했다.[41] 1974년에는 영화 〈특별수사본부 국회푸락치사건〉으로 다시 태어나 대종상을 받는 인기를 누렸다.

이와는 대조적으로 매카시즘 선풍을 거친 미국 사회에서는 극작가 아서 밀러(Arthur Miller)가 쓴 〈마녀 재판의 시련자들(The Crucible)〉(1953)이 대중적 인기를 끌었다. 이 연극은 1692년 미국 매사추세츠 샐럼 마을에서 실제 일어난 마녀 재판을 소재를 다룬 이야기를 담고 있는데, 매카시즘을 우화화(寓話化)한 것이다. 이 연극은 1957년 프랑스의 실존주의 철학가인 사르트르(Jean-Paul Sartre)가 영화로 개작했고 1996년 밀러 자신도 영화로 개작했다. 또한 1961년 작곡가 로버트 워드(Robert Ward)가 오페라로 개작하여 절찬 상연되었으며, 그해 퓰리처상을 받았다. 태평양을 사이에 둔 두 반공 국가에서 국회프락치사건과 같은 마녀 재판이 한 나라에서는 반공 교육의 텍스트로, 다른 나라에서는 맹목적인 반공을 우화화한 이야깃거리로 각각 다른 옷을 입고 나타난 것이다.

---

[41] 이 반공 드라마를 연출한 당시 동아방송 프로듀서 이병주 씨에 의하면 이 드라마가 방송되는 시각에 대홍동 자택으로 귀가할 때 온 동네가 청취에 열중한 나머지 길거리가 인기척도 없이 조용했다 한다. 이 드라마의 작가 오재호는 대본을 쓴 뒤 이 사건을 수사한 오제도 검사(당시 변호사)에게 내용을 검증받았다고 한다(지은이가 2006년 6월 27일 이병준과 나눈 대화).

제5부

정치 재판에서 정치 합작으로

이 책을 마무리하는 제5부는 제11장 "마녀 재판을 따지는 두 외교관"과 제12장 "헨더슨의 한국 정치 담론 II"로 구성된다. 제11장이 말하는 두 외교관이란 우리의 주인공 그레고리 헨더슨과 ECA/대사관 법률고문 에른스트 프랭켈이다. 두 외교관은 국회프락치사건이 일어났을 당시 서울에서 이 사건을 세밀하게 관찰하고 직접 개입한 역사의 드문 증인이다. 헨더슨은 대사관 정치과 소속 국회연락관으로서 이 사건에 관해 국무부에 보고했고 특히 장기간에 걸친 공판 진행을 자세히 기술한 공판 기록을 남겼다. 프랭켈은 법률 전문가로서 이 재판을 면밀하게 분석한 법률보고서를 남겼다. 한 조를 이룬 이 공판 기록과 법률보고서는 역사적 문헌으로서 소중한 가치를 지닌다.

이 문헌은 이 대형 공안 사건이 정치 사건이요, 그 재판이 정치 재판임을 일깨워주는 역사적 증언이다. 여기에서 우리는 헨더슨이 희구한 한국 정치의 목표를 읽게 되는데, 그것은 지배 정치권력이 사법부를 동원하는 정치 재판을 청산하고 중도적 반대 정치세력 간의 정치 합작을 이룩하자는 것이다.

이런 목표지향적 맥락에서 제12장은 헨더슨이 구성한 한국 정치발전론으로 귀결된다. 그의 정치발전론은 회오리 정치를 치유하기 위한 정치적 응집력의 결집으로 요약된다. 이를 위해 그는 '촌락과 제왕'이라는 은유를 사용하여 한국 사회에 계층 이익 또는 자생 이익을 중심으로 하는 응집력을 갖춘 중간 매개 기구가 필요하다고 진단한다. 그의 지론은 이 중간 매개 기구의 중심을 응집력을 갖춘 정당이 차지해야 한다는 것이다. 이들 정당들이 의회주의의 선 안에서 중심 지향형 정치 게임을 하는 관행이 축적되는 것이 한국 정치 발전의 길이라는 것이 그의 처방이다. 이러한 그의 처방을 중간 지대의 정치 합작이라고 표현하고자 한다.

물론 그 밖에도 그가 주장한 정치 담론의 주제는 많다. 예컨대 한국 정체의 문민화는 그가 끊임없이 주장한 명제다. 또한 그는 한국 분단의 문제와 관련해 미국의 책임을 의미 있게 성찰했다. 그는 한국의 중립화를 통한 통일론도 개진한다. 이 모든 주제는 당연히 그의 정치 담론에 포함되어야 할 것이나 다른 한편으로 좀 더 높은 차원에서 보면 정치발전론의 소주제라고 할 수 있을 것이다.

장면 총리와 윤보선 대통령이 악수하는 장면을 지켜보는 헨더슨(1961년 2월 22일).

제11장

마녀 재판을 따진 두 외교관

위에서 우리는 제헌국회의원 13명이 가혹한 고문 끝에 증거도 없이 유죄 판결을 받았는데도 우리 사회의 공론이 이를 외면했음을 살펴보았다. 피고인들이 공판정에서 고문을 받았다고 분명한 말로 절규했으며, 변호인들이 이를 거듭 주장했는데도 재판부는 들은 척도 하지 않았다. '겁먹은' 국회도 침묵으로 일관했으며, 공론을 책임진 언론도 이를 무시했다. 오히려 극우 반공 여론이 '침묵의 나선형'을 그리며 확산되고 있을 뿐이었다.

이때 미국 대사관의 두 외교관이 나섰다. 한 사람은 우리의 주인공 헨더슨이며, 또 한 사람은 당시 대사관/ECA 법률고문 프랭켈이다. 우리는 제1권을 통해 이들의 활동을 부분적으로 살펴보았다. 여기서는 국회프락치사건과 관련된 그들의 활동을 구체적으로 살펴보고자 한다.

프랭켈(Ernst Fraenkel, 1898~1975)은 누구인가? 그는 하지 군정 시절 법무관으로 참여하여 초기 군정의 법률적 토대를 세우는 데 기여한 것으로 알려져 있을 뿐 우리에게는 생소한 인물이다. 그러나 그는 이승만 정권이 1949년 국가보안법을 '개악'하려 할 때 제동을 걸었으며(제3장 1절 "국회프락치사건을 노려보다" 참조), 헨더슨과 함께 국회프락치사건에 적극적으로 개입한 법률 전문가다.

프랭켈은 바이마르 공화국 시절 노동법 전공 변호사로 활동하다가 1933년 히틀러의 나치당이 권력을 장악하자 1939년 미국으로 귀화해 정치학을 전공했다. 그는 1944년 『군사 점령과 법치: 라인란트 점령 정부 1918~1923』라는 전문서를 내놓은 뒤 점령 문제 전문가로 전후 독일 점령에 대비했으나 한국의 미 군정에 참여하게 되었다. 그는 하지 군정에 참여하여 1946년부터 미 군정 법무 행정을 담당했으며, 1948년 미 군정이 끝날 즈음 하지 군정을 도와 1948년 5·10 총선의 실현을 준비한 인물이다. 따라서 프랭켈이 총선을 통해 구성된 국회를 대한민국 정부의 모태로 본 것은 당연했다.

그는 군정이 공식적으로 종료한 뒤에도 ECA 법률고문으로 임명되어 계속 서울에 남아 이번에는 미소공동위원회 미국 측 대표단 법률자문위원으로 일하게 된다. 이 경험을 바탕으로 1951년 「한국, 국제법의 전환점이 될까(Korea: Ein Wendepunkt im Voekerrecht?)」라는 논문을 남겼다. 그는 1950년 독일로 귀환한 뒤 쓴 이 논문에서 한국이 국제법적 토대 위에서 탄생되고 국제적 집단방위 노력으로 생존했지만 장래는 과연 어떠할 것인지 의문을 던지고 있다. 곧 중공 참전으로 인한 '새로운 전쟁'이 한국 문제의 장래에 어두운 그림자를 던지고 있다고 말하고 있다.[1]

프랭켈이 국회프락치사건과 관련해 큰 족적으로 남긴 것이 이 사건의 재판에 관한 장문의 법률보고서다. 그 밖에도 그는 한국전쟁 발발 직전 미 대사관 한국인 직원 김우식이 공산당 프락치 혐의로 체포되자 그의 개인적 변호인이 되어 경찰에 출두, 자문을 해주는 등 관심을 표한 사람이다(제9장 3절 "김우식이 겪은 '작은 프락치사건'" 참조).

에른스트 프랭켈 박사와 프랭켈 부인의 모습.

프랭켈은 1941년 『이원국가(The Dual State)』를 발표하여 나치 독재 체제의 구조와 운영을 이론화했는데, 이 이론을 이승만 정권의 독재시스템에 적용하기도 했다(제3장 2절 "이승만의 이원국가 통치" 참조). 그는 1946~1950년 서울 근무 시절 나이가 50대를 넘었음에도 겨우 20대 중반을 갓 넘긴 헨더슨과 만나 의기투합했다. 그가 프락치사건에 관한 장문의 법률보고서를 쓴 것도 헨더슨과 의기투합한 결과로 보인다. 그는 1949년 12월 프락치사건 재판의 공판 심리가 끝나갈 즈음 이 보고서를 썼는데, 여기서 공판 심리의 문제점을 하나하나

---

1 프랭켈은 이 논문 말미에 괴테의 작품 『에그몬트(Egmont)』에서 주인공 에그몬트 백작이 한 말을 인용한다. "아이야, 아이야, 더 이상 가지 마라. 숨어 있는 악령들이 후려치듯, 시간의 태양마(太陽馬, Sonnenpherde)는 우리 운명의 가벼운 마차를 타고 지나간다. 그리고 우리에게는 아무것도 남아 있지 않다. 말고삐를 꽉 잡고 이번에는 왼쪽에서, 다음번에는 오른쪽에서 날아오는 이쪽의 돌멩이로부터, 저쪽의 추락으로부터 요리조리 피해 길을 헤쳐나가도록 마음 준비를 단단히 해야 한다. 그러나 마차가 어디로 가는 건지 누가 알랴? 그럼에도 그가 어디서 왔는지 기억하지도 못하는구나." 괴테의 작품 『에그몬트』는 독일의 '폭풍과 노도(Strum und Drang)' 문학의 걸작으로 평가받고 있다. 프랭켈은 중공의 참전으로 불안해진 한국의 운명을 안쓰럽게 그렇게 상징적으로 그리고 있다.

법률적으로 짚어내고는 앞으로 국가보안법이 일당 독재 체제를 위해 동원될 것이라고 경고했다.

그는 1950년 서울에서 한국전쟁을 겪은 뒤 그해 말 서독으로 귀환한다. 거기에서 정치학 연구에 전념하여 '정치전문대학(Hochschule fuer Politik)'의 교수가 되고 그 뒤 자유베를린대학 정치학 교수가 되었으며, 전후 서독에서 현대 정치학의 학문적 토대를 구축한 한 사람으로 평가받는다. 되돌아볼 때 프랭켈은 해방 후 들어선 하지 군정과 이를 이은 대한민국의 법률적 토대를 놓은 사람으로 우리나라 법제사 연구에서 빼놓을 수 없는 법률전문가이지만 그의 역할에 관한 연구가 없는 것은 안타까운 일이다. 앞으로 이에 대한 연구가 기대된다.

이 장에서는 먼저 (1) 헨더슨이 1970년 초부터 프락치사건을 독립 주제로 삼아 연구한 행적을 되돌아보고자 한다. 특히 그는 1972년 SSRC로부터 연구 지원을 받아 그해 7월 하순부터 약 한 달간 그때까지 생존해 있던 프락치사건 관련자들을 인터뷰해 상당한 분량의 육필 원고를 남겼다. (2) 그가 1949년 11월 17일 첫 공판부터 2월 13일 결심 공판에 이르기까지 치밀하게 챙긴 프락치사건 공판 기록을 일별한 뒤, 이 공판 기록과 짝을 이룬 프랭켈 법률보고서를 자세히 소개하고자 한다. 뒤이어 (3) 1950년 1월 20일 열린 제12회 공판에 출정한 검찰 측 증인 이재남이 진술한 증언을 면밀하게 검토한 후, 프랭켈이 검찰이 "유죄 입증에 실패"했다고 결론을 내린 과정과 근거를 살펴보고자 한다. 주목할 점은 프락치사건 공판의 경우 검찰 측의 유죄 입증과 변호인 측의 무죄 입증 가운데 유죄 입증만이 관건이라는 점이다. 왜냐하면 주심 판사가 변호인 측이 제출한 증거 조사와 증인 신청을 모두 기각했기 때문에 무죄 입증은 원천적으로 불가능하기 때문이다.

다음으로 (4) 프랭켈 보고서가 주목한 프락치사건의 국제법적 의미에 눈을 돌리고자 한다. 특히 이문원과 서용길 피고인의 경우, 재판부는 이들 피고인이 5·10 총선 때 남로당 지원으로 당선되었다고 추궁하고 있으나 이는 국제법적으로 대한민국의 토대를 무너뜨리는 행위라며 주심 판사의 무지를 탓하고 있다. 또한 (5) 프랭켈-헨더슨 조가 국가보안법 개악을 막은 막후 활동을 되돌아보고, 마지막으로 (6) 프랭켈 법률보고서에 담겨 있는 숨은 동기와 이 보고서가 프락치사건 재판에 끼친 영향을 추적하고 자 한다.

1. 헨더슨의 프락치사건 연구

먼저 헨더슨이 1970년대 초부터 국회프락치사건을 독립적인 주제로 삼아 연구한 행적을 되돌아보자(제5장 5절 "국회프락치사건 연구에 몰두하다" 참조). 그가 이 사건을 본격적으로 파고들기 시작한 것은 1971년 하반기부터다. 그는 20여 년 전 서울 대사관 정치과 소속 직원으로서 국무부로 직접 챙겨 보낸 프락치사건 공판 기록을 정리하는 것으로 연구를 시작했다. 곧 자신이 보관한 공판 기록과 누락된 부분을 국무부에 의뢰해 건네받고는 이 오래된 문헌을 정리하기 시작한 것이다. 그것이 1971년 10월이었다. 헨더슨 문집에 의하면 에드워드 베이커(Edward Baker)[2]가 1971년 12월

---

[2] 에드워드 베이커는 1971~1972년 헨더슨이 프락치사건 연구를 본격적으로 시작할 당시 하버드 대학원생으로서 헨더슨으로부터 한국 현대사 강의를 수강한 인연으로 프락치사건 연구를 도왔다. 헨더슨은 SSRC에 연구 지원 신청을 낼 때 베이커를 이 연구의 성격을 잘 아는 세 사람 중 한 사람으로 적었다. 베이커가 한국과 인연을 맺은 것은 1966년 평화봉사단에 참여하면서부터다. 그는 예일대학에서 법학박사(JD)를 취득했으며 변호사 시험에도 합격했다. 그는 1977~1978년 헨더슨, 코언, 라이샤워 등이 증인으로 참여한

10일 프락치사건 재판 기록의 '36시간 정서 작업' 끝에 72달러를 받았다는 메모가 보인다. 또한 1972년 3월 10일에는 재판 기록을 '교정하는 일'을 하고 20달러를 받았다는 기록도 보인다.

그의 프락치사건 연구가 본격적으로 활기를 띠게 된 것은 헨더슨이 1972년 2월 초 미국 사회과학연구협의회(SSRC)로부터 연구 지원 자금을 받은 것이 계기가 되었다. 2월 14일 SSRC는 헨더슨이 그 전해 12월 초 프락치사건 연구 지원을 신청한 데 대해 서울 현지 조사를 위해 2,550달러를 지원한다는 통보를 보냈다. 그는 실제로 그해 7월 하반기에 한국을 방문해 그때까지 생존해 있던 프락치사건 관련 중요 인물들을 인터뷰했다. 이들 중에는 프락치사건에 처음부터 개입한 오제도 검사, 재판의 주심 판사 사광욱(당시 대법관)을 비롯해, 당시 서울 시경국장이던 김태선, 이인 (프락치사건 당시 국회법사위 위원장), 선우종원(프락치사건 재판 관여 검사), 신순언(프락치사건 재판 변호인), 서용길(남한에 남아 있던 유일한 프락치사건 피고인), 설국환(언론인으로 소장파 의원들의 외국 철수 결의안 영문 번역) 등 여러 사람이 포함된다. 헨더슨이 1971년 말 SSRC에 연구 지원을 신청하면서 당시 재판과 관련된 "판사와 생존 피고인, 그리고 증인" 등을 대상으로 인터뷰 계획을 밝히고 특히 오제도 검사에 관해서는 "내가 '지도층 장학금(leader grant)'으로 미국에 보냈다"면서 인터뷰에 어려움은 없을 것이라고 기술한 것은 특히 눈에 띄는 부분이다(헨더슨 프락치사건 자료

미 의회의 한국 인권청문회 담당 직원으로 일했다. 그는 코언 교수와 함께 「미국의 대외정책과 남한의 인권」(1991)이라는 논문을 발표했는데, 여기서 남한 인권에 무게 중심을 두어 미국의 대한 정책을 비판했다. 그는 하버드대학에서 일제의 한국 식민 통치를 전공해 석사학위를 취득한 뒤, 같은 대학의 하버드-옌칭 연구소 부소장을 역임했다. 현재는 연구소 자문 역을 맡고 있으며, 한양대학교에서 한국 현대사를 강의하고 있다.

중 SSRC 지원 신청서, 1971년 12월 1일).

서울 방문 연구와 육필 원고

헨더슨은 이 인터뷰 기록을 상당 분량의 육필 원고로 남겼다. 이 기록을 보면 그가 연구자로서 이 사건을 얼마나 성실히 그리고 열심히 추적했는지 알 수 있다. 그는 7월 22일부터 8월 하순까지 한여름 무더위 속에서도 하루 걸러 또는 매일 관계자들의 집이나 사무실을 찾아가 그들과 인터뷰를 가졌다. 다음은 그가 날짜별로(또는 일자 미상) 만난 인사들이다.

1) 7월 22일 서용길, 2) 7월 26일 곽상훈, 3) 7월 28일 김기두,
4) 7월 30일 이범승, 5) 8월 3일 이인, 6) 8월 4일 선우종원,
7) 8월 8일 김준원, 8) 8월 9일 홍순엽, 9) 8월 11일 설국환,
10) 8월 12일 김태선, 11) 8월 15일 오제도, 12) 8월 16일 장재갑,
13) 8월 17일 사광욱, 14) 8월 19일 양준모, 그 밖에 일자 미상 인터뷰:
15) 신순언, 16) 김점곤, 17) 강주진, 18) 최범술, 19) 윤길중, 20) 이태희.

헨더슨은 이들 인사들을 만나 프락치사건에 관한 그들의 의견을 듣거나 새로운 사실을 캐냈다. 또한 사법 절차의 문제점에 관해 의견을 들었다. 예컨대 설국환은 인터뷰에서 북한군이 서울을 점령하고 있던 시절 노일환이 국회 결의안(1949년 2월 소장파 의원들이 긴급 상정한 외군 철수 결의안인 듯) 번역을 의뢰했다는 사실을 털어놓았다. 설국환에 의하면 공산군 서울 점령이 끝나갈 즈음 창경원 밖에서 노일환이 지프차에서 뛰어내리더니 "국회 결의안의 번역으로 귀찮게 해서 미안합니다"라고 말했다는 것이다. 노일환은 공산주의자들로부터 국회 결의안 2부를 받았다고

헨더슨이 국회프락치사건 연구를 위해 사건 관계자들을 만나 기록한 인터뷰 육필 자료. 오제도 검사(위)분과 사광욱 판사(아래)분에 대한 기록을 볼 수 있다.

하면서 그것을 수정할 의사는 없고 연합통신을 통해 돌림으로써 [국회개 독립적이었음을 보이고 싶다면서 번역을 요청했다고 했다. 그러나 설국환에 의하면 "그가 어쩐지 공산주의자라는 인상을 주지는 않았어요. 왜냐면 귀찮게 해서 미안하다고 겸손하게 말하고 있기 때문"이라는 것이다. 또 이인으로부터는 프락치사건이 정치적으로 '조작된(framed up)' 사건이라는 말을 듣는다.

핸더슨의 이 육필 원고는 인터뷰에 응했던 관계 인사들이 지금은 거의 고인이 되었기에 더욱 소중하다. 비교적 짧은 기간 안에 그렇게 많은 관계 인사들을 만나 인터뷰할 수 있었던 것은 열정을 가지고 열심히 뛰었기 때문이라는 것 말고는 설명할 수 없을 것이다. 문제는 이 인터뷰 기록이 핸더슨이 독특한 영문 필기체로 흘려 쓴 부분이 많아 해독하기 어렵다는 점이다. 지은이는 이 중 사광욱 판사와 오제도 검사와의 인터뷰 내용을 풀이하고자 한다. 당시 사광욱은 대법관 자리에 있었고 오제도는 변호사 일을 보고 있었다. 먼저 오제도와의 인터뷰 부분을 살펴보자. 핸더슨은 1972년 8월 15일과 그 뒤에 오제도를 한두 차례 만나 9가지 사항에 대해 캐물었다.

(1) 이삼혁과 하사복(또는 김사복)의 '신원(identity)'은? 그는 어디로 갔나? 어떻게 되었나?
(2) 정재한의 신원은?
(3) 김호익 사건[그의 암살인 듯]과의 관계는?
(4) 증제 1호는 어떻게 되었나?
(5) 오재회[『특별수사본부』]의 작개는 누구인가? 재판 뒤 바로 잡혔다는 사람[도상익과 이태철인 듯]은?

(6) 오견인 변호사[노일환 담당]는 어디 있는가?

(7) 정재한이 메시지를 받은 박정휘는 누구인가?

(8) 정재한이 그의 집으로 메시지를 가져간 우백덕[우상덕]은 누구인가?

(9) 최운해[시경 사찰과장]는 이 사건과 어떤 관련이 있나?(헨더슨 프락치사건 자료 중 육필 원고 "오제도 인터뷰").

헨더슨은 오제도를 만나기에 앞서 공판 기록을 면밀히 읽은 듯하다. 그는 이문원과 노일환을 상대로 공작을 했다는 이삼혁과 하사복이 동일 인물이라는 것은 알고 있었다. 두 사람은 헨더슨 공판 기록에서 보듯 이삼혁과 하사복을 만났다는 사실을 인정했지만 남로당 가입이라든가 지령을 받아 움직였다는 사실은 부인했다. 아마도 헨더슨의 이들에 대한 관심은 강주진과의 인터뷰에서 하사복이 사실은 '김사복'으로 일본 중앙대학 출신임을 알게 되었기 때문일 것이다. 강주진에 의하면 김사복은 좌익으로 1940대 초 여운형의 노선을 따른 사람이다. 작가 오재호에 대해 관심을 가진 것은 그가 오제도를 주인공으로 삼아 '반공 검사'로 미화한 『특별수사본부』(1972) 제3권 "국회푸락치사건"을 쓴 사람으로 이 다큐물이 전하는 내용이 실은 오제도의 의도를 그대로 반영하고 있기 때문이다.

헨더슨은 오제도와의 인터뷰에서 이 책이 전하는 몇 가지 중요 사항을 확인하고 있다. 예컨대 그는 미국 유엔 대표 보좌관이 이 사건을 조사하기 위해 한국을 방문했다는 내용을 확인하고 있다. 다큐물에 의하면 소련의 유엔 대표 비신스키가 (1950년) 3월 유엔총회 석상에서 국회프락치사건이 조작되었다고 '신랄한 비난'을 퍼부어 미국 유엔 대표 수석 보좌관이자 한국통으로 알려진 W. E. 스탠포드(W. E. Standford)가 급히 내한했다는 것이다(오재호, 1972: 383쪽). 오제도는 이에 관해 "1950년 1월 또는 2월,

아니면 1949년 후반 또는 가을경 유엔 대표 보좌관이 한국에 왔다"면서 황성수, 이태희와 함께 그가 만났다고 뒷받침했다. 또한 그는 증제 1호가 미국 CIA에 넘겨졌다는 다큐물의 전언에 관해서도 확인하면서 미국의 한 학자가 빌려갔는데 되돌려주지 않았다고도 했다.

오제도가 꾸민 거짓말

헨더슨이 오제도와의 인터뷰에서 가장 관심을 둔 부분은 암호 문서를 운반하다 개성에서 붙잡혔다는 여인 정재한을 둘러싼 미스터리인 듯했다. 다음은 헨더슨이 오제도로부터 들은 사항이다. 먼저 정재한이 재판정에 출석하지 않은 것은 그녀가 문서의 운반자에 불과해 판사가 필요하지 않다고 생각한 것 같다는 것이다. 그녀는 다른 사건에 연루되어 재판을 받고 곧 사건이 해결되었으나 국회프락치사건은 질질 끌었다. 그녀를 기소한 검사는 누구인지 기억이 없고 오래된 사건이라 기록이 보관되어 있지 않다고 했다.

그런데 오제도는 의외의 말을 했다. 정재한이 전향해 풀려났을 것이며 아마도 '보도연맹(Ex-Communists Guidance League)'에 넘겨졌으리라는 것이다. 따라서 국회프락치사건에는 포함되지 않았다는 것이다. 또한 이재남(남로당 중앙위원으로 검찰 측 증인으로 출정했음)의 경우에도 전향해 풀려나 지금 한국 어디에서인가 살고 있다고 했다(헨더슨 프락치사건 자료 중 육필 원고, 1972년 8월 12일).

그러나 정재한이 풀려나 보도연맹에 넘겨졌다는 말은 새빨간 거짓말이다. 우리가 제9장 4절 "암호 문서의 수수께끼"에서 보았듯이 그녀는 프락치사건 재판이 한창 진행 중인 1949년 12월 6일에 서울 근교에서 처형되었던 것이다. 오재호가 펴낸 『특별수사본부』에서 오제도가 강조하듯 '문헌적 가치'의 소중함을 강조하는 사람이 그렇게 새빨간 거짓말을 한 것이다. 이재남의 경우도 그의 말을 믿을 수 없음은 물론이다. 헨더슨은 서울 방문 기간에 누군가의 도움으로 정재한이 군법회의에서 이적죄로 사형을 언도받고 처형되었다는 사실을 보여주는 문건을 건네받았던 것이다(제9장 4절 "암호 문서의 수수께끼" 참조). 그러나 그는 그 당시 그 문건이 갖는 의미에 무게를 둔 것 같지는 않다.

선우종원의 경우 정재한이 다른 사건에 연루되어 재판을 따로 받았다고 말하면서 그가 만난 정재한의 인상을 전한다. 그녀가 30대가 넘은 여인으로 "신문에 대해 말수가 적었다(kept silence at interrogation)". 그러나 정재한을 별도로 사법 처리한 것은 특별한 이유는 없고 "복잡한 사건을 단순화하기 위해서"라고 주장했다(헨더슨 프락치사건 자료 중 육필 원고, 1972년 8월 4일). 돌이켜 보면 선우종원의 말도 정확하지는 않지만 그는 오제도와 같이 빤한 거짓말은 자제한 것처럼 보인다.

그러나 헨더슨은 그로부터 13년 뒤인 1985년에 이 다큐물이 전하는 중요한 대목에 대해 전반적으로 회의를 표하고 있다. 그는 같은 해 12월 도쿄의 친지 유의상 씨와 교환한 서한에서 이 다큐물이 '삼류의 변명거리'에 지나지 않는다는 평가에 동의하면서, 수수께끼 같은 인물들의 행적이 조작되었다고 의심한다. 예컨대 다큐물은 미국 유엔 대표 수석 보좌관 스탠포드가 프락치사건에 관한 사실을 캐기 위해 서울에 왔는데, 오제도 검사를 만난 뒤 이 사건의 진실을 알게 되었다고 그리고 있다(오재호, 1972: 383~386쪽). 그러나 헨더슨은 이를 다음과 같이 평하고 있다.

이것도 내 생애에 처음 듣는 얘기인데, 워싱턴으로부터 프락치사건에 관해 더 알려는 어떤 노력이 있었다든지, 스탠포드라는 인물이 왔다든지 하는 것은 처음 들었다. 내 상관인 드럼라이트는 프락치사건 재판에 내가 과도한 주의를 기울인다고 좋아하지 않았는데, 그는 워싱턴의 누구도 내 보고에 관심을 보이지 않았으며 이 문제를 검증하려 한다는 말도 시사하지 않았다. 다시 말하지만 내가 이에 관해 전혀 듣지 못했다는 것은 이상한 일이다. 이 일은 전쟁의 터진 뒤에는 확실히 일어나지 않았을 것이며, 전쟁 전에 일어났더라면 내가 몰랐을 리 없을 것이다(헨더슨 프락치사건 자료, 유의상 서한, 1986년 1월 1일자).

헨더슨은 문제의 스탠포드라는 인물을 가공의 인물로 보고 있지만 전적으로 꾸며낸 인물은 아닌 듯하다. 물론 미국 유엔 대표의 수석 비서관 또는 대표 보좌관이 헨더슨이 모르는 채 한국에 왔다는 것은 낭설에 불과할 것이다. 그럼에도 오제도는 헨더슨과의 인터뷰에서 1949년 후반이나 1950년 1월, 혹은 2월에 문제의 스탠포드를 만났다고 확인하고 있다. 게다가 이태희(李太熙, 당시 서울지검장)를 비롯해 공안 검사들과 함께 만났다고 진술하고 있다. 이 말이 사실이라면 국회프락치사건 공판이 진행 중에 누군가 유엔 관계 인사를 만났다는 말이 된다. 그는 누구인가? 짐작하건대, 그는 유엔한위의 사무차장 샌포드 슈워츠(Sanford Schwartz)일 것이다. 왜냐하면 그가 이 사건에 큰 관심을 가지고 공판을 참관하는 등 민감한 반응을 보였기 때문이다. 유엔한위로서는 그 임무와 관련된 이 사건에 큰 관심을 보이는 것은 당연했다.

당시 한국 측 관리들이 유엔한위 사무국장 에곤 란쇼펜 베르트하이머를 '하이머'(사법경찰관 신문 조서 및 판결문)로, 사무차장 슈워츠를 '샤바쯔'(윤치영 내무장관의 발언, 1949년 3월 15일)로 부르고 있는 것으로 보아 그의 이름 샌포드를 '스탠포드'로 불렀을 가능성은 충분하다.

그러나 문제는 이 '스탠포드'라는 미국 유엔 대표 수석 보좌관이 오제도가 프락치사건을 설명하자 이에 완전히 설복당해 "당신은 훌륭한 수사의 사전(辭典)입니다"라고 감복했다는 대목이다. 『특별수사본부』(1972)에 의하면 "오제도 검사가 대공 분야에서 수사의 사전이란 별명을 얻은 것이 이때다"(386쪽)라고 되어 있다. 그러나 당시 유엔한위가 한편으로는 미국 대사관과, 다른 한편으로는 이승만 정권과 날선 공방을 벌이고 있는 상황에서 과연 이 '스탠포드'가 오제도 검사의 프락치사건 수사를 그렇게 칭송했을지는 의문이다.

헨더슨이 제기한 의문은 여기서 끝나지 않는다. 그것은 다큐물이 등장시킨, 남로당 반동 프락치부 소속이며 문제의 공작 보고서를 작성했다는 남로당 공작원 이태철과 반동 프락치부의 책임자인 도상익에 관한 의문을 제기한다.

또 하나 이상한 문제가 만일 오제도가 이태철을 남로당 공작 문서의 작성자라고 내세웠다면, 왜 그가 이태철이나 도상익을 법정에 증인으로 부르지 않았느냐는 것입니다. 왜 이태철은 신문기자 회견을 하면서도 검사의 기소에 결정적 힘을 보탤 수 있는 증언을 하기 위해 출정하지 않았느냐는 것입니다. 오재호가 책을 쓸 때 오제도가 도와 이가 어디 있었는지 어떤 말을 하던가요? 암호 공작 문서의 행방에 관한 어떤 만족스런 해명도 없다면 그것은 전 재판의 가장 의심스런 문제의 하나일 겁니다. 당신은 정재한뿐만 아니라 도상익과 이태철도 오제도가 만든 기소장상 가공의 인물이라고 생각지 않나요?(헨더슨 프락치사건 자료, 유의상 서한).[3]

---

[3] 그런데 이 책에서는 홍민표가 도상익을 서울시경 사찰과장 최운하에게 데려온 것이

또한 이 다큐물에 의하면, 도상익은 프락치사건 재판이 끝난 뒤인 3월 26일 외국 기자들을 상대로, 이태철은 그 다음날 국내 기자를 대상으로 기자 회견을 열어 프락치사건이 정치적 조작극이라는 의심을 잠재웠다고 했다(오재호, 1972: 376~378쪽). 문제는 이 기자 회견 뒤 어느 신문도 이에 관한 기사를 실었다는 기록이 없다는 점이다.

마지막으로 오제도는 헨더슨과의 인터뷰에서 김옥주가 와세다 대학 시절 가장 친한 친구였다면서 인간적인 우정과 법의 심판 사이에 고민했다고 털어놓는다. 특히 오제도의 어머니가 김옥주에 대해 관용을 베풀라고 해 인간적인 고뇌에 휩싸였다고 말했다. 오재호의 다큐물이 이 부분을 상당히 비중을 두어 다룬 것을 볼 때 이를 부각시킨 것은 오제도의 의도라고 볼 수 있다. 그러나 우리가 제10장 2절 "'준열한' 논고와 메아리 없는 변론"에서 보듯 김옥주 자신은 오제도가 공개적으로 언급한 '우정'에 대해 냉소적이었다.

하지만 이 다큐물이 가공의 인물을 등장시켰더라도 오제도가 그 가공의 인물에게 당시 자신의 현실 인식을 전하고 있는 것은 인상적이다. 다큐물은 오제도가 스탠포드와 가진 대화의 한 토막을 다음과 같이 전하고 있다.

스탠포드: …… 대한민국 내에 좌익 세력의 분포는 어느 정도입니까?

오제도: 적어도 국회 내에서 30%에 해당하는 국회의원들이 좌익 세력의

공교롭게도 1950년 2월 25일이라고 되어 있고, 그 뒤 이태철이 전향한 것으로 나와 있다. 그 시점이라면 오제도 검사가 이미 결심 공판에서 구형한 뒤였다. 이 소설적 구성에서는 오제도가 도상익과 이태철을 증인으로 공판정에 세울 수 없도록 날짜가 짜여 있다. 헨더슨은 전향한 날짜가 공교롭게도 구형 공판이 끝난 뒤라는 시점을 몰랐던 것 같다.

직접 또는 간접적인 지원을 받아 당선된 사람들입니다(같은 책: 384~385쪽).

사광욱과의 인터뷰

다음은 사광욱 판사(당시 대법원 대법관)와의 인터뷰인데, 헨더슨은 사전에 치밀하게 준비한 질문을 던지고 다음과 같은 답변을 얻는다.

헨더슨: 먼저 질문이 예의에 어긋난다면 사과합니다. 피고인들이 반복하여 헌병대에서 수사받았다고 합니다. 어떻게 이런 일이 벌어질 수 있을까요? 이문원은 구체적으로 검찰이 아니라 헌병대에서 수사받았다고 말했습니다.
사광욱: 기억나지 않지만 사실일 겁니다. 국방경비대법에 의하면 헌병이 간첩 행위의 혐의가 있는 민간인을 수사할 수 있습니다.
헨더슨: 피고인들은 프락치를 형성했다거나 그들이 접촉한 사람이 남로당원이라든가 또는 그들이 남로당에 가입했다는 사실을 공판정에서 거듭하여 부인했습니다. 노일환, 이문원, 김병회는 그들이 그런 말을 한 것은 고문 때문이었다고 말했습니다. 당신이 받아들인 것은 그들이 공판정에서 말한 것인가요, 아니면 검사가 [기소장에] 쓴 것인가요?
사광욱: 피고인들은 법정에서 보통 불리한 것을 부인합니다. 그러나 판사는 판단의 근거가 될 수 있는 모든 증거, 말하자면 검사가 제출한 조서를 포함한 모든 증거를 이용합니다. 피고인들의 부인에도 불구하고 다른 증인들, 예컨대 남로당원들이 진술한 증언은 검찰의 주장과 부합합니다. 그들 [피고인들]은 미리 알았다는 것이 드러납니다. 시간 관계를 보면 미군이 철퇴하면 한국이 무너지리라는 것은 상식이었습니다. 남로당의 미군 철퇴 주장이 목적하는 바와 피고인들이 미군 철수를 요구하는 결의안과는 똑같은 것입니다. 유엔한위의 진언서도 마찬가지입니다.

기억이 희미합니다만 그때 이재남과 정해근의 증언은 많은 진술 가운데 2개일 뿐입니다. 다른 사람들도 출정했습니다. 보통 사람들도 직접적인 위협 때문에 공산당을 위하는 것이라고 의심할 만한데, 피고인들은 국회의원들이어서 이런 사실을 알 수 있는 위치에 있습니다. 누구도 판결에 대해 항소할 수 있으며 따라서 내가 내린 판결은 한 판사가 믿은 내용을 반영하고 있습니다.

물론 경찰과 검찰 신문 조서 등은 법정에서 다시 조사되었습니다. 판사가 검찰이나 경찰 앞에서 진술한 조서를 다시 읽고 확인한 것입니다. 검사가 고문을 한 적은 없으며 경찰의 경우 이따금 고문을 합니다.

1961년 이래 형사 소송 절차가 바뀌어 검사가 신문을 하고 변호인이 반대 신문을 합니다. 판사는 더 이상 공소 사실을 읽지 않습니다. 공소 사실에 대한 반대 신문의 경우 판사는 공판 진행에서 더 이상 적극적인 참여자가 아닙니다. 이 제도는 장단점이 있습니다. 그러나 피고인이 검찰에 대해 잘 방어할 수 있을 때 현 제도가 인권을 위해서는 낫습니다. 그러나 피고인이 잘 방어할 수 없을 때는 사정은 다릅니다. 관선 변호인이 열성적이 아닌 경우 피고인은 전보다 오히려 해로울 수 있습니다.

헨더슨: 많은 경우 당신은 피고인들에게 말하기를 김준연 같은 제3자가 그들에 관해 어떤 말을 했다고 하면서 그 말이 맞느냐고 물었습니다. 피고인들이 부인했을 때 당신은 검사의 말과 피고인의 말 중 어느 것을 받아들입니까? 이것은 정치 사건의 경우에만 행해집니까? 당신은 지금 새 절차에 따라 이들 제3자를 불러야 한다고 봅니까?

사광욱: 전반적으로 사건에서 제3자를 부르지 않았습니다. 제3자의 진술이 자발적이 아니거나 진술에 어떤 예단이 들어 있다고 믿을 만한 이유가 없기 때문입니다. 조서들이 잘 짜여 있고 따라서 신빙성이 있다고 믿었습

니다.

헨더슨: 검찰에 외군이란 미군을 의미한다고 말한 장병만은 누구입니까? 외군 철수는 이승만 대통령이 반대한다고 경찰에 말한 원용한은 누구입니까?

사광욱: ……

헨더슨: 피고인들은 한결같이 말하기를 외군 철수 결의안과 유엔한위 진언서는 자발적으로 행해진 것이며 유엔 결의안과 일치하는 것이라고 말하고 있습니다. 반면 검찰은 그것이 공산당 정책과 일치한다고 주장했습니다. 이 결의안을 상정한 것이 죄가 됩니까? 그렇지 않다면 어떤 것이 적의 견해와 비슷하다는 이유로 처벌할 수 있나요? 피고인들이 남로당 지령으로 행동했다고 생각한 것은 어떤 면에서인가요? 노일환은 외군 철수 문제는 그가 1948년 10월 이삼혁을 알기 전에 토론되었다고 증언했는데요.

사광욱: 적의 입장과 일치하는 진술이 '자유의지로(voluntarily)' 행해졌다면 그것은 죄가 되지 않습니다. 그러나 이 경우는 적에게 유리하고 우리나라에는 해로운 것입니다. [한 문장 해독 불능]. 이 경우 접촉이 분명히 있었고, 그러한 접촉은 국제적인 법 절차에도 불구하고 죄가 될 것입니다. 당시는 사태가 아주 긴박했습니다. 국회의원이란 무엇이 나라를 위해 좋고 나쁜 것인가 알 수 있는 입장에 있습니다.

헨더슨: 이문원과 노일환을 제외한 다른 국회의원의 경우 어떤 점에서 유죄인가요?

사광욱: 기억하기로는 몇 명의 피고인의 경우 공산주의자들과 접촉했다는 이유가 아니라 집단으로 행동했기 때문에 유죄 언도를 받았습니다. 그들은 미군 철수을 요구했으며 … [해독 불능] … 국회의원들이 반정부적이고 공산주의자들과 접촉했다는 사실을 부인해왔습니다. 그러나 경찰과 검찰 수사

는 충분한 증거를 수집했고 그들을 남로당 집단과 똑같다고 간주한 것입니다. 그들이 공산주의자들과 공모했다는 사실을 몰랐다고 부인했지만 믿을 수 없었지요.

헨더슨: 증제 1호를 믿으신 근거는 무엇인가요? 정재한은 왜 출정하지 않았습니까? 당신은 그녀가 관련된 다른 재판에 관해 알고 있습니까? 그렇다면 그런 기록을 찾을 수 있나요? 당신은 정재한을 만난 일이 있나요? [국회의원 모두가 증제 1호를 모른다고 부인했으며, 남로당원인 정해근은 이런 양식으로 보고하지 않았다고 말했다.]

사광욱: 그대로는 기억나지 않습니다. 그러나 증제 1호는 기억합니다. **만일 증제 1호의 신빙성에 대해 추호라도 의심이 들었다면 정재한을 증인으로 불렀을 것입니다. 그러나 나는 신빙성을 확신했기에 부를 필요가 없다고 생각했습니다**(강조는 지은이).

헨더슨: 검찰이 신청한 증인은 다 받아들이고 변호인 측이 신청한 증인은 기각한 이유가 무엇인가요? 두 명의 주요 증인이 없는 상황에서 증거가 없다는 것에 대한 변호인 측의 반대를 어떻게 극복할 수 있나요?

사광욱: 기억나지 않습니다만 우리의 의견으로는 필요하지 않다고 생각했습니다.

헨더슨: 한국의 사법 제도에서는 검사의 기소가 신문의 근거가 되는 건가요? 또는 판사가 처음부터 피고인의 사고와 행위를 조사하는 건가요?

사광욱: ……

헨더슨: 제11회 공판에서 당신은 내각책임제를 만들기 위해 남로당이 개헌안을 제안했다고 말씀하셨는데요. 그 근거는 무엇인가요?

사광욱: 기억나지 않습니다. 아마도 남로당 지령이 아닌가 물었겠지요.

헨더슨: 당신은 이 사건의 판결문을 보관하고 있습니까? 문건은 없습니까?

사광욱: 전쟁 중 모든 문서가 멸실됐습니다.

헨더슨: 피고인들이 남로당원이라고 진술했다는 증언에 대해 어떻게 생각합니까?

사광욱: ……

헨더슨: 1949년 12월 19일 공포된 국가보안법 법률 제85호에서는 단심제를 규정하고 있습니다. 어떤 경우에 항소가 가능한가요?

사광욱: 단심제를 허용하는 법이 통과되었다고 생각지 않습니다. 모든 사건은 삼심을 거치도록 되어 있습니다(헨더슨 프락치사건 자료 중 육필 원고, 1972년 8월 17일).

공모 이론과 프락치 사건

위의 인터뷰에서 눈길을 끄는 대목은 사광욱이 정재한을 법정에 부르지 않은 것이 증제 1호에 대해 추호도 의심이 들지 않았기 때문이라고 답변한 대목이다. 이는 그가 공판 진행을 독선적으로 했다는 것을 반증해준다. 우리가 앞에서 보았듯이 피고인들과 변호인 측이 거듭 증제 1호의 신빙성에 의문을 표하면서 정재한을 증인으로 신청했음에도 사광욱 판사는 이를 기각했다. 정재한 여인의 경우, 당시 공안 당국과 재판부가 공모했다는 정황이 드러나는데, 이는 음모 이론이 국회프락치사건 재판 전체를 설명해줄 수 있다는 정황적 증거다.

헨더슨은 이 인터뷰에서 정재한이 다른 사건으로 재판받았다는 것과 그 기록에 관해 질문을 던졌지만 명백한 답변을 들을 수 없었다. 그러나 그는 그 뒤 누군가의 도움(아마도 한국법학원)으로 정재한이 군법 회의에서 이적죄로 재판받고 형장의 이슬로 사라졌다는 자료를 얻었다(제9장 4절 "암호 문서의 수수께끼" 참조).

프락치사건 연구를 위한 헨더슨의 서울 방문은 의식 있는 기자가 실행한 '탐사 저널리즘'을 생각하게 한다. 그는 그때까지 생존해 있던 프락치사건 관계 인사들을 두루 만나 광범위한 인터뷰를 수행하고, 중요한 관계 자료(정재한에 관한 군법회의 사형 판결 자료 및 《다리》지가 연재한 '국회프락치사건 판결문')를 습득했다. 그러나 알 수 없는 이유로 그는 SSRC 연구를 완성하지 못했다.

2. 헨더슨 공판 기록과 프랭켈 법률보고서

국회프락치사건 공판 기록과 이 사건의 재판을 분석한 프랭켈 법률보고서는 한 조를 이룬 역사적 문헌이다. 먼저 헨더슨 공판 기록은 우리가 제10장에서 자세히 살펴본 대로 헨더슨이 이 재판에 특별한 관심을 보여 두 명의 한국인 직원에게 의뢰해 모든 공판 진행 과정을 기록한 문서다. 이 기록은 1949년 11월 17일 첫 공판부터 1950년 2월 10~13일 열린 결심 공판까지 공판 진행을 자세히 수록하고 있다. 주로 주심 판사 사광욱이 주도한 피고인에 대한 사실 심리를 담고 있지만 검찰 측 증인에 대한 신문도 포함되어 있다. 그 밖에 검사의 신문과 논고, 변호사가 제기한 반대 신문과 변론을 담고 있다. 기록은 모두 영문으로 작성되었으며, 두 한국인 직원이 썼을 것으로 짐작되는 한국어 원문은 보이지 않는다.

이 기록은 대부분의 공판 진행을 수록하고 있으나, 간혹 방청객들의 웃음이라든가 피고인들의 모습, 그 밖의 정황도 전하고 있어 재판정의 분위기도 알 수 있도록 배려하고 있다. 예컨대 1949년 11월 28일 열린 제5회 공판 때 피고인 이문원과 최기표에 대해 사실 심리가 진행되는 도중 "경찰관 100명이 입정했다"고 적은 대목이 보인다. 재판부가 왜 정복을 입은 현직 경찰관을 공판 진행 과정에서 100명씩이나 입정을 허용했는지 얼른 납득하기 어렵다. 우연의 일치인지 몰라도 이들 경찰관이 방청하는 앞에서 판사는 "만일 피고인이 80만 원을 남로당에 주는 데 성공했다면 방화와 살인이 크게 늘지 않았겠나?"라고 신문한다. 이런 분위기에서 피고인 이문원은 심리적으로 위축되지 않았을까?

지은이는 이 공판 기록을 두루 읽고 나서 당시 20대 중반을 갓 넘긴 젊은 외교관 헨더슨이 이 재판에 몰두한 신앙과도 같은 집요한 관심을 읽을 수 있었다. 그가 이 15회에 걸친 공판 기록을 정치과 상사인 드럼라이트의 눈총을 받아가며 끈질기게 모두 수록하여 국무부로 보낸 집념에 새삼 놀라지 않을 수 없었던 것이다. 그리고 이 방대한 문헌이 프랭켈의 법률보고서와 함께 일반적으로는 우리나라 현대사, 특정적으로는 우리나라 법제사에 귀중한 역사적 문헌이라는 것을 깨달았다. 또한 이들 두 사람의 외교관이 우리가 잃어버릴 뻔한 역사 기록을 먼 옛날 우리 사관(史官)들이 하듯 한 자 한 자 정리하고 관리한 그 정성에 우리 현대사, 특히 법제사가 이들에게 큰 빚을 졌다고 생각하게 되었다. 이 역사적 문헌은 관계 학자를 위한 참고 문헌으로 다시 정리해 이 책의 부록으로 첨부한다.

헨더슨의 논평

헨더슨은 이 공판 기록을 논평과 함께 국무부에 보냈다. 이 논평에서 그는 공판의 특성 또는 요점에 관한 자신의 견해를 썼다. 예컨대 제3회 공판에 대해서는 구체적으로 "정부를 전복하려는 여하한 파괴적인 또는 공산주의적인 음모에 피고인들을 관련시키는 데 실패했으며, 그들의 활동에 관해 어떤 특별한 의심을 부각시키는 데도 실패했다"고 논평하고 있다 (헨더슨이 국무장관에게, 1949년 11월 28일, 국무부 기록, 895.00/11-2849).

가장 흥미로운 논평은 1950년 1월 20일 열린 제12회 공판에 관한 것이다. 다른 공판에 대해서 한 간단한 논평(반 쪽 내지 한 쪽)과는 달리 이 공판에 대해서는 3쪽에 걸쳐 긴 논평을 달고 있다. 이 논평은 검찰 측 증인으로 출석한 남로당 간부 출신 이재남(李載南)이 그가 공작의 표적으로 삼았다는 노일환(盧鎰煥)의 정치사상과 국회 안의 행적을 증언한 것에 관한 것이다. 이재남은 남로당 중앙위 위원이며, 노일환과는 ≪동아일보≫에서 같이 기자 생활을 한 경력의 소유자다.

그는 이 논평을 쓰기 전 프랭켈에게 법률적인 자문을 구했음이 분명하다. 왜냐하면 프랭켈이 뒤에 쓴 법률 분석 보고서가 헨더슨이 쓴 논평을 그대로 뒷받침하고 있기 때문이다. 헨더슨이 이 증인에게 주목한 것은 프락치사건 피고인 중 '지도적 임무 종사자'급 피고인 두 명 중 한 사람인 노일환에 관해 주목할 만한 증언을 했기 때문이다. 그의 논평을 들어보자.

이[이재남]와 노(盧)는 분명히 다섯 번쯤 만났는데, 그것은 1948년 12월 하순께 한 번, 그 조금 전 한 번, 1949년 1월 한 번, 12월 하순이나 1월 초 두 번이다. 이가 본 노의 인상은 분명한데, 그는 공산주의 관점에서 볼 때, '특별히 만만찮은 고객(distinctly tough customer)'이었다. 그는 자신만을 생각하는 특히 고집스런 습관을 가지고 있었다. "내가 노를 만났을 때 그는 친미주의자와 기득권자들을 증오했으며, 그가 국회에 출마한 것은 한국의 독립을 주장하기 위해서라고 말했다." 그런고로 "노의 정치적 사상은 내가 같이 일했던 신문사 시절부터와 마찬가지로 민족주의적(바꿔 말하면 '비공산주의적')이었다." 노는 분명히 이와 공산주의 정책에 관해 논전을 벌였는데, 남로당 정책이 '계급 독재와 폭동'이라고 비판했다. [이재남은] 남로당 정책이 '장애'라고 생각되는 미군의 철수를 바라는 것이라고 인정했다. 그러나 그는 "남로당은 외군 철수를 요청한 적은 없다." "당연히 외군 철수는 우리가 전혀 모르는 채 국회의원들 간에 논의된 것이다. 우리는 그들이 스스로 한 행위를 이용했을 뿐이다"라고 말했다. 계속해서 이는 "나는 노에 관한 공작에 큰 성공을 거두지 못했다"고 말했다(드럼라이트가 국무장관에게, 1950년 2월 8일, 발송문, 국무부 기록, 795.00/2-850).

헨더슨이 썼지만 드럼라이트의 이름으로 국무부에 보낸 이 기록은 이재남의 증언을 충실히 기록하고 있다. 남로당 중앙위 위원이었다는 이재남의 증언에 의하면, 노일환에 대한 공작은 성공하지 못했다. 헨더슨은 그의 증언이 노일환 등이 남로당 프락치로서 남로당의 지령에 따라 외군 철수 결의안을 제출했다는 검사의 주장을 부인하고 있음을 주목했다고 보인다. 검찰 측 증인으로 나온 남로당 간부가 노일환이 공산당 프락치로 행동하지 않았다는 점을 공판정에서 진술한 증언에서 밝힌 것이다. 이재남은 그 뒤 1949년 1월 노일환에 대한 공작을 그의 부하인 하사복에게 넘겼다고 증언하고 있다. 헨더슨의 논평은 계속된다.

노에 대한 공작이 성공하지 못하자 이재남은 그 공작을 1949년 1월 하사복에게 넘겼다. 하사복과 이삼혁은 재판 심리 중 노일환과 이문원을 접촉했다고 나오는 두 사람인데, 이재남의 증언에 의하면 이 두 사람은 실은 두 가지 다른 이름을 쓴 한 사람이라는 것이다. 이재남의 경우와 같이 하의 신분은 노에게 감춰져 있었으며 '국회의원 신분인 그로부터 이권을 얻으려 하는 사람'으로 소개되었다는 것이다. 하사복(증인으로 나오지 않았으며, 따라서 체포되지 않았을 것이다)은 노를 정기적으로 만났다고 한다. "그는 노가 강한 영웅주의(고집)에 사로잡혀서 다른 사람이 하는 말을 듣지 않는다고 보고했다. 그는 또한 노가 자기 의견에 집착하기 때문에 많은 곤란을 겪었다고 했다(같은 글).

헨더슨이 길게 인용한 이재남의 증언은 국내 연구나 기타 언론 등에서 제대로 인용된 일이 없다. 그러나 그가 공판정 증언대에서 한 증언은 법률적 관점에서 중요한 기록이 아닐 수 없다. 위에서 인용한 헨더슨의 긴 논평은 프랭켈의 법률보고서가 뒷받침하고 있다. 프랭켈 보고서는 이재남의 증언을 근거로 삼아 국회 프락치의 존재를 부인하고 있을 뿐만 아니라 검사가 유죄 입증에 실패했다고 적었다.

프랭켈 법률보고서

프랭켈 법률보고서는 국회프락치사건 재판을 법률적으로 심층 분석한 보고서로, 헨더슨 공판 기록에 의존하고 있으며 그것과 한짝을 이루는 역사적 문헌이다. 이 보고서는 재판의 문제점을 치밀하게 분석한 뒤 의미심장한 결론을 내리고 있다. 곧 이 재판이 신생 대한민국의 민주주의가 생존할 것인가를 판가름하는 시금석이 될 것이라고 진단한 것이다.

프랭켈 박사는 14회에 걸친 공판과 1950년 2월 10~13일 결심 공판을 마친 시점에서 이 보고서를 썼다. 다시 말해 그는 선고 공판이 임박한 시점에서 이 보고서를 쓴 것이다. 어떤 사건에 관해 보고서를 쓴다면 그 사건이 마무리된 다음 쓰는 것이 일반적인데, 이 보고서의 경우 마무리되기 직전 쓴 것이다. 그렇다면 프랭켈 박사가 선고 공판이 임박한 시점에서 재판의 문제점을 꼼꼼히 챙겨 보고서를 쓴 까닭은 무엇일까? 이 의문은 다소 흥미 있는 상상을 불러일으킨다. 이 문제는 이 장 마지막 부분에서 다루고자 한다.

"국회의원 13명 사건의 법률 분석"이란 제목으로 된 이 보고서는 18쪽에 이른다. 이 보고서는 크게 (1) 형사사건으로서 국회프락치사건의 전반적인 구성과 문제점을 분석한 뒤, 이어 (2) 증거의 평가, (3) 사건의 실정법적 근거, (4) 헌법상 권리, (5) 국제법상 권리, (6) 언론의 자유로 나누어 기술하면서 법률상 문제점을 면밀히 분석하고 있다.

사건의 법률 분석

프랭켈 보고서가 무게 중심을 둔 부분은 형사사건으로서의 국회프락치사건을 법률적으로 분석한 것이다. 여기서는 (1) 논고, (2) 재판, (3) 자백, (4) 정황 증거, (5) 범의예단, (6) 최량증거법칙, (7) 증언 탄핵으로 세분하여 이 사건의 전반적인 문제점을 법리의 논지로 분석하고 있다.

논고와 재판

이미 앞에서 살펴보았지만 검사의 논고는 노일환, 이문원이 남로당 공작원 이삼혁, 하사복과 각각 접촉해 남로당에 가입하여 그 지령에 따라 국회 안에 남로당 프락치를 구성하고 외군 철수 운동을 벌였다는 것이 핵심이다. 국회의원 피고인들이 "국가를 변란할 목적으로" 국가보안법상 범죄를 저질렀다는 것이다.

다음으로 프랭켈 법률보고서는 국회프락치사건 재판을 구성하는 14회에 걸친 공판의 요점과 특성을 다룬다. 이 보고서는 사실 심리에서 피고인들이 남로당에 가입한 사실이 없으며, 남로당 지령에 따라 행동했다든가 남로당 공작원과 협조한 사실을 부인했다는 점을 기술하고 있다. 노일환과 이문원은 이삼혁 또는 하사복과 몇 번 만나 협의한 사실을 인정했으나 그들이 남로당 공작원이라는 사실을 몰랐다고 주장했다. 또한 외군 철수

동의안을 상정한 것은 한국이 주권 국가로서 외군에 점령되어서는 안 된다고 생각했기 때문이며, 이는 1948년 12월 12일 유엔 결의안과 일치하는 것이라고 거듭 강조했다.

법률보고서는 이 공판 진행의 특징으로 재판부가 편파적이라는 점을 들고 있다. 재판부는 검찰이 신청한 증인은 모두 받아들였지만 변호인이 신청한 증인은 모두 기각했다. 제14회 공판(1950년 2월 4일)에서 변호인 측은 정재한을 포함한 다수의 증인을 신청했으나 검사는 첫째, 이들 증인이 재판과 아무런 관계가 없으며, 둘째, 이들 증인이 피고인들을 보호하기 위해 거짓 증언을 할 수 있다는 이유로 반대하고 재판부는 이에 따라 기각을 결정했던 것이다.

다량의 조서와 자료들이 '증거'로서 재판부에 제출되었는데, 그중 제일 중요한 '증제 1호'의 경우 변호인 측은 이 문서의 신빙성을 부인했지만 재판부는 그 신빙성을 입증하려는 어떤 노력도 하지 않았다. 검찰이 이 문서의 신빙성을 증명하기 위한 증거로 제출한 것이 법정 밖에서 정재한이 진술했다는 신문 조서였는데, 이 여인은 증언대에 불려 나오지 않았다. 검찰은 이삼혁이나 하사복(양인은 동일 인물)을 증언대에 부르지 않은 이유를 설명하지 않았다.

자백(confessions)

프랭켈 보고서는 프락치사건 피고인들이 진술했다는 '자백'에 특별한 관심을 기울인다. 이 보고서에 의하면 검사가 피고인들의 유죄를 요구한 논고는 거의 전적으로 사법경찰관 앞에서 진술한 자백에 의존하고 있다. 그러나 공판정에서 피고인들은 이 자백이 고문 때문에 강제로 이뤄진 것이라고 번복했다. 이 경우 재판부는 이를 받아들일 것인가, 배척할 것인가? 한국 법제의 경우 증거 법칙이 없을 때, 재판부가 자백을 증거로 받아들일 것인가 말 것인가 여부는 법규나 판례에 의해 결정할 수는 없고 법관의 자유재량에 따라 결정한다. 이것이 형사소송법상 한국이 채택한 자유심증주의(自由心證主義)다. 따라서 강제로 받은 자백을 증거로 채택할 것인가 여부도 법관의 자유재량에 의해 결정된다. 또한 당사자가 어떤 증인을 신청하는 경우 부를 것인지 여부도 법관의 자유재량 아래 있다.

프랭켈 법률보고서는 프락치사건를 다루는 법관이 증거 채택에서 자유재량을 남용했느냐가 관건이라며 다음과 같이 설명한다.

한국 법제는 이 점에서 유럽 대륙, 중앙 및 남아메리카, 중국, 일본이 실시하는 대륙법의 원칙을 따르고 있다. 이들 대륙법계 국가들에서 인정되는 원칙이 있는데, 그것은 증거 문제에서 법원의 자유재량이 공정성과 정당성을 요건으로 하며 자의적인 결정과는 양립될 수 없다는 것이다. 만일 증거의 채택 여부에 관해 법원의 자유재량이 남용된다면 예컨대 독일 법제의 경우[한일 법제가 전범으로 삼고 있음], 그러한 재량의 남용은 판결을 뒤집거나 항소 제기를 정당화한다. 이는 프락치사건의 경우, 법원이 증거의 채택 문제에서 공정성과 정당성 원칙에 따라 행동했는지 또는 자의적인 행동에 빠졌는지 하는 문제를 제기한다(프랭켈 법률보고서: 5쪽).

판결이 내려지기 직전, 프랭켈 보고서가 이 문제에 대해 재판부에 주의를 환기시키고자 하는 의도를 읽을 수 있다. 그러나 재판부는 문제의 자백을 유죄 입증의 증거로 삼아 유죄를 선고한다. 물론 사광욱 판사는 공판정에서 자백을 증거로 삼는 태도를 시종일관 견지하고 있었다(제10장 1절, "사광욱 판사의 공판 주재" 참조).

정황 증거(circumstantial evidence)

한국 형사법의 경우 증거 법칙을 결여하고 있기 때문에 재판부는 적절하다고 간주되는 정황 증거를 자유재량 아래 청취할 수 있다. 재판부는 서용길 피고인이 남로당이 지지하는 활동에 참여했다는 사실을 증명하기 위해 제9회 공판(1949년 12월 12일)에서 그가 국회의원으로 당선되기 전 일어난 사실에 관해 자세히 조사했다. 재판부에서 동떨어진 정황 증거가 받아들여질 수 있다는 것이다. 주심 판사는 다음과 같이 신문한다.

판사: 피고인의 후보 기호는? 2번이 맞지요?
피고: 네, 2번이었습니다. 윤보선 씨는 1번이었습니다.
판사: 피고인 기호가 2번이어서 좌익들이 야경꾼으로 변장하여 딱딱이를 딱딱 두 번 때렸다는데, 그것은 좌익들이 기호 2번에 투표하라는 것이라던데? 또한 그들은 같은 뜻으로 전지 불빛을 두 번 비췄다던데? 사실인가? …… 나칠복을 아는가? 그는 서용길 외에는 누구도 가난한 사람의 생활수준을 올릴 수 없다고 말했다던데?
피고: 나칠복은 내 학교 친구의 한 사람입니다. 내가 아는 건 그게 전부입니다. 나는 그가 무슨 말을 하던 개의치 않습니다.

같은 공판에서 판사는 피고인이 당시 상공 장관 윤보선, 충남 지사 등 민족진영 후보를 이겼다면서 다음과 같이 추궁한다.

판사: 피고인이 민족진영 쪽의 그런 유명 인사들을 이긴 것을 보면, 중학교 교사라는 이백수가 좌익으로부터 표를 모아주었을 가능성이 있지 않았나? 그 사람이 당신 사무실을 자주 들락거렸다던데?

재판부는 그가 총선에서 좌익의 협조로 당선되었다는 전제에서 다음과 같은 결론을 도출한다.

판사 : 피고인은 선거 유세에서 좌익분자들에 크게 신세를 졌고 따라서 큰 빚을 져 그들의 호의를 갚으려 했을 게 아닌가?(방청객들 폭소).

재판부가 이러한 동떨어진 정황 증거를 원칙 없이 채택하고 있음은 황윤호 피고인의 경우에도 발견된다. 황윤호의 변호인 임훈평은 여수 경찰서장 서한용을 증인으로 채택할 것을 신청하지만 재판부는 받아들이지 않았다(1950년 2월 4일, 제14회 공판). 황윤호의 진술에 의하면 1948년 가을 여수 사건 당시 황윤호가 생명의 위험을 무릅쓰고 그의 목숨을 구했다는 것이다. 곧 서한용이 인민재판에서 흥분한 좌익 군중으로부터 총살을 당하기 직전 절박한 상황에서 황윤호가 그를 따르는 청년 17명과 함께 총으로 인민재판 주재자를 위협해 그를 구했다는 것이다(헨더슨 공판 기록, 1950년 2월 3일 공판분).

프랭켈 법률보고서는 재판부가 이를 받아들이지 않은 것은 공정성과 정당성 원칙을 어긴 것이라고 설파한다.

만일 피고인 중 한 사람[서용길]이 1948년 선거에서 공산당의 지지를 받았다는 증거가 받아들여질 수 있다면 다른 피고인[황윤호]이 지금 여수 경찰서장으로 있는 사람을 구하기 위해 생명의 위험을 무릅썼다는 증거가 왜 채택되지 않았는지 이해하기 어렵다. 정황 증거를 채택함에 있어 재판부는 공정성과 정당성의 원칙을 기준으로 하지 않고, '자의적으로' 행동했다고 보인다. 다시 말하면 재판부는 피고인 한 사람의 유죄를 입증하기 위해

'아주 동떨어진 성격(most remote in character)'의 증거를 받아들인 반면, 다른 피고인이 남한에서 일어난 가장 심각한 공산당 반란 사건에 반대하여 투쟁에 참가했다는 진술에 상당성이 있을 수 있는데도 증거를 배척한 것이다(프랭켈 법률보고서: 7쪽).

범의예단(犯意豫斷, bias)

주심 판사는 재판 과정에서 피고인들에 대해 범의를 예단(bias)하고 있다. 이 범의예단은 판사가 외군 철수 문제를 둘러싸고 피고인들과 문답하는 과정에서 반복적으로 드러난다. 판사의 거듭된 신문에 대해 피고인들은 국회에 제출된 결의안의 용어 표현과 새 유엔한위에 제출된 진언서의 용어 표현이 '외군(foreign armies)'으로 되어 있다고 일관되게 진술했다. 곧 피고인들은 미군만이 아니라 소련군을 포함한 외군의 한반도 철수를 요구했다고 주장했다. 그러나 판사는 이에 아랑곳하지 않고 "피고인들은 항상 외군 철수를 요구했다고 하지만, 실제 미군만 철수하기를 바랐지 않았느냐"고 윽박지른다(1949년 11월 3일, 제3회 공판).

제6회 공판(1949년 12월 27일)에서 주심 판사는 박윤원 피고인을 신문 중 지적하기를, "피고인은 그리스에서 무슨 일이 벌어진 줄 아는가? 미군은 철수했지만, 소련군은 철수하지 않았단 말이요. 정치인이 그런 것쯤은 알아야지"라고 했다. 같은 공판에서 판사는 김병회 피고인을 다음과 같이 신문한다.

피고인이 유엔 결의를 존중한다면 왜 북한 인민군의 철수를 유엔한위에 제안하지 않는가?

재판 과정에서 검사와 판사가 반복적으로 점령 외군의 철수를 주장하는 것은 공산주의자들의 선전 술책이라고 말하고 있는 점은 주목할 만하다. 그러나 1948년 12월 12일 유엔 결의가 구체적으로 점령 외군의 한국 철수를 규정하고 있는 것은 전혀 언급조차 없다. 1949년 11월 28일 열린 제3회 공판에서 피고인 김약수에 대해서는 다음과 같은 신문을 한다.

피고인은 미군 철수 주장이 유엔한위의 임무를 방해하라는 남로당 지령인 줄 깨달았는가?

주심 판사가 시종 혼동하는 이 문제를 명백히 하기 위해 신성균 피고인은 제11회 공판(1950년 1월 6일)에서 피고인들의 행동의 정당성을 다음과 같이 주장한다.

우리나라의 독립을 달성하는 가장 효율적인 유일한 방법은 우리의 활동을 유엔 결의에 따라 하는 것입니다. 유엔 결의가 외군의 동시 철수를 규정하고 있는 한, 우리가 소련군의 철수만을 주장할 수 없지요.

이러한 진술에도 불구하고 검사는 논고에서 다음과 같은 논리를 펴고 있다.

단기 4280(1947)년 11월 14일 유엔이 43 대 6으로 한국의 독립을 결정한 것은 점령 외군 철수를 주장하는 운동이 소련의 지시 아래 남북로동당이 추진하는 일종의 전술임이 명백한 증거로 드러난 것이다.

최량증거법칙(最良證據法則, best evidence rule)

프랭켈 법률보고서는 프락치사건 재판의 경우 재판부가 최량증거의 법칙을 저버렸다는 점에 특히 무게 중심을 두고 있다. 이것은 물증, 인증, 직접 증거, 간접 증거, 정황 증거, 전문 증거 등 여러 종류의 증거가 있지만 재판부는 유죄의 심증을 굳히기 위해 최량의 증거를 채택해야 한다는 법칙이다. 쉽게 말하면 어떤 사실을 증명하기 위해 문서의 사본과 원본이 있다면 사본보다는 원본이 더 좋은 증거이며, 같은 맥락에서 공판정에서 진술한 구두 증언이 공판정 밖에서 이뤄진 문서 진술보다 더 좋은 증거라는 원칙이다. 그런데 당시 신생 대한민국의 법제는 구체적 증거 법칙[예컨대 '전언 법칙(傳言法則, hearsay rule)']을 결여하고 있었다. 이 경우 어떻게 할 것인가? 그렇다고 재판부가 제멋대로 증거를 받아들이거나 배척할 수는 없는 노릇이다.

프랭켈이 제시한 논리에 의하면, 어느 법제든 논리와 상식의 문제로서 '보통법 국가(common law countries, 영미법계 국가를 말함)'들이 채택하는 최량증거법칙과 유사한 원칙을 적용해야 한다. 예컨대 공판정에서 관계 증인을 신문과 반대 신문을 위해 부를 수 있을 때는 언제든지 불러야 한다. 또한 그런 증인이 공판정에서 진술한 구두 증언 대신 공판정 밖에서 이뤄진 서면 진술을 사용한다는 것은 대륙법계와 보통법계 국가를 막론하고 부당한 것으로 여겨진다. 제3자로부터 들은 전언은 그 제3자를 증인으로 부를 수 있을 경우 불러 신문과 반대 신문을 거쳐야 한다.

프랭켈 박사는 검사가 증제 1호를 입증하기 위해 증인이 법정에 출정할 수 있음에도 출정시키지 않았고, 증인이 행한 서면 진술에 의존하고 있다고 지적한다. 여기서 그가 말하는 증인은 정재한이다. 오제도 검사가 정재한을 조사한 신문 조서를 증거로 제시하고 있다는 점에서 정재한이 공판정에 부를 수 있는 증인임은 분명하게 밝혀졌다. [그러나 정재한은 프락치사건 재판이 한참 진행 중인 1949년 12월 9일 처형되었다(제9장 4절 "암호 문서의 수수께끼" 참조).]

따라서 변호사의 증인 신청이 있음에도 재판부가 정 여인을 증인으로 부르지 않은 것은 '전적으로 하자가 있는(utterly defective)' 공판 절차라고 결론짓는다. 프랭켈은 자신의 경험을 회고하면서, "이 보고서 작성자는 대륙법 훈련을 받고 대륙법 법정에서 12년간 변호사 생활을 했지만, 재판부가 부를 수 있는 증인에 대해 구두 신문과 반대 신문을 하지 않고 검사에게 제시된 증언을 그대로 증거로 채택한 사례는 단 한 건도 보지 못했다"고 말한다. 이어 그는 독일 법제를 들어 재판부의 비상식적 태도를 지탄한다.

독일법은 형사 소송 절차의 기본적 원칙의 하나로 이른바 '직접성의 원칙(maxim of Unmittelbarkeit)'을 인정하고 있다. 이 원칙은 모든 증언은 법정에서 직접 진술되어야 한다는 것이다. 이 나라[한국]가 시행하고 있는 일본 형사 소송법도 모든 증인에 대해 법원에 추가적 질문을 제출함으로써 반대 신문할 수 있는 권리를 규정하고 있다. 위에서 지적하는 바와 같이 피고인의 변호인 측은 증제 1호에 적절한 증거 능력이 없다고 반대하고 있다. 강욱중 피고인의 변호인 김병관은 "증제 1호는 합당한 증거가 아니며, 정 여인이 이 사건의 증인으로 진술한 것을 듣지 못한 것은 유감이다"라고 지적했다(1950년 2월 11일, 결심 공판 2일째 변론).

재판부는 검증되지도 그 신빙성이 확정되지도 않은 증제 1호에 기록된 사실을 마치 진실이 입증된 듯 다루고 있다. 1949년 12월 12일(제5회 공판) 피고인 노일환을 신문할 때, 판사는 증제 1호에 따라 유엔한위에 제출할 진언서를 완성하는 데 남로당이 130만 원을 썼다고 지적했다. 이에 노일환이 그런 사실을 모른다고 부인하면서, "진언서를 제출하는 데 돈이 들어가지 않습니다"라고 말한다. 그러나 판사는 이를 배척하면서, "왜 피고인은 모른다고 하나? 이 기록에 쓰여 있는데"라고 말한다(프랭켈 법률보고서: 9쪽).

프랭켈 박사는 재판부가 최량증거법칙을 이해하지 못하고 있음이 또 다른 예로부터 드러난다고 지적한다. 그는 제10회 공판(1949년 12월 29일)에서 피고인 이구수에 대한 판사의 신문을 인용한다.

판사: 같은 검사인데 서울 지검의 최봉율 검사가 [전남 고성 상리의 파출소 순경 김종화를 조사했다. 이 순경은, 연설회에서 직접 들은 것은 아니지만 지금 감옥에 있는 강한태라는 동료 순경으로부터 들은 것인데, 이구수가 금년 3월 중순 오후 5시경 청중에게 말하기를 대한민국은 미국이 꿔준 대규모 차관으로 곧 심각한 곤경에 빠질 것이라고 했다는 것이다. 당시 그 순경은 당신의 연설에 대한민국 정부를 전복하고 남북 정치지도자 회의를 개최하여 중앙 정부를 세우려 한다는 악질적이고 파괴적인 의도가 있다고 말했다는데?
피고: 저는 모르는 일입니다.

판사의 위 신문은 제3의 순경이 전한 이야기를 들은 한 순경에 대해 검사가 조사한 서면 신문 조서를 재판부가 증거로 삼았을 뿐만 아니라 적절한 감정인 의견으로 채택했음을 보여준다. 그러나 프랭켈은 김종화가 어떤 기준으로 정치학 전문가로 감정인 자격을 인정받은 것인지, 곧 "경찰이기 때문인지 또는 감옥에 있기 때문인지 밝혀지지 않았다"고 꼬집는다.

보다 중요한 것은 검찰이 증제 1호가 열거한 사실을 검증하기 위해 공판장에 직접적인 증인을 부르지 않았다는 것이다. 또한 이 문서를 몸에 숨겨 운반하다 체포된 정재한을 증언대에 부르지 않았을 뿐만 아니라 이 문서를 작성했다는 이삼혁 혹은 하사복을 왜 부르지 않았는지 설명하지 않고 그의 상사인 이재남을 증인으로 부른 것은 결정적인 하자라고 지적한다.

프랭켈 자신이 프락치사건 공판을 참관한 미 대사관 한국인 직원에게 물어보았으나 검사는 하사복이 왜 출두하지 못하는지 전혀 설명하지 않았다. 곧 재판부도, 검사도 하사복이 북한으로 도피했는지, 체포 상태에 있는지, 자유롭게 이 나라에 살고 있는지 밝히지 않았다는 것이다(프랭켈 법률보고서: 9쪽).

증언 탄핵(impeachment)

법관은 공판을 진행할 때 여러 곳으로부터 나온 진술이 진실한가 여부를 따지기 위해 반박의 통로를 열어두어야 한다. 증언 탄핵이란 예컨대 변호인이 공판정에 나온 검찰 측 증인의 진술을 반박하여 반증을 얻는 경우에 해당한다. 프락치사건 재판의 경우 프랭켈 박사는 검찰이 부른 한 경찰 스파이의 진술을 둘러싸고 변호인이 반대 신문을 했을 때 재판부가 증거 탄핵의 기회를 박탈했다고 지적한다. 곧 공판정에 불려 나온 검찰 측 증인이 변호사가 제시하는 적절한 질문에 답변을 거부하는 경우 답변을 유도하는 당연한 임무를 수행하지 않았다는 것이다. 그는 다음과 같은 사례를 들고 있다.

검사는 피고인 노일환, 이문원에 대한 증거를 수집하기 위해 경찰 스파이로 활동한 전력이 있는 증인을 공판정에 세웠다(1950년 2월 4일 제14회 공판에 나온 김정숙[김경회]과 조영희[최용희] 증언 참조). 그런데 피고인 측 변호사가 '김경호'에게 해방 전 무슨 일을 했느냐고 질문을 하자 그 증인은 "그런 걸 물으실 필요가 없습니다"고 답한다. 그러나 판사는 이러한 적절한 질문에 대해 증인에게 답을 하도록 유도하는 데 조금도 관여하지 않았다. '김경호'가 수사 당국에 협조하도록 비밀리에 요청받고 공산주의자인 듯 행세한 사실로 보아 해방 후 경찰 끄나풀인 '김경호'가 해방 전 무슨 직업으로 일했는지는 모든 사람이 능히 추측할 수 있다. 증인 '김경호'의 증언이 이 사건의 주요 쟁점을 밝히는 데 큰 가치를 지니는 것은 아니지만 검찰이 '김경호'를 증인으로 부름으로써 정부가 공산주의자로 행세한 경찰 스파이를 적어도 한 사람 고용했다는 사실은 적지 않은 의미를 가진다 할 수 있다.

3. 검사의 유죄 입증 실패

프랭켈 보고서의 또 다른 요점은 프락치사건 재판의 경우 검사가 유죄 입증에 실패했다는 것이다. 프랭켈에 의하면 변호사가 제출한 증인 신청을 재판부가 모두 기각했기 때문에 피고인들의 무죄 입증은 무의미하다. 다시 말하면 재판부가 자의적으로 증거를 받아들이고 배척하는 방법을 사용한다는 점을 감안할 때 무죄 입증은 애당초 불가능하다는 것이다. 이 경우 검사가 유죄 입증에 성공하느냐 여부가 국회프락치사건 재판에서 남아 있는 유일한 문제라고 그는 설명한다. 과연 검사는 유죄 입증에 성공했는가?

당연한 원칙 문제지만, 한일 형사 법제는 유죄가 공판정에서 확정될 때까지 누구라도 형사 절차상 무죄 추정의 원리를 따른다.

남로당 공작원들의 증언

여기서 프랭켈 박사는 검찰 측 증인으로 나온 이재남(李載南)과 정해근(鄭海根)이 공판정 증언대에서 한 증언을 면밀히 분석한다. 먼저 이재남은 남로당 중앙위원으로 지휘 명령 계통상 바로 하사복의 상사인 까닭에 그를 증인으로 부른 것은 적절하다고 인정한다.[4] 그런데 오제도 검사는 1950년 1월 6일 열린 제11회 공판이 종료되기 직전, 경찰이 중요한 증인을 취조 중에 있기 때문에 다음 공판일을 2주 연기해달라고 요구했다. 사광욱 판사는 이를 받아들여 제12회 공판이 1월 20일 열린다고 발표했다.

문제는 증인 이재남이 1월 20일 공판정에 출두했을 때 증언대에 혼자 서기가 힘들 정도로 몸이 허약해 앉아서 증언했지만 누구도 그것이 장기 수사와 어떤 관련이 있는지 묻지 않았다는 것이다(프랭켈 법률보고서: 10쪽). 이는 물론 이재남이 증인으로 출정하기에 앞서 가혹한 수사에 시달렸음을 암시한다.

프랭켈은 이재남과 정해근이 진술한 증언을 치밀하게 분석한 결과, 검찰이 프락치사건 피고인들의 유죄를 입증하는 데 실패했다고 결론짓고

---

4 이재남이 수사 기관에 의해 언제 체포되었는지는 확실치 않으나 그가 남로당의 고위 간부인 중앙위 위원 자리에 있던 사람이라는 것은 사실인 듯하다. 전향한 남로당 서울시 지부 책임자인 양한모(梁漢模)가 1982년 쓴 "남로당"이라는 글에 의하면 1946년 11월 23일 조선공산당, 인민당, 신민당이 합당하여 남조선노동당(남로당)이 결성되었는데, 그 지도부에 이재남의 이름이 나온다. 위원장 허헌, 부위원장 박헌영·이기석, 정치위원 허헌·박헌영·이기석·김삼룡·이주하·이승엽·구재수·김용암, 중앙 상임위원 15명 중 이재남의 이름이 보인다(양한모, 1982: 194쪽). 양한모에 관해서는 제9장 제3절 "김우식이 겪은 '작은 프락치사건'" 참조.

있다. 그의 논지를 들어보기 전에, 검찰이 증인으로 부른 남로당원 이재남과 정해근이 공판정 증언대에서 어떤 진술을 했는지 헨더슨 공판 기록에 의해 그 내용을 살펴보자. 재판부는 이재남의 경우 제12회 공판(1950년 1월 20일)에서, 정해근은 제14회 공판(1950년 2월 4일)에서 각각 증언을 청취했다.

이재남의 경우

주심 판사 사광욱이 심리를 주도했으며, 검사 장재갑이 출석(오제도 검사의 일본 출장으로 대신 출석)했다. 판사는 피고인 노일환을 증언대로 불러 신문한 뒤, 검사가 증인 이재남을 신청하자 이를 받아들인다. 판사는 증인의 성명, 직업, 주소, 나이 등을 묻고는 선서 낭독과 서명을 시킨 뒤, 다음과 같이 증인 신문을 진행한다.

판사: 증인은 남로당 중앙위 위원인가?
증인: 네, 그렇습니다.
판사: 언제부터인가?
증인: 여러 정당이 합쳐 민주 전선을 구성한 뒤부터입니다. 그전에는 신민당에 있었습니다.
판사: 증인은 언제부터 남로당 특수공작부 책임을 맡았나?
증인: 1948년 11월경입니다.
판사: 특수공작부는 중앙위원회 소속인가?
증인: 정치위원회 소속입니다.
판사: 누가 중앙위를 지도하는가?
증인: 허헌이 위원장이고 박헌영이 부위원장입니다. 그다음으로 이기석,

김삼룡, 구채수, 김용암이 있습니다.

판사: 조동영이 특수공작부의 책임자인가?

증인: 1948년 12월 인사 재배치가 있어 그 이후 조동영이 중간당 포섭 공작부와 국회 공작부를 맡아오고 있었습니다. 하사복은 제 휘하에 있습니다.

판사: 증인은 공작을 하사복에게 인계했다던데?

증인: 네, 그렇습니다.

판사: 증인은 이삼혁을 아는가?

증인: 이삼혁은 하사복과 동일 인물입니다. 저는 뒤에 동일 인물인 것을 알았습니다.

판사: 증인은 노일환을 아는가?

증인: 노일환은 제가 일하던 같은 신문사[≪동아일보≫]에서 일했습니다.

판사: 노일환을 안단 말인가?

증인: 네, 압니다.

판사: 특수공작부는 국회를 완전히 알고 있는가?

증인: 저는 1948년 8월 15일 이후의 좌익 인사 탄압 뒤에 정치 활동을 중단했었습니다. 그런데 어느 날 신문을 보니 박종남 의원이 외군 철수 동의안을 제출하여 논의한다는 것이었습니다. 그때까지 저는 미국의 앞잡이들 가운데 그런 양심적 분자들이 있다는 것을 발견하고 그들과 손을 잡고 일해야 되겠다고 특수공작부에서 합의했습니다(강조는 지은이).

노일환은 민족주의자

판사: 증인은 조동영의 지시로 노일환과 접촉했는가?

증인: 그는 내게 노일환에 대한 공작을 맡겼는데, 그 이유는 내가 지주(地主)

출신이기 때문이었습니다. 노일환은 정판사 위폐(精版社僞幣) 사건[1946년 5월 일어난 남로당 관련 위조 지폐 사건]에서 남로당에 치명상을 입힌 사람 중 하나입니다. 또 박헌영을 가장 증오하는 사람입니다. 따라서 나는 그에 대한 공작을 하라고 지시를 받기 전까지 그를 전혀 만나지 않았습니다. 그를 만나보니 그는 친미주의자와 모리배를 증오한다면서 그가 출마한 것은 국회가 한국의 독립을 위해 밀고나가는 일을 해야 하기 때문이라고 했습니다. 따라서 **노일환의 정치적 견해는 내가 신문사 시절 알았던 것과 똑같이 민족주의적이었습니다**(강조는 지은이).

판사: 증인은 두 번째로 노일환의 집에 간 것이 언제인가?

증인: [1948년] 12월 말쯤 됩니다. 우리가 처음 만났을 때, 노일환은 평화적 통일에 관한 우익의 생각은 좌익과는 전혀 다르다고 했습니다. 곧 좌익은 계급투쟁을 하고 여수 순천 사건 등을 일으키니까 좋지 못하다고 말했습니다. 나는 여수 순천 사건은 자연발생적으로 일어난 사고일 뿐이며 남로당은 화평을 바란다고 했습니다. 우리가 두 번째 만났을 때, 나는 외군 철수안을 다시 상정 가결토록 노력하여야 되지 않겠는가라고 말했더니 노일환은 다른 미제(未濟)가 많아 여의치 않다고 말했습니다. 우리가 세 번째 만났을 때는 국회에서 미군의 계속 주둔을 바란다는 결의안이 통과됐다는 뉴스가 나온 뒤였습니다. 노일환은 그건 뜻밖의 일이라고 말했습니다.

판사: 그 뒤 노일환을 본 적이 있는가?

증인: **노일환에 대한 공작은 성공적이 아니었습니다**(강조는 지은이). 그래서 나는 관수동 어느 식당에서 노일환을 하사복에게 소개했습니다. 그것이 1949년 1월쯤 됩니다. 하사복은 자신을 이삼혁이라고 했습니다. 제가 하사복을 노일환에게 소개할 때, 하는 국회의원 노일환의 도움으로 이권을 얻으려는 듯이 행세했습니다. 그때 별로 얘기를 나누지 않았습니다.

판사: 증인은 하사복을 얼마나 자주 만났는가?

증인: 그는 노일환을 정기적으로 만나야 했습니다. 저는 닷새나 엿새에 한 번씩 하사복을 만났습니다.

판사: 하사복이 노일환에 관해 무엇을 말했는가?

증인: **노일환이 대단히 영웅주의적이어서 다른 사람이 말하는 것을 무조건 듣지는 않는다고 보고했습니다. 노가 자기 고집만을 피우고 있기 때문에 그와의 일이 어려움이 많다고 했습니다**(강조는 지은이).

증제 1호 누가 썼는지 몰라

판사: (증제 1호를 보여주면서) 이것이 박헌영에게 가는 보고서인가?

증인: **누가 그것을 썼는지, 얼마나 정확한지 모릅니다. 저와 관련된 사항만을 압니다**(강조는 지은이).

판사: 외군 철수 문제를 국회에서 논의하라는 남로당의 여하한 지시가 없었는가? 그게 1949년 2월 26일 아닌가?

증인: 남로당은 미군 철수만을 강조합니다. 따라서 남로당이 미군 철수를 위해 힘을 쏟고 있었다는 것은 사실입니다. 이문원이나 노일환이 동의하든 말든 남로당은 항상 철군을 목표로 하고 있었습니다.

판사: 남로당은 주한미군이 장애물이라고 생각했나?

증인: 네, 그렇습니다.

판사: 남로당은 미국에 대한 국민의 분노를 일으키려고 했기 때문에 외군 철수를 주장한 것인가?

증인: **남로당은 외군 철수를 요구한 적이 없고 미군 철수만을 요구했습니다**(강조는 지은이).

판사: 증인은 미 군사고문단의 해체를 명령했나?

증인: 우리들이 한번 얘기한 적이 있습니다.

판사: 노일환과 이문원이 3월 19일과 6월 17일 유엔한위를 방문한 것은 바로 남로당이 바라는 것이 아닌가?

증인: **당연하지만 외군 철수 문제는 우리가 전혀 모르는 채 국회의원들 간에 논의된 것입니다. 우리들은 단지 그들이 스스로 결정한 것을 이용했을 뿐입니다**(강조는 지은이).

판사: 증제 1호가 국회 안의 남로당 공작을 설명하고 있는데?

증인: 사실과 일치하지 않은 것이 있어서는 안 되겠지요. 그러나 100% 정확하다고 할 수 없습니다.

(판사가 증제 1호를 읽는다.)

증인: 저는 이 보고서에 관해 자세히 모릅니다만, 그 요점은 우리가 힘들여 공작한 것과 부합합니다. 우리는 노일환과 이문원이 기꺼이 우리 전선에 가입할 사람이라고는 결코 생각하지 않았습니다. 그들이 말한 것에 우리와 부합하는 것이 있다면 그것은 그들의 영웅주의 또는 민중의 목소리가 그렇게 시킨 **것입니다**(강조는 지은이). 우리는 그들이 제 생각대로 움직이는 사람이라고 밖에는 생각지 않았습니다. 우리는 유엔한위에의 진언서 전달 등과 같은 것에 전혀 신경을 쓰지 않았습니다. 우리는 단지 국회에서 문제들이 논의되길 바랐으며 국회 결의로 통과되길 바랐을 뿐입니다. 노일환은 그것을 할 수 없다고 했습니다. **결국 국회에 대한 우리의 공작은 실패로 끝나고 말았는데, 그것은 진언서 전달을 원한 것이 아니었기 때문입니다. 우리들이 바랐던 것은 국회가 철수 결의안을 통과시키는 것이었습니다**(강조는 지은이).

(오후 4시 50분, 5분간 휴정.)

판사: 이 보고서는 암호가 많이 있어 몇 사람만이 읽을 수 있는데, 개성에서 경찰이 압수한 것이다.

증인: 저는 신문에서 볼 때까지 그 보고서에 관해 몰랐습니다(강조는 지은이).

노일환의 변호인: 증인이 말한 바에 의하면 이삼혁이 노일환을 만났을 때, 국회의원 노일환의 호의로 이권을 얻으려는 듯 행세했다면서요? 그렇다면 노일환은 속은 것이 아닌가요?

증인: 우리가 사람을 만날 때는 신분을 감추는 것이 사실입니다.

노일환의 변호인: '명령'이라든가 '지령' 같은 말은 당원들에게만 쓸 수 있지요?

증인: 우리는 원칙적으로 명령할 수 없습니다.

노일환의 변호인: 증인은 노일환이 영웅주의적 성질이 있다고 말했는데, 그러나 노일환이 당원이라면 무조건 복종해야겠지요?

증인: 맞는 말씀입니다.

김약수, 이문원, 오관의 변호인: 남로당 중앙위원으로서 증인은 이문원이 당원록에 등록되었다고 들었습니까?

증인: 제가 아는 한 아닙니다.

김약수, 이문원, 오관의 변호인: 증인은 누가 당원이 된 것에 관해 정보를 얻을 수 있는 위치에 있습니까?

증인: 말씀드리기 어렵습니다.

김약수, 이문원, 오관의 변호인: 당원 신청 절차는 어떻게 되어 있습니까?

증인: 서면 이력서는 반드시 제출되어야 합니다. 그러나 당원이 회비 납부를 하지 않으면 이름이 탈락됩니다.

강욱중의 변호인: 소련군이 북한에 아직 주둔하고 있다는 것을 증인은 압니까, 모릅니까?

증인: 소련은 북한에서 이미 철수했습니다.

신성균의 변호인: 노일환은 하사복이 남로당원이라는 것을 결국 알게 되었

습니까?

증인: 저는 그것을 모릅니다. 그러나 하사복은 자신의 신분을 비밀로 숨겨야 할 의무가 있는 줄 압니다.

1950년 2월 4일 열린 마지막 제14회 공판에서 사광욱 판사가 변호인 측에 증인 신청을 묻자, 황윤호의 변호인은 서한용(증인 신청 당시 여수 경찰서장으로, 1948년 여순 사건 때 인민재판 현장에서 죽음으로 몰리기 직전 황윤호가 그를 구했다고 함)과 이정연(여순 사건 당시 경찰서장)을, 노일환의 변호인은 정재한, 김상흠, 장홍윤, 김정연, 이묘묵, 기정구, 노두환을 신청했다. 이어 이구수의 변호인은 고성 군수 이창수를 비롯해 이찬생, 박남수, 김용기를 증인 신청했다. 그러나 앞에서 살펴보듯 재판부는 변호인 측 증인 신청을 모두 기각했다. 그리고 검찰 측 증인으로 정해근, 김경호, 최영희만을 받아들인다.

프랭켈은 다른 증인들의 경우를 제쳐놓고라도 증제 1호를 몸속에 지녔다가 체포된 정재한이나, 황윤호가 여순 사건 때 목숨을 걸고 구했다는 서한용을 거부한 것은 논리와 상식에 어긋난다고 지적했다. 특히 재판부는 정재한의 경우 '이 재판과 관련이 없다'는 오제도 검사의 주장을 왜 받아들였는지 그 이유를 설명하지 않았다고 말한다. 남로당 공작원으로 증언대에 선 정해근의 경우도 사광욱 판사는 증제 1호의 신빙성에 관해 뾰족한 답변을 이끌어내지 못했다. 오히려 어떤 점에서 증제 1호의 신빙성을 떨어트리는 증언을 들었을 뿐이다. 신문은 다음과 같이 행해졌다.

판사: 남로당과의 관계는?

증인[정해근]: 저는 체포될 때까지 남로당 서울시 지부 국회 공작조에 있었습니다.

판사: 최태규 피고인과는 어떻게 알게 되었나?

증인: 황윤호 피고인과는 같은 동향이어서 만나고자 했으나 기회를 놓쳤습니다. 최태규를 만난 것은 한 신문기자를 통해서였습니다. 그것이 1949년 3월 말경이었습니다. 나는 최태규를 '수도 그릴'이란 식당에 데려가 저녁을 같이한 적이 있습니다. 그때 나는 국회에서 철군을 제안할 수 있느냐고 물었으나 그는 불가능하다고 했습니다.

판사: 증인은 전우진[김우진?]의 지령을 받는다고 말했는가?

증인: 저는 공산당원이란 말을 전혀 하지 않았습니다. 최태규 피고인이 소련군이 북한으로부터 철수했다고 믿느냐고 물어 그렇다고 대답했습니다. 그러나 최태규는 그렇게 믿지 않는다고 하더군요.

판사: 황윤호는 언제 만났나?

증인: 3월 25일 국회 본회의실 앞에서 그를 만났습니다.

판사: 다음은 언제 만났나?

증인: 3월 29일입니다. 그러나 그는 나를 만나길 싫어하는 것 같아 억지로 차에 태워 나간 적이 있습니다.

판사: 증인은 언제 그에게 남로당 7원칙을 말했는가?

증인: 그때 말했습니다. 내가 그것을 고안했다고 했습니다. 황윤호는 당시에 그 밖의 많은 문제들이 국회에서 논의되어야 하며, 그는 7원칙에 관심이 없다고 했습니다. 이구수에 대해서는 이정도의 형으로부터 소개받아 우연히 만났는데, 그때 제가 국회에서 요청한 대로 한국은 단지 외군 철수만으로 평화적으로 통일될 수 있다고 의견을 말했습니다. 그랬더니 이구수는 평화적 통일 방안이 있다면 얼마나 좋을 것이냐라고 대꾸할 뿐이었습니다.

판사: 증인은 공산당원으로서 말했던 것이잖나?

증인: 물론입니다. 그러나 제가 남로당 소속이라고는 절대 말한 적이 없습니다.

판사: 정종근이 증인의 형인가?

증인: 네, 그는 극우파지요. 그는 제가 하는 일을 아주 싫어합니다.

판사: 증인은 4월 1일 아서원에서 이문원을 만나서 무엇을 말했나?

증인: 저는 같은 제안을 했습니다. 그도 실행할 수 없다고 했습니다.

판사: 이문원이 증인에게 남북한이 결혼해야 한다고 말했다던데?

증인: 아닙니다. 그는 친형제가 늘 싸우면 어떻게 함께 살 수 있겠느냐고 말했습니다.

판사: 이문원은 증인의 제안에 동의하던가?

증인: 그는 현 국회 회기 중 토의를 위해서도 제안이 불가능하다고 말했습니다. 그는 다음 기회가 올 때까지 연기할 것이라고 말했습니다.

판사: 증인은 공산당원이라고 말했지 않았나?

증인: 확실히 모릅니다.

판사: 증인은 하사복이 노일환과 이문원을 계속 만난다는 것을 알았나?

증인: 아닙니다. 저는 노일환과 이문원이 남로당원이 아니라는 것을 확실히 믿고 있습니다. 만일 그들이 공산당원이라면 왜 우리가 아서원이나 수도그릴에서 만나겠어요?

판사: 증인은 조동영을 아는가?

증인: 모릅니다.

판사: 증인은 이런 양식으로 보고서를 쓰는가?(증제 1호를 보여주며)

증인: 아닙니다. 나는 보고서를 쓸 때 다른 양식을 사용합니다(강조는 지은이).

검찰 측 증인의 증언 분석

프랭켈은 검찰 측이 신청한 증인 이재남과 정해근이 공판정 증언대에서 진술한 위 기록을 치밀하게 분석한다. 그리고 검찰 측은 피고인들의 유죄를 입증하는 데 실패했다고 결론짓는다. 프랭켈이 전개한 논지를 보자.

먼저 증인 이재남의 증언을 보면, 이재남이 그와 함께 우익 신문인 ≪동아일보≫에서 함께 일했다는 노일환을 접촉했다고 나와 있다. 증인 이재남은 남로당 중앙위원으로 그가 노일환을 접촉한 것은 당 지도부의 명령에 따른 것이었다. **이 증인은 과거 노일환과의 접촉을 무시했는데, 그 까닭은 노일환이 남로당의 유명한 지도자 박헌영을 혐오하고 있다는 사실**(강조는 지은이)과, 그가 1946년 남로당 관련 정판사 위폐 사건을 꾸민 일당에 대해 적극적으로 투쟁했다는 사실 때문이었다고 했다. 이 증인은 1948년 당의 지령으로 노일환을 접촉했을 때 "노일환의 정치적 견해가 신문사 시절 그가 알았던 것과 같이 민족주의적이었다"라고 진술하고 있다.

이 증인이 노일환과 접촉했던 첫 번째 만남에서 노는 자신의 통일 방안은 남로당의 것과 전혀 다르고 말했다고 했다. 즉, 남로당은 계급 독재와 폭력에 의존하고 있다는 점에서 나쁘다고 말한 것이다. 이 증인이 노일환과 두 번째 만났을 때, 노는 외군 철수 계획안을 실행하는 것은 부적절하다고 지적했다. 마지막으로 증인이 노일환과 만났을 때 노는 국회가 한국에서 미군이 계속 주둔해야 한다는 결의안을 통과시킨 것에 놀라움을 표했다고 했다.

말을 듣지 않는 노일환

이재남의 증언에 의하면, 남로당은 노일환이나 이문원이 "우리 전선에 기꺼이 참가할 사람들"이 아닐 것이라고 의견을 정리했다. 곧 이들을 "자신의 생각대로 행동하는 사람"으로밖에는 생각지 않았다는 것이다. 증인 이재남은 "노일환에 대한 공작에 성공하지 못하자 하사복에게 노일환을 접촉해 보라"고 명했다고 했다. 그런데 이재남의 증언에 의하면 하사복도 "노일환이 영웅주의를 고집해 다른 사람의 말은 듣지 않는다"고 보고했다. "노일환이 자기 의견을 고집하여 많은 어려움을 겪었다"는 것이다.

검찰 측 증인으로 나온 이재남은 노일환과 다른 피고인들이 남로당의 유도로 남한에서의 미군 철수 동의안을 국회에 제출했고, 그들이 남로당의 지령에 따라 행동했다는 것을 입증하게 되어 있었다고 보아야 한다. 그런데 노일환과 이문원이 취한 여러 가지 조치가 과연 남로당이 예상한 것과 일치하는가? 이 질문에 대해 증인 이재남은 "외군 철수 문제가 국회에서 논의되었지만, 당연히 우리는 알지 못했다"고 답변했다. 이에 더하여 증인은 남로당은 "서한의 전달을 바라지 않았으며" 다만 "철수안이 국회 결정으로 그대로 통과되길 원했다"고 증언했다.

이 증언은 피고인들이 외군 철수안의 국회 통과를 목적으로 행동한 것은 남로당이 모르는 채 시작되었고, 새 유엔한위에 진언서를 제출하는 것은 남로당이 계획했거나 바란 것이 아니었음을 보여준다(강조는 지은이). 따라서 증인 이재남이 "국회에 대한 우리의 모든 공작은 실패로 끝났다"고 말한 것이 이해될 만하다.

프랭켈 법률보고서는 이재남이 노일환에 대한 자신의 공작은 물론 그의 부하 하사복의 공작도 실패해 결국 "국회에 대한 우리의 모든 공작은 실패로 끝났다"고 증언했다는 점에 근거해 노일환에 대한 검찰의 논고 주장이 무너졌다고 결론지었다. 이어 또 다른 검찰 측 증인 정해근의 증언을 다음과 같이 분석했다.

검찰 측의 또 다른 증인 정해근은 국가보안법 위반 혐의로 체포된 상태에서 증언대에 섰다. 그가 제14회 공판(1950년 2월 4일)에서 증언한 바에 의하면, 정해근은 1949년 3월 미군 철군 문제로 최태규 의원을 접촉, "국회에서 미군 철수를 제안할 수 있느냐고 물었을 때", 불가능하다는 대답을 받았다. 그는 당시 그가 남로당원이라고 분명하게 말한 적이 없다고 증언했다.
증인 정해근은 또한 황윤호 피고인과도 접촉했다. 정해근은 황윤호가 "나를 만나는 것을 싫어하는 것 같다"는 인상을 받았다고 진술했다. 황윤호 피고인은 정해근의 제안에 관심을 두지 않았다는 것이다. 증인 정해근에 의하면 미군 철수 문제에 관해 이구수 피고인을 접촉하려 했을 때, 이구수는 냉랭한 반응을 보였다. 정해근이 또한 프락치사건의 수괴라는 이문원을 같은 문제로 접촉했을 때, 이 피고인은 국회에서 미군 철수 결의안을 제출할 수 없다는 말을 들었다고 증언했다. 게다가 이문원은 국회에서 이 문제를 논의조차 할 수 없다고 말했다고 했다. 노일환 피고인이 황윤호에게 증인 정해근을 만나지 말라고 경고했다는 말도 주목할 만하다(제6회 공판, 1949년 12월 27일 참조).
이 기록을 볼 때 증언대에 선 남로당원 2명은 그들이 피고인들을 접촉할 때마다 자신들이 남로당원이나 남로당의 지령으로 행동한다는 말을 밝히지 않았음에도 각각이 그들의 제안에 응하지 않았음을 보여준다. 증인 정해근은 노일환과 이문원이 남로당원이 아님을 믿는다고 말했다. 이 말은 위에서 이재남이 진술한 증언, 곧 남로당은 노일환과 이문원을 "자신의 생각대로 행동하는 사람으로밖에는 생각지 않았다"는 취지의 말과 부합한다. 따라서 검찰이 노일환과 이문원이 남로당원, 또는 적어도 남로당 측 '공작원(agents)'이라고 입증하려는 노력은 실패로 끝난 것이다.

증제 1호 검증 실패

또한 검찰은 증제 1호가 남로당이 작성한 피고인들의 활동에 관한 문서라는 공소 사실을 입증하는 데도 실패했다. 증인 정해근은 그가 북한에 보내는 남로당 보고서를 쓸 때 작성하는 양식이 증제 1호와는 다른 것이라고 증언했다. **증인 이재남은 하사복으로부터 그가 피고인들과 나눈 대화에 관해 정기적으로 보고를 받았는데, 누가 증제 1호를 작성했는지 모르며 피고인들이 체포되고 난 뒤 신문에서 보고서야 그것에 관해 알았다고 말했다**(강조는 지은이). 증인 이재남이 "하사복은 자기 휘하의 사람"이라고 분명히 증언한 이상, 그가 증제 1호를 북으로 밀반출하려 했다면 그것은 남로당 채널을 이용한 것이 아니라고 추정할 수밖에 없다. 따라서 하사복이 증제 1호를 북한에 보내려고 했을 때 그의 상사인 이재남의 지시에 따른 것이 아님이 밝혀진 셈이다. 검찰이 하사복을 증인으로 부르지 못한 이상, 하사복이 누구의 지시로 증제 1호를 작성했으며 공판정에 증인으로 나오지 않은 메신저[정재헌]에게 전달했는지 밝힐 수는 없는 일이다.

남로당 가입의 수수께끼

하사복이 작성했다고 하는 증제 1호는 노일환과 이문원이 남로당에 가입했다고 씌어 있다. 하사복이 남로당의 그의 상사에게 구두로 한 보고에 의하면, 노일환과 이문원은 남로당에 가입하지 않았다고 한다. 하사복이 작성한 노일환과 이문원에 대한 공작 관련 서면 보고서가 그가 남로당 상사에게 한 구두 보고와 왜 다른지 이 법정에서는 밝혀지지 않았다. 이재남의 증언에 의하면, 하사복은 반대 신문에서 그의 존재를 비밀로 해야 한다는 의무를 지고 있다고 말했다. 증제 1호와 경찰에서의 피고인 신문 조서에서 나온 자백을 보면, 하사복은 노일환과 이문원을 남로당에 가입시키려 했다고 쓰여 있으며 그가 남로당원임을 밝혔다고 한다. 하사복이 공판정에 나와 반대 신문을 받을 때가 오기 전에는 왜 그가 당원직을 숨기라는 지령을 분명히 어기고 증제 1호에 적시한 사실을 보고했는지 밝혀내는 것이 불가능하다. **공산당을 지배하는 엄격한 기율로 보아 남로당의 공작원이라는 사람이 상사에게 한 구두 보고에서 스스로 기율을 어겼다고 자백한 것은 이 사건의 또 하나의 수수께끼다**(강조는 지은이).

이 경우 재판부는 핵심 피고인 노일환과 이문원에 대한 판단을 내림에 있어, 증제 1호가 뒷받침하는 피고인들의 자백에 의존할 것인가, 그렇지 않으면 공판정에서 증인 이재남과 정해근이 진술한 증언에 의존할 것인가를 결정해야만 한다. 담당 검사는 논고를 거의 전적으로 경찰에서 진술한 피고인들의 자백과 증제 1호에 의존했다. **재판부가 이재남과 정해근의 증언과 피고인들이 공판정에서 증언한 진술에 비춰 증제 1호를 과연 진정한 가치가 있다고 평가할지 두고 볼 일이다**(강조는 지은이, 프랭켈 법률보고서: 11~14쪽).

위에서 살펴본 프랭켈 보고서는 헨더슨 공판 기록에 나온 증언을 사실대로 분석하고 있다. 요컨대 그는 검사의 논고가 피고인들이 공판정 밖에서 진술한 자백과 증제 1호에 전적으로 의존하고 있다면서, 그러나 검찰측이 부른 증인 이재남과 정해근이 공판정에서 진술한 증언은 검찰이 주장한 논거를 무너뜨리고 오히려 피고인들이 공판정에서 말한 것과 부합함을 말한다. 이런 중대한 갈림길에서 재판부는 누구의 손을 들어줄 것인가 그는 따져 묻고 있는 것이다. 여기서 우리는 프랭켈 법률보고서의 숨어 있는 의도를 읽을 수 있다. 결정적인 증거로 제출된 '증제 1호'의 신빙성이 검찰 측 증인들이 공판정에서 진술한 증언으로 무너진 마당에 재판부가 무슨 근거로 유죄 판결을 내릴 수 있단 말인가? 그러나 재판부의 유죄 선고는 예고되어 있었다.

여기서 의문이 생긴다. 도대체 검찰 측은 어찌하여 이재남과 정해근, 특히 이재남을 증인으로 불러 불리한 증언을 자초했는가? 이 의문도 지은이의 추측을 자극한다. 검사 오제도와 판사 사광욱은 일제 시대 법조인 출신이다. 그들은 이 재판에서 증거 조사를 두고 고민하지 않을 수 없었을 것이다. 당시 시행되고 있었던 일본 형사소송법 아래 비록 증거 채택이 판사의 자유재량에 의한다고 할지라도 최소한의 증거법의 원칙은 의식하지 않을 수 없었을 것이다.

그것이 세인이 주목하고 있는 증제 1호의 경우다. 증제 1호야말로 프락치사건의 유죄를 입증하는 버팀목이다. 그러나 정재한의 몸속에서 나왔다는 이 암호 문서는 그 정체가 무엇인지 입증이 안 된 '도깨비' 문서로 남아 있다. 아무리 판사의 자유심증주의가 통용되더라도 이 '도깨비' 문서를 증거로 채택하는 것은 문제임을 의식했을 것이며, 이에 따라 검찰은 껄끄러워하면서도 이재남과 정해근을 증인으로 부르지 않을 수 없었던 것이 아닐까?

문제는 증제 1호를 검증해줄 증인을 구하기 어렵다는 점이다. 이 문서와 가장 가깝다고 여겨지는 정재한은 재판 진행 중 형장의 이슬로 사라졌고, 남로당 공작원 하사복(이삼혁)은 체포망을 피해 달아났다. 그렇다면 오제도 검사는 누구를 증인으로 불러야 할 것인가? 여기서 남로당 중앙위원으로 체포된 이재남이 오제도의 마음속에 떠올랐을 것이다. 이재남은 하사복의 직속상관이 아니던가? 이놈이 협조만 잘한다면 문제는 해결될 수 있다! 그런데 이재남이 과연 바라는 대로 말을 해줄 것인가? 오제도는 다소 모험을 하지 않을 수 없었을 것이다. 조금 시간이 걸리더라도 이놈을 요리해 보자. 그는 제11회 공판(1950년 1월 6일)이 끝나기 직전 판사에게 특별히 요청한다. "경찰이 중요한 증인을 취조 중에 있는데 그를 부를 수 있는 만큼 다음 공판을 연기해주십시오." 사광욱 판사는 이를 받아들여 다음 공판은 1월 20일 열린다고 예고한다.

그로부터 2주 뒤 열린 제12회 공판에 이재남이 증언대에 선다. 그런데 그는 혼자 서서 증언할 수 없을 만큼 몸이 망가져 있었다. 프랭켈은 공판을 참관한 한국인 직원으로부터 이것을 들은 뒤 다음과 같이 의문을 제기한다.

> 1950년 1월 20일 이재남이 법정에 나타났을 때 그는 몸이 너무 허약해 앉아서 증언을 해야 했다. 이렇게 증인의 몸이 허약해진 상태가 경찰이 그를 장기 수사한 것과 어떤 관계가 있는지에 대해서는 아무런 의문이 제기되지 않았다(프랭켈 법률보고서: 10쪽).

위에서 본 바와 같이 프랭켈은 검찰 측 증인으로 나온 이재남과 정해근의 증언을 면밀히 분석한 결과 검찰이 유죄 입증에 실패했다고 결론지었다. 그들은 검찰 측 기대에 어긋난 증언을 하고 말았던 것이다. 따라서 프랭켈은 그들의 증언이 문제의 핵심 증거인 증제 1호의 신빙성을 무너뜨리고 말았다고 분석한다. 그런데도 한 달 뒤 재판부는 국회의원 피고인 모두에게 유죄를 선고한다.

그런데 재미있는 것은 1950년 2월 10일 구형 공판을 끝낸 뒤 오제도 검사는 결정적 증인을 불러들인 이야기를 전하고 있다. 이들 증인이야 말로 국회프락치사건이 '정치적인 조작극'이란 풍설을 잠재울 수 있는 남로당의 반프락치부 핵심 요원들이라는 것이다. 한 사람은 남로당 반프락치부 총책 도상익이고, 다른 한 사람은 문제의 암호 문서 증제 1호를 직접 썼다는 이태철이다. 반공 '다큐멘터리' 『특별수사본부』(1972) "국회 푸락치사건" 편은 도상익의 경우 오제도 검사가 결심 공판에서 구형한 뒤 닷새가 지난 2월 15일 전향했고, 뒤이어 이태철이 전향했다고 전하고 있다. 그러나 그가 이들 증인을 불러들인 곳이 공판정이 아닌 픽션의 장소라는 것이 특이하다(제8장 4절 "국회프락치사건의 성격: 정치 음모와 테러" 참조). 이 '다큐물'이 픽션이라고 하더라도 오제도가 '문헌적 가치'를 높이 평가하고 있다는 점은 이미 앞에서 살펴보았는데, 이들은 이미 선고 공판이 끝난 뒤인 3월 26일 외국 기자들을 상대로, 그 다음날은 국내 기자들을 상대로 기자 회견을 했다고 하며, 이태철은 문제의 암호 문서를 가리키며 "이 손으로 양면괘지 한 칸에 네 줄을 썼습니다"라고 '증언'했다고 되어 있다(같은 책: 376~382쪽).

4. 국제법 위반

프랭켈 보고서는 국제법상 유엔한위가 한국 전역에서 "[누구와도] 의견을 들을 수 있는 권한이 있다(…… was authorized to 'consult throughout Korea')"이 있다면서 "유엔한위의 중요 임무가 점령 외군의 실제 철수를 관찰하고 그 철수 사실을 검증하는 것"인 이상 "유엔한위에 위임된 문제에 관해 협의하는 것은 국제법상 특권으로 인정된 행위"라고 일깨웠다.

따라서 보고서는 한국 국민이 유엔한위에 위임된 문제에 관해 협의했다는 이유로 한국 법원이 처벌받을 수 있다는 선례를 세운다면 이는 유엔한위의 임무를 위태롭게 할 것이라고 경고한다. "그러한 결정은 유엔의 권위와 명성에 대한 공개적인 도전이 될 것"이며, 따라서 "이 사건 판결의 경우 유엔과 회원국들이 최고의 주의를 기울여 조사할 것으로 보인다"고 경고하고 있다.

프랭켈 보고서는 피고인들이 공판 과정에서 유엔한위와 접촉할 권한이 있다고 주장했다면서 제6회 공판(1949년 12월 19일)에서 "우리가 외군 철수를 주장한 단순한 이유는 유엔한위에 그 임무를 일깨우기 위해서였다"고 한 김약수 의원의 증언을 인용했다.

남로당 지원으로 당선?

국회프락치사건이 갖는 국제법적인 맥락에서, 프랭켈 보고서는 이문원과 서용길 피고인의 경우를 주목하고 있다. 재판부는 이들이 5·10 총선 때 남로당의 지원으로 당선되었다고 추궁당한 부분에 주목하면서 이는 한국 법원이 유엔 임시위원단이 총선의 정당성을 인정한 것과 모순된다고 지적한다.

먼저 서용길의 경우를 보자. 1949년 12월 12일 열린 제9회 공판에서 사광욱 판사는 서용길 피고를 증언대로 불러 다음과 같은 신문을 하고 있다.

사광욱 판사: 피고인은 지한성이란 남로당원을 아는가?
서용길 피고: 네, 초등학교 한 반 친구였는데, 검사로부터 그의 이름을 처음 들었습니다.
판사: 이백수란 사람은?

피고: 압니다. 그러나 내가 출마할 때까지 몰랐습니다.

판사: 신문 조서에 의하면 이백수는 중학교 교사이고, '교육자협회[좌익 조직] 사건'에 관련되었다는데?

피고: 내 학교 친구 한 사람이 소개했는데, 그 사람이 그 사건에 관련되었다는 것을 알고부터는 선거 사무실에 오지 못하게 했습니다.

판사: 기록을 보니 아산 선거지역구에는 윤보선[재판 당시 상공부 장관], 이용진[재판 당시 충청남도 지사], 이종명[서울의 한 신문사주, 오명의 친일분자], 정희복, 이준규가 피고인의 경쟁 후보라고 하던데?

피고: 그렇습니다.

판사: **피고인이 민족진영 쪽의 그런 유명 인사들을 이긴 것을 보면, 중학교 교사라는 이백수가 좌익 표를 모아주었을 가능성이 있지 않았나?**(강조는 지은이). 그 사람이 당신 사무실을 자주 들락거렸다던데?

피고: 그가 내 사무실에 자주 온 것은 사실이지만 교육자협회 사건에 관련되었다는 것을 알고부터는 사무실에 오지 못하게 했습니다.

판사: 지한성이 남로당원이라고 시인했는데, 당신에게 선거 자금으로 3만 원을 빌려주었다던데?

피고: 앞서 말씀드렸듯이 그는 초등학교 한 반 친구였어요. 그가 나를 위해 표를 모았을 수도 있습니다만, 저는 그가 남로당원이란 것을 몰랐습니다. 그에게 3만 원을 빌려준 것도 사실이지만 나는 당선된 뒤 알았습니다. 나는 당선 결과를 발표할 때 서울에 있었습니다. 당시 사정이 너무 백중지세였기에 나는 집 문패를 떼라고까지 했습니다. 지한성이 아내 결혼반지를 저당 잡혀 구해온 3만 원을 꿔주었다고 합니다. 당선된 지 6개월 만에 갚았습니다.

판사: 지한성의 진술에 의하면 당신이 선거 유세 연설을 한 것 중에서,

당신은 가난한 사람이라고 해서 그 역시 가난한 사람이기에 마음이 동해 3만 원을 꿔주었다고 하던데?

피고: 그가 친구의 당선을 위해 도와준 것은 좋은 일 아닌가요? 그런 말은 했는지는 모르지만, 자기가 원하는 말을 자유롭게 했겠지요. 판사님이 내가 선거 연설 중 했다는 말을 나는 기억하지 못합니다. 나는 프롤레타리아에 관심을 갖기보다는 개헌 문제에 관심을 갖고 있습니다.

딱딱이 두 번 때려 기호 2번 투표하라

판사: 피고인의 후보 기호는? 2번이 맞지요?

피고: 네, 2번이었습니다. 윤보선 씨는 1번이었습니다.

판사: 피고인 기호가 2번이어서 좌익들이 야경꾼으로 변장하여 딱딱이를 딱딱 두 번 때렸다는데, 그것은 좌익들이 기호 2번에 투표하라는 것이라던데? 또한 같은 뜻으로 전지 불빛을 두 번 비췄다던데? 사실인가?

피고: 좌익들이 전지 불빛을 두 번 비칠 만큼 제가 그렇게 유명했는지 몰랐습니다.

판사: 한 형사가 증언하기를 피고인 표는 주로 이백수와 지한성의 영향력으로 선거구의 좌익쪽 사람이 던진 것이라던데, 사실인가?

피고: 형사가 말했다는 부분인데요, 만일 좌익쪽 사람들이 내게 투표했다면 다행이라고 생각해야겠습니다. 물론 나는 그것을 알 리가 없지요.

판사: 조서에 의하면 남로당원 김구성이 피고인이 당선되도록 도왔다던데?

피고: 모르는 일입니다. 제가 아산에서 당선된 뒤, 김구성이 서울에 와서 취직을 부탁하여 단호하게 거절한 일이 있습니다. 사람들 취직을 알선하기 위해 당선된 것이 아니니까요.

판사: 정희복(5·10 선거 후보의 한 사람)**의 증언에 의하면, 아산에서 유명**

인사들을 제치고 당신이 승리한 것은 당신이 남로당 세포조직을 이용했기 **때문이라던데?**(강조는 지은이).

피고: 정희복은 아산 선거에서 내 경쟁 후보였던 이들 중 한 사람입니다. 나는 한때 민족진영의 유명 인사들에게 기꺼이 양보할 의향을 내비친 적이 있습니다. 그가 경쟁 후보를 의도적으로 음해하는 것은 대단히 유치하고 부당한 짓이지요.

판사: 피고인 비서로 일했던 성낙손에 의하면 그가 사임한 것은 당신이 좌익이었기 때문이라고 하던데?

피고: 성낙손은 내 경쟁 후보 중 한 사람인 이용진의 충복입니다. 이용진 씨가 내 사무실의 모든 일을 탐지하기 위해 그를 의도적으로 보낸 것입니다. 재판장님도 아시다시피 모든 후보는 경쟁 후보들에게 이용될 수도 있는 개인적인 비밀 정보가 약간씩은 있습니다. 내가 무엇을 하면 어느 때건, 즉시 이용진 씨에게 알려진다는 것을 알아차렸습니다. 누가 정보를 내보내는가 열심히 찾아보니 바로 성낙손이었습니다. 그래서 즉시 내보냈던 것입니다.

판사: 나칠복을 아는가? 그는 서용길 외에는 누구도 가난한 사람의 생활수준을 올릴 수 없다고 말했다던데?

피고: 나칠복은 내 학교 친구의 한 사람입니다. 내가 아는 건 그게 전부입니다. 나는 그가 무슨 말을 하던 개의치 않습니다.

판사: 피고인은 선거 유세에서 좌익분자들에 크게 신세를 졌고 따라서 큰 빚을 져 그들의 호의를 갚으려 했을 게 아닌가?(방청객들 폭소, 강조는 지은이 — 헨더슨 공판 기록, 제8회 공판분에서).

위에서 보듯 사광욱 판사는 5·10 총선 때 서용길 후보가 남로당원들의 도움으로 좌익 유권자가 던진 표 덕분에 당선되었다는 '범죄 혐의'를 집중 추궁하고 있다. 사법경찰관이 참고인으로 부른 사람들이 진술한 신문조서가 이를 뒷받침하고 있다는 것이다.

그러나 엄격하게 말하면, 5·10 선거는 투표 비밀이 보장된 보통선거이므로 법을 적용하는 판사가 유권자가 누구를 투표했는지를 추단하는 것이 과연 적법한지 의문이다. 게다가 증인들이 말한 남로당원의 지원은 '정황 증거'에 불과하다. 프랭켈 법률보고서는 야경꾼으로 변장한 남로당원들이 딱딱이를 두 번 때렸다든지, 전지 불빛을 두 번 비춰 좌익 유권자들에게 기호 2번을 찍으라고 지시했다는 것은 정말 '동떨어진' 정황 증거라고 말한다(프랭켈 법률보고서: 6쪽).

남로당 익산지부가 이문원 지원?

다음으로 이문원 피고의 경우를 보자. 사광욱 판사는 5·10 선거 때 이문원의 선거 사무장으로 일했던 외조카 최기표를 불러 대질 신문을 하며 남로당과의 연관을 추궁하고 있다. 그 요지는 이문원이 남로당 익산지부 책임자인 윤형준에게 당 지원금으로 80만 원을 주기로 약속했으며 그 대가로 남로당원들이 도와 그가 당선됐다는 것이다. 판사의 신문은 아래와 같다.

판사: 이문원 피고인, 최기표가 윤형준을 그의 처가에서 소개했는가?
이문원 피고: 네, 소개했습니다. 윤형준은 최기표의 처남입니다.
판사: 최기표가 윤형준이 남로당 익산지부의 책임자여서 선거에 크게 도움을 줄 것이라고 말했다는데? 윤이 뒤에서 밀면 모든 좌익 유권자들이 당신에게 표를 찍을 것이라고 믿고는 당신이 최기표에게 윤을 끌어들이도록

말했다던데?

이 피고: 그 사람을 만나 선거를 도와달라고 한 일은 있지만, 그가 남로당과 관련되어 있다는 건 몰랐습니다.

판사: 피고인 최기표, 당신은 공춘식을 익산에서 만난 일이 있는가?

최기표 피고: 네.

판사: 최 피고인, 이문원의 선거 요원으로서 윤형준의 도움을 받아 남로당원으로부터 표를 얻어내려고 했는가?

최 피고: 저는 윤형준으로부터 되도록 많은 표를 얻어달라고 했습니다만 그것이 남로당원의 표를 말하는 것은 아니었습니다. 저는 윤형준의 조직 전술을 믿었습니다.

판사: 당신이 경찰에 진술하기를 익산에는 김태희, 차최길, 이문원 세 후보가 있다고 하면서, 김태희와 차최길은 대한청년단이나 한국민주당으로부터 큰 지원을 받지만 이문원은 아무 지원도 못 받는다, 그러니 이문원은 윤형준을 통해 남로당원 표를 얻으려 했다고 말했다던데?

최 피고: 아닙니다. 남로당에 관해서는 아무 말도 하지 않았습니다.

판사: 최 피고인, **이문원이 남로당이 도와주면 80만 원을 헌금하겠다고 약속했다는데?**

최 피고: 아닙니다. 선거 비용을 부담하기 위해 50만 원을 미리 주기로 하고 30만 원을 나중에 주기로 했습니다. 그 돈은 절대로 남로당으로 가는 돈이 아닙니다(강조는 지은이).

판사: 이문원 피고인, 당신은 선거에 질까 불안해 윤형준을 통해 공산당원으로부터 도움을 얻으려 했는가?

이 피고: 네, 불안해한 건 사실입니다. 나는 원래 이청천 장군의 지시에 따라 운동을 했습니다. 내 경쟁 후보 차 씨는 대한청년단원입니다. 이청천

장군은 부산에 오는 바람에 헛수고였습니다. 따라서 나는 기독교인이기 때문에 가톨릭과 개신교의 도움을 얻으려 했습니다(헨더슨 공판 기록, 제5회 공판분에서).

위에서 보듯 이문원이나 서용길은 사광욱 판사의 끈질긴 추궁에도 남로당과의 관련 또는 남로당원의 지원을 극구 부인하거나 모른다고 말하고 있다. 그런데 프락치사건 담당 재판부가 5·10 선거에서 남로당 관계를 문제 삼는 태도는 과연 정당하고 적절한가? 프랭켈 박사는 이 문제를 전혀 다른 각도에서 진지하게 다루면서 재판부의 태도가 당시 대한민국 정부의 국제법적 토대를 심각하게 훼손하는 일이라고 일갈(一喝)한다.

판사가 신문한 말은 미 군정 관할 아래 실시된 1948년 5·10 선거에 관한 것이라고 지적해야겠다. 선거법과 하지 장군이 당시 발표한 성명은 구체적으로 선거 유세의 자유를 규정하고 있으며, 남로당원을 포함한 모든 사람들에게 투표할 권리와 국회의원에 입후보할 권리를 부여하고 있다. 이러한 보장을 근거로 유엔 임시 한국위원단은 선거가 '자유로운 분위기' 아래 실시되었다는 결론에 이르렀고, 대한민국 정부를 한국의 유일한 합법정부로 인정하라는 권고를 했다. 그러나 재판부는 선거 활동과 유세의 자유 원칙을 무시하면서 1948년 5·10 선거 전에 일어난 사실 관계를 조사했으며, **선거 약 1년 뒤 그 행위를 유죄로 입증하기 위해 그러한 정황 증거를 이용했다. 재판부는 이러한 문제를 제기함으로써 선거의 공정성에 관한 유엔 임시한위의 성명을 심각하게 위험에 빠뜨리고 있으며, 따라서 유엔이 대한민국 정부를 인정한 법적 토대를 훼손한다는 것을 알지 못하고 있음이 분명하다** (강조는 지은이, 프랭켈 법률보고서: 6쪽).

5. 프랭켈-헨더슨 조(組)의 막후 활동

우리는 제1권 마지막 장에서 미국 대사관이 "무대응에서 간섭으로" 나와야 한다는 헨더슨의 정치비망록을 소개했다. 헨더슨에 의하면 미 대사관은 전통적인 내정 불간섭 노선에 따라 대한민국의 내정에 대해 손을 놓고 있으나 이는 민주 헌정을 이룩한다는 미국의 대한정책 목표에 역행하는 것이었다. 그러나 그는 한 대목에서 다음과 같이 쓰고 있다.

> 물론 대사관은 실제로 완전한 불간섭을 따르는 것은 아니다. 그러나 이 경우 간섭이란 외형적으로 한국의 '더러운 얼굴'(작은따옴표는 지은이)을 씻어주기 위한 것이었다. …… 우리가 중요한 정치적 결정에 간섭하지 않는다는 원칙에 대한 유일한 예외적 사례가 하나 있다. 그것은 지극히 권위주의적인 국가보안법의 소급 조항을 개정한 일이었다. 국가보안법 소급 조항은 유엔 인권 선언마저 위반한 것으로 국회를 위협하여 강제로 통과된 것이다. **주로 내[헨더슨]와 법률고문[프랭켈]의 노력으로 우리 대사가 관심을 갖게 되어, [이승만] 대통령에게 그것에 대한 거부권을 행사하도록 하는 데 성공했다. 대사관이 국회 법사위원회와 긴밀히 접촉한 결과 국회는 훨씬 개선된 조항을 마련했다. 국회는 그 조항을 채택했을 뿐만 아니라 그것은 우리가 바랐던 것보다 더욱 민주적인 특징을 지니고 있었다**(강조는 지은이, 헨더슨 정치비망록: 8쪽).

위 글 중 강조한 부분은 바로 '프랭켈-헨더슨 조의 막후 활동'을 시사해 준다. 이때 프랭켈과 헨더슨이 미 대사관의 '은밀한 간섭'을 유도해 국가보안법의 개악을 막았음을 알려주고 있는 것이다. 계속해서 헨더슨 비망록은 말한다.

[재개정된 국가보안법안에 대해서] 다시 대통령의 거부권이 행사되었다. 그러나 **국회는 우리의 은밀한 간섭으로 더욱 고무되어 다시 개정법안을 재의결함으로써 대통령의 거부권을 무력화시켰다**(강조는 지은이). 비록 국회는 대사관의 간섭이 있었다고 짐작했지만 그것을 분개하기는커녕 환영했으며 아무 말도 꺼내지 않았다. 이러한 중요한 정치적 간섭의 드문 사례는 제섭 박사의 연설을 제외하면 내가 아는 한 유일하다. 제섭 박사의 연설이란 미국 대표들이 한국 행정부의 파시스트적 경향을 지지하지 않는다고 국회에서 표명한 것이다. **우리의 실험은 성공적이었다**(강조는 지은이, 같은 글).

무슨 실험을 성공했다는 것인가? 헨더슨 비망록은 1949년 12월 국가보안법 개정이 위헌적이고 유엔 인권 선언과도 배치되는 소급 처벌을 규정하고 있어 프랭켈-헨더슨 조가 나섰다고 적고 있다. 그 결과 '훨씬 개선된 조항'으로 바꿔놓는 데 성공했다. 이 이야기를 좀 더 자세히 알아보기 위해서는 당시 국가보안법 1차 개정이 이뤄진 경위를 되돌아보고 개정 내용을 검토할 필요가 있다.

프락치사건으로 국회의원들을 얽어맨 국가보안법은 1948년 12월 1일 공포된 이래 법무장관 권승열이 말한 대로 "좌익 공산분자를 박멸하는 소재"로서 큰 공로를 세웠다. 한 기록에 의하면 1949년 한 해 동안 이 법에 의해 검거 투옥된 자만도 11만 8,621명에 이르렀다(조국, 1988: 332쪽). 이는 좌익 사건을 다루는 검찰과 법원의 처리 능력을 초과하는 문제를 낳았다. 헨더슨은 감옥의 수용 능력이 감당하지 못하는 좌익수 문제를 다음과 같이 말한다.

유엔위원단에 보고된 바에 의하면 89,710명이 1948년 9월 4일부터 1949년 4월 30일까지 체포되었는데, 그중에서 28,404명이 석방되고 29,284명이 보안실로, 6,985명이 헌병대로, 1,187명은 처리를 기다리고 있다는 것이다. 검찰도 넘겨진 사람 중 80% 이상에게 유죄를 선고했다. 형무소에 갇힌 사람들은 별도로 발표되지는 않았지만 법무장관은 12월 27일 "형무소가 15,000명을 수용할 수 있으나 지금 40,000명을 수용하고 있다"고 언명했다. 1950년 봄 재무부의 미곡 배당 계획에 의하면 남한의 21개 형무소에 갇힌 사람이 58,000명이었다. 국회 감사에 의하면 수감자들 중 50~80%가 국가보안법 위반자들이었다(Henderson, 1968: 163쪽).

이승만 정권은 이 문제를 "근대 법치국가에서 유례를 찾아볼 수 없는 기발하고 반인권적인 방법"으로 해결하고자 했는데, 그것은 바로 단심제, 사형제도, 보도소 설치를 중심으로 하는 국가보안법 1차 개정안이었다(박원순, 1989a: 108쪽).

문제는 국회가 이러한 반인권적인 국가보안법 1차 개정안에 대해 "아무런 이의나 논쟁도 없이" 정부 원안대로 통과시켰다는 점이다. 단심제는 위헌적인 발상이며, 법정형을 사형으로 올리는 것이나 보도 구금 및 보도소 설치는 반인권적인 문제의 소지를 안고 있는데도 국회가 아무런 견제 기능을 수행하지 못한 것이다. 게다가 개정안은 위헌적이며 유엔 인권선언에 위반되는 소급 처벌 규정을 담고 있었다. 논리적으로 이는 재판 중에 있던 프락치사건 피고인들에게도 소급 적용할 수 있었다.

국회가 무기력 증세에 빠진 것은 프락치사건으로 반정부적인 소장파의 목소리가 사라진 데 그 원인이 있을 것이다. 노일환, 이문원 등 쟁쟁한 소장파의 입이 빠진 국회가 아무런 행정부 견제 기능도 수행할 수 없게 된 것은 당연한 결과다. 박원순이 보듯 "국가보안법 제정 과정에서 극렬한 반대 투쟁을 벌였던 의원들이 프락치사건으로 모조리 구속된 지 얼마 되지 않아 그 충격의 여진이 남아 있었던 게"(같은 책: 110쪽) 그 원인이었을 것이다.

그런데 이상한 일이 벌어졌다. 국가보안법 1차 개정안이 1949년 12월 19일 법률 제85호로 공포된 지 두 달이 채 되지 않아 정부는 2차 개정안을 국회에 제출한다. 1차 개정 법률의 경우 부칙으로 그 시행일을 대통령령으로 정하게 되어 있었으나 시행되지도 못한 채 2차 개정법안이 나온 것이다. 이것을 어떻게 설명해야 할까? 박원순은 "2차 개정안을 낸 정부 측의 실제 의도는 1차 개정안 통과 후 국내외에 일었던 인권 유린 법률이라는 비난을 잠재우기 위한 것"이라고 말한다(같은 책: 117쪽).

그런데 여기에는 프랭켈-헨더슨 조가 벌인 막후 활동이 숨어 있었다. 미루어보건대, 무초 대사는 문제의 개정 국가보안법이 '소급 처벌 규정(ex post facto provisions)'을 담고 있어 헌법과 유엔 인권 선언에 위배된다는 것을 이승만 대통령에게 환기시켰을 것이다. 정부 측이 국회에 낸 2차 개정안은 사형을 선고받은 자에 한해서만 단심제 적용을 하지 않고 상고의 기회를 준다는 것과, 무엇보다도 소급 조항을 철회하는 내용을 담고 있다.

재미있는 사실은 국회가 이때 1차 개정 때와는 태도가 딴판이라는 것이다. 국회 법사위원회는 정부의 2차 개정안에 반대하여 단심제를 철폐하고 정상적인 3심제로 환원하는 것을 골자로 하는 독자적인 수정안을 마련했다. 국회가 "1차 개정안에 대해 정부 측 의도에 너무 쉽게 영합하여 통과시킨 후 국내외의 비등한 여론을 의식하지 않을 수 없었다"(같은 책: 118쪽)는 일반론을 인정하더라도 미 대사관의 "은밀한 간섭으로 더욱 고무"되었다는 배경을 놓칠 수 없다. 실제 법사위 위원장 이인은 1차 개정 법률이 "전 세계 법조계에 센세이션을 많이 일으킨 것"이라고 비판하면서 법사위 수정안을 설명하고 있다.

헨더슨은 이 법사위 수정안을 두고 "바랐던 것보다 더욱 민주적인 특징"을 지닌 법률안이라고 말한다. 무엇을 이른 것인가? 수정안은 단심제를 3심제로 환원했을 뿐만 아니라 소급 처벌 조항을 철폐했다. 게다가 인권 유린의 표적이 되어온 구류 갱신을 각 심급마다 2회를 초과할 수 없도록 했다. 이 수정안이 국회를 통과해 1950년 2월 25일 정부로 이송되었다. 그러나 정부는 이를 받아들이지 않고 3월 11일 국회에 재의를 요청한다. 이번에는 국회가 "미 대사관의 은밀한 간섭에 크게 고무되어" 4월 8일 재석 148명 가운데 가 106, 부 3표라는 압도적인 찬성으로 원안대로 가결했다. 이는 헨더슨이 말한 대로 프랭켈-헨더슨 조가 "국회 법사위와 긴밀히 협조"한 끝에 이룩한 결과일 것이다.

'정을 알고'의 경우

그런데 프랭켈 법률보고서는 2차 개정 법률에서 반국가단체를 지원하는 단체의 경우 '정을 알고'라는 요건을 없앤 것에 주의를 돌리고 있다. 1948년 원래의 국가보안법은 '정을 알고' 있어야 한다는 것을 범죄 구성의 요건으로 규정하고 있었으나 국가 변란을 목적으로 하는 단체에 대한 지원 단체의 경우 이를 삭제했다는 것이다. 곧 국가보안법 제2조를 '전조에 규정한 결사를 지원함을 목적으로 하는 결사'의 경우 '정을 알고'의 요건을 없애버려 그 '정'을 모르더라도 그 결사 단체의 목적을 수행한 행위를 처벌할 수 있도록 개정한 것이다.[5] 프랭켈은 이 점을 다음과 같이 지적하고 있다.

법률 제10호[1948년 제정 국가보안법] 아래서는 피고인이 그가 가입한 집단이나 결사의 진정한 성격을 알고 있다는 조건 아래서만 처벌할 수 있다. 그런데 법률 제85호[1차 개정된 국가보안법] 제2조 2항 및 3항은 남로당의 '보조단체(auxiliary organization)'의 기능을 수행하고 있다는 '정을 알아야 한다'는 요건을 필요로 하지 않는다. 따라서 만일 법률 제85호(소급 적용 규정과 함께)를 프락치사건에 적용할 수 있다고 인정된다면, 피고인들이 하사복(이삼혁)의 의도와 하사복과 노일환, 이문원과의 관계를 몰랐다는 주장은 성립되지 않는다. 대한민국 법무부가 프락치사건의 경우 원래 국가보안법 아래서는 범죄 요건이 성립될 수 없다는 것을 깨달았기 때문에 소급 규정을 포함한 법률 제85호를 국회에 제출했는지 공개적인 의문이 제기되었다(프랭켈 법률보고서: 15쪽).

프랭켈 보고서가 이 점을 강조한 것을 보면 국회 법사위와의 협의에서 이 문제에 주의를 환기했을 것으로 보이나 "정을 알고"의 요건은 삭제되지 않았다. 그러나 위 글귀는 프락치사건의 경우 원래의 국가보안법 아래서는 범죄가 성립되지 않는데도 법을 억지로 개정하여 죄를 만들고 있다는

---

5 1949년 12월 19일 법률 제85호로 선포된 제1차 개정 국가보안법의 경우 제2조는 "전조에 규정한 결사를 지원함을 목적으로 하는 결사 또는 집단을 조직한 자 또는 그 결사 또는 집단에 있어서 목적 수행을 행한 자는 좌기(左記)에 의하여 처단한다. 1. 수괴, 간부는 사형, 무기 또는 10년 이상의 징역에 처한다. 2. 지도적 임무에 종사한 자는 무기 또는 5년 이상의 징역에 처한다. 3. 결사 또는 집단에 가입하여 그 목적 수행을 위한 행위를 한 자는 3년 이상의 유기 징역에 처한다. 4. 정을 알고 결사 또는 집단에 가입한 자는 7년 이하의 징역에 처한다. 이 규정이 남로당을 지원함을 목적으로 하는 결사, 곧 국회프락치 조직의 가담자를 예상하여 마련된 것이라고 볼 때, 프랭켈에 의하면 제2조 2항 및 3항의 경우 '정을 알고'의 요건이 범죄 성립에 필요치 않다면 논리적으로 프락치사건 피고인들은 유죄가 된다.

암시를 주고 있다. 그런데 이 규정은 그 뒤 국가보안법의 적용 사례에서 프락치사건 피고인들을 넘어 '정을 모르는' 일반 시민을 범죄인으로 만드는 결과를 빚고 말았다. 게다가 국가보안법이 이 지실성(知悉性)의 요건을 없앤 것은 헌법이 규정한 기본권의 하나인 결사의 자유를 심각하게 훼손하게 된다. 예컨대 평화통일을 위한다는 한 연구회가 어떤 반국가단체가 공작하여 결성된 것이라고 가정할 때 선량한 시민이 그것을 모르고 가입하여 결성에 참여한 경우 그는 국가보안법 아래 처벌받게 된다.

그러나 대부분의 시민의 경우 반국가단체의 지원 단체라는 것을 알 길이 없으므로 헌법이 보장하는 결사에 자유로이 참여하는 행위 자체를 꺼리게 된다. 게다가 이 단체에 가입하여 평화통일에 관한 학술 연구 활동에 참여하는 경우 자신도 모르게 반국가단체의 목적 수행을 위해 일한 것으로 처벌받게 된다. 프랭켈 보고서는 바로 이 점을 지적한 것이다. 프랭켈이 지적한, '지원 단체'의 경우에 '정을 알고'라는 요건이 사라진 것은 우리 법제사 연구에서 중요한 주제로서 앞으로 관계 전문가의 연구가 필요하다.

프랭켈이 법률보고서에서 국가보안법을 탄핵하여 이 법이 일당 독재 국가를 만드는 데 남용될 것이라고 한 것은 예언자적인 경고가 되었다. 이승만 정권은 1958년 국가보안법을 3차로 개정하여 헌법 위에 군림케 했다. 이는 무소불위의 일당 독재 국가를 만들려는 획책이었다. 1960년 4·19 학생혁명으로 국가보안법 체제가 잠깐 무너졌으나 다시 1961년 5·16 군사 쿠데타는 이를 반공법 체제로 부활시켰다. 그 후 다시 국가보안법 체제가 부활하면서 길고 긴 군사 독재를 받들어온 것이다.

6. 보고서가 판결에 준 영향?

정확히 확인할 수는 없지만 이 보고서는 재판 판결이 내려지기 전 이승만 대통령에게 전해졌을 것이라고 짐작된다. 먼저 헨더슨이 이 보고서가 이승만에게 전해졌다는 것을 확인하고 있다. 1972년 말 헨더슨이 프락치사건 연구를 위해 사회과학협의회에 지원 신청을 할 때 제출한 연구계획서에서는 "그의 비평 한 부(a copy of his critique, 프랭켈 법률보고서)가 미국 대사에 의해 이 대통령에게 전달되었다"고 하고는 "아무런 답변도 받은 적이 없다"고 밝힌 대목이 보인다(헨더슨 프락치사건 자료, SSRC 연구 지원 신청서 중 "의도한 책의 연구계획서"). 따라서 문제는 이 보고서가 전달된 시점이 판결이 내리기 전이냐 뒤냐 하는 것이다.

물론 이 보고서는 공식적으로는 1950년 3월 22일 국무부로 보낸 프락치사건에 관한 외교 공문의 '동봉문(enclosure)'으로 포함되어 있다(드럼라이트가 국무부에, 국무부 문서, 795.00 file, box 4299, 1950년 3월 22일). 이는 3월 14일 프락치사건 재판의 판결이 내려진 뒤 일주일 이상 지나서이다.

이러한 시차가 있음에도 이 보고서가 판결이 내려지기 전에 이승만 대통령에게 전달되었을 것이라고 짐작하는 까닭은 무엇일까? 여기에는 세 가지 정황적 증거가 숨어 있다고 본다. 첫째는 새 유엔한위가 프락치사건 재판에 비상한 관심을 갖고 움직이고 있어 미 대사관이 신경을 쓰고 있었다는 점이고, 둘째는 재판부가 프락치사건 공소 사실 중 5·10 선거 관련 부분에 대해 무죄 또는 집행유예 판결을 내린 점이다.

새 유엔한위가 프락치사건 재판에 비상한 관심을 갖고 있었다는 점은 객관적인 기록이 보여주고 있다. 새 유엔한위의 사무차장 슈워츠가 첫 공판을 비롯해 주요 공판에 참관하고 있음이 언론에 목격되었다. 미국 정보 기관도 이 유엔 기구가 이 재판 진행을 면밀하게 주목하고 있음을 포착하고 있다. 예컨대 미국의 정보 기관은 1949년 12월 16일자 보고의 프락치사건을 다루는 대목에서, "한국 언론이 공판을 주목하고 있지 않다"고 하면서도 "UNCOK[새 유엔한위]가 면밀히 주목하고 있다"고 적고 있다 (*Joint Weeka* 27, 1949년 12월 16일자).

새 유엔한위가 이 재판에 특별한 관심을 갖는 것은 어쩌면 너무 당연한 일일 것이다. 재판정에 피고인으로 선 국회의원들이 바로 새 유엔한위에 외군 철수 진언서와 미 군사고문단 설치 반대 서한을 제출한 것이 문제가 된 것이기 때문이다. 이것은 유엔한위가 유엔 총회로부터 부여받은 임무와도 직결되는 문제였다. 새 유엔한위는 남북통일을 촉진하기 위해 누구와도 협의하고 남북 회의를 주선할 뿐만 아니라 외군 철수를 확인·검증하는 임무를 지고 있었다.

문제는 새 유엔한위의 태도가 한국 정부나 미국의 입장과 마찰을 빚고 있었다는 점이다. 우리는 제6장에서 미국 대사 무초나 일등서기관 노블이 1949년 8월 새 유엔한위가 마련한 보고서가 이승만의 파시스트적인 경찰국가 운영을 비판한 대목을 반박했다고 언급했다. 당시 미국은 유엔 기구가 한국 문제에 계속 개입하기를 바랐기 때문에, 미 대사관으로서는 유엔한위 보고서가 반한적인 내용을 담는 데 신경을 쓰지 않을 수가 없었다. 그러나 이승만은 정치 탄압을 누그러뜨릴 기미를 보이지 않았다. 미 대사관은 베르트하이머를 수장으로 하는 새 유엔한위 사무국이 '큰 골칫거리(major headache)'였지만 당장 이를 수습할 해법은 없었다. 다만 다음 유엔한위 구성에서 사무국보다는 위원들에게 무게 중심을 두자고 제안하는 것이 고작이었다(무초가 국무부에게, 1949년 8월 20일, 노블 비망록, *FRUS 1949*, II, pt. 2: 1068~1070쪽). 이런 상황에서 미 대사관은 프락치사건 재판이 마감되는 시점을 맞은 것이다. 그런데 아니나 다를까 새 유엔한위 사무국이 이 재판의 결과를 면밀히 주시하고 있었다. 국회의원 피고인들이 유엔한위에 접촉한 행위가 유죄로 언도될 경우 새 유엔한위는 어떤 반응을 보일 것인가? 게다가 대사관 법률고문 프랭켈이 쓴 프락치사건 법률보고서가 유엔이 이 판결을 '최고의 주의를 기울여' 조사할 것이라고 내다보고 있잖은가?

이는 미 대사관에는 초미의 관심사가 아닐 수 없었다. 새 유엔한위는 이 유죄 판결에 대해 부정적인 보고서를 제출할 것이 분명하다. 그렇다면 이는 소련의 유엔 대표 비신스키가 유엔 총회를 선전장으로 만드는 좋은 자료가 될 것이다. 1949년 2월 남북한이 유엔 가입을 신청했을 때 소련 대표 말리크(Jacob Malik)는 5·10 선거 때 미국이 남한 선거를 조작하기 위해 테러와 위협을 동원했다고 주장한 바 있다. 이에 대한 미국의 반박은 유엔 기구가 선거를 감시했고 결과의 정당성을 입증했다는 것이었다.

생각이 여기에 미친다면 미 대사관으로서는 무엇인가 해야 했을 것이다. 그런데 대사관이 '고집불통 독재자' 이승만에 대해 할 수 있는 일이란 거의 없었다. 프락치사건은 한국의 내정 문제이며 게다가 공산당 척결 문제였다. 이런 상황에서 무초 대사는 이승만을 만나 유엔 관련 사항을 협의했을 것이다. 그는 막 작성된 프랭켈 법률보고서를 건네고 이승만의 주의를 환기시키지 않았을까? 거기에는 특히 주심 판사가 1948년 5·10 선거를 문제 삼는 대목에 대한 프랭켈의 논평이 있어 효과적이라고 보았을 것이다. 이미 살펴보았듯이 프랭켈은 유엔 임시위원단이 5·10 선거가 자유로운 분위기에서 치러졌다는 것을 근거로 대한민국을 유일한 합법정부라고 권고했는데도 주심 판사가 남로당 지원을 문제 삼아 피고인들(서용길, 이문원, 최기표)에 대해 유죄를 선고한다면 이는 대한민국의 국제법적 토대를 허무는 것이라고 일깨운 것이다.

  이 법률보고서가 이승만에게 전달된 것은 확실하지만 판결 전에 전달되었다는 것은 어디까지나 추측이다. 그런데 헨더슨이 위에서 기록한 대목, 곧 법률보고서가 이승만에게 전달되었으나 "아무런 대답을 받은 적이 없다"는 대목은 주목할 만하다. 이는 대사관이 어떤 대답을 기대한 것처럼 보인다. 무초 대사가 당시 유엔한위의 반응에 신경을 쓰고 있다는 점을 감안하면 대사가 기대한 이승만의 대답은 어렵지 않게 추론할 수 있다. 그는 프락치사건 재판부가 5·10 선거를 문제 삼은 것에 대해 손을 써줄 것을 기대하지 않았을까?

  마지막으로 무초 대사가 부산 피난 시절인 1951년 8월 22일 헨더슨에게 쓴 편지에 주목할 필요가 있다(헨더슨 문집, '1950년대 서한' 상자 1호, "Dear Gregory……", 1951년 8월 22일). 이는 서베를린 고등판무관실에서 근무하던 헨더슨이 8월 2일자로 무초 대사에게 쓴 편지에 대한 답장이다. 무초 대사는 장문의 답장에서 프랭켈의 논문 3부를 준 데 감사를 표하면서, "당신이 요청한 대로 이승만 대통령에게 논문을 전했다"고 적었다. 이 논문은 프랭켈이 유엔 결의상의 한국의 위상을 다룬 연구로 「한국: 국제법상 전환점인가?」이다.

  물론 이 논문이 이승만에게 전해졌다고 해서 거의 1년 반 전의 프랭켈 법률보고서의 영향을 유추할 수는 없다. 두 문서는 성격이 완전히 다르다. 그러나 프랭켈 법률보고서의 경우, 5·10 선거가 유엔 감시 아래 정당하게 치러진 점의 국제적 의미를 프락치사건 재판부가 모른다고 비판한 대목은 내용상 관련성이 있다.

  여기서 지은이는 보다 상관성이 짙다고 생각하는 정황적 증거를 주목하게 된다. 그것은 재판부가 프락치사건 판결에서 5·10 선거에 관한 공소 사실에 대해 유례없이 무죄 판결을 내리거나 집행유예를 선고했다는 점이다.

무죄 판결의 수수께끼

앞서 본 바와 같이 재판부는 프락치사건 관련 피고인 전원에 대해 유죄 선고를 내렸다. 그런데 자세히 들여다보면 5·10 선거 관련 공소 사실에 대해 이문원의 경우 무죄를 선고하는가 하면 최기표의 경우 집행유예를 선고한 것이 발견된다. 이는 재판부가 피고인들에게 들씌워진 범죄 혐의를 모두 유죄로 판결한 태도에 비춰보면 참으로 믿기 어려운 부분이다. 이문원 피고인의 경우 5·10 선거 관련 부분에 대해 다음과 같이 무죄를 선고한다.

본 건 공소 사실 중 피고인 이문원은 상(上) 피고인 최기표와 공모하고 단기 4281(1948)년 5월 10일 총선거에 제하여 남로당 익산군 책임자 윤형중, 동 청년부 책임자 공춘식 등이 우(右) 선거를 방해 공작하는 것을 지실(知悉)하면서 그 자금으로 금 80만 원을 제공할 것을 약속하고 그 이행으로서 백로지 100매와 전후 수차에 긍(亘)하여 합계 금 9만 8천 원을 공여하여서 익산군 각지에 테로 등의 치안 교란과 피고인을 제외한 자의 선거 방해를 감행하여 정부의 총선거 계획을 방해하였다는 점은 차(此)를 증명할 증거가 충분치 못함으로 범죄의 증명이 무(無)하여 형사소송법 제362조에 의하여 무죄를 언도하고……(≪다리≫, 1972년 8월호, "국회푸락치사건 판결": 207쪽).

프락치사건 판결의 이 부분만 보면 증거주의가 상당히 지켜진 것처럼 보인다. 그러나 앞서 프랭켈 법률보고서가 밝혔듯 재판부는 증거를 제멋대로 채택했다. 그런데도 이 5·10 총선거 관련 공소 사실의 경우 판사는 증거가 불충분하다며 무죄를 선고하고 있다. 믿기 어려운 일이다. 이 부분을 어떻게 설명할 수 있을까?

이 장 1절에서 살폈지만 사광욱 판사는 피고인 서용길과 피고인 이문원이 남로당 지원으로 당선되었다는 공소 사실을 끈질기게 추궁했다. 재판부는 모두 14회의 공판 중 2회(제5회와 제9회)를 할당할 만큼 이문원과 서용길이 5·10 총선 때 남로당과 관련된 부분을 집중 추궁하고 있다. 재판부의 의견으로는 이들이 반국가단체인 남로당의 지원으로 당선된 것은 범죄에 해당된다. 주심 판사의 신문을 보면 유죄를 예단하고 있다는 점에서 다른 피고인의 경우와 다른 점을 발견하기 어렵다. 프랭켈은 서용길 피고인의 경우 판사의 신문이 동떨어진 정황 증거를 채택해 유죄를 예단하고 있다고 지적했다. 이문원과 최기표의 경우 남로당이 지원해주는 대가로 이문원이 80만 원을 당 자금으로 주기도 했다는 등 황당한 공소 사실을 추궁하고 있다.

또한 사법경찰관이나 검사의 신문 조서를 모두 증거로 삼고 있는 것도 다른 피고인의 경우와 아무런 차이도 발견할 수 없다. 그러나 재판부는 5·10 선거 관련 부분 공소 사실에 대해서는 유독 증거 불충분으로 무죄를 선고했으며, 5·10 총선 때 이문원의 선거 사무장 일을 했던 최기표의 경우 유일하게 집행유예 선고를 내렸다. 이를 어떻게 설명할 수 있을까?

여기서 지은이는 프랭켈 박사가 5·10 총선의 국제법적 의미를 지적한 점에 주목하게 된다. 곧 판사가 5·10 선거 결과(이문원의 당선)를 문제 삼는 것이 대한민국의 국제법적 토대를 무너뜨린다는 점이다. 총선을 감시한 유엔 임시한국위원단은 "자유로운 분위기 아래 유권자의 자유의사의 정당한 표현"이었다고 인정했으며, 국회가 수립한 대한민국 정부를 '한국 안의 그러한 유일한 정부'로 인정하라고 권고했다. 그런데도 판사가 5·10 선거의 합법성을 문제 삼는 것은 선거의 공정성에 대한 유엔 임시한 위의 성명을 심각하게 흔들고 있으며, 따라서 유엔이 대한민국 정부를 인정한 법적 토대를 훼손한다는 것이다. 프랭켈 보고서는 "판사가 이 점을 알지 못하는 것이 분명하다"(프랭켈 법률보고서: 6쪽)고 말하고 있다.

이러한 프랭켈 법률보고서의 지적이 사광욱 판사의 귀에 들어가지 않았을까? 따라서 재판부는 서둘러 관련 공소 사실에 대한 판결문의 관련 부분을 고치지 않았을까? 이는 추측이지만 판사가 유독 이문원, 최기표 피고인의 관련 부분 공소 사실에 무죄 또는 집행유예를 내린 것이 판결 논지의 전체적인 흐름과 동떨어져 있다는 것은 확실하다.

그렇다면 프랭켈 보고서가 공식적으로 외교 문서로 전달된 것이 1950년 3월 14일이고 선고가 끝난 것이 3월 22일이라는 시점의 차이를 어떻게 설명할 수 있을까? 물론 이 보고서는 제15회 결심 공판(1950년 2월 10~13일)에서 검사가 주장한 논고와 변호인이 반박한 변론에 관해 논의하고 있어 3월 14일 선고 공판 이전에 작성되었음은 의심의 여지가 없다. 그것은 결심 공판을 마친 1950년 2월 13일과 선고 공판을 끝낸 3월 14일 사이 어느 시점일 것이다. 양 시점의 처음과 끝 사이에서 어느 정도 시일의 경과를 감안하면 우리는 2월 말경일 것이라고 무리 없이 추정할 수 있다.

원래 사광욱 판사는 2월 13일 결심 공판을 끝내면서 선고 공판을 2월 28일 열 것이라고 선언했다(헨더슨 공판 기록, 제15회 결심 공판, 1950년 2월 13일). 그러나 재판부는 특별한 이유 없이 다시 3월 14일로 연기했다. 무슨 사정이 있었는지가 우리의 상상을 자극한다. 그 사정이란 바로 2월 말경 프랭켈 법률보고서가 재판부에 전달된 것이 아닐까?

이럴 경우 가장 그럴듯한 채널은 무초 대사의 경무대 루트일 것이다. 한껏 추측의 수위를 높여보면, 무초 대사는 프랭켈 법률보고서를 건네받고 이승만을 찾아가 문제점을 일깨웠을 것이며, 이 문제의 심각성을 알게 된 이승만은 그의 측근을 불러 어떤 조치를 취했을 것이다.

결론적으로 국회프락치사건 재판은 사법부가 이승만 정권의 정적을 때려잡는 정치 테러에 동원되었다는 것을 스스로 폭로한 재판이었다. 재판부는 미리 유죄를 예단해 증거를 제멋대로 채택했다는 점에서 공판정에서 진술한 모든 증언과 항변은 관례적인 의식으로 끝나고 말았다. 판사와 검사 앞에서 피고인들이 절절히 무죄를 항변하고 떨리는 목소리로 가혹한 고문의 실상을 토로했지만, 그러한 항변과 진술도, 변호인들의 호소력 있는 무죄 변론도 메아리 없는 외침이 되고 말았다. 국회프락치사건 재판은 중세의 사제가 주재한 마녀 재판과 다름없었다. 사제에게 마녀로 찍힌 이상 '마녀'들이 아무리 발버둥 쳐봤자 유죄의 올가미를 빠져나올 길은 없었다. 돌이켜보면, 프랭켈은 법률보고서를 지렛대로 사용하여 프락치사건 피고인들은 모두 무죄라고 재판부를 압박했을 것이다. 그러나 재판부는 보고서가 제기한 국제법 관련 부분만을 제외하고는 예고대로 유죄를 선고하고 말았다.

제12장
헨더슨의 한국 정치 담론 II
중간 지대의 정치 합작

우리는 앞에서 헨더슨의 한국 정치 담론의 한 축으로 미국의 대한책임론을 다뤘다. 면밀하게 읽은 독자라면 하지 군정 기간 온건파의 실패와 여운형이나 김규식의 몰락이 그들의 리더십에 있는 것이 아니라 "전후 세계 정치의 비타협성과 그들 사회의 성격 및 전통에 있다고 봐야 한다"(Henderson, 1968: 136쪽)는 대목을 기억할 것이다. 또 다른 대목에서 그는 "그들의 위대한 재능을 아는 사람이라면 그들의 실패의 원인이 된 정치적 원자화 현상에 대해서 그들이 고뇌했다는 것을 깨닫게 된다"고 일깨운다(같은 책: 같은 쪽). 물론 헨더슨은 미국의 대한책임을 중시하지만 한국 사회의 성격과 전통이 온건파가 이 땅에서 뿌리내리는 데 '운명적인' 걸림돌이 되었다고 진단하고 있다. 그는 또한 1946년 10월 대구 폭동의 책임을 논하면서 그것이 '원자 사회의 즉발적인 대중 동원성의 위험'을 보여주었다고 경고했다(같은 책: 147쪽).

우리는 이 마지막 장에서 헨더슨이 회오리 정치와 상관관계에 있다고 진단한 한국 사회의 원자적 성격을 논하고 그 '원자' 병리를 치유할 수 있는 그리고 치유해야 하는 당위와 그가 그린 피안의 정치 세계를 살펴보고자 한다. 한국 정치가 도달해야 할 목적지로서 그가 그린 피안의 정치 세계란 어떤 곳인가? 지은이는 그것을 '정치 합작이 상시적으로 일어나는 정치의 중간 지대'라고 표현하고자 한다. 그 실체가 무엇인지는 뒤에서 논하기로 하고 먼저 정치의 '중간(middle-of-the road)'을 화두로 꺼내보자.

1947년 10월 4일 한국의 해방 공간에서 좌우 정치 역학의 저울추가 오른편으로 기울어져가던 즈음, 하지 장군은 방한 중인 일단의 미 의회 의원들에게 자기 심정을 다음과 같이 토로한 적이 있다.

> 우리가 힘들여 공산당과 싸우고 있지만 항상 파시즘이 장악할 위험이 있습니다. 우리는 아주 어려운 정치적 상황을 맞고 있습니다. 독일은 공산주의에 맞서기 위해 히틀러를 지지했고 나치즘으로 가버렸습니다. 스페인도 마찬가지입니다. 다른 한편 [남한에서] 공산주의가 득세하면, 공산주의가 득세하면 말입니다, 민주주의는 무너지고 이 나라는 공산화됩니다. 자, 그러면 해답은 무엇인가요? 도대체 이 혼돈의 구렁텅이로부터 어떻게 '중간 정치(political-in-the-middle-of-the-road)'를 얻을 수 있나요? 나는 문제만 제기합니다. 해답을 모릅니다. 알고 싶긴 하지만…… (미 군사 11071 파일, box 62/63, 방한 의원단에 말한 하지의 독백, 1947년 10월 4일).

여기서 하지 장군의 고민을 읽을 수 있다. 우익 청년단체 등을 동원할 수 있는 힘을 비축한 이승만을 지지하자니 파시스트 독재 체제가 눈에 보이고, 김규식 등 중도파의 손을 들어주자니 공산 체제로 가지 않을까 불안을 떨쳐버릴 수 없는 형국이었다. 커밍스는 하지의 딜레마를 다음과 같이 서술하고 있다.

이 '로크적인 미국인(the Lockean American)'은 그가 좋아하는 것('중간 정치')과 싫어하는 것('공산주의와 파시즘')을 알고 있지만 이런 세 가지 경향이 어디로부터 오는지 알지 못했다. 그는 기억상실증 같은 비역사성과 성찰을 싫어하는 생래적인 성질이 합쳐져 루이 하르즈(Louis Hartz)[6]가 계속 찾고자 했던 상대성이나 철학을 점화시킬 수가 없었다. 하지는 …… 전형적인 미국인으로서 비자유적 정치를 좌익 아니면 우익이라는 이분법적인 병리로 이해할 수밖에 없었다. 그러나 그것은 상궤를 벗어난 이분법이었고 익숙한 중간에 지나지 않았다. 이러한 개념적 짐을 벗어나지 못한 하지에게 이승만은 히틀러, 김구는 알 카포네, 김규식은 헨리 왈라스(Henry Wallace),[7] 김일성은 왜소한 스탈린이었다. 그리고 그가 찾고자 한 선(善), 곧 붙잡기 어려운 중도는 지평선 너머로 사라졌다. 그 까닭은 그가 어떤 길인지, 어떤 중간인지 숙고하지 않았기 때문이었다(Cumings, 1990: 192쪽).

커밍스는 하지가 군인의 단순성으로 좌우 이분법적 사고에 집착해 일을 그르쳤다고 말한다. 헨더슨이 하지에 대해 내린 평가도 못지않게 가혹

---

[6] 루이 하르즈(1919~1986)는 미국의 정치학자이자 하버드대학 교수다. 그는 『미국의 자유주의 전통(The Liberal Tradition in America)』(1955)이라는 고전적 명저로 잘 알려졌다. 미국 정치학회는 1956년 하르즈 교수에게 우드로 윌슨 상을 수여해 그의 저작을 표창했다.
[7] 헨리 왈라스는 자유주의자였지만 좌익 편향자로 낙인이 찍힌 정치인이다. 그는 루즈벨트 대통령과 함께 1941년 부통령이 되었지만 미국 중서부의 잉여 곡물을 갖고 공산국들과 교역을 하자고 하는가 하면, 미국 공산주의자들과 관계를 맺었다는 소문으로 지탄을 받고 1948년에 들어 무명의 정치인으로 전락한다.

하다. 하지 사령관은 1945년 9월 8일 인천에 상륙했을 때 여운형이 파견한 3명의 환영단을 문전박대했다. 그것은 잘못 낀 첫 단추를 보여주는 상징적인 일이었다. 그가 여운형의 '인민공화국'이 군정과 좋은 관계를 맺을 만한 '중도 그룹(moderate group)'이라는 것을 알 도리가 없었다는 것이다. "동지 아니면 적이라는 단순한 세계에서 여러 해 동안 싸운 군인에게 이 인민공화국은 적이며 대항자로서의 상(像)이 빠르게 굳어졌다." 하지는 그해 12월 12일 인민공화국을 불법화했는데, 그것은 헨더슨에 의하면 "혼돈의 상황에서 한국인들이 응집력을 모으려는 최초의 시도"를 미국인들이 무너뜨린 것이었다(Henderson, 1968: 126쪽).

헨더슨은 한국전쟁으로 사라진, 또는 국회프락치사건으로 반신불수가 된 중도파의 복원, 혹은 중간 정치 기구(온건파 정당)의 '응집력(cohesion)' 구축이 한국 정치 발전의 필수적인 조건이라고 지적한다. 간명하게 중간 지대의 정치 합작으로 표현할 수 있는 이 조건의 실체는 무엇인가? 이 장에서는 헨더슨이 구상하고 실천하려 했던 중간 지대의 정치 합작을 중심으로 그의 한국 정치 담론을 살펴보고자 한다. 구체적으로 먼저 (1) 헨더슨이 간파한 대중 사회의 회오리 정치 모델을 정치발전론의 관점에서 살펴볼 것이다. 회오리 정치 모델은 그가 주장한 한국 정치 이론의 핵심이자 정치학자들의 논란의 표적이었다. 과연 그의 이론은 결함인가? 또는 한국정치 발전이 반드시 통과해야 할 이정표인가? 그렇지 않으면 한국 정치의 병리를 들여다볼 수 있는 반면교사인가?

다음으로 (2) 헨더슨이 진단한 회오리 정치를 정치문화적인 관점에서 관찰하고자 한다. 이것은 '회오리 정치의 고고학(考古學)'으로 특징지을 수 있다. 이어서 이와 대조적인 의미로 (3) '회오리 정치의 현상학(現象學)'을 가려보고자 한다. 여기까지는 이 장이 마무리하고자 하는 주제, 곧 중간 지대의 정치 합작을 이루는 조건이 무엇인가를 알기 위한 준비에 해당할 것이다.

따라서 다음으로는 (4) 중간 지대의 정치 합작이란 무엇을 의미하는가, 그것이 남북한 간, 남남 간 또는 지역 간에 어떠한 정치적 의미를 갖는가를 살필 수 있다. 그 정치적 의미는 국회프락치사건에 걸려든 소장파 그룹이 실현하고자 했던 개혁 정치가 상징화하고 있다고 본다. 마지막으로 (5) 우리 사회가 중간 지대의 정치 합작을 위해 힘을 결집했던 노력을 되돌아 보고, 이와 함께 (6) 남북한 관계의 경색과 대결을 정치 합작으로 풀어야 한다는 헨더슨의 논의를 살펴보고자 한다. 헨더슨은 남북한이 냉전 시대의 이념적 대결에서 벗어나 북은 극좌로부터, 남은 극우로부터 중간 지대로 모여야 한다고 주장한다. 마지막으로 (7) 회오리 정치의 당면 문제로서 제왕적 대통령제가 담고 있는 잠재적 파괴성을 살펴보는 것으로 이 책을 마무리하고자 한다.

과연 우리 사회는 중간 지대의 정치 합작을 이룰 수 있을까? 그 전망은 전문가를 포함한 독자들의 몫으로 남겨두고자 한다.

1. 회오리 정치의 모델론

헨더슨은 한국이 정치 발전을 위해 반드시 넘어야 할 험준한 산을 '회오리 정치(vortex politics)'[8]로 표현한다. 그것은 미국에서 일어나는 회오리

---

8 헨더슨의 책 제목의 원제 'the politics of the vortex'를 어떻게 번역할 것인가? 한국어 번역판은 '소용돌이'로 번역하여 『소용돌이의 한국 정치』로 출판했지만 '회오리 정치'라고 부르는 것이 적절할 것이다. 그는 1988년 수정판 서론에서 이 문제를 구체적으로 언급하면서 "내가 끌어들인 vortex의 상(像)은 토네이도(tornado: 미국 중서부에서 흔히 발생하는 큰 회오리 폭풍)처럼 거대한 원뿔이 전진하며 위협적으로 방향을 틀 때 평지의

폭풍, 곧 '토네이도(tornado)'에 한국 정치를 대입시킨 이론적 모델이다. 미국 로키 산맥 동부 평야지대에서는 해마다 평균 800회쯤 회오리 폭풍이 일어나 엄청난 재산 및 인명 피해를 입힌다. 거대한 '토네이도'의 경우, 빠르게 회전하는 원뿔을 만들면서 지상의 모든 개체(입간판에서 자동차까지)를 원뿔 안의 검은 진공으로 빨아들이고 산산조각을 내 사방에 뿌린다. 무서운 파괴력이다. 한번은 거대한 토네이도가 오클라호마 브로큰 보우(Broken Bow) 지역에 소재한 한 모텔의 간판을 48km 이상 떨어진 아칸소 지역에 내던지기도 했다.

헨더슨은 한국 정치를 토네이도에 대입시키고 있다. 한국 정치에서 정당이든 개인이든 모든 정치 개체들이 원자 사회의 모래알이 되어 권력의 정상을 향해 빨려 들어간다는 것이다. 이러한 거대한 흡인력은 이성적인 성찰도, 여야 간의 타협도, 정책을 위한 진지한 토론도 마비시킨다. 이런 상황에서는 정치 발전에 필수적인 요건, 곧 정치 개체 간의 또는 구성원 간의 응집력을 배양할 수 없다.

그렇다면 문제는 회오리 정치를 어떻게 극복하느냐다. 헨더슨은 회오리 정치의 정형이 '유전병(hereditary disease)'일 수 있지만 그것은 "사회의 유전병이지 혈통의 유전병은 아니다(the one of the society, not the blood)"라고 하면서, 따라서 "투병할 수도, 더욱이 고칠 수도 있다"(Henderson,

---

개체들을 먼지와 함께 빨아들여 공중에서 맴도는 형상이다. 나는 '소용돌이의 밑으로 빨려 들어가는 물 회오리(down-sucking water vortex of the whirlpool)'를 떠올린 것이 아니다'라고 분명히 규정하고 있다. 이는 1973년 번역 출간된 일본어판이 『朝鮮の政治社會』라는 제목 밑에 『渦卷型構造の分析』라는 부제를 달아 '소용돌이형'이라고 번역한 것이 잘못되었음을 시사한 것이다. 즉 그는 '渦卷型'이 밑으로 빨아들이는 물 소용돌이를 연상시키기 때문에 한국어판에서는 이를 시정하려 했던 것이다. 헨더슨, 1988년 수정판, "서론과 이론" 각주 1 참조.

1968: 367쪽)라고 진단한다. 그가 내놓은 처방전은 무엇인가? 그것은 한마디로 하면 정치 중간 지대의 정치 합작이다. 이는 남북한 간에, 남한 국내 정치의 역학 속에, 또는 지역 정치의 대립각 속에서 한국 정치가 이뤄야 할 영원한 숙제다. 헨더슨은 애초 한국은 이승만의 극우파가 지배해서도, 김일성의 극좌 전체주의가 휩쓸어서도 안 되었는데, 극우 또는 극좌의 극한지대로 달려가 버린 것이 한국 정치의 비극이라고 진단한다. 따라서 그의 생각은 어떤 면에서 아주 단순하고 명쾌하다. 곧 한국은 극한 지대의 대결 정치에서 중간 지대의 관용 정치로 옮겨가야 한다는 것이다.

그것이 헨더슨이 본 한국 정치 발전의 비전이다. 이 비전은 그가 진지한 학구적 결실로 처음 발표한 1968년 『회오리의 한국 정치』(이어 그가 1987~1988년 사이에 쓴 전정 수정판)라는 노작에 반어법(反語法)으로 담겨 있다.

헨더슨의 한국 정치발전론

먼저 정치 발전이란 무엇인가? 경제 발전의 경우 비교적 정의내리기가 쉽고 측정까지 가능하다. 경제 발전은 국민총생산(GDP), 또는 일인당 GDP를 지표로 삼아 표현할 수도 있다. 그러나 정치 발전에는 많은 개념적 요소들이 개재되어 있어 정의내리기가 쉽지 않다. 정치발전이론가들은 주로 정치 참여, 정치제도화, 정치 경쟁, 경제 발전 등을 공통적 개념 요소로 보고 있다. 이 중에서 이론가들이 특히 중시하는 것이 정치 참여와 정치제도화다(蒲島郁夫, 1988: 54쪽). 헌팅턴(Samuel P. Huntington)은 정치제도화 요소에 무게 중심을 두고 정치 참여(민주주의)는 정치제도화의 정도에 따라야 한다며 종속적 위치에 두고 있다. 헨더슨은 기본적으로 헌팅턴의 정치발전론을 따르고 있다. 1963년 말 국무부를 나온 뒤 헨더슨은 1964~1965년 하버드대학 국제문제연구소 연구원으로 있으면서 하버드-MIT 정치 발전 공동연구 세미나에 정기적으로 참여했다. 그는 당시 하버드 연구소가 관심을 둔 아시아, 아프리카, 중남미 지역의 근대화 과정에서의 정치 변동에 눈을 돌리고 있었다.

따라서 헨더슨이 한국의 사례를 전문적으로 다루면서 당시 하버드 연구소를 이끈 헌팅턴을 비롯한 이들 근대화 이론가들과 연구 관점을 공유하게 된 것은 당연할 것이다.[9] 이 때문에 그의 정치발전론과 그가 한국 정치 발전의 반명제로 구성한 '회오리 정치' 모델이 논란과 비판의 대상이 된 면이 있다. 헌팅턴이 정치 발전의 조건으로 정치 조직과 절차의 '정치적 제도화(political institutionalization)'에 무게 중심을 두었다면 헨더슨(Henderson, 1968)은 한국 정치 발전의 조건으로 사회 정치 기구의 '응집력(cohesion)'을 중시했다. 헌팅턴은 제도화가 무엇인지에 대해 다음과 같이 예를 들어 설명한다.

조직과 절차는 제도화된 정도가 다르다. 하버드대학과 새로 문을 연 교외

---

[9] 이 근대화 이론가들은 게이브리얼 아몬드(Gabriel A. Almond), 루시언 파이(Lucian W. Pie), 대니얼 러너(Daniel Lerner), 제임스 콜먼(James S. Coleman), 조지프 라팔롬바라(Joseph LaPalombara), 던쿼트 러스토(Dunkwart Rustow) 등인데, 이들은 포드 재단 후원으로 사회과학협의회 비교정치연구위원회(Committee on Comparative Politics)가 지원한 1960~1963년의 연구 활동에 적극적으로 참여하여 일련의 연구 성과물을 발표했다. 헌팅턴은 이들 근대화 이론가들과 연구 관점을 공유한다. 예컨대 그의 격차 가설은 정치제도화와 정치 참여 간의 격차(gaps)가 참여의 폭발이나 내파에 이른다고 주장하고 있는데, 이는 러너가 지적한 포부(aspiration)와 성취(achievement) 간의 격차가 저개발 지역에서 '상승 기대의 혁명(revolution of rising expectations)'이 '상승 좌절의 혁명(revolution of rising frustrations)'으로 바뀐다고 설명하고 있는 것과 공통된 맥락이다. 러너(Lerner), 「근대화의 커뮤니케이션 이론을 위해: 일련의 고려점(Toward a Communication Theory of Modernization: a Set of Considerations)」(1963)을 참조.

고등학교는 둘 다 조직이지만 하버드는 그 고등학교보다 훨씬 더 제도화된 조직이다. 의회의 '연공제도(seniority system)'와 존슨 대통령이 가려서 하는 기자 회견은 둘 다 절차다. 그러나 연공제도가 존슨이 언론을 다루는 방법보다 훨씬 더 제도화되었다(Huntington, 1968: 12쪽).

헌팅턴은 정치적 제도화 정도를 판별하는 기준으로 적응성, 복잡성, 독자성 그리고 일관성을 들고 있다. 이런 기준에 비추어 보면 우리나라 정당과 같은 정치 기구의 제도화 정도가 얼마나 낮은지 짐작할 수 있다. 헌팅턴이 정치적 제도화를 중시하는 것은 그의 정치발전론이 정치적 안정에 무게 중심을 두고 있기 때문이다. 그는 정치 참여가 정치적 제도화를 앞질러 과속하면 '폭발(explosion)' 또는 '내파(emplosion)'에 이르러 '정치 퇴행(political decay)'을 가져온다고 주장한다. 이것이 그의 유명한 '격차 가설(Gap Hypothesis)'이 구성한 이론적 주제다.[10] 비슷한 맥락에서 헨더슨은 한국 사회를 정치적 응집력을 갖지 못한 '원자 사회(atomized society)'로 규정하고 이 원자 사회의 특성이 정치 발전의 실패를 가져온 중대 변인이라고 주장한다. 따라서 헌팅턴에게 정치적 제도화가 그렇듯, 헨더슨에게는 정치적 응집력이 정치 발전과 중대한 상관관계를 갖는다.

헨더슨은 1968년 발표한 그의 저서에서 한국 사회가 '대중 사회(mass society)'라고 분명하게 주장했다. 그는 한국의 단일성과 동질성이 작용하여 '대중' 사회를 만들었다고 말하면서, "내가 여기서 말하는 '대중 사회'란

---

[10] 헌팅턴과 넬슨(Joan M. Nelson)은 『쉽지 않은 선택: 발전도상국가들의 정치 참여(No Easy Choice: Political Participation in Developing Countries』(1976)에서 포퓰리스트 모델과 테크노크라틱 모델을 제시하여 정치제도화에 뒤진 정치 참여가 폭발과 내파의 악순환에 이른다고 비교정치적 관점에서 주장하고 있다.

촌락과 제왕 사이에 강력한 중간 기구나 자발적 단체 형성이 결여된 사회다"라고 강조했다(Henderson, 1968: 4쪽). 게다가 그는 콘하우저가 1959년 발표한 『대중 사회의 정치(The Politics of Mass Society)』를 인용하면서 그가 상정한 한국 사회의 대중사회상(像)이 콘하우저의 대중사회이론에 의존하고 있음을 명시적으로 밝히고 있다(같은 책: 379쪽, 주석 1). 그는 이러한 한국 사회의 특성이 "단일성과 동질성이 작용"한 결과라고 주장하며, 한국 사회가 "성곽 도시, 봉건 영주와 궁정, 준독립적인 상인 단체, 도시 국가, 길드, 또는 정체에서 독립적인 자세와 행동으로 중심적인 역할을 수행하는 응집력 있는 계층을 거의 경험하지 못한 사회"라고 말한다.

그러나 헨더슨은 20년 뒤 1988년 쓴 수정판 원고에서 '대중 사회'라는 말을 모두 삭제했다. 그가 석출(析出)한 한국의 사회상은, 외형적으로 콘하우저가 정의한 대중 사회 유형에 맞지만, 한국 사회를 직접 관찰한 결과에 근거하고 있는데도 콘하우저가 유럽 사회를 분석하기 위한 틀로 정의한 대중 사회를 끌어들였다는 오해를 낳았기 때문이다.[11] 그러나 그

---

11 헨더슨은 1988년 수정판에서 '대중 사회'라는 말을 삭제한 이유를 다음과 같이 해명한다. "콘하우저는 중간 기구의 사회구조적 취약성이 가져오는 결과에 대한 이론에서 대중 사회의 개념을 발전시켰다. 나는 이전 판에서 그 용어를 사용하면서 그의 생각을 많이 포함시켰다. 그러나 비판과 오해를 받고 나서 나는 '대중 사회'라는 용어 사용이 내가 강조하는 주제에 대해 오해를 부추겨 오히려 이해를 훼손했다고 믿게 되었다. 그러므로 나는 그러한 인용을 대부분 없앴다. 콘하우저의 이론은 내 책이 강조하는 이론이 전혀 아니며, 1900년 이전 한국의 원시 커뮤니케이션 시스템을 지닌 근대 이전 국가들에 적용되는 이론도 아니다. 그것은 내가 초고(草稿)를 완성한 뒤 접하여 내 생각을 명백히 해준 이론일 뿐이다. 그 이론을 부분적으로 사용했다고 해서, 때때로 비난하듯, 내 생각이 서구의 사상을 동아시아 문물에 부과한 것에 불과하다고 보는 것은 잘못이다. 나의 핵심적인 생각은 콘하우저 박사나 그의 책에 관해 듣기 전, 한국을 관찰한 것만을 근거로 하여 개발된 것이다." 헨더슨이 지은이에게 준 "회오리의 한국 정치" 수정판, "서론 및 이론(Introduction and Theory)" 각주 3을 참조. 따라서 지은이는 헨더슨이 수정한 대로 '대중 사회' 대신 '원자 사회' 또는 '부동(浮動) 사회'라고 부르고

는 한국 사회를 '대중 사회'로 부르든 말든 "엘리트와 대중 간에 중재를 매개할 수 있는 집단이 취약하기 때문에"(Kornhauser, 1959: 228쪽) 의사소통이 진행됨에 따라 엘리트와 대중이 서로 직접 대결하게 되는 사회라고 특징짓고 있다. 결국 헨더슨은 한국형 대중 사회라는 점은 변함없이 주장하고 있는 셈이다. 다만 그는 자신이 관찰한 한국 사회상을 대중의 민주적 참여의 확대를 우려하는 '귀족적 비판(aristocratic criticism)'이라고 규정하는 것은 부당하다고 생각한다.

콘하우저는 대중사회론이 나온 '지적 원천'은 두 가지라면서, 하나는 프랑스 혁명에 대한 비판, 또 하나는 소련과 독일의 전체주의에 대한 비판이라고 지적한다. 그런데 전자는 '귀족적 비판', 곧 엘리트주의적 비판이 주류를 이루고, 후자는 민주적 비판이 주류를 이루고 있다(같은 책: 21~25쪽). 따라서 콘하우저가 정의한 대중사회이론은 유럽 사회를 설명하기 위한 모델이지만, 헨더슨은 그가 관찰한 한국 사회의 대중사회상이 귀족적 비판으로 오해된 것을 우려한 것이다. 특히 뒤에서 보듯 커밍스는 이 점을 표적으로 삼아 비판하고 있다.

헨더슨이 구성한 한국 정치발전론의 중심인 회오리 정치 모델은 이론적으로 한국 사회가 전통적 '원자 사회(atomized society)' 또는 '부동(浮動) 사회(fluid society)'라는 주장에서 출발한다. 한국 사회는 유례없는 고도의 '동질성(homogeneity)'을 특징으로 하며, 그것은 인종적·언어적·종교적·문화적 동질성을 포괄한다. 그런데 자연적인 분열의 결여를 의미하는 동질성은 지속적인 이익 집단과 자발적인 단체가 성장하는 것을 막았으며, 따라서 '촌락과 제왕' 사이에 지역 기반의 중간 기구가 없는 것이

자 한다.

특징이다. 헨더슨은 그 부분을 다음과 같이 설명한다.

이런 개념에 속한 몇 가지 사회 유형은 드물지 않고 대부분 중앙 집권과 독재 정치를 지향한다. 확실히 중국은 훨씬 거대한 규모의 이런 유형의 사회다. 또한 1850년 이전의 유럽 러시아도 어느 정도 그런 류의 사회이며 훨씬 봉건적 성격을 지니고 있었다. 한국 사회는 이 점에서 다른 사회와 구분되는데, 그것은 종류에서가 아니라 그런 경향의 극단성에서다. 한국은 좁은 국토, 게다가 인종적·종교적·언어적인, 다른 어떤 기본적 분열의 원천이 없고, 보편적 가치 체계가 지배하는 여건에서 집단이 깊이, 지속성, 또는 선명도를 지니지 못한 사회를 낳게 되었다. 자생적 이익, 종교적 분리, 기본적 정책 차이 그리고 피상적인 이데올로기적 차이 이상은 생겨나지 않거나 적어도 내부적으로 발생되지 않는 경향을 보이며, 또한 그런 것이 그렇게 오랫동안 중시되지 않는 이상, 사회가 형성한 정치 유형과는 무관한 경향을 띠게 된다. 따라서 집단은 기회주의적이 되며 구성원들을 위해 주로 권력 접근에 관심을 갖는다. 중대한 차이가 없기 때문에 각 집단은 지도자들의 개성과 지도자들과 당대 권력과의 관계에서만 구분할 수 있게 된다. 이 권력과의 관계는 모든 사람이 희구하는 지위를 부여한다. 이런 이유로 집단은 파벌적 성격을 지니며, 파벌로부터 진정한 정당을 형성하는 이슈와 이익은 이 동질적·권력지향적 사회에는 존재하지 않는다 (Henderson, 1988년 수정판, "서론과 이론").

이런 원자 사회의 구성원들은 차별화된 이익을 중심으로 하는 지역 단계의 '응집력'이 없기 때문에 고립되고 '모래알처럼 되어(atomized)' 중앙 권력의 정상으로 치닫는 '상승 기류(updraft)'에 휩쓸리게 된다. 곧 한국 사회는 횡적인 응집력을 결여하고 있고 권력을 향한 수직적 중앙 집중력이 지배하는 특징을 보인다는 것이다. 이것이 회오리 정치를 만든다고 헨더슨은 믿고 있다. 이런 류의 회오리 정치에서는 정책 토론, 이데올로기적인 확신과 가치, '자생적인 기득이익(vested interests)', 또는 종교적인 소속 등 응집력을 결집시키는 요인들이 모두 쓸모없게 된다.

헨더슨은 해방 뒤 지배 권력의 반대자들이 조선조의 '평의회 통치(council rule)' 전통을 '민주주의'라고 착각하여 '질서 있는 국가(orderly state)' 형성에 걸림돌이 된 것에도 회오리 정치의 원인이 있다고 지적한다. 헨더슨은 이런 회오리 정치가 본질적으로 한국의 정치 발전을 가로막고 있다고 진단하면서, 어떤 때는 잠재해 있다가도 다른 때는 격렬하게 작동한다고 말한다. 그것은 정치 개체들이 권력의 정상을 향해 돌진하게 만들 뿐만 아니라 개혁 정신을 마비시키고 협상과 타협의 여지를 없애고 다원주의를 말살한다. 그는 회오리 정치를 완화하고 극복하기 위해서는 '지방 분산을 통한 응집력'을 선택해야 한다고 간명한 처방을 내린다.

한국은 대중 사회인가?

헨더슨의 한국 정치발전(또는 퇴행)론을 어떻게 받아들여야 할까? 헨더슨이 헌팅턴에게서 사사받은 정치발전론의 이론적 골격이 과연 한국 정치를 분석하는 연구 관점으로서 적절한 것인가? 일부 논자들은 헨더슨이 그의 책 1968년판에서 한국 사회를 '대중 사회'라고 규정한 대목에 대해 비판적인 시각을 보인다. 예컨대 커밍스(Cumings, 1974)는 "특정한 준거틀로부터 유래된 대중 사회 모델은 1차적으로 서구 근대 사회를 설명하기 위한 모델이며 대중적 참여 확대에 대한 엘리트주의적 비판 모델로 발전한 것이다. 따라서 그것은 본질적으로 사회의 민주화를 두려워하는 귀족주의적 모델"이라고 비판한다(백운선, 1998: 235쪽 재인용). 또한 그는 조선 시대에 계급의 와해가 나타나기 시작했으며 엘리트적 가치가 결여되었다는 헨더슨의 주장은 오류이며, 오히려 양반을 중심으로 하는 과두 관료제 사회였다고 주장한다.

그러나 커밍스의 비판은 조선 시대 부분을 제외하면 헨더슨의 해방 뒤 한국 사회 분석에 대한 것이기보다는 그의 연구 관점이 의존하고 있는 헌팅턴의 정치발전론에 대한 것이라고 보아야 한다. 게다가 헨더슨은 그의 책 1988년 수정판에서는 명시적으로 콘하우저로부터 원용한 '대중 사회'라는 용어를 모두 없앴다. 그러나 그는 한국 사회가 대중 사회성을 특징으로 한다는 주장을 거두지는 않았다.

커밍스는 헌팅턴이 제창한 정치제도화를 정치 참여보다 우선시하는 정치발전론이 대중의 정치 참여 확대를 두려워하는 엘리트주의를 반영한다고 보고 있다. 예컨대 헌팅턴은 1961년 박정희의 쿠데타 뒤 권력의 통로를 제공한 민주공화당을 상당히 긍정적으로 평가한다. 민주공화당의 경우 신속한 산업 발전을 거치는 나라들이 '사회적으로 유동화한 시민'을 조직하고 수용할 수 있는 정치 기구로서 역할을 했다는 것이다(Huntington, 1968: 259~260쪽). 그러나 커밍스는 그것이 허구라고 비판한다(Cumings, 2005: 358~360쪽). 민주공화당(이하 공화당)은 김종필이 조직한 중앙정보부가 은밀히 만든 정치 기구로서 위로부터 조직된 뿌리 없는 정치 개체인데, 그것이 민중의 의사를 매개하거나 그 요구를 결집할 수 있겠느냐는 것이다. 이것은 헨더슨을 비판한 것이 아니라 오히려 그와 관점을 같이하는 부분이다. 헨더슨은 공화당에 관해 다음과 같이 평가한다.

민주공화당이란 이름으로 1963년 2월 공식 출범한 새 정당은 전신인 자유당처럼 중국 공산당-국민당과 아주 유사한 조직 형태를 갖고 있었다. 공화당은 박정희를 당 총재로 하고 그 아래 개인적인 중요성을 가질 수도 있고 아닐 수도 있는 당의장 제도를 두고 있으며, 위로부터 조직되었다. 당의장 아래 강력한 기획위원회가 있고, 그 밑에 각종 위원회, 도지부, 선거 지부의 위계 조직이 있다. 상설 사무국을 두고 있었는데, 그 운영 자금은 중앙정보부에서 나왔으며, 직원은 군, 대학, 언론계, 이전 정당 주변 인물들로 채워졌다. …… 이 상설직 요원들은 정보부가 충원하고 봉급을 지불했는데, 적합한 후보자를 물색해 그들에게 정보부 또는 정부가 원하는 사항을 전달하고 지시하며 당 기율이 유지되도록 한 것이다. 이들 사무국 요원들은 '꼭두각시'를 만들기 위한 계획에 관해 은밀한 얘기를 나누곤 했다(Henderson, 1968: 305~306쪽).

헨더슨은 1987~1988년 한국어 번역본을 위해 "회오리의 한국 정치" 제2판을 썼다. 그는 여기서 공화당이 그 전신 이승만의 자유당, 그 후신 전두환의 민주정의당(이하 민정당)과 같이 뿌리 없는 정당임을 더욱 분명히 하고 있다.

1987년 6월까지 지배적인 정치 모습은 과거를 반복하는 것이었다. 그러나 노태우 장군이 그해 6월 29일 대통령 직선제를 받아들이는 성명[6·29 선언]을 발표함으로써 새로운 희망을 불러일으켰다. 공화당 정부는 그들의 지도자가 암살됨으로써 전복되었고 하나의 실체로서는 거의 사라졌다. 그러나 국민회와 자유당이 이승만 정부의 전복과 운명을 같이한 것처럼 공화당이 완전히 사라진 것은 아니다. 한국국민당이 후계자로서의 흔적을 약간 남기고 있었기 때문이다. 쿠데타와 정치 활동 금지가 반복된 후 또다시 포고령에 의해 창조된 여당인 민정당은 1980년 11월에서 1981년 1월 사이에 전두환 정권이 급조한 것으로서 공화당과 자유당의 이미지와 꼭 닮은 꼴이었다. 그러나 민정당은 그 선행 정당들보다 상층부에 더 많은 원자[모래알]들이 모여들었다. 유사한 정치 역사가 반복되었다(Henderson, 1988년 수정판, 제10장 "정당론" 추고).

회오리 정치 모델의 빛과 그늘

다시 헨더슨이 구성한 회오리 정치 모델 평가로 되돌아가 보자. 결론부터 말하면 헨더슨의 회오리 정치 모델은 아직도 우리나라 정치를 설명해 주는 유력한 이론적 모델이다. 이 이론적 모델은 한국 민주주의가 중대한 국면에서 실패한 이야기의 모티프를 보여줄 뿐만 아니라 한국 정치 발전의 방향을 제시해준다. 예컨대 현재 한국 정당의 응집력 결여는 그의 회오리 모델이 잘 설명해준다. 또한 그것은 뛰어넘어야 할 장애물이기도 하다. 문제는 우리 사회가 중간 기구의 응집력을 모으려고 노력하기보다는 마치 허들 경기 선수가 약물을 먹으면 이 장애물을 뛰어넘을 수 있다고 착각하는 것처럼 보인다는 것이다.

몇몇 비판자들이 지적했듯이 회오리 정치 모델에 제한점이 있는 것은 사실이다. 그러나 헨더슨에 대한 공정하지 못한 비판도 있는 것 같다. 예컨대 한 비판자는 헨더슨이 "한국 정치 내의 권력 집중 현상을 '회오리바람'으로 비유하고 있으나 비유는 모델이 아니다"라고 말하면서, "모델은 유질동상(isomorphism)의 조건을 충족시켜주어야 하나 '회오리바람' 비유는 그렇지 못하며, 그것을 통해서는 여러 변수 간의 관계에 대한 규명이 아니라 정태적 유사성을 묘사할 수 있을 뿐이다"(한배호, 1984: 10쪽)라고 주장한다. 이에 동조하여 또 다른 비판자는 한국 사회의 특성을 설명하면서 "vortex(회오리), molecular circle(분자 집단), amoebic character(아메바적 성격), updraft(상승 기류), vortex-accelerator(회오리 가속기), upward stream(상승 흐름) 등 물리적 혹은 생물학적 개념을 사용했다"면서 "사회 현상을 설명하는 데 원자나 분자 운동, 기류의 상승운동 등은 비유나 은유에 적절할 수 있지만 그것 자체가 이론적 모델을 구성할 수는 없다"고 혹평하고 있다(백운선, 1998: 242쪽).

사실 헨더슨은 그 모델을 묘사할 때 비유나 은유를 자주 사용한다. 헨더슨의 글을 읽다가 문학적인 가끔은 신화적인 은유 때문에 낭패를 겪은 사람이 한둘이 아닐 것이다. 그러나 이러한 기술 방법은 실체적 의미를 동반하는 한 장점이 될지언정 흠이 될 수는 없다. 그것은 회오리라는 생생한 은유를 통해 묘사한 그의 실체적 주제이자 이론적 모델인 것이다.

이정복(1996)은 회오리 정치 모델을 인정하면서 그 원인을 중간 집단을 결여한 한국 사회의 동질성뿐만 아니라 대통령을 중심으로 한 '단극적 통치형 정치 제도'에서 찾아야 한다고 주장했다(22~23쪽). 헨더슨도 회오리 정치가 단극 자장에서 '승자 독식'형으로 운영되는 대통령에 의해 가속화되었다는 점을 지적하고 있다(제12장 제4절 "중간 지대의 정치 합작" 참조).

헨더슨은 회오리 정치를 만드는 핵심적 요인으로 한국 사회의 동질성과 '중앙집중화(centralization)'를 들고 있다. 그러나 과연 그러한지 여부는 또 다른 문제다. 예컨대 정치 발전의 퇴행 또는 회오리 정치가 "동질성이 원인이라기보다는 동질성에도 불구하고(despite homogeneity rather than because of it)" 발생했을 수도 있기 때문이다(Kim Han-Kyo, 1970: 131쪽). 이 경우 비판은 한국의 정치 퇴행이 한국 사회의 동질성이 아니라 다른 숨겨진 복잡한 내외적 변인이 개재한 탓일 수 있는데도 헨더슨이 이를 무시했다는 것이다. 이 비판은 헨더슨의 정치 모델이 극복해야 할 과제를 던진다. 그럼에도 헨더슨의 모델은 우리가 믿거나 자랑했던 우리 사회의 동질성이 정치 안정과 발전에 얼마나 동떨어진 요인일 수 있는가를 일깨워 주는 각성제가 되었다고 할 수 있다.

아마도 헨더슨에 대한 가장 부당한 비판은 그가 한국 정치를 설명하면서 서구식 모델을 차용하여 "정치적 근대화나 정치 발전의 조건이라는 단선적 논리에 고착되어 있다"(백운선, 1998: 238~239쪽)든가 그가 규정한 한국 사회의 대중사회성이 서구의 귀족주의 모델에 근거하고 있다(Cumings, 1974)는 비판일 것이다. 전자의 비판은 헨더슨이 헌팅턴의 정치 발전 이론에 의존하면서도 그가 참여 관찰한 한국 사회의 중앙집중화, 평의회 지배, 중간 기구 결여 등 한국적 요인에서 찾고 있다는 점을 간과하고 있다고 지적할 수 있다. 이들 조건의 극복이 정치 발전의 요체가 된다는 주장은 서구의 근대화 이론과는 무관한 것이다. 후자에 관해서는 헨더슨이 1988년 "회오리의 한국 정치" 수정판에서 해명한 대로 오해에서 연유한 것으로 볼 수 있다.

헨더슨의 이론적 모델은 분명 흠결들을 갖고 있다. 그는 조선조 사회까지 거슬러 올라가 한국 사회 원자성의 뿌리를 찾고 있는데, 무리한 확대라고 할 수 있다. 조선조 사회는 그 특성을 여러 관점에서 연구할 수 있으나 원자 사회라는 규정이 적절한지는 의문이다. 게다가 그가 '이조 사회'는 사회적 유동성이 높았다는 주장을 곁들인 것도 설득력이 떨어진다.

그러나 그가 참여 관찰한 해방 후 1948~1950년의 한국 사회, 그리고 집중 연구한 한국전쟁 이후 적어도 1960년까지 이승만 치하의 한국 사회는 그가 개념화한 원자 사회의 특성을 지녔으며, 이승만 정권이 정치 목적으로 동원할 수 있는 사회적 유동성을 특성으로 하고 있었다. 그것이 가장 적나라하게 나타난 것이 제1권에서 살펴본 부산 정치파동이다. 이어 박정희를 거쳐 전두환 시대에도 한국 사회가 회오리 정치 모델을 크게 벗어났다는 징후는 보이지 않는다.

제5장에서 본 바와 같이 1980년 여름 전두환이 미국의 지원으로 정권을 잡을 때 한국의 정치 개체, 특히 언론 매체들이 보인 태도는 바로 회오리 원뿔 안으로 휩쓸려 들어가는 모습이 아니던가? 위컴 장군은 이를 두고 군인답게 그리고 노골적으로 "들쥐처럼(lemming-like), 온갖 사람들이 그의 뒤에 줄을 서고 있지 않습니까"라고 묘사했다. 이러한 관찰을 근거로 헨더슨은 원자 사회의 모래알 같은 정치 개체들이 상승 기류를 타고 권력의 정상으로 블랙홀처럼 빨려 들어가는 정치를 회오리 정치라고 특징지었으며, 그것이 정형화되었다고 주장한 것이다.

도대체 회오리 정치의 모태가 된 한국 사회의 원자성 내지 부동성은 어디서 연유하는 것일까? 유럽 사회가 겪은 산업화, 도시화, 관료화에서 찾기는 어려울 것이며, 헨더슨이 말하듯 조선조 사회의 '높은 유동성'이 연원이라고 하는 것도 설득력이 없다.

그러나 해방 뒤 헨더슨이 직접 우리 사회를 참여 관찰하고 내린 해석은 설득력이 있다. 곧 해방 뒤 행정 공백에서 온 무질서와 사회 혼돈, 한국전쟁 뒤의 황폐함, 리더십의 결여에서 오는 정치의 무정형으로 인해 부동 사회가 되었다는 것이다. 특히 그는 해방 뒤 한국 사회의 사회적 유동성이 급격하게 높아진 배경으로 서구의 산업화 및 도시화 과정과는 달리 뿌리 없는 유랑민들이 급격히 증가한 것에 주목한다.

[해방 뒤] 몇 해 동안 인구 증가는 당시 이스라엘을 제외하면 세계 어느 곳보다도 높은 것이었다. 남한의 인구는 1945년 1,600만 명을 조금 넘는

수치라고 추정되었지만 그 다음해 21%가 증가했다. 만주와 북한 지역의 25만 명을 포함한 일본인 88만 5,188명이 본국으로 송환되었지만, 1950년 이전 한국인 110만 8047명이 일본에서 남한으로 넘어왔는데, 대부분은 전시 노무자들이며, 12만 명이 중국과 만주로부터, 180만 명이 북한으로부터 쏟아져 들어왔다. 1945년 말에 들어서 벌써 남한에는 50만 명의 북한 난민이 있었다. 출생자에서 사망자를 뺀 연간 인구증가율은 3.1%였다. 농촌 지역은 사람들로 넘쳐났지만 토착화에는 적대적이었다. 도시 지역은 전쟁 중 인구가 팽창했지만 다시 엄청난 추가 인구가 투입되었는데, 이들은 뿌리 없고 흥분한, 도시에 던져진 유랑민들이었다. 피난민의 3분의 1 이상이 서울로 유입되었다. 네이산 보고서는 그 몇 해 동안의 위기의 인구 문제를 간명하게 "한국은 아마도 어느 나라보다도 더 어려운 인구 문제를 안고 있을 것"이라고 보고한다(Henderson, 1968: 137쪽).

해방 뒤 한국에 갑자기 들이닥친 유랑민의 홍수는 당시 한국 정치에 영향을 끼치는 사태로 발전했다. 유랑민의 대량 유입으로 사회적 유동성이 높아진 정치 환경에서 이승만 독재 그룹은 반공의 이름으로 이들 뿌리 없고 고향 잃은 유랑민들을 대중 운동에 동원할 수 있었다. 그것은 사회적 응집력의 후퇴를 의미했다. 이들 유랑민들이 청년단체들로 급조되었지만 구성원들 상호 간의 횡적인 관계, 지역적 유대 또는 지반이 있을 리 없었다. 이들은 집권 정치인들의 정치 목적을 위해 동원되기에 안성맞춤인 군중들이었고 그런 역할을 수행한 것이다. 1950년대 한국의 반공주의와 미국의 매카시즘은 같은 대중 사회의 병리였지만, 전자는 뿌리 없는 대중 동원을 통해 '폭도의 지배(mob rule)'를 탄생시킨 데 반해(1952년 부산 정치 파동 때 동원된 거리 정치), 후자는 대중을 선동하여 지식 사회를 부분적으로 파괴하는 데 그쳤다. 그것은 미국 사회의 성숙한 정치제도화가 대중의 무궤도한 정치 참가를 막을 수 있었기 때문이다.

1950년대 이승만 정권이 동원한 한국의 반공 유랑민들은 1960년 후반 '문화대혁명' 때 모택동이 동원한 중국의 홍위병과 흡사하다. 모두 대중사회의 동원된 폭도들이다. 다만 사회정치제도와 문화를 파괴한 규모가 다를 뿐이다. 1950년대 한국의 반공청년단은 1930년대 독일 나치즘이 동원한 '히틀러 유겐트' 청년들과 유사하다. 둘 다 전체주의가 동원한 대중 사회의 폭력적 병리다.

헨더슨은 한국의 원자 사회가 모래알 대중의 상승 기류를 형성한다면, 상층부에서는 한국의 오랜 정치 문화에서 연원한 평의회형 지배가 하강 기류를 형성하고 있다고 진단한다. 이 상승 작용과 하강 작용이 합쳐져 회오리 폭풍을 일으킨다는 것이다. 게다가 한국의 변질된 평의회 지배는 정치의 응집력을 해치는 파벌 싸움을 낳는다고 주장한다. 이에 관해서는 곧 다시 살필 것이다.

2. 회오리 정치의 고고학

고고학자들은 지나간 문화의 발자취를 사라진 사람의 무덤이나 유골 또는 유품에서 찾는다. 헨더슨은 그가 진단한 회오리 정치의 원천을 문화인류학적으로 찾고자 했다. 그가 이러한 고고학적 탐사를 통해 발견한 두 가지 특성은 '중앙집중화(centralization)'와 '평의회 지배(council rule)'다. 그는 한국 정치 문화가 내재하고 있는 중앙집중화야말로 회오리 정치를 움직이는 원천적인 힘이라고 믿고 있다. 모든 정치 개체들이 빠르게 회전하는 회오리 폭풍의 원뿔로 빨려 들어가는 힘의 원천은 중앙집중화에서 나온다는 것이다.

여기에는 그가 관찰한 한국 사회의 역사적·문화적·사회적 특성이 자리 잡고 있다. 그는 한국 사회의 중앙집중화야말로 모든 것을 '서울 중심 정치(capital politics)'로 빨아들이는 거대한 회오리 폭풍의 흡인력이라고 말한다. 이런 맥락에서 서울은 한국 자체이며, '단극 자장(the single magnet)'에 비유된다.

회오리 정치를 일으키는 주요 동인이 한국 사회의 중앙집중화라면, 회오리 정치의 특성을 부각시키는 요인은 '평의회 지배'(또는 '평의회 통치')라고 헨더슨은 믿고 있다. 그가 말하는 평의회 지배란 왕권의 단독 지배의 대칭 개념을 의미한다. 그는 평의회 지배의 근원 역시 한국 전래의 정치 문화에서 찾고 있다.

중앙집중화

이렇게 볼 때 헨더슨이 구성한 회오리 정치 이론의 주요 개념들 가운데 중앙집중화야말로 핵심 개념이다. 왜냐하면 중앙 정상으로 쏠리는 힘이 없다면 회오리 정치의 역학을 설명할 수 없기 때문이다. 한국 사회의 단일성과 동질성, 원자성과 부동성, 자생적 기득 이익의 결여, 평의회 지배와 같은 개념이 모두 회오리 정치에 상관성이 있겠지만 중앙집중화 현상이야말로 그가 발견한 가장 중요한 핵심 개념이다. 그리고 그는 이 개념을 한국 사회에 이론적으로 접합시키는 데 성공했다고 할 수 있다.

한국의 중앙집중화 현상은 거대한 이웃 나라인 중국의 중앙집권적 통치 방법과 이념을 그대로 받아들인 데서 기인한다고 헨더슨은 설명한다. 그 이념적 토대가 되는 것이 상하 질서를 분명히 하는 유교의 가르침이다. 헨더슨은 1983년 하버드대학 페어뱅크 센터에서 발표한 발제문에서 한국 정치의 중앙집중화 수용과 그 특성을 다음과 같이 설명한다.

[한국 정치에 관한] 이 이론은 대체적으로 몽테스키외와 토크빌의 전통적인 이론 토대에 따라 기구들과 그 역학 관계 분석을 새로운 출발점으로 삼는다. 구체적으로 보면 이 이론은 한국 정치 문화 안에서 논의를 출발하는데, 그것은 한국 정치 기구의 특수한 단절성을 설명할 필요가 있고, 아울러 한반도에서 촌락과 왕권 사이에 중간 기구가 결여된 것 또한 똑같이 특수하고 아주 오랜 현상임을 설명할 필요가 있기 때문이다. 이 연구는, 한국 사회 정상에 있는 중앙관료제가 특별히 과중하여 균형을 잃었는데 그 까닭은 그것이 중국에서 통째로 빌려온 것이기 때문이라고 결론을 맺고 있다. 중국이 그렇게 [과중한 중앙관료제를] 고안한 것은 그 나름의 문화와 한국보다 40배나 큰 영토를 위한 것이었다. 아주 작은 통제 가능한 동질 사회의 최상층부에 약 1500년 동안 이런 과중한 기구가 축적된 결과, 강력한 지역적 혹은 지방적 기구 형성이 저해되었는가 하면 사회 계층이 굳어지고 지속되는 것에도 부정적인 영향을 끼쳤다. 그것은 사회 밑바닥에서 정상을 향해 원자적 유동성을 유인하는 자석으로 작용했다. 이 원자적 유동성은 폭풍의 회오리로 주조되어 지상에서 정상으로 먼지를 빨아들인다. 한국 사회에 적용될 경우 그것은 정당과 노동 단체의 형성, 정통성과 계속성을 방해했으며 지방 자치의 발전을 저해했다(Henderson, 1983a).[12]

---

[12] 이 발제문에서 "한국인들은 그들 자신의 정치에 관한 기본적 정치 이론을 구성하지 못한 것처럼 보이는데, 이는 지속적인 놀라움과 높은 흥미를 유발하는 화두다. 그들은 국내에 있든 국외에 있든 정치 이론에 관심을 보이는 것 같지 않고 다른 사회에조차 관심을 보이지 않는다. 국내 정치 연구의 경우, 그러한 연구가 피상적인 수준 이상으로 한국 정치와 관련되는 때조차 비교 정치의 광범한 연구에 탐닉하지 않는 것 같다"고 비판한다. 그레고리 헨더슨, 「아시아에 정치 이론은 있는가?: 한국의 사례(Is There

헨더슨은 한국 사회의 중앙집중화 현상을 추적하기 위해 고려 시대 (918~1392) 이전까지 거슬러 올라가지만, 주로 조선 시대(1392~1910)에 집중하여 그 특성을 조명한다. 여기서 우리는 그의 논의가 논리적이고 설득력이 있음을 발견하게 된다. 그는 한국 사회의 중앙집중화가 조선 왕조가 국가 통치 이념으로 채택한 유교주의에 연원(淵源)을 두고 있다고 믿는다. 그러한 연원에서 조선 왕조가 중국을 본떠 과중한 중앙 관료 체제를 만든 것이 사회의 균형을 깨뜨렸다는 것이다.

조선의 여러 유교 세력들은 가차 없이 중앙 관료 기구를 향해 모든 야망을 불태웠다. 과거 제도는 지방의 인재들을 고갈시킬 만큼 나라의 가장 총명한 모든 인재들을 중앙으로 끌어들였다. 개인의 능력에 따라 동래 정 씨(東萊鄭氏)라든가, 안동 김 씨(安東金氏)라든가, 기타 주류 양반 가문 출신들이 수도 한양에 정주했다. 청도 김 씨(淸道金氏), 하동 정 씨(河東鄭氏)라고 한 것처럼 모든 성씨는 그들의 창시자들이 살던 지방의 명칭을 자신들의 본관으로 삼았다. 그들의 일부 종씨는 한양 사람이 되어, 조정의 미움을 사 유배나 지방으로 좌천되지 않는 한 서울에 내내 살며 궁중 투쟁의 주역 또는 조역으로 참여하고 그런 문화를 주입하는 역할을 했다. 프랑스에서 파리가 그랬듯 한양은 조선 최대의 도시였을 뿐만 아니라 조선 그 자체였다. 이

---

a Political Theory in Asia?: The Case of Korea)」(Fairbank Center, Harvard University, 1983년 9월). 이 비판이 옳건 그르건 헨더슨이 내놓은 정치 이론의 경우, 비교적 간단한 서평 수준을 제외하면 비교 정치의 관점에서 그것을 다룬 논문이나 연구는 거의 전무하다. 비교 정치 관점에서 다룬 논문은 아니지만, 헨더슨의 『회오리의 한국 정치』를 비평한 논문으로 「그레고리 헨더슨의 현대사 이해」(백운선, 1998)가 나온 것은 책이 발표된 이후 30년 만의 일이다. 그의 책의 한국어 번역판 『소용돌이의 한국 정치』(2000) 도 32년 만에 나왔는데, 이는 1973년 일본어판이 나온 지 27년 만의 일이다.

나라에서 체험할 만한 유일한 드라마가 있다면, 들어볼 만한 소문이 있다면, 즐길 만한 풍요한 문화가 있다면, 그것은 모두 궁중에 있었다. 만일 누군가 한양에 불리어 갔다면 그 사람은 될 수 있는 대로 빨리 시골과의 인연을 끊고 한양에 살았으며, 살려고 했다. 거꾸로 장기간 한양에서 멀리 벗어나 있는 것은 입신출세의 희망을 잃는 것이며 자식들의 출세의 길을 위태롭게 하는 일이었다. 시골구석에 산다는 것은 그 때문에 비록 정치적 공격을 받지는 않더라도 이런 저런 불친절한 소문에 오르내릴 수 있었다. 그때나 지금이나 지방 토호(1910년 이후 지주)나 지방 지도층은 정기적으로 수도를 찾아 재산이 있다면 주택을 마련하고 재산이 없다면 '최고의' 부자나 권력자 친구를 방문하는 것이 습관처럼 되어 있었다(Henderson, 1968: 29~30쪽).

헨더슨은 조선 왕조 500년간 "서울이 이 나라의 심장이며 두뇌였듯이 정치 또한 그 핵이며 태풍의 눈이었다"(30쪽)고 말한다. 이런 조선 사회의 중앙집중화가 사회·정치적 문화로서 뿌리를 내렸다고 생각한 것이다. 그는 1988년 쓴 "회오리의 한국 정치" 수정판에서 이 문제를 더욱 보강하며 정치 문화의 그릇으로서의 한국어와 한국 전통 문학에 담긴 상징 언어를 논의한다. 그는 언어학자 사피르(Edward Sapir)가 제시한 '의미 기호(semantograph)'의 개념을 원용해 한국인과 미국인의 정치 언어가 담고 있는 가치를 비교하여 한국인들의 중앙집중화 경향이 보다 강력함을 논증하고 있다.[13]

---

[13] 헨더슨이 인용한 미국인과 한국인의 언어 인식 비교 연구는 Sapir, "The Status of Linguistics as a Science", Sapir 편, *Culture, Language and Personality*, 1971; Lorand B. Szalay, Won T. Moon and Jean Bryson, "Communication Lexicon on Three South

예컨대 '지위(status)'라는 말의 개념을 두 나라 사람들은 어떻게 인식하고 있는가? 미국인들은 물질적 상징으로 응답한 사람이 월등히 많은 반면, 한국인들은 '권력(power)', '권위(authority)', '영향력(influence)'과 같은 의미로 규정하고 있어 관료의 역할이나 정부 자리와 밀접한 상관관계를 보인다. 비슷한 맥락에서 '사회 계층(social class)'의 개념도 미국인들은 주로 경제적 지위와 관련짓는 반면, 한국인들은 정부 관직의 권력과 관련지어 본다는 것이다. 이와 같은 정치 언어 개념의 인식 차이는 '정부(government)'라는 말에서 극명하게 드러난다. 이 말은 한국인 응답자의 25%가 대통령의 집행부로 보는 반면, 미국인은 8%만이 그렇게 본다. 바꿔 말하면 한국인은 대통령을 최고의 통치자로 보는 반면, 미국인은 행정 기능의 관점에서 본다는 것이다. 헨더슨은 이러한 정치 언어의 개념 인식차에 관해 다음과 같이 설명한다.

만일 우리가 이런 방식으로 언어를 본다면 언어 그 자체가 지배적인 사회 가치를 반영하며, 가치를 각인하는 주요 수단이 된다. 언어에 중앙 정부와 관료를 향한 집중을 강조하고 방향을 결정하는 상당히 일관된 패턴이 있음을 알게 된다. 그리고 대통령은 명성, 권력, 지위, 국민적 지위, 여러 가지 기능의 초점을 반영하고 있으며, 이로부터 추론한다면 사람들의 입신출세의 목표가 되고 있다(Henderson, 1988년 수정판, "서론과 이론" 추고).

헨더슨은 중앙 집중 현상이 한국 전통 문학에도 잘 나타나 있다고 말한

Korean Audiences: Social, National and Motiviational Domains"; 같은 저자, "Family, Educational, Internatiuonal Relations" 및 "A Lexcon of Selected US-Korean Communication Themes", American Institute for Research, Md. 1971.

다. 예컨대 국민적 러브스토리인 '춘향전(春香傳)'에서 악당은 지방관이고 영웅은 서울의 암행어사다. 이 중앙 관리는 정절을 지킨 시골 기생을 구하여 서울로 돌아와 그녀의 신분을 상승시킨다. 신도가(新都歌) 또는 더 후대의 한양가(漢陽歌)와 전통가요들이 서울을 칭송하고 사미인곡(思美人曲) 같은 전통가사들의 내용도 중앙의 임금을 그리워하는 등 모두가 중앙 집중의 문화를 보여준다(같은 책, "서론과 이론" 추고).

이어서 해방 뒤, 아니 현재까지(그가 "회오리의 한국 정치" 수정판을 썼던 1988년까지) 중앙집중화가 이어지고 있다는 것이 헨더슨의 판단이다. 그는 중앙집중화가 한국 정치 문화의 뚜렷한 특징으로 고착되었다며 다음과 같이 설명한다.

이 책이 처음 나온 뒤 20년 동안 한국 정치의 모습은 남북한 어느 쪽에서도 근본적으로 바뀌지 않았다. 오히려 남북한 각각의 정치 모습은 최고조의 중앙집중화를 통해 그 날카로움을 드러내고 있다. …… 상층부는 권력을 계속 장악하고, 통제하고, 조정하고 있다. 총명한 학생 인재들은 거대 학생 단체를 떠나지만 다시 단체로 계속 가입되고 있어, 예외는 있지만 별도의 충성심을 형성하지 못한다. 지방 자치는 여전히 공약으로만 남아 있고 88올림픽 이후에 실시한다는 계획에서조차 망설여지며, 거의 내용 없는 이상에 불과하다. 지역 정치의 뿌리는 지역 성향의 정당과 함께 1987~1988년 잠정적으로 발전하고 있을 뿐이다. 사회의 유동성이 대폭 높아져 오히려 지역 리더십 뿌리는 약화되었다. 이런 상황에서 정치적 뿌리의 영속성은 의도적으로 회피되는 셈이다. 정당들은 계속 위로부터 아래로 흔히 명령에 의해 형성되고 있는데, 설사 응집력을 모으려고 필사적인 노력을 하더라도 그 과정에서 옛날부터 내려오는 낡은 걸림돌을 만난다. 곧 이 정당들의 지역성을 오래전 그 지역을 떠나 서울로 간 지도자들이 부여한다는 점이다. 한편, 권력이 항상 중앙으로 몰리면서 한국의 정치는 전부 아니면 전무, 승자독식, 필사적인 타협 없는 게임이 되고 만다. 이 게임은 한국인의 특성이라기보다는 중앙집중화라는 경직된 구조를 반영한 것이다(Henderson, 1988년 수정판, 제6장 B. "아직 회피된 민주주의, 박정희-전두환 체제 유형의 지속 1967~1988: 서론").

평의회 지배

헨더슨이 보기에 한국 사회의 중앙집중화와 평의회 지배는 회오리 정치와 불가분의 관계에 있다. 그는 한국 사회의 평의회 지배가 멀리 7세기 신라의 화백(和白) 제도에서 기원하지만 그 원형은 조선 왕조의 '대간제(臺諫制, the censorate)'[14]에서 유래한다고 믿고 있다. 조선의 군왕은 최고의 통치권자이지만 대관(臺官)과 간관(諫官) 등 대간이 간쟁을 통해 왕을 비판하는 기능을 수행하여 실제로는 평의회 지배 형태를 지녔다. 다시 말하면 왕권(王權)과 신권(臣權)이 견제와 균형을 이루고 있었다는 것이다. 헨더슨은 대간들이 왕권을 실질적으로 견제한 면을 다음과 같이 묘사한다.

왕은 자기의 아들을 후계자로 지명하는 일에 양반들의 지지를 마음대로

---

14 이 대간제는 헨더슨 책에서 영어 원문이 the censorate으로 나와 있다(246쪽). 이 원문의 번역을 둘러싸고 한국어판에는 '대간'으로, 일본어판에서는 '사헌부(司憲府)'로 갈라진다. 그러나 이는 사헌부, 사간원(司諫院), 홍문관(弘文館)를 총칭하는 삼사(三司)를 말하는 것이다. 헨더슨은 삼사의 간쟁 기능을 에드워드 와그너(Edward W. Wagner)의 하버드대학 박사학위 논문「조선사화(The Literati Purges)」(1959)에 의존했다고 말하면서 이 삼사는 간쟁 기능이 필수적이기 때문에 삼사 내의 기관 구분을 무시했다고 밝히고 있다(444쪽, 주 5). 따라서 the censorate는 삼사의 간쟁 기능을 감안할 때 사헌부보다는 '대간제'라고 번역함이 적절하다.

이끌어낼 수 없는 것과 마찬가지로 대간들이 무엇을 기록하고 어디에 보관하는지 통제권을 갖지 못했다. 그들의 간쟁권은 매일, 거의 매시간 왕에게 접근할 수 있다는 것을 의미했다. 대간의 기능이 확대되자 왕은 궁중 시종들의 감시를 받지 않고서는 가장 내밀한 개인사도 할 수 없었다. 조선의 왕은 명나라와 청나라 황제와 같이 대간제를 자기 것으로 부릴 수 있는 권한을 발전시킬 수도 없었고 그것이 허용되지도 않았다. 중국인들은 청조(淸朝)의 경우 독재에 버금가는 권위주의적 지배 체제를 실행한 반면, 조선인들은 지배권 없는, 그러나 이의를 제기할 수 있는 평의회제를 택했다(Henderson, 1968: 248쪽).

그러나 문제는 이 대간제의 취지가 변질되어 조선 시대 유교 원리에 관한 교조적 공리공론을 일삼아 사색당파 싸움의 온상이 되었다는 것이다. 정책상의 논쟁이 전혀 없었던 것은 아니지만(예컨대 1580년 일본의 국력에 관한 양병안, 또는 1620년대 및 1630년대 명조의 쇠퇴에 따른 청조의 인정 문제), 파벌 논쟁은 주로 "상대 파벌의 처벌, 서원에 대한 지원, 그리고 죽은 왕비를 위한 문상 기간을 1년으로 할 것인가 연장할 것인가" 등의 문제를 둘러싼 것이었다. 이런 논쟁은 상대 파벌에 대한 적의를 낳으며 일단 적의가 조성되면 타협이 불가능했다. 정책을 둘러싼 쟁점이 아니라 권력이 개입되는 문제였기 때문에 조정도 화해도 있을 수 없는 일이었다.

이 변질된 평의회 지배의 유산이 파벌주의로 남아 해방 뒤 한국 정치에 고스란히 전해졌다는 것이 헨더슨의 견해다. 그것은 하지 장군이 1946년 설립한 남조선 과도입법의원과 하지 장군 간에, 1948년 수립된 대한민국의 대통령과 국회 간에, 그 뒤 야당과 여당 또는 행정부와 야당 정파 간에 이어진 한국 정치의 고질병이었다.

헨더슨이 국회프락치사건을 평의회 지배의 렌즈로 조명하고 있는 것은 주목할 만하다. 그는 프락치사건에 연루된 소장파 의원들을 조선 중기 조광조(趙光祖)를 중심으로 한 새로운 사림 세력에 비유했다. 제헌국회에서 소장파는 이승만-한민당 세력에 맞서 펼친 토지 개혁, 지방 자치, 부일 세력 척결 등의 개혁 입법 활동을 "조광조와 그의 젊은 유교 세력의 정신으로" 벌였다(Henderson, 1968: 256쪽). 이어 이승만과 경찰이 이들을 체포하고 공산당이라며 증거를 조작한 수법은 1519년 훈척(勳戚) 세력이 조광조 개혁파에게 사용한 전술과 유사하다고 지적했다.[15] 그는 전반적으로 국회를 평의회 기관의 부활로 보면서도 당시 이승만을 연산군(燕山君)으로 비유하면서 1949~1950년 국회프락치사건을 제1라운드, 1952년 부산 정치파동을 제2라운드 공격으로 묘사하고 있다(제1권 제6장 "부산 정치파동" 참조).

헨더슨은 평의회와 대통령 간의 투쟁이 두 차례 있었으나 대통령의 일방적인 승리로 끝났는데, 여기에는 미국의 지원이 결정적인 몫을 했다고 본다. 국회는 평의회 기관으로서 결정적으로 쇠락하고 이승만의 독주 행진이 계속된다. 그 뒤 평의회의 유산은 정당으로 넘어갔고, 변질된 평의회는 한국 정치의 파벌주의로 온존하게 되었다.

이 변질된 평의회 기능, 곧 파벌주의가 회오리 정치를 부추긴 까닭은 무엇인가? 한국의 정치 현실에서 그 대답을 찾기란 어렵지 않다. 파벌주

---

15 헨더슨은 훈척들이 조광조 일파를 숙청하기 위해 만들어낸 기괴하고 야비한 수법을 들고 있다(Henderson, 1968: 448쪽, 주 26). 이 수법이란 '주초위왕(走肖爲王: 走肖, 곧 趙가 왕이 된다)'이란 글자가 나오도록 벌레가 나뭇잎을 갉아먹게끔 하고는 이를 중종에게 보임으로써 왕이 위기의식을 느끼게 하는 기상천외한 모략을 말한다. 결국 조광조 등 개혁 세력은 기묘사화를 당해 도륙되고 만다. 정적을 죽이기 위해 동원된 이런 날조 수법이 1949~1950년 국회프락치사건에도 사용되었다는 것이다.

의는 정당의 응집력을 저해하고 정파 간의 타협의 공간을 차단하는가 하면 파벌을 구성하는 원자들이 권력의 정상으로 치닫게 하기 때문이다. 그렇다고 파벌이 이익을 중심으로 한 응집력을 배양하지도 못했다. 이런 의미에서 한국의 정당들은 아직 조선시대 당파싸움의 유산에서 탈출하지 못하고 있다. 그리하여 이승만의 자유당, 박정희의 공화당, 전두환의 민정당은 그 창설자가 권력을 잃자 운명을 같이하게 된 것이다. 김성수의 한민당도, 그 뒤에 들어선 다른 이름의 야당들, 그리고 4·19 학생혁명으로 집권한 민주당도 예외는 아니었다.

결론적으로 헨더슨은 한국 사회의 중앙집중화가 동인이 되고 변질된 평의회 지배가 가세하면서 원자들의 상승 기류를 만들었다고 주장한다. 상승 기류를 탄 원자들은 응집력 있는 중간 기구를 형성하지 못하고 권력의 정상으로 빨려 들어간다. 이것이 회오리 정치를 고착시킨다. 그는 회오리 정치를 극복하기 위해서는 중앙집중화 현상을 지방 분산이라는 방법으로 극복해나가고 나아가 다원 사회에 이르러야 한다고 처방한다.

3. 회오리 정치의 현상학

헨더슨은 회오리 정치의 원천을 정치문화에서 찾으면서도 현상학적인 관찰을 게을리 하지 않고 있다. 그는 한국 사회를 촌락과 제왕 간에 중간매개체가 결여된 사회라고 특징지으면서, 그 원인이 지역적 기반이나 계층적 기반을 근거로 하는 '자생이익(vested interests)'이나 '계층이익(class interests)'이 결집되지 못한 데 있다고 갈파한다. 그는 자생이익으로 뭉쳐지지 않은 곳에 중간매개체로서의 정당이 뿌리내릴 수 없다고 진단한다.

자생 이익

한국의 원자 사회에서 사회적 유동성, 중간매개체의 결여, 평의회 지배가 연결 고리를 이뤄 회오리 정치를 분출한 배경에는 계층 또는 지역을 중심으로 한 자생 이익(vested interests)이 형성되지 못한 요인이 있다. 그는 자생적 이익에 관해 다음과 같이 말한다.

한국에서는 재산이나 전통적인 부와 소득원에 대한 '자생 이익'이 약하고 불명확했으며 중앙 권력의 성쇠와 중앙 권력으로 치닫는 상승 기류를 탄 회오리의 힘에 끊임없이 끌려 다녔다. 이 자생 이익은 계곡의 벼랑 벽에 붙어사는 발육이 정지된 덤불과 같다. 이는 유럽이나 미국의 문화가 상업 사회라는 대지에 심어놓을 수 있었던 뿌리 깊은 울창한 숲과는 너무 다른 것이다. 상업적인 유럽 사회나 미국 사회에서 자생 이익에 의해 고무된 재산 보유자들의 적극적인 권리 주장이나 자신감을 한국의 재산가들은 거의 가질 수 없었다. 한국에서는 'vested interest'[16]라는 용어조차 빌려온 것으로 번역할 수 없는 성질의 말이다. 재산과 그 권리는 사회 유동성과 같이 불안한 것이다. 재산권 촉진을 목적으로 하는 집단의 형성은 정당이 국민의 지속적 지지를 받을 수 없게 하는 것과 같은 경향을 낳는다. 이는

---

[16] Vested Interest는 한국어로는 '기득권'으로 번역되어 쓰이는데, 개혁에 저항하는 부정적 의미를 담고 있다. 헨더슨은 vested interest가 정당을 구성하는 사람들의 응집력을 높이는 것이라고 보면서 "독일 사회는 부덴부로크[Buddenbrooks: 토마스 만의 대하소설 『부덴부로크 일가』에 나오는 말로 부르주아를 의미)에 대한 문제를 피해가지 않았으며, 영국인들은 상업상의 이익에 관한 문제를, 또한 필라델피아와 보스턴 상인들의 대륙회의[Continental Congress: 미국이 아직 영국의 식민지였던 시절 13개 주의 미국인들이 개최했던 두 번의 회의. 첫 번째 회의는 식민지 자치를 요구했고, 이를 거절당하자 두 번째 회의에서 독립선언서를 발표했대도 같은 문제를 결코 피하지 않고 정면으로 부딪쳐 해결하려고 했다"(헨더슨, 2000: 426쪽)고 쓴다.

조선 시대 문화에서 기능 계층이 공고화되면 유동성이 없어지고 영향력이 떨어졌던 것과 마찬가지다. 그렇지만 이러한 자생 이익의 결여는 한국 정당들을 부동(浮動)적인 일시적 존재로 만들고 있다(Henderson, 1968: 290쪽).

여기서 우리는 한국 정당들이 응집력을 갖지 못하게 된 사회적 배경을 읽을 수 있다. 헨더슨은 자생 이익 또는 계층 이익을 정당이 응집력을 쌓는 기초 벽돌이라고 여긴다. 예컨대 제헌국회 때 농지개혁안을 둘러싸고 소장파 의원들은 한민당이 장악한 산업위원회안을 저지시켜 일정 부분 그들의 토지개혁안을 관철시킨 일이 있다. 이 경우 산업위원회안은 지주들의 자생 이익을 반영하는 것으로, 소장파의 토지개혁안은 소작농의 계층 이익을 대변하는 것으로 볼 수 있다. 결국 양 안이 한발씩 물러나 개정안이 성립되었다.[17] 이 토지개혁안은 소작농의 이익을 반영하는 원래 농림부안과는 거리가 먼 것이었지만 국회 안에서의 상반되는 이익 간의 타협의 산물이라는 점에서 의미가 있다.

헨더슨은 정치 구호가 아닌 이런 자생 이익이나 계층 이익을 촉진하는

---

[17] 조봉암이 이승만 정부의 초대 농림부 장관으로 재임할 때, 농림부는 농지개혁안을 마련하여 징수 농지의 보상 평가로 5년간 평균 생산고의 150%, 농지의 상환지가로 평균 생산량의 120%, 상환은 매년 총상환액의 20%씩 6년간 현곡 상환, 지주 상환액 차이 30%의 국가 지원 등 개혁적인 내용을 포함시켰다. 그러나 이 안이 정부 기획처에 제출되어 수정되기 시작되더니 국회 산업위원회에 제출되어 지주 옹호적이고 수구적인 안으로 대체되었다. 당시 한민당이 장악하고 있던 산업위원회는 분배 농지 대상을 2정보에서 3정보로 하고, 상환은 10년간 균등연부로 하고, 지주 보상액은 평년작 주생산물 생산량의 300%, 농민 상환 300%로 하여 특별보상액은 계산하지 않는다고 했다. 이 안이 국회에 상정되자 소장파 의원들이 집중적으로 성토했다. 이런 곡절을 겪어 마련된 타협안이 보상지가 240%, 상환지가 240%, 보상과 상환 매년 30%씩 8년 균분이었다(윤민재, 2004: 440~449쪽).

프로그램이 정당의 응집력을 결집시킨다고 보고 있는 것이다. 그러나 소장파 그룹은 정파 조직이나 정당으로 부상하기 전 이승만 극우파로부터 강타를 맞고 몰락하고 말았다. 한민당의 경우 정통성 문제에 부딪쳐 자생 이익을 추진할 수 없었다. 그들이 옹호하는 자생 이익은 일제와의 야합으로 얻은 '수구적인 기득권'으로 치부될 뿐이었다.

해방 뒤 태어난 한국 정당들은 자생 이익이나 계층 이익을 중심으로 밑으로부터 뭉친 결사가 아니라 개인의 야망이나 집단의 권력 접근을 위한 정치 목적에서 위로부터 만들어지는 것을 특징으로 한다. 해방 뒤 좌익 성향의 '인민공화국'에 대항하여 김성수가 '보성 그룹'을 기반으로 만든 한민당은 1945년 9월 16일 출범했지만 정통성의 빈곤이라는 문제에 부딪쳤다. 보성 그룹은 전라도 토호라는 지주의 자생 이익을 가진 단체로 성장할 가능성이 있었다. 이 전라도 토호 세력은 일제 합법 체제의 틀 안에서 서울로 진출해 언론(≪동아일보≫), 교육(보성전문학교, 현 고려대학교의 전신), 경제(경성방직) 분야에서 한국인이 소유한 몇 안 되는 가장 중요한 기구들을 경영하고 있었다. 그러나 이들 기구들이 보전해온 자생 이익은 해방 뒤 토지개혁 운동으로 수세에 몰리는 형국이 되었다. 이런 상황에서 한민당이 자생 이익을 기반으로 응집력을 쌓을 수 없었던 것은 당연했다. 헨더슨은 그 사정을 다음과 같이 설명한다.

보성 그룹의 사회적·재정적 배경은 보수주의, 사유재산제, 기업에 대한 존경심을 가르쳐주었으며, 이 그룹의 조직적 성격으로부터 서로 간의 의견을 존중하는 관행과 독재에 대한 증오를 배울 수 있었다. 해방이 이 그룹을 정치 세계로 몰고 갔을 때, 그들의 정책은 이런 본능을 중심으로 형성되었다. 토지개혁과 산업개혁은 몰수가 아니라 한국인 지주에 대한 보상으로 실행되어야 한다는 것이 처음부터의 정책이었다. 아마도 이런 정책이 우익이라는 딱지를 붙이게 한 구체적인 실체였을 것이다. 그렇지 않다면 보성 그룹도 다른 그룹과 마찬가지로 개혁과 독립을 주창했을 것이다.

가장 중요한 정치적 관심이 물질적이라는 공격에 보성 그룹의 핵심 지주 세력이 취약했음은 물론이다. 이런 비난은 전체 토지의 70%를 지주가 소유한 한국에서 가볍게 넘길 일이 아니다. …… 1948년 이전 김성수 동지 그룹이 일반 대중에 대해 가진 태도는 수세와 의심으로 가득했다. 그들은 방방곡곡 공산주의자들이 숨어 있다고 믿었으며 일반 대중을 통제되어야 할 대상으로 간주하고 있었다. 한국전쟁이 모든 외형적 친공 감정을 제거했지만 보성 그룹은 표면적 자신감 뒤에 소수파 콤플렉스를 숨기고 있었다. 한편 이러한 의구심과 긴밀한 동지애는 정작 필요한 외부의 동맹자들을 쉽사리 끌어들이지 못하게 하는 역작용을 했다(Henderson, 1968: 277~278쪽).

이는 미국의 경우 18세기 후반 독립혁명 과정에서 보스턴을 중심으로 한 상업적 기득권 세력이 반영(反英) 독립 투쟁에 중추적인 역할을 수행한 것과 대조적이다. 이러한 자생 이익을 대표하는 세력인 해밀턴(Alexander Hamilton), 매디슨(James Madison) 등 '연방당(The Federalists)'은 미국 독립혁명의 중추였다. 이들은 '휘그스(The Whigs)'에 이어 '공화당'이라는 당명을 거쳐 민주당으로 정착된 조직화된 정당 세력이었다. 그러나 한국의 한민당의 자생 이익은 일제와의 유착 관계 때문에 정통성의 위기에 몰려 '자생적' 이익을 정면으로 내세울 수 없는 처지였다. 그들이 내세울 수 있는 구호는 반공주의였지만 그것은 슬로건이었지 기득권의 촉진과는 무관한 것이었다. 한민당은 다시 정통성의 빈곤을 타파하기 위해 기득권의 촉진과 무관한 상해 임시정부 세력을 간판으로 내세우는 전략을 취할 수밖에 없었다.

그 뒤 한민당은 남북 협상을 주장하는 김구 노선에 반대하여 이승만과 '정략결혼'을 하지만 이승만으로부터 견제를 당하자 독재에 항거한다. 이제 야당을 결속시키는 것은 자생 이익이 아니라 반독재의 명분이었다. 그러나 1960년 이승만의 원시 독재 체제가 4·19 학생 봉기로 무너지자 야당을 계승한 민주당은 신파와 구파로 쪼개지고 만다. 민주당을 결속시킨 끈은 반독재였지만 이 반독재의 끈이 썩은 밧줄과 같이 무력해지자 모래알이 되고 만 것이다. 결국 이들은 집권 9개월 만에 군사 쿠테타로 쫓겨나고 말았다.

해방 후 이승만이 귀국한 뒤 결성된 '독립촉성국민회(이하 독촉)'도 위로부터 급조된 뿌리 없는 정치 조직이었다. 이승만은 1946년 2~3월 지방 순회 유세를 벌였는데, 헨더슨은 이를 '대단히 성공적인 6주간의 지방 유세'(같은 책: 282쪽)라고 평했다. 겉으로는 한민당과 제휴한 것처럼 비쳐졌기 때문이다. 그는 가는 곳마다 한민당 및 지주 이권 세력과 연결된 경찰, 우익 청년단체들로부터 대대적인 환영을 받았다. 그러나 이승만에게 한민당과의 제휴는 집권을 위한 정략결혼에 불과했다. 이승만은 그때까지 여운형의 인민공화국이 독점해오던 지방에 한민당의 채널을 통해 접근할 수 있었다. 이 힘을 배경으로 당시 김규식의 온건파를 지지한 미 군정의 선택을 돌려놓을 수 있었고, 결국 1948년 집권의 길로 들어서게 된다. 그러나 독촉과 한민당의 제휴는 뿌리 없는 두 정치 조직의 느슨한 연립에 불과했다.

1946년 10월 독촉은 공식 회원수가 700만 명에 달한다고 주장했다. 이는 임정 지지자를 능가하는 숫자였다. 독촉과 한민당은 이승만을 권력의 자리에 앉힌 주요 조직이었다. 독촉은 한국 정부가 수립된 뒤 1948년 8월 그 명칭이 국민회로 바뀌었고, 1960년 이승만 정권이 전복될 때까지 계속되었다. 그것은 자유당의 전신이며, 박정희 민주공화당과 전두환 민주정의당의 '의붓아비(stepfather)'이기도 했다(Henderson, 1988년 수정판, 제10장 "정당론" 추고).

이들 뿌리 없는 여당들은 자신들이 탄생시킨 수장(首長)과 함께 운명을 같이했다. 자유당은 1960년 4·19 학생혁명으로 이승만 정권이 무너지자 흔적도 없이 사라졌다. 공화당과 민정당의 경우 '유신 잔당', 또는 '군부 독재 잔당'으로 손가락질당하며 역사의 뒤안길로 사라졌다. 이는 자유당이 모델로 했던 중국 국민당과 달랐고, 미 점령 시기에 보수의 결집으로 정치세력화한 일본의 보수 정당과도 달랐다. 장제스의 국민당의 경우 중국 대륙에서 쫓겨나 대만에 들어왔고 50년 이상 통치한 끝에 권좌에서 물러났지만 정당으로 남아 있다. 흥미로운 사실은 그 국민당이 2008년 다시 집권에 성공했다는 것이다.

전후 일본 자민당의 경우 1920년대 '세유카이(政友會)'에 뿌리를 둔 정치인들이 모여 결성한 '일본 자유당'을 모태로 한다. 전후 일본은 1955년 체제로 정치 안정을 이룩한 뒤 자민당이 '영구 집권당'이 되었다. 자민당은 1990년대 말에 잠시 실패했지만 2000년대에 다시 집권 여당으로 되돌아왔다.

한국의 자유당과 이웃 나라 집권 정당이 이렇게 하늘과 땅처럼 차이가 나는 이유는 무엇일까? 여러 요인이 있겠지만 주요한 것 중 하나는 한국 정당의 경우 여당이든 야당이든 자생 이익을 중심으로 한 지반(地盤), 또는 뿌리가 없거나 취약하다는 점일 것이다. 정당이 응집력을 모을 수 있는 최소한의 조건은 정치 구호가 아닌 자생 이익, 계층 이익, 또는 지방 이익을 중심으로 프로그램을 개발할 수 있어야 한다는 것이다.

뿌리 없는 한국 정당

자생 이익이나 계층 이익이 결집되지 않은 상황에서 정당은 부평초처럼 뿌리 없는 정당으로 남을 수밖에 없다. 사상누각의 정당은 회오리 정치를 부추길 뿐 국민의 정치적 요구를 반영할 수도, 여론을 수렴할 수도 없다. 이런 정당은 과거 자유당, 공화당, 민정당처럼 그 지도자와 함께 운명을 같이한다. 그런데 헨더슨이 중시하는 중간 지대의 정치 합작을 위한 정치 게임에는 위에서 말한 중간 지대 정당의 제도화가 급선무다. 따라서 정당의 제도화는 한국 정치가 당면한 가장 어렵고도 시급한 도전임에 틀림없다. 헨더슨은 1988년 한국 정당제가 당면했던 도전을 다음과 같이 서술하고 있다.

> 한편 한국의 정당들은 정권 교체를 위한 선동을 넘어 희망의 원천으로 위상을 확립해야 한다. 1987년 상당히 자유화된 야당들도 [국민에게] 감명을 줄 수 있는 광범한 프로그램을 개발하고 합의를 도출해내야 한다. 그렇지 않고 자유, 그리고 사법부와 입법부의 독립이 보편적인 완화책이 될 것이라는 가정에 너무 의존한다면 잘못이다. 아직도 한국에서 정당이 민주주의 실험에서 차지하는 중요한 몫은 한국 독립 43년 뒤에도 다만 조그만 성공밖에 거두지 못했다(Henderson, 1988년 수정판, 제10장 "정당" 추고).

한국의 정당이 응집력 있는 중간 기구로 뿌리내리기 위해서는 무엇을 어떻게 해야 할까? 헨더슨은 그 해답을 구호 정당의 반명제에서 찾으려

한다. 그에 의하면, 제1공화국 시절 자유당(또는 이승만)의 일민주의(一民主義)나 북한 노동당(또는 김일성)의 주체사상은 실질적인 정당 프로그램보다는 대중 동원을 위한 정치 구호다.

헨더슨에게 이승만의 일민주의는 반정당적인 정치 구호에 불과했다. 1946~1947년 이승만의 정치 참모였던 양우정이 고안한 이 일민주의는 팸플릿을 통해 독립촉성회 전국 지부에 선양(宣揚)되기도 했고 이승만이 연설에서 언급하기도 했지만 대중을 동원하는 힘을 발휘하지는 못했다. 1948년 이승만 정권이 상대적으로 안정되자 일민주의는 대부분 폐기되었다. 다음은 헨더슨이 묘사한 일민주의의 실상이다.

쑨원(孫文)의 삼민주의(三民主義)처럼 이승만의 일민주의는 어떤 정책으로 실행된 일이 없다. 그것은 소박한 믿음을 요구하는 카리스마적인 지도자의 도구였는데, 훗날 북한에 등장한 과장된 주체사상의 설익은 판박이와 같은 것이었다. 그것은 지도자가 국민이 처한 구체적인 생활 조건과 일상적으로 당하는 억압과는 동떨어진 반일, 반공, 국제 음모와 같은 문제에 자의적으로 주의를 집중할 수 있도록 했다. 그것은 최악의 한국적 패턴을 구체화했는데, 곧 권력의 완전한 중앙집중화, 사회를 풍요롭게 만드는 자생적 이익과 계층 이익에 대한 저항, 전문적 의견과 경험보다는 '애국심'이나 모호한 자질의 선호, 그리고 합리적인 시스템보다는 도덕적인 동기에 근거한 행위의 우선 등이다(Henderson, 1988년 수정판, 제10장 "정당론" 추고).

헨더슨이 역설한 중간매개체 중 물론 중심적 자리는 정당이 차지한다. 한국 민주주의의 경우도 정치의 핵심적 기구는 여전히 정당이다. 그러나 그 탈을 벗기면 응집력 없는 모래 위에 지어진 궁전일 뿐이다. 그것이 자유당이든, 공화당이든, 민정당이든 우리는 풀뿌리 지반이 없는 궁전이 하루아침에 무너지는 것을 보아왔다.

헨더슨은 중간 매개 기구로서의 정당을 핵심적 기구로 중시하지만 한국 정당의 경우 위로부터 급조된 인위적 조형물이라는 점에서 응집력이 거의 없다고 특징짓는다. 해방 정국에서 난립한 정당들이 이 특징을 잘 반영하고 있다. 최초 군정 당국이 흰 눈자위로 바라본 '인민공화국'을 제외하면 진정한 의미에서의 정치 단체는 거의 없었다. 1945년 9월 12일 하지 장군이 '조직된 정치 단체들'만을 상대로 '협의'할 것이라고 발표하고 이어 군정장관 아놀드 장군이 "규모가 작은 여러 정치 단체는 그들의 목적에 따라 좀 더 큰 조직으로 통합되어야 한다"고 담화를 발표해 군소 조직의 통합을 촉구한 뒤 벌어진 상황은 모래알 정당의 인위적 성격을 잘 보여준다.

9월 12일 하지가 시공관(市公館)에서 연설했을 때 이미 33개의 '정당'이 있었는데, 대부분은 바로 그 주에 결성된 것들이다. 10월 10일에는 43개 정당 사회 단체 대표자들이 통일 문제를 토의했다. 그 일주일 뒤 이승만이 귀국했을 때 그는 50개 이상의 정치 단체나 정당들과 협의가 필요하다고 생각했다. 10월 24일 전까지 군정청에 등록된 정당은 이미 54개였다. 1946년 3월까지 약 134개 정당이 군정명령(軍政命令) 55호에 의해 등록되었다. 그 뒤 숫자는 급속히 늘어나, 1년도 되기 전에 300개에 이르렀다. 애국적 단결이라는 간판은 미련 없이 팽개쳐졌고, 응집력과 조직력을 모으려는 민주적인 노력은 사라졌으며, 분열과 무한 경쟁으로 치달았다(Henderson, 1968: 131쪽).

그 뒤 1952년 이승만의 자유당, 1963년 박정희의 공화당, 1980년 전두환의 민정당의 경우 결성의 형식은 차이가 있으나 위로부터 밀실 기획되거나 급조된 인위적 조형물이라는 점은 공통된 특징이다. 특히 1972년 들어선 박정희의 유신 체제는 그것이 '반정당제(anti-party system)'를 특징으로 하고 가장 중앙집권화된 권력 체제라는 점에서 '회오리 정치의 절정'이라고 헨더슨은 묘사한다(Henderson, 1988년 수정판, 제6장 추고).

그로부터 20년이 지나 전두환 신군부 체제가 들어선 뒤의 정당제는 어떤 모습인가? 헨더슨은 전두환 체제가 조작한 이른바 다당제를 회오리 정치에 덧붙여진 '더 기괴한 절정(more grotesque climax)'으로 묘사한다. 1984년 12월 '정치정화법'에서 풀려난 정치인들을 교묘하게 조작해 일시에 18개의 정당을 인위적으로 만들어냄으로써 세계 정당사에 새로운 기록을 세웠다는 것이다.

전두환 정부는 그 선행 박정희 정부(1961~1963년)와 마찬가지로 군부의 진두지휘 아래 새로운 정치 질서를 융합했다. 1980년 모든 정당들이 해체됨으로써 기존 정당들은 20년 사이 두 번이나 수난을 당하는 꼴이 되었다. 정부는 그 빈자리에 구 정치인들이 지역적인 지반에 관해 생각할 겨를도 없이 신속하게 '다당 세계(multi-party universe)'를 기획, 조작했다. 여당인 민정당은 하나로 통일시키고 야당은 갈기갈기 찢기도록 조작한 것이다. 야당들이 각각 과거 정치사와 파벌주의를 반영하여 이념적 성향(비공산주의)과 종류에 따라 만들어진 것이다. 이를테면 구(舊)민주당원, 신(新)민주당원, 박정희 공화당원, 사회주의자, 노동자와 농민, 기독교도, 불교도를 구분해 정당을 만들도록 한 것이다. 그것은 정상에서부터 정치를 조작하는 형으로 회오리 정치가 이보다 더 기괴한 절정의 모습을 보인 적은 없었다.

그것은 사실상 세계 정치사에 유례없는 정당들의 인위적인 창조였다
(Henderson, 1988년 수정판, 제6장 중 "남한의 정치변증법 1967~1988" 추고).

그러나 헨더슨은 1988년 전두환 신군부 정권이 만든 민정당이 기본적으로 모래밭에 지은 성이라고 말하면서도 실낱같은 희망을 보인다.

거의 변화나 개선을 보여주지 않는 중간 매개 기구 가운데 첫 번째로 꼽아야 할 기관이 정당이다. 집권당인 민정당은 돌연한 정치적 격동과 독재자의 명령으로 만들어진 인위적인 구조물인데, 거의 희극적일 정도로 그 직계 조상인 이승만의 자유당과 박정희-김종필의 민주공화당을 빼닮았다. 그러나 민정당은 자유당과 공화당보다 나은 지역 뿌리가 없더라도 해방 이래 거의 40년간의 정치사를 몸에 담고 있어 실질적으로 좀 더 복잡성을 띠고 있으며, 전두환이나 노태우가 정치적 경험이 없음을 감안할 때 아마도 좀 더 자주적이며 영향력이 큰 정당일 것이다. 그 정당의 문민 부분이 1987년 6·29 선언을 주도하고 지지했다는 점은 중요하다. 그러나 민정당은 본질적으로 그 선행 정당과 마찬가지로 회오리 기구로서 밑으로부터 정치 입자들을 모아 서울의 권력 정상이라는 닫힌 공간 주변을 떠돌아다닌다 (Henderson, 1988년 수정판, 제6장 C. "1980년대 정치행위자들" 중 "정당" 추고).

한국의 야당은 어떤가? 헨더슨은 야당도 뿌리 없는 정당이라는 점에서는 마찬가지라고 보고 있다. 1960년 이승만의 원시 독재 체제가 학생혁명으로 무너진 뒤 들어선 민주당은 민주 헌정의 챔피언처럼 보였다. 민주당은 오랜 투쟁 끝에 내각책임제를 성취하고 정권을 운영할 장면 내각은

국내외로부터 박수갈채를 받고 출발했다. 그러나 집권 9개월 만에 민주주의 실험은 실패로 끝내고 장면 내각은 퇴진하고 말았다.

헨더슨은 장면 내각이 실패한 것이 한국 정치의 비극이라면서 그 "비극의 최초 단계는 민주적 정당 개념이 한국적인 유동성 패턴에 가한 충격"에 있었다고 설명한다(Henderson, 1968: 177쪽). 다시 말하면 정당이 응집력을 모으지 못하고 권력을 향한 유동성을 높여온 패턴을 지속한 것이 정치 불안을 가속시켰다는 것이다. 그는 "원자적인 상승 유동성의 힘이 정당의 단합성을 압도했다"고 말하면서 "윤보선 대통령이 거느리고 있는 민주당 '구파'와 장면이 거느린 민주당 '신파'의 5년간에 걸친 동맹이 권력의 유혹 아래 와해되고 말았다"고 지적한다(188쪽). 그들을 결속시킨 것은 당내 응집력이 아니라 이승만 독재에 대한 투쟁의 끈이었고, 이제 끈이 사라진 이상 모래알이 된 것이다. 구파는 장면 내각에 대한 협력을 거부하고 거의 절반에 해당하는 국회의원 86명이 1960년 9월 민주당을 이탈해 '신민당'을 결성했다. 이제 96명으로 줄어든 장면의 민주당은 여러 가지 회유로 10월 19일까지는 과반수인 118명을 회복했지만 학생 등 민주 세력들의 과잉 정치 참여로 인한 정치 불안은 계속되었다. 장면 내각은 집권 9개월 만에 군사 쿠데타에 의해 무너지고 말았다.

박정희 시절의 유신 체제 아래 정당 정치는 실종되었다. 1980년대 전두환 신군부 정권 시절 야당은 지리멸렬했다. 그러나 야당의 파벌주의는 끈질겼다. 그것은 오히려 군사 정권을 종식시켜야 한다는 국민적 여망을 앞질렀다. 1987년 학생들과 '넥타이 부대'가 벌인 6월 항쟁 끝에 노태우의 이른바 6·29 선언이 발표되고, 우여곡절 끝에 1987년 대통령 선거가 치러지게 되었다. 그것은 군부 정권의 연속이냐 문민 정권의 탄생이냐를 가르는 분수령이었다. 그러나 문민 정권을 리드할 야당 지도자들이 고질적인 파벌주의를 보였다.

김영삼과 김대중, '양김'이 후보 단일화에 성공하면 군부 정권을 끝낼 수 있음이 눈에 보이는데도 양김은 각각 대통령 후보를 선언했다. 학생 등 재야 세력도 이른바 비판적 지지(비지)파, 후보 단일화(후단)파, 독자 후보론(독후)파로 의견이 갈린 상황에서 양김은 노태우 후보 앞에 '정치적 자살'의 길을 택한 것이다(Henderson, 1988년 수정판, 제11장, "지방 분산을 통한 응집력" 추고). 그 결과 노태우는 총 투표자 중 36.6%, 김영삼 27.5%, 김대중 26.7%로 나타나 과반수도 못 얻은 노태우 후보가 대통령으로 당선 될 수 있었다.

4. 중간 지대의 정치 합작

이제 헨더슨이 국회프락치사건을 통해 전하고자 했던 한국 정치 담론을 모색할 때에 이르렀다. 그것은 그가 표현한 '중간 지대(middle ground)', 또는 커밍스가 묘사한 한국 정치에서 '붙잡기 어려운 중도(the elusive middle-of-the-road)'에서 출발한다. 헨더슨은 국회 소장파가 걸었던 중도야말로 회오리 정치를 극복하는 길이라고 믿고 있다. 헨더슨은 이미 회오리 정치를 극복하기 위해 "지방 분산을 통한 응집력"이라는 처방을 내렸다. 그것은 한국 정치가 도달해야 할 다원주의적 정치 사회로서 그가 그린 피안의 이상향이다. 그리고 보다 현실적으로는 한국 정치의 당면 목표로서 '정치 중간 지대에서 서로 다른 성향의 정치 집단 간의 합작', 또는 간결하게 '중간 지대의 정치 합작'이라고 부를 수 있다.

1987년 6월 항쟁 이래 우리 사회는 적지 않은 민주화의 성과를 일구었다. 그중에서도 가장 눈부신 발전은 '지방 분산'이란 관점에서의 지방

자치다. 또한 노동조합 운동이 성과를 거두어 정치 참여의 길이 열렸다. 시민 단체도 한계를 노출하기도 했지만 자율적으로 정치적 목소리를 높이고 있다. 이들 민주화의 성과들이 회오리 정치를 극복하는 기제로 작용했을까? 어느 정도 제한적이나마 완화하는 힘이 되었음을 부정할 수는 없을 것이다. 그러나 이 힘이 과연 중간매개체의 응집력으로 가고 있는지는 앞으로의 과제로 남았다고 보인다.

오히려 아직도 '회오리 정치'라는 만성병으로부터 회복되지 못했다는 징후가 곳곳에 보이고 있다. 그것은 한계를 모르는 지역주의, 의연하게 남아 있는 서울 중심주의, 원자적인 정치 파벌주의, 뿌리 없는 정당제, 무엇보다도 승자 독식의 제왕적 대통령제에 뚜렷이 남아 있다.

이런 관점에서 보면 '지방 분산을 통한 응집력'이란 처방은 아직도 이 질병을 치유하는 유효한 약재임이 틀림없다. 지방 분산은 중앙 집권의 반명제다. 헨더슨의 관점으로 우리나라 정치 지형에는 중앙의 정상에 하나의 왕국밖에 없다. 그러나 그 왕국 아래 너른 중간 지대에 몇몇 복수의 독립적인 제후가 다스리는 소왕국을 세워 상시적인 정치적 합작이 이뤄져야 한다는 것이 그의 처방이 갖는 상징적 의미인 것이다. 무엇보다도 그의 주문은 그런 과정을 통해 서로 간의 응집력을 키워나가야 한다는 것이다. 그러니까 '지방 분산을 통한 응집력'은 다른 말로 '중간 지대의 정치 합작'이 되는 셈이다.

한편, 컬럼비아대학 역사학자 암스트롱(Charles K. Armstrong, 2002)은 1987년 6월 항쟁 이래 한국 사회가 거두고 있는 민주화 성과를 '문민 사회(civil society)' 영역으로 가려내고 사회와 국가 사이의 노조를 비롯한 중간 기구들이 민주적 정치 변동을 위해 수행하는 기능에 기대를 걸고 있다. 커밍스(Cumings, 2002)는 이러한 기대에 동조하면서 문민 사회의 개념을 독일 사회철학자 하버마스가 개척한 '공론장(Oeffentlichkeit: public sphere)' 이론과 연결한다. 그는 1987년 6월 항쟁 이래 한국의 문민 사회 영역이 부침을 거듭하고 있기는 하지만 한국 사회의 해결책은 결국 문민 사회라고 결론을 맺는다. 그는 '문민 사회'를 한국이 오랫동안 당연히 간직했어야 할 '비강제적인, 간(間)주관적인 공론장(non-coercive, inter-subjective public sphere)'으로 말하고 있다. 물론 이 개념이 여러 가지 조건을 달고 있다는 것을 인정하더라도, 이는 헨더슨이 회오리 정치에 대한 해결책으로 믿었던 중간 지대의 정치 합작에 이르는 길이라고 보인다.

중심지향형 정치

중간 지대의 정치 합작이란 무엇인가? 먼저 정치 중간 지대란 정치 이념 스펙트럼에서 극우와 극좌를 배제한 온건 우파와 온건 좌파를 아우르는 중간 영역을 말한다. 딱히 그 경계선을 긋기가 쉽지는 않지만 의회주의를 경계선으로 구획을 지을 수 있을 것이다. 예컨대 전후 일본에서 일본공산당은 1949년 1월 총선에서 35석을 얻는 약진을 했으나 1950년 1월 소련 공산당 산하 코민포름의 공격을 받고 이른바 '극좌 모험주의'를 택해 의회주의를 포기했다. 그 뒤 총선에서 유권자의 버림을 받자 다시 1955년 이후 '체제 밖의 반체제 정당'으로부터 '체제 안의 반체제 정당'(Sartori, 1976: 133쪽)으로 방향을 틀었다. 이는 여기서 말하는 중간 지대에 속하는 정당이다. 따라서 극좌를 대표하는 스탈린의 소련 공산당과 극우를 상징하는 히틀러의 나치 정당을 배제하고, 의회주의를 넘지 않는 선 안에서 서로 다른 정당 세력이 경쟁하고 타협하는 정치 공간을 말한다.

정치 합작이란 정치 성향을 달리하는 정치 세력들이 중간 지대로 모여 룰에 따라 경쟁하는 정치 게임이다. 이 정치 게임은 '중심이탈형 경쟁

(centrifugal contest)'으로부터 '중심지향형 경쟁(centripetal contest)'에 이르기까지 다양하지만 큰 방향을 보면 전자로부터 후자로 이행하는 경쟁이 정치 안정과 발전을 가져온다.18 중간 지대로 모인다는 의미는 화학적 반응처럼 하나로 통합된다는 것도 아니요, 중간 지대 밖으로 따로 분리되어 나간다는 뜻도 아니다. 문자 그대로 상이한 정치 세력이 중간 지대로 '모인다(converge)'는 의미다. 예컨대 전후 서독의 정당 정치에서 기독교민주당(CDU/CSU)과 사회민주당(SPD)는 초창기 독일 재통일 문제를 둘러싸고 정반대의 이념 투쟁을 보이는 중심이탈형 경쟁을 벌였다. 그러나 그 뒤 양당은 타협의 길을 모색하여 '동방정책(Ostpolitik)'에서 서로 만났다. 구체적으로 SPD는 1949~1969년 사이에 좌익 축에서 우측으로 옮겨 간 반면, CDU/CSU는 1969년부터 1980년대를 통해 우익 축에서 좌회전하는 과정을 밟아 두 경쟁 정당이 동방 정책에서 만난 것이다(김정기, 1995: 49~50쪽).

이러한 중간 지대에서의 정치 합작은 남북 간에, 남남 간에, 지역 간에 대결과 경직된 정치 구조를 완화하고 타협과 관용의 정치를 지향하게 한다. 따라서 이는 남한 국내 정치의 안정과 발전을 위한 것일 뿐만 아니라 남북한 간의 대결과 긴장도 화해와 협력으로 나아가게 한다.

---

18 이는 컬럼비아대학 지오반니 사토리(Giovanni Sartori) 교수가 구성한 유명한 정치체제 역학이론이다. 그는 정당이론가이면서 언어학자이자, 철저한 실증주의적 방법론자이기도 하다. 그의 정치발전이론은 정당제를 중심으로 하는데, 정당 간의 분열도(party fragmentation)를 의미하는 이념 강도와 정당의 분열도(party segmentation)를 의미하는 이념 거리가 어떠한 방정식을 구성하느냐에 달려 있다고 보고 있다(Sartori, 1976: 296쪽). 곧 정당 간의 정치 게임이 중심이탈형 경쟁으로 가느냐 또는 중심지향형으로 가느냐에 달려 있다는 것이다. 한국의 경우 전자로 치달은 반면, 전후 서독이나 일본의 경우 후자로 가 정치 안정과 발전을 이뤘다(김정기, 1996; 2006).

중간매개체

헨더슨이 펼치는 한국 정치 담론의 어휘 가운데 '중도(middle-of-the road)'라는 말처럼 귀중한 것도 드물다. 그는 중도 정치를 대표하는 정치그룹을 '온건파(moderates)'라고 부른다. 이 온건파에 속하는 정치 그룹에는 중도좌파와 중도우파가 있다. 그 양쪽 대칭에는 극우와 극좌가 있다. 그가 창조한 정치 언어의 핵은 '중간매개체(intermediaries)'다. 그는 '촌락과 제왕'이라는 은유, 곧 권력 정상과 민중 간의 응집력 있는 중간 매개 집단을 키우는 길이 회오리 정치를 치유하는 길이라고 보았다. 엘리트와 대중 간의 간극을 잇는 중간 다리를 놓아야 한다는 것이다.

헨더슨이 미 군정 3년이 실패로 끝났다고 보는 주요한 이유는 해방정국에서 이 중도 세력을 키우지 못하고, 아니 배척하고, 이승만을 내세운 맹목적인 반공 극우 체제를 세웠기 때문이다. 그는 이 중도 세력을 대표하는 인물로 여운형, 김규식, 안재홍 같은 이를 들고 있다. 그러나 여운형은 극우 세력에 의해 암살당함으로써, 김규식과 안재홍은 한국전쟁의 혼란 속에서 사라짐으로써 한국 정치의 비극이 시작되었다. 헨더슨에게는 이러한 중도파의 실패가 바로 한국 정치의 실패를 의미했다.

온건파의 실패는 다시금 대중 사회를 예고했다. 온건파들은 이전에 한국에서 존재하지 않았던 확고한 조직에 기반을 둔 정치적 다양성을 믿었지만 그것은 헛된 일이었다. 그들은 인내와 타협에 의해 이런 다양성에 어울리는 사회의 미덕을 지향했는데, 이는 한국의 정치적 전통에는 맞지 않는 이질적인 것이었다. 그들은 중산층의 지지를 필요로 했고 아직[1987년 당시]도 필요로 하지만, 한국에는 사실상 계급이 없었고, 그나마 한국의 새로운 중산 계급이라고 할 수 있는 층도 공산주의를 두려워해 우익 쪽으로 기울어지고 말았다. 온건파는 신문도, 학교도, 후원자도 없었고 의지할 수 있는 조직화된 충성심도 없었다. 재정적 지원도 실패했고 지방의 지지자들도 없었다(Henderson, 1988년 수정판, 제5장 추고).

문제는 헨더슨이 누누이 지적하는 바와 같이 한국 사회에 아직 권력 정상과 민중 간의 중간 매개 기구가 취약하다는 점이다. 중간 매개 기구가 취약한 상태에 머무는 한, 한국 정치는 회오리 정치 구조로부터 탈출하기 힘들다. 헨더슨은 한국 사회의 정당, 군, 공산주의를 응집력을 기준으로 평가하면서 군 기구와 공산당을 응집력 있는 기구로 평가한다. 그러나 정당 정치의 핵심 기구인 정당은 위로부터 급조된 사례가 대부분이어서 풀뿌리 지반을 중심으로 하는 응집력이 결여되어 있다고 지적했다.

5. 중간 지대의 정치 합작을 위한 모색

그렇다면 한국 사회의 경우 중간매개체의 공동화를 메울 기구가 존재한 일이 없는가? 그렇지는 않다. 헨더슨은 중간매개체의 역기능 모델로서 조선 말기 일제의 뒷돈으로 송병준이 설립한 일진회(一進會)를,[19] 정기능 모델로서 1927년 2월 민족주의 진영과 사회주의 진영이 합작하여 창립한 신간회(新幹會)를 들고 있다. 그는 두 단체를 모두 정당의 범주에서 상반된 모습으로 다루고 있다. 또한 우리는 해방 뒤 여운형의 인민공화국이 해방

---

[19] 일본의 국수주의적인 단체 흑룡회(黑龍會)의 우치다 료헤이(內田良平)가 일화 5만 엔을 송병준에게 주어 일진회를 만들도록 했고 자신은 이 단체의 고문이 되었다. 당시 일화 5만 엔은 헨더슨이 책을 쓴 당시(1968년) 계산에 의하면 명목상 2만 5,000달러에 해당하지만 실상 5만 달러에 가깝고 구매력은 지금보다 훨씬 높았다고 볼 수 있다 (Henderson, 1968: 68쪽 및 399쪽, 주 22).

공간에서 응집력을 모으려는 노력을 기울였지만 하지 군정 아래서 미소의 냉전 대결과 한국 사회의 원자성으로 말미암아 실패로 끝났음을 살펴보았다. 여기에는 만일 하지 군정이 여운형 세력을 군정의 파트너로 삼아 응집력을 키웠더라면 적어도 회오리 정치를 완화할 수 있었을 것이라는 역사의 가정이 자리 잡고 있다. 그 밖에도 박정희 유신 정권 시절 강원용(姜元龍) 목사는 크리스천 아카데미 운동을 통해 중간매개체를 키우려 했다.

신간회 운동

신간회는 1927년 민족주의 진영과 사회주의 진영이 합작한 우리나라의 최초의 중간 매개 단체다. 신간회의 경우 일제가 부과한 합법의 틀 안에서 설립되었지만 일제와 타협을 거부(강령: 우리는 일체 기회주의를 거부한다)함으로써 독자성과 자발성을 천명하고 있다. 신간회는 일제의 치밀한 감시 속에서도 좌우 합작 연립 야당으로 출발했으며, 민중의 불만, 저항, 여론을 수렴하는 역할을 수행했다. 예컨대 광주학생운동을 전국적으로 확산시켜 5만 4,000명의 학생을 개입시킬 수 있었다(Henderson, 1968: 85쪽).

반면 일진회는 일제의 정치 목적을 위해 위로부터 조직된 한국 최초의 정당으로, 1905년 을사늑약, 고종의 강제 양위, 1910년 한일합병을 위해 성공적으로 대중 동원을 수행하여 한민족의 잠재적인 저항을 중화했다. 그러나 일진회는 진정한 조직적 충성심을 배양할 수 없었기 때문에 합병 뒤 순식간에 흔적도 없이 사라졌다. 같은 맥락에서 해방 뒤 위로부터 졸속으로 만들어진 독립촉성국민회도 "그 전신인 일진회와 그 후신인 자유당과 같이 하룻밤 사이에 흔적도 없이 사라졌다." 그것은 "그 기구가 의지해온 정상 권력이 없어졌기 때문"이었다(같은 책: 283쪽).

한편 신간회 운동도 일제의 압력과 함께 우리 사회의 원자성으로 인해 뿌리를 내리지 못하고 실패하고 말았다. 1931년 조선공산당이 신간회 지도부로부터 밀려나자 스스로 해산의 길을 택한 것은 해방 뒤 박헌영 공산 세력이 온건 좌익인 여운형의 인민당에 타격을 준 것과 마찬가지로 당시 신간회에 결정적 타격을 가한 사건이었다. 헨더슨은 "공산주의자들은 그들이 침투할 수 없는 경우 신간회로부터 온건 연립 세력인 인민당, 수많은 군소 중도 정당이나 사회주의 정당에 이르기까지 타격을 가해 무용지물로 만들었다"고 지적했다(같은 책: 323쪽).

재벌에 대한 희망

헨더슨은 1988년 "회오리의 한국 정치" 수정판에서 1980년대에 등장한 한국 정치의 행위자들을 두루 살피면서, 학생, 교회, 노동계, 그리고 특히 재벌의 성장에 주목한다. 한 가지 특이한 점은 6·29 선언 이후 한국 언론의 자유가 크게 신장되었음에도 언론을 독자적 기구로 주목하지 않았다는 점이다. 그러나 그는 재벌의 역할을 전망하면서 정치 발전에 공헌할 수 있을 것이라는 희망을 표명한다. 곧 그는 크게 성장한 한국의 재벌이 회오리 정치를 완화할 수 있는 기구가 될 수 있다고 전망한 것이다.

율산실업이나 국제그룹이나 정치적 완력으로 무너뜨릴 수 있다는 사실에도 불구하고, 아무도 정부가 대부분의 주요 재벌을 해체할 표적으로 삼는다고는 생각지 않는다. 재벌의 독립은 천천히 오고 있고 아직 한계는 있으나 일단 '한국 주식회사' 안에서 상대적 독립이 달성되고 사회의 의식 속에 자리 잡게 되면 다음과 같은 교훈을 얻게 될 것이다. 곧 더 큰 집단의 독립적인 전통이 일반적으로 자리를 차지하게 될 것이며, 한국은 더 넓은 정치적 의미에서, 적어도 중앙과 중간 기구 간의 풍요한 균형을 이룬 좀 더 정상적인 사회가 될 것이다. 그것은 '정상적'이 되겠지만, 한국형 정치 기구 구조가 일본 모델에 가깝게 된다는 것임을 기억하는 것이 중요하다. 곧 그것은 서구 정치 기구 구조의 복사판이 전혀 아닐 것이며 그렇게 되어서도 안 된다(Henderson, 1988년 수정판, 제13장 추고).

헨더슨이 재벌에 대해 희망을 표한 것은 일본 모델을 생각했기 때문이다. 구체적으로 밝히지는 않았지만 그는 전후 일본 정치가 안정기로 접어들며 이른바 55년 체제가 성립할 즈음, 일본 재계가 독자적 기구로서 정치적 역할을 수행한 것을 염두에 두었을 것이다. 일본 재계를 대표하던 경단련이 1955년 2월 정치 헌금 단체를 발족시킨 데 이어 5월 6일에는 보수 정당의 통합을 촉진하는 결의안을 통과시켰다. 이것이 계기가 되어 당시 자유당과 민주당으로 갈렸던 보수 정당이 그해 11월 하토야마(鳩山) 정권 아래 자유민주당(자민당)으로 통합되었다(山田浩 외, 1990: 80~83쪽). 또한 재계의 진보파를 자임하는 경제동우회는 1955년 11월 "보수 정당의 근대화와 사회당의 현실화"를 요구했다. 이는 자민당은 헌법 개정 요구를 포기하고 사회당은 그 외교 정책을 자유 진영 안에 두라는 목소리로 언론이 여기에 적극 지지를 표명하여 여론을 조성한 것이다. 이렇게 재계의 진보파와 함께 역시 진보적 언론의 기수를 자부하는 ≪아사히신문≫이 함께 영국식의 양당제로 가야 한다는 목소리를 냄으로써 당시 일본의 공론이 되었다.[20] 곧 재계와 언론이 헨더슨이 말한 중간매개체가 되어

---

20 지은이는 일본의 전후 55년 체제 성립 과정에서 재벌이 수행한 역할을 배제하지는 않지만, 일본 언론이 보다 결정적인 역할을 수행했다는 점을 주장한 바 있다. 김정기 (2006, 235~251쪽; Kim Jong-ki, "The Consequences of the Occupation's Press Policy

정치적 역할을 수행한 것이다.

그러나 헨더슨이 한국의 재벌에 대해 품은 전망과 희망은 이 시점에서 볼 때 빗나가고 말았다. 수정판 원고를 헨더슨이 일차 탈고한 때는 1987년 3월이었다. 그 뒤 그는 1988년 6월 6일 제6장을 전면적으로 수정 및 보완한 원고를 마치면서 '재벌'이라는 소제(小題) 아래 더욱 희망찬 확신을 표명한다. "재벌들의 발전은 한국으로서는 근본적으로 중요한 결과를 가져왔다. 역사상 처음으로 중앙 정부 밖에 상승 기류와 유동성을 성공적으로 걸러낼 수 있는 기구가 생겨났다. 한국에서는 이제 교회 밖에서도 더 이상 단극 자장이 존재하지 않는다. 이제 다원주의의 과정이 시작된 것이다"[제6장 C. "1980년대 정치의 행위자들" 중 "재벌(The Chaebol)"]. 그가 얼마나 하고 싶은 말이었나! 그리고 그는 3개월 뒤인 10월 16일 홀연히 저 세상으로 떠났다.

그러나 그 뒤 우리 모두가 목격한 대로 한국의 재벌은 한국적인 토양에서 자라난 체질적 허약성을 여지없이 드러냈다. 율산실업이나 국제그룹뿐만 아니라 뒤이어 재벌이 줄지어 무너지거나 휘청거리고 있다. 1992년 한국 2대 재벌 그룹의 하나인 현대의 '왕회장 정주영'이 뿌리 없는 정당(국민당)을 실험하고 실패한 것은 한국 정치가 여전히 회오리 정치에 머물고 있음을 반증해주었다. 만일 헨더슨이 살아서 국민당의 실패와 대우 그룹의 해체, 대북 사업을 둘러싼 현대 아산의 무기력함과 총수의 자살, 그리고 삼성 그룹의 정치 비자금 스캔들을 보았다면 어떤 반응을 보였을까?

---

for Japan's Postwar Political Development"(Ph.D. dissertation, Columbia University, 1992).

강원용 목사의 중간 집단 교육

해방 공간에서 중도파가 설 자리를 잃었다면 한국 전쟁은 정치 중간 지대를 황무지로 만들었다(제3장 4절 "정치 중간 지대의 상실" 참조). 이승만 정권에 이어 박정희 정권 시절 중간 지대는 여전히 황무지로 남아 있었다. 정치 언어의 경우, 중도의 언어는 사라지고 극우와 극좌 간의 폭력과 매도만이 난무했다. 남쪽의 극우 지대에는 여전히 '빨갱이 사냥'이, 북쪽의 극좌 지대에는 이단자 사냥이 휩쓸고 있었다. 이 사냥의 희생자로는 아마도 북쪽의 박헌영과 남쪽의 조봉암이 그 상징이리라. 두 사람 모두 간첩의 누명을 쓰고 형장의 이슬로 사라진 것이 우연의 일치만은 아닐 것이다.

남한의 경우 중도파는 기회주의자 또는 회색분자로 매도당하는가 하면, 그들의 언어는 공안 당국의 표적이 되었다. 그러나 이런 황무지에서 헨더슨은 풍요한 중간 지대의 정치 언어를 발견한다. 아니 그는 극우와 극좌의 대결만 있고 중간 지대가 없던 한국 정치의 황무지에 정치 언어를 심은 것이다. 언어가 사회 현실을 창조하는 것처럼, 그가 심고자 했던 정치 언어는 정치의 중간 지대를 창조할 잠재력을 갖고 있었다. 그리고 그가 발견한 정치 중간 지대의 언어는 모진 들풀처럼 죽지 않았다. 선구적 종교인인 강원용 목사가 헨더슨이 발견한 정치 언어를 한국의 척박한 정치 토양에 심으려 한 것은 결코 우연의 일치만은 아닌 것이다.

강원용은 해방 공간에서 좌우 합작 운동에 참여하는 등 현실 정치에 광범하게 참여하면서 김규식-안재홍 등 중간파 그룹을 지지한 청년이었다. 그는 중간파에서 중간 지대의 정치를 보았던 것이다. 게다가 1961년 5·16 쿠데타의 핵심 그룹인 박정희-김종필 그룹의 좌익 전력에 대해서도 헨더슨과 마찬가지로 지극히 부정적인 시각을 보였다. 1965년부터 그가 실질적으로 운영한 크리스천 아카데미는 1974년부터 "비인간화의 요인이 되는 양극화를 극복하는 길로서"(강원용, 2003, 제3권: 379쪽) 대규모 중간 집단 육성 교육을 실시한다. 물론 강원용은 그의 종교신학적 사고에서 '인간화'를 부르짖었지만 1970년대 산업화와 도시화 속에서 소외되고 있는 인간은 바로 헨더슨이 진단한 대중 사회의 원자화된 개인들이며, 크리스천 아카데미의 중간 집단 교육은 원자화된 개인들을 몰고 가는 회오리 정치의 병리를 치유하는 것이기도 했다. 실제로 언론인 남재희(南載熙, 1994)는 헨더슨의 저작『회오리의 한국 정치』를 소개하는 글에서 크리스천 아카데미의 중간 집단 교육을 헨더슨이 제시한 '중간 매개 집단'의 흐름에서 이해한다.[21]

그러나 당시 박정희 정권은 강원용 목사가 운영하는 크리스천 아카데미를 체제 반대 세력의 결집체로 보고 이 중간 집단 육성 교육을 탄압했다. 중앙정보부는 1979년 3월 9일 농촌 간사 한명숙(韓明淑)을 비롯한 교육 실무를 책임진 간사 7명을 연행함으로써 중간 집단 육성 교육은 말살되고 말았다. 그 뒤 박정희 시대 말기, 대법원은 이 사건을 최종적으로 유죄 판결함으로써 이 중간 집단 육성 교육은 사실상 사라지고 말았다.[22] 강원

---

[21] 남재희는『책을 어떻게 읽을 것인가』(민음사, 1994)에 기고한 "그레고리 헨더슨의『한국: 소용돌이의 정치』"라는 글에서 헨더슨이 주장한 중간매개집단론을 다음과 같이 소개한다. "나는 그 후 언론인 생활을 하면서 헨더슨 저서 소개를 자주 했고 그의 말대로 중간 매개 집단을 강화하여 다원적인 민주 사회를 이뤄야 한다고 강조했다. 권위주의 정치 시대인 당시에는 반응이 매우 좋았다. 나도 운영위원으로 관계했던 크리스천 아카데미의 강원용 박사도 중간 매개 집단 문제에 정열을 쏟은 분이다. '미들 그룹'이란 표현도 쓰고 '인터미디에리 그룹'이란 표현도 쓰니까 '중간 집단'이라고도, 또는 '중간 매개 집단'이라고도 번역할 수 있으나 나는 중간 매개 집단이란 표현을 선호한다. 아무튼 크리스천 아카데미는 대규모의 중간 집단 교육에 착수하여 노조 지도자, 농촌 지도자, 여성 등을 활성화해 나갔다. 그리고 그 교육을 받은 사람들은 사회 여러 분야에서 의미 있는 활약을 했다"(남재희, 1994: 219쪽).
[22] 이 크리스천 아카데미 사건은 재판 과정에서 피고인들이 심한 고문을 받은 사실이

용은 "만일 아카데미가 그때[1979년 10·26 박정희 암살 사건으로 유신 체제가 무너졌을 때]까지 제대로 활동을 벌였다면 10·26 이후의 공백기에 의미 있는 역할을 할 수 있었을 것"이라고 보면서, 그것은 "극좌와 극우 세력을 배제하고 민주화의 질서를 잡는 데 견인차 노릇"을 했을 것이라고 밝힌다. 결과적으로 1979년 이른바 '크리스천 아카데미 사건'은 박정희 정권이 바로 회오리 정치라는 악순환의 고리를 이어간 것이라고 이해할 수 있을 것이다. 또한 이 사건은 이 책의 주제인 국회프락치사건의 또 다른 모습을 보여주었다.

6. 남북한 관계: 냉전의 동토를 넘어 화해의 지평으로

헨더슨은 1970년 3월 24일 한국 분단 문제에 관한 자신의 마음을 담은 한 편의 논문을 발표했다. 그것이 「역사적 증인: 커뮤니케이션, 방위, 그리고 통일(Historic Witness: Communication, Defense and Unification)」이라는 제목의 비교적 간결한 논문이다.[23] 그는 논문의 부제를 "40년대

드러났지만 주요 매체들이 반공 캠페인을 벌이는 가운데 일심 재판은 1979년 9월 22일 피고인 7명에게 중형을 언도했고, 최종적으로 대법원은 다음해 5월 27일 유죄를 확정짓고 말았다. 그러나 이들 7명은 우리 사회의 민주화 과정에서 정치인(이우재 국회의원, 한명숙 총리), 교육계 지도자(신인령 이대 총장), 그리고 학자(장상환, 김세균, 정창열, 황한식 교수)로 진출했다. 강원용은 "중간 집단 교육의 성과는 아카데미 사건을 계기로 그 싹이 완전히 잘려 나간 상태였다. 수백 명의 노조 간부, 농촌 지도자들이 연행되어 조사를 받고 다시는 아카데미와 관계하지 않겠다는 서약서를 쓰고 풀려났을 뿐만 아니라, 그 후 정부의 탄압으로 현장에서 영향력을 많이 상실하고 있었다"고 회고했다(강원용, 2003, 제4권: 119쪽). 이 사건과 관련한 반공 캠페인에 대해서는 김정기, 「한국언론윤리강령의 비역사적 공리주의: 그 혈통의 내력과 족보의 이야기」(1995)를 참조.
23 헨더슨이 남북한 관계를 미국의 대한정책과 관련하여 다룬 논문은 「역사적 증인:

한국의 친구가 70년대 한국을 만나다(A Friend of the Forties Faces Korea's Seventies)"로 달고 있다. 그는 이 논문에서 남북한은 분단을 극복하기 위해 접촉하고 커뮤니케이션의 문호를 개방해야 한다고 역설한다. 헨더슨은 여기서 1948년 7월 자신이 만났던 한국이라는 나라는 더 이상 존재하지 않게 되었다고 술회하면서, 1970년대 한국은 새로운 기대, 새 교육, 아주 새로운 경제, 다소 덜 새로운 정치 체제, 엄청나게 발달한 관료 체제, '거의 완전한 자신감으로 찬 새로운 사회(a new society, with …… an almost completely new confidence)'가 되었다고 평가한다.

그는 이 논문에서 당시 박정희 대통령이 몰아간 '위로부터의 혁명'이라는 명제는 거부했지만 그 경제적 성과를 인정한 듯하다. 이 시기는 한 일본의 평론가가 묘사하듯 "제1차 5개년 계획을 성공시켜 한국은 처음으로 '국민적 규모'의 자신 아래 …… 시행된 1967년부터 1971년에 걸친 제2차 5개년 계획 시대에 접어들어 한국 경제의 골격을 일거에 대형화하고 '위로부터의 혁명'에 의한 국민 국가의 건설을 드디어 궤도에 올려놓았다"고 박정희의 리더십이 극찬(林建彦, 1991: 184쪽)되던 때다.

헨더슨은 새로운 사회의 경제적 부문에 놀라움을 표하고 있다. 그는

커뮤니케이션, 방위, 통일」(1970a)에 이어 「한국: 냉전지대가 녹을 수 있을까?(Korea: Can Cold War Ground Thaw?)」(1970b), 「미국 대외정책과 한국: 현 정책의 효과와 전망(Korea in United States Foreign Policy: The Effects of Prospects)」(1973c), 「남한의 방위와 동북아의 평화: 미국의 딜레마와 우선순위(South Korea's Defense and Northeast Asia's Peace: American Dilemma and Priorities)」(1976a), 「한국 정책, 군사화인가 통일인가(Korea: Militarist or Unification Policies?)」(1976b), 「한반도의 무력, 정보 및 불안의 증가(Arms, Information, and the Rise of Insecurity in the Korean Peninsula)」(1978), 「한미 관계의 제도적 왜곡(The Institutional Distortion in American-Korean Relations)」(1982), 「미국과 한국의 군사화: 정치 발전에 미친 영향(The United States and the Militarization of Korea: The Effects on Political Development)」(1983b) 등이다.

한국 경제의 발전이 물론 빈부 격차를 크게 벌리겠지만 아마 가장 경이롭고 또한 가장 즐거운 일일 것이라고 묘사하면서 다음과 같이 그 감회를 쓰고 있다.

다른 사람들이 이런 변화에 관해 쓸 것이지만, 내가 믿건대 만일 1948년에 누군가가 1969년에 들어서 한국인들이 가발을 수출해서 3,000만 달러를 벌어들이고 속눈썹 수출로 수백만 달러를 벌어들일 것이라고 말했다면, 마찬가지로 한국인이 일본으로부터 유도 스포츠를 도입할 것이라고 그때 누군가 말했다면, 우리는 그 예언자를 정신병자로 선언했을 것이다. 외교관들은 중요한 정치적 함의를 갖는 이러한 즐거움을 얘기할 수 있다. 그러나 나는 더 이상 외교관이 아니며 재치가 덜하지만 좀 더 '정치적인 김치 (political kimchi)'로 만족해야만 한다.

그렇다고 헨더슨이 박정희 치하에서 한국 정치가 발전하리라고 보지는 않았다. 아니 그 반대로 퇴행했다고 본다. 그는 "1970년대 한국의 오랜 망령이 석유 탐사, 섬유 쿼터, 또는 알래스카의 골칫거리로 등장한 한국인들의 연어잡이로 사라진다고 생각하면 잘못이다. 내가 기억하는 이런 문제들, 곧 통일, 안보, 군사 문제, 자유 토론과 건강한 합의를 장려하는 방식으로 이런 문제를 다룰 수 있는 정치 체제의 생존 능력 등이 1970년대 한국인들에게 여전히 걱정을 끼칠 것이다"라고 말한다. 그런데 헨더슨은 이런 오랜 망령들을 끊임없이 불러들이고 있는 것이 한국의 분단이라고 본다. 이것이 이 논문의 화두다.

그렇다면 무엇을 어떻게 할 것인가? 헨더슨은 과거 분단이 생길 때로 돌아가 한국인들이 발상의 전환을 할 필요가 있다고 말한다. 또한 교훈을 얻어야 한다고 말한다. 먼저 분단에 대해서는 애초 미국이, 그 다음은 소련이 책임을 피할 수 없다는 것이 역사적 사실이다. 그러나 1945년 해방된 뒤 한국인들이 신탁통치안에 반대한 것은 정서상 이해할 수 있으나 신탁통치 반대가 통일된 한국으로 가는 길에 장애물이 된 점을 어떻게 이해해야 할 것인가? 여운형, 김규식, 안재홍과 같은 중간파 지도자들이 민족적 고민과 분노를 터뜨렸지만 남이나 북이나 지배적 정치 세력은 이를 외면했다. 이들 중간파 지도자들의 목소리는 질식당했으며, 그 목소리 때문에 그들은 희생의 대가를 치러야 했다. 그들의 리더십은 남북으로부터 모두 불신을 받았으며, 오늘날까지도 그런 경향을 보인다. 예컨대 김규식을 위한 추도식이 남한에서 열렸다는 말은 한 번도 듣지 못했다 (Henderson, 1970a: 6쪽).

여기서 헨더슨은 당시 한국이 미소공동위의 협조 아래 오스트리아식 해결 방안으로 타결을 보았다면 이상적이었을 것이라고 말한다. 한국은 친서방적 비무장 중립국이라는 방식으로 독립을 성취할 수도 있었을 것이다. 그러나 결과는 세계에서 가장 비타협적이고 분극화된 분단으로, 무장 캠페인으로 끝나고 말았다.

그가 주장한 오스트리아식 해결 방식의 타당성은 다음과 같다. 한국은 기본적으로 오스트리아보다 더 통합된 나라였다. 1945년 해방 전 좌우 분열로 나뉜 인사들은 한국의 경우 2,000~3,000명에 불과했으나 오스트리아는 훨씬 더 광범한 계층이 좌우로 분열되어 있었다. 한국인들은 독일인들보다 더 대화를 나눌 이유가 있다. 그러나 남북 간의 편지 교류는 미 군정 3년간 그리고 그 뒤 1949년 이승만 정권이 중단시킬 때까지 계속됐지만 아직 복구되지 않고 있다. 이와 대조적으로 독일의 경우 공산 지역과 비공산 지역 간에 매일 수천 통의 편지가 오갔다. 심지어는 전쟁으로 찢긴 베트남에서조차 특별한 양식의 우편엽서가 남북 베트남 사이에 오갔다. 오늘날 세계가 타협과 점진적인 유화 쪽으로 가는 마당에도 한국은 아직 비타협적이고 꽁꽁 얼어붙어 있다.

헨더슨은 남북한이 냉전 시대의 대결을 완화하고 화해와 협력으로 조금씩이나마 나아가는 길에 최대의 걸림돌은 서로가 유지하고 확대하고 있는 군 병력과 군비라고 지적한다. 그는 처음 미국과 소련이 군을 한반도에 보낸 것이 분단의 화근이 되었으나 분단 구조가 고착된 것은 한국 내부의 이데올로기 대결과 이를 뒷받침하는 군사적 구축이라고 주장한다.

한국인들이 만난 비극은 사람들이 같은 소속이면서 갈라져 있고, 큰 에너지를 투입해 평화적 수단으로 통일하려고 하면서도 비평화적 수단으로 통일하려고 또는 통일을 방해하려고 하는 것이다. 사람들은 그 사이의 중간 해법을 마련할 수가 없는 것이다. [남북] 국경을 사이에 두고 한국인들은 평화적 해결책에 등을 돌리고 있다. 협상에 눈을 돌리는 대신 우리는 한반도 8만 5,000평방마일에 걸쳐 100만 명의 군대를 발견한다. 물론 북한의 '인민 민병(people's militia)' 130만 명과 남한이 조직하겠다고 발표한 예비군 200만 명을 빼고서다. 100만 명이란 1,100만 5,000평방마일의 땅에 42개 국가가 있는 아프리카, 전쟁이 끊임없는 이 아프리카 전역에 주둔한 군대의 두 배 규모요, 군사 정권이 많은 중남미 전역보다 거의 50% 많은 규모다. 또한 한반도 20배 크기를 가진 중공의 상비군의 3분의 1이 넘는 규모요, 한반도 인구의 거의 두 배를 가진 동서독의 두 배가 넘는 전력이다. 그런데도 한반도 안의 군은 더욱 확대되고 있다. 김일성은 북한 예산의 더 큰 부분을 군비에 배당하고 있으며, 남북한 모두 군을 더욱 현대화하고 있다(Henderson, 1970a: 8쪽).

헨더슨은 남북한이 휴전선을 사이에 두고 군사력 확대와 군비 경쟁을 벌이고 있는 현상이 정말 비현실적이라고 개탄한다. 이해당사국 모두가 한반도에서 전쟁을 바라지 않거나 전쟁 발발이 비현실적이라고 보고 있으며, 남북한 모두 무력을 통한 통일이 불가능하다는 것을 깨달은 이상 이런 규모의 군을 유지하고 확대하는 것은 무모하다는 것이다. 따라서 1970년대에 걸쳐 시급한 일은 한반도에서 병력과 군비를 줄이는 일이다. 헨더슨은 당시 진행되고 있는 '후기 전략무기 제한협정(post-SALT)' 회담의 한 부분으로 또는 한반도 이해당사국 간의 협상으로 이 문제를 풀어야 한다고 제안한다.

그는 이를 위해 미국이 소련과의 회담에서 주한미군의 삭감을 지렛대로 사용하여 한반도 상호 군비 축소를 협상할 수 있을 것으로 내다봤다. 소련과의 협상으로 주한미군 2개 사단을 1개 사단으로 줄인다는 양보를 허용하는 대신, 한반도 '고객국가(client states)'로 하여금 각각 몇 년 간에 걸쳐 10만 명씩 줄여나가는 '단계적 삭감'을 얻어내자는 것이다. 종국적으로 단계적 삭감은 남북한의 군대 규모를 10만 명 내지 15만 명 수준, 곧 1950년 6월(한국전쟁 이전) 수준으로 줄인다는 것이다(Henderson, 1970b: 6~7쪽). 이러한 군비 축소와 함께 남북한 간의 커뮤니케이션 프로그램이 시행되어야 한다고 제안한다. 이 프로그램은 처음에는 근소하게 시작하여 단계적으로 늘려나가야 한다. 제1단계는 검열을 통한 우편엽서 교환인데 당시 베트남에서 시행되고 있었다. 당시(1970년) 상황은 남북한 이산가족이 가족 구성원이 죽었는지 살아 있는지 알 길이 없으며 이것은 기본 인권에 반하는 것이다. 다음으로 서신 교환이 가능한 조속히 이뤄져야 하며, 이어 동서독의 경우처럼 소포 교환이 허용되어야 한다. 그다음 단계에서는 지금 미소가 합의한 것처럼 제한적으로 잡지와 신문의 교환이 이뤄져야 한다(같은 글: 7쪽).

7. 당면한 도전: 제왕적 대통령제

앞에서 되돌아본 1987년 한국 대통령 선거는 우리나라 대통령제가 안고 있는 파괴적인 회오리 정치의 문제점을 생생하게 보여준 '사건'이었다. 이 선거에서 야당 후보들이 과반 다수(54.2%)를 득표했음에도 단순 다수(36.6%)를 얻은 노태우 후보가 대통령직에 오른 것이 보기 드문 사례인 것은 아니다. 그러나 세계 정치학자들이 이를 화두로 삼은 적이 있다. 예일대학의 정치학 교수 린츠(Juan J. Linz)는 중남미, 필리핀, 한국 등의 대통령제가 '위난(危難)'에 처한 전형적인 모습을 보여주었다고 지적한다(Linz, 1990a: 87쪽).

그는 세계 대통령제가 처한 위난을 다섯 가지로 정리했는데,[24] 그 가운데 한국 대통령제가 안고 있는 병리와 관련해 눈길을 끄는 점은 대통령제가 '승자 독식(勝者獨食, winner-take-all)'의 규칙에 따라 운영되고 있기 때문에 '골칫거리(problematic)'라고 지적한 것이다. 그는 이 승자 독식의 규칙

---

[24] 이 다섯 가지 위난은 (1) 대통령제 아래서는 대통령과 의회가 서로 정통성을 주장하여 갈등을 빚는다는 점. 대통령과 의회는 모두 국민이 선거로 뽑기 때문에 갈등은 항상 잠재해 있고 어떤 때는 극적으로 폭발한다는 것이다. (2) 대통령의 고정 임기가 민주주의에 적합하지 않는 경직성. (3) '승자 독식'이 제로섬 게임을 가져온다는 문제. (4) 대통령제의 정치형(型)은 의원내각제 정치형보다 민주주의에 덜 적합하다는 점. 그 까닭은 대통령은 전 국민의 대표라는 의식을 가진 나머지 야당을 관용하지 않는 경향이 있기 때문이다. (5) 마지막으로 대통령제 아래서는 '정치이단자(political outsiders)'가 권력을 잡을 가능성이 상대적으로 높은 만큼 잠재적 불안성이 내재하고 있다는 점이다. 국민의 직선으로 선출된 사람은 정당에 덜 의존적이며 신세를 졌다는 의식이 적다. 그런 사람은 '인기영합적이며 반기구적'으로 통치하기 쉽다는 것이다(Linz, 1990a: 54~58쪽).

이 "민주 정치를 제로섬 게임으로 몰고 가는 경향을 보인다"면서 중남미 제국의 사례를 비교정치학적으로 분석하고 있다. 의원내각제 아래서는 권력 분점과 연립 내각 형성이 상당히 통례적으로 나타나며 집권자는 군소 정당의 이해와 요구에도 귀를 기울인다. 그러나 "대통령제 아래서의 국민 직선은, 대통령에게 연립을 구성하거나 야당에 양보하는 등 '피곤한 절차(tedious process)'를 거쳐야 할 필요가 없다는 느낌을 줄 가능성이 높다"고 주장한다(56~58쪽).

린츠의 주장에 대해 반론도 만만치 않다[예컨대 메인워링과 슈가트(Scott Mainwaring and Matthew S. Shugart, 1997); 호로위츠와 립셋(Horowitz and Lipset, 1991)]. 그러나 그의 주장은 놀랍게도 한국의 정치 문화가 앓고 있는 병리를 지적한 헨더슨의 그것을 꼭 빼닮았다. 헨더슨은 한국 회오리 정치의 배경에 승자 독식의 정치 문화가 자리하고 있다고 하면서 다음과 같이 비판하고 있다.

> 한국인들은 모든 권력이 중앙에 집중되어 있기 때문에 권력을 나누어 가지려 하지 않는다. 이런 조건이 지속되는 한 한국 정치는 타협의 부재에 허덕일 것이다. 그 독소는 한국인들의 정신에 있는 것이 아니라 그들의 '승자 독식의 중앙 집중(winner-take-all centralization)'에 있는 것이다(Henderson, 1988년 수정판, 제6장 중 "남한의 정치 변증법 1967~1988" 추고).

한국 대통령제의 경우 그것이 민주주의와 잘 맞지 않고, 게다가 민주주의에 대한 억압적인 통치 기제로 이용되었다는 것은 한국의 현대 정치사가 그대로 반증하고 있다. 린츠에 의하면, "대통령은 국민으로부터 대권 수임을 받아 독립적인 권한을 갖는다는 의식을 가진 탓에, 그를 당선시킨 투표가 제한된 단순 다수임에도 이와는 딴판으로 동떨어진 권력 의식과 사명감을 갖는 경향이 있다. 이는 대통령에 대한 저항을 수상의 경우보다 훨씬 좌절하게 하고, 무질서하며 자극적으로 만든다"고 한다(Linz, 1994: 19쪽).

예컨대 1971년 유신 체제가 선포되기 전 마지막 치른 선거에서 공화당의 박정희 후보는 51.2%를 득표하여 신민당의 김대중 후보를 간신히 이겼다. 김대중 후보가 얻은 득표는 43.6%였다. 대도시 지역에서는 김대중이 박정희를 51.4% 대 44.9%로 앞섰다. 어떻든 1961년 군사 쿠데타 이후 1963년, 1967년, 1971년 선거에서 박정희는 신승(辛勝)을 한 셈이었다. 이러한 선거 과정을 두고 헨더슨은 "정치 기구와 '준정상정치(semi-normal politics)'가 되돌아와 폭력과 쿠데타가 저지른 상처를 치유하기 시작했다"고 하면서도, 그 "치유는 오래가지 않았다"고 개탄하고 있다(Henderson, 1988년 수정판, 제6장 "남한의 정치변증법 1967~1988").

박정희는 린츠가 말한 바와 같이 제한된 국민의 지지로 대통령에 올랐지만 권력 행사를 자제하기는커녕 1972년 10월 유신 체제를 선포했다. 이는 국가 개혁을 계속 추진해야 한다는 명분을 내세워 종신 집권의 수순에 들어간 것이다. 그는 "국가 재건을 위해서는 서구 민주주의는 한계가 있기 때문에 한국적 민주주의를 정착시켜야 한다"고 강변했다. 그러나 현대사가 보여주듯 유신 체제는 결국 한국적 민주주의라는 미명하에 종신 집권을 위한 '관료적 독재주의(bureaucratic authoritarianism)'의 극한을 보여주었다. 그는 자작의 유신 체제 아래서 결국 국민의 선거에 의해서가 아닌 그가 임명한 김재규의 총탄으로만 제거될 수 있었다.

언론인 박권상(1997)에 의하면, 칠레의 살바도르 아옌데 대통령이 만난 비극도 같은 맥락을 지닌다. 1973년 9월 11일 아침, 칠레 공군의 제트기가 대통령궁을 폭격해 독재자는 아니지만 인기 없는 대통령이었던 살바도르 아옌데 대통령을 폭사시킨 것은 대통령제가 안고 있는 경직성의 비극을 보여준다는 것이다. 칠레 군부는 그의 '인민통일전선 정부'에 종지부를 찍었을 뿐만 아니라 세계에서 가장 오래된 민주주의 체제를 공중 폭격으로 파괴했다. 그 배경은 무엇인가? 중남미 전문가 스콧 메인와링은 이렇게 말한다.

아옌데의 반대자들은 아옌데 정권이 6년 임기(1970~1976년)을 마칠 때쯤이면 칠레가 권위주의적 공산주의 국가가 될 수 있다고 믿었고 그것이 군사쿠데타를 불러들인 것이다. 아옌데는 73년 국회 선거에서 다수 의석의 지지를 상실했다. 만일 내각제 헌법 제도가 있었더라면 그는 물러날 수밖에 없었을 것이다. 아니 70년 대통령 선거 당시 내각제였다면 정권은 우파 연합이 잡았을 것이다. 그러나 대통령제하에서 쿠데타 이외의 다른 방법으로는 인기 없는 소수파 정권을 축출할 길이 없었다. 여러 경우에 무능하고 인기 없는 대통령을 추방하는 길은 쿠데타밖에 없다는 것이 일반적인 결론이다(박권상, 1997: 112~113쪽).

한국의 대통령제가 갖는 고정 임기제 역시 한국 정치 현실에서 심각한 문제다. 고정 임기제는 경직성을 가져오는 반면 의원내각제는 행정부가 의회의 신임에 바탕을 두기 때문에 신축성을 가진다는 린츠의 주장은 우리나라 현실에 잘 부합한다. 린츠에 의하면, "대통령제는 변화하는 상황에 대한 적응을 극도로 어렵게 하는 경직성을 내재하고" 있으며, "집권당이나 기타 정당들이 대통령의 당선을 묵인했지만 그 뒤 대통령이 신임을 잃은 경우 그를 교체할 방도가 없다"(Linz, 1994: 5~6쪽). 한국의 경우 5년

단임 대통령제 아래서는 "국정 책임자가 아무리 무능하고 아무리 잘못을 저질러도 교체할 방법이 없고 아무리 일을 잘해도 다시 모실 도리가 없다"(박권상, 같은 글: 114쪽)는 것이다.

대통령제가 갖는 승자 독식의 룰이 제로섬 게임을 초래하는 경향은 우리나라의 정치 현실에서 회오리 정치 모델을 더욱 설득력 있게 보이게 한다. 우리나라의 경우, 대통령 선거를 거친 승자는 법적·정치적 이권은 물론 법외적인 또는 초법적인 권한을 독식하게 된다. 후자는 무엇보다도 대통령이 국가정보원, 감사원, 검찰청, 세무서를 정치적 사찰 기관 또는 보복 기관으로 악용할 수 있다는 의미를 내포하고 있다. 이런 상황에서 대통령은 무소불위의 제왕적 대통령이 된다. 이 제왕적 대통령은 감사원을 통해 전 관료층의 정치적인 충성심을 보장할 수 있을 뿐만 아니라 세무 조사권을 통해 대기업의 '불충(예를 들면 야당에 대한 헌금)' 가능성을 배제할 수 있다. 그뿐 아니라 국가정보원과 검찰을 통해 정치 정보와 정치 탄핵을 독점함으로써 야당을 옥죌 수도 있다.

이는 이승만 대통령 시절 김창룡의 특무부대나 박정희 군사 정권 시절 무소불위의 중앙정보부에 관한 이야기만이 아니다. 문민정부라는 김영삼 정권이 들어선 뒤에도 이른바 'X파일' 사건 등이 이를 생생하게 반증해준다. 2005년 7월 21일 ≪조선일보≫에 이어 MBC가 터뜨린 'X파일' 사건에서는 김영삼 대통령 시절 국가 정보기관이 정, 관, 재계뿐만 아니라 언론, 종교, 사회단체 지도자들을 표적으로 삼아 상시적으로 무차별 도청해왔음이 드러났다. 당시 안기부가 특수부 조직(이른바 '미림팀')을 만들어 도청한 정보에는 대형 언론사의 사주와 대재벌의 실력자가 유력한 대통령 후보 이회창에게 정치 자금을 제공한다는 민감한 내용이 포함되어 있었다. 여기서 중요한 것은 대통령이 이런 정보를 손에 쥐고 결정적인 영향을 미칠 수 있다는 점이다.

이런 상황에서 제왕적 대통령은 바로 헨더슨이 표현한 '단극 자장(the single magnet)'이 된다. 사회의 모든 정치 입자들이 권력의 정상을 향해 거대한 회오리의 상승 기류를 타고 총 돌진하는 것이다. 최근 한 신문 칼럼은 2007년 대선 정국에서 벌어진 사태를 다음과 같이 묘사한다.

> 대선 때만 되면 우리 정치인들과 정당들은 제 정신이 아니다. 정말 미친 듯하다. 노태우·김영삼·김종필의 3당 합당, 김대중의 정계 은퇴 번복, 김대중·김종필의 연대와 파탄, 이인제의 경선 불복, 노무현·정몽준의 단일화 및 결별과 같은 충격적인 사건들을 정상(正常)이라 할 사람은 아무도 없을 것이다. 이번에도 어김없이 이회창의 정계 은퇴 번복과 탈당, 손학규 탈당이라는 사태가 벌어졌다. 여당의 한 사람이 석 달 만에 세 번 탈당하고 세 번 창당하는 세계적인 기록을 세웠다. 이번에 민주당하고 합친다니 인류 역사에 남을 기록을 만들 모양이다. 모두가 대선병(病)이다(양상훈 칼럼, 《조선일보》, 2007년 11월 14일자).

이 칼럼에 노무현 정권의 '386' 정치인들에 대한 빈정거림이 배어 있다고 불평한다면 그 원인은 정당을 가볍게 아는 이들 정치인들에게 돌아갈 일이다. 이 모든 것이 '치매'에 이른 대통령제 아래 벌어지는 일이라는 것이다. "대선 때마다 이러는 것은 단 한 표만 이겨도 모든 것을 독식하고, 단 한 표만 져도 모든 것을 잃기 때문이다. 이 정치 로또판에서 다 먹느냐 다 털리느냐에 몰린 사람들이 무슨 짓이든 못할 리가 없다"고 우리나라 대선 정국을 비유한 것은 우리나라 대통령제 아래 변질된 승자 독식제에 대한 적절한 묘사일 것이다.

노무현 정권에 이은 이명박 정권은 어떤가? 승자 독식의 대통령제가 완화되었다는 징후는 여전히 보이지 않는다. 이명박 대통령의 지지도가 20% 또는 그 이하로 곤두박질쳐도 국민들이 촛불 집회를 통해 거리로 뛰쳐나오는 게 고작이다. 이런 거리 정치는 이명박 정권에 대한 국민의 분노를 보여주었지만 국정 운영의 난맥상에 대해 어떠한 해결책도 제시하지 못한다. 오히려 촛불 집회가 수그러드는 가운데 검찰, 세무서, 감사원과 같은 외형상의 독립 기관이 상승 기류를 타고 권력 정상을 향해 줄달음치는 모습을 보인다. 회오리바람이 회전하는 원뿔 모양의 상승 곡선을 그리면서 이명박 정권은 승자 독식 논란에 휘말리고 있다.

여기까지 읽은 독자라면 승자독식형으로 운영되는 우리나라 대통령제를 빨리 버려야 한다고 공감할 것이다. 그렇다고 내각책임제가 그 대안인가? 문제는 우리 사회의 원자성이 내각책임제 운영에 필수적인 정당들을 아직 뿌리 없는 '부평초(浮萍草)'로 남아 있게 한다는 점이다. 그렇다면 무엇이 대안인가? 컬럼비아대학의 사토리 교수가 다음과 같이 권고한 것은 시사적이다.

나는 또한 대통령제로부터 떠나고자 하는 나라들이 신중하게 '준대통령제(semi-presidentialism)'[25]을 선택하는 것이 좋다고 생각한다. 그 이유는 대통령제 국가가 내각책임제로 뛰어들면 전혀 별개의, 미지의 세계로 가는 모험인 데 반해, 준대통령제로 가는 것은 그 나라가 알고 있고, 쌓아온 경험과

---

25 준대통령제란 대통령과 수상이 권력을 분점하는 것을 골간으로 하는데, 우리나라에서는 '이원집정제'(박권상, 1997)로 알려져 있다. 사토리에 의하면 프랑스가 제5공화국 헌법을 도입하여 운영한 것이 모델이며, 이 헌법의 기초자인 미셸 드브르는 바로 제왕적 대통령을 피하고자 의도했다는 것이다(Sartori, 1994: 122쪽).

지식의 경계 안에서 운영할 수 있게 해주기 때문이다(Sartori, 1994: 135쪽).

지금까지 우리는 헨더슨의 관점에서 한국 정치 담론의 또 하나의 축으로서 중간 지대의 정치 합작을 논의했다. 사라져버린 중간 지대는 남북 간에 그리고 남남 간에 대결의 장이 아닌 관용의 장을 제공하는 옥토다. 따라서 이를 복원하는 것은 역사적 당위다. 헨더슨이 일깨우는 것은 정당을 주축으로 하는 중간매개체들이 이 정치의 중간 지대에서 권력의 정상과 밑바탕인 민중 사이의 정치를 매개하고 상시적인 합작을 통해 응집력을 키울 때 한국의 정치 발전에 밝은 전망이 보인다는 것이다.

제2권에서 우리는 국회프락치사건을 밀착하여 들여다보았다. 그것은 갓 태동한 한국 의회주의가 죽음의 길로 들어선 입구였으며, 헨더슨이 그린 회오리 정치의 한 단면을 극명하게 보여주는 정치 사건이었다. 그것은 경찰, 헌병, 검찰은 물론이고 사법부마저 회오리의 상승 기류를 타고 권력의 정상으로 치달아가는 모습을 보여준 사건이었다. 따라서 이 사건의 재판도 정치 재판이요, 게다가 마녀 재판이었다. 그러나 이 사건은 역사적 교훈을 역설적으로 알려주는 반면교사의 얼굴이기도 했다. 그 교훈은 이제 한국이 회오리 정치로부터 중간 지대의 정치 합작으로 가야 한다는, 헨더슨이 부는 힘찬 호루라기 소리로 되돌아오고 있다.

에필로그
국회프락치사건 피고인 최태규의 이야기

헨더슨은 1988년 10월 돌연 죽음을 맞기 직전까지 한국에 관한 집필 활동을 왕성하게 계속했다. 사후 발표된 「1950년의 한국」(1989a)이라는 논문이 그 결과물 중 하나다. 이 글에서 우리의 시선을 끄는 대목은 그가 1948년 '젊은 부영사(vice Consul)'로서 본 서울의 모습이다. 그는 전쟁이 터지기 전 서울이 친근함과 흥분이 교차하는 약 100만 명이 못 미치는 사람들이 모여 사는 '마을(village)'이라고 하면서 다소 감상적으로 형상화하여 "땅거미 질 때 서로 닿으면 황홀감을 느낄 수 있는, 젊은 시절의 연애"와 같다고 묘사한다. 그는 어느 대목에서 '서울의 아가씨와 건달들(the gullies and eddies of Seoul)'은 "미군 헌병감의 공산당 애인은 발각되지 않았을 것이라는 소소한 재밋거리 얘기를 수근거렸다"면서, 그러나 그녀는 "시샘에서 그 미군 대령의 우익쪽 애인이 아기를 낳을 것이라고 한 파티 석상에서 폭로하고 말았다"[26]고 가십을 전하기도

한다. 이어 그는 다음과 같이 회상한다.

민간인과 군인을 가르는 선은 지금처럼 분명하지 않았다. 나는 한국 국방경비대 또는 한국군의 고위 장교들을 내 놀이 친구로 여겼다. 우리들은 같은 연배이며 '같은 전쟁의 졸업생(graduates of the same war)'이었다. 우리들이 우연히 다른 편에 있었다는 사실은 그렇게 중요치 않았다. 그 당시 한국군 장교들은 자신들이 훌륭한 일본군 장교였고 일본에 복무한 모든 장교 중 그 나라에 불충한 사람은 한 사람도 없다는 사실을 내심 자랑하고 있었다 (나 역시 사이판 전투에서 일본인과 한국인들의 생명을 구했다는 사실을 자랑한다). 그것은 난감함을 동반한 해학이었으나 우리들은 이에 익숙해 있었다. 이런 류의 어떤 정신이 다른 편 사람들에 대한 그들의 견해에도 영향을 주었다. 북쪽에 기울어진 사람과 남쪽에 복무하는 사람 간에는 일종의 친근함이 있었지만 지금은 사라졌다. 사람들이 갑자기 공산주의자 또는 반공주의자로 변한 것이다. 그전에는 **중간 지대**(middle ground, 강조는 지은이)가 있었지만 지금은 사라졌다(Henderson, 1989a: 175쪽).

헨더슨은 한국전쟁이 일어나기 전에는 이 중간 지대에서 사람들이 숨쉬고 살았지만 전쟁이 이들을 전멸시켰다고 일깨운다. 서울에는 "알렉산

---

26 이 이야기는 김수임 사건을 말한다. 당시 미군 헌병감 존 베어드(John Beard) 대령은 김수임과 동거하고 있었는데, 그녀는 베어드로부터 미군 철수 계획 등 기밀을 빼내는 등 간첩 행위를 했으며, 연인 사이이던 이강국을 북으로 넘어가게 도왔다는 것이다. 김수임은 1950년 4월 체포되어 군법회의에서 이적죄로 사형을 언도받고 6월 28일 처형되었다. 그런데 최근 국사편찬위원회가 입수한 기밀 해제된 베어드 보고서(Beard Report)에 의하면 김수임의 간첩 행위가 조작되었을 가능성이 있다고 한다. 같은 맥락에서, 김수임 사건은 프락치사건에 연루된 미스터리 여인 정재한의 처형을 연상케 한다. http://cafe.naver.com/seoul.

더플라츠(Alexanderplatz)도 없고, 그들의 영령을 위해 예술의 집을 지은 파스빈더(Fassbinder)도 없다."27 이어 그는 "나치 영역의 유태인들처럼 전쟁이 그들을 전멸시킨 것이다"라고 쓰고는 "이들 유태인들에게나 한국인에게나 '전멸(extermination)'이란 기괴하고도 부당한 운명이며, 그들의 땅도 역시 **중간 지대를 잃은 나머지**(for the loss of the middle, 강조는 지은이) 초라한 모습으로 변했다"(같은 글: 176쪽)고 개탄한다.

현 시점에서 헨더슨이 규탄한 미국의 대한책임을 되뇌는 것은 한가한 얘기처럼 들린다. 헨더슨이 분석하고 진단한 뒤 처방을 내린 한국의 원자사회적 병리, 여기에 뙈리를 튼 회오리 정치를 극복하는 일은 한국인의 몫으로 여전히 남아 있다. 1987년 6월 항쟁 뒤 우리 사회가 보고 있는 '문민 사회(civil society)' 영역의 성장(Armstrong, 2002)은 과연 회오리 정치를 넘어서는 희망이 될 것인가?

우리는 헨더슨이 생전에 40여 년 동안 계속한 한국 여행을 동반하면서 그가 만난 한국 회오리 정치의 중요 사건을 되돌아보았다. 그는 이 사건들에 대해 그가 익혀온 가치 판단에 따라 관찰하고 분석하고 결론을 내렸다. 게다가 그는 그 결론에 따라 행동하는 지식인으로서의 면모를 보였다. 그의 투쟁은 이승만 정권이 저지른 원시적 독재에서부터 박정희 군사 정권이 자행한 유신 독재에 대한 저항, 전두환 신군부 독재에 대한 탄핵에 이르렀다. 그는 자신이 포착한 회오리 정치라는 괴물과 대항해 끈질기고 격렬한, 그러나 승리를 거두지는 못한 싸움을 벌였다.

---

27 알렉산더플라츠는 베를린 중심에 위치한 번화한 유흥가이나, 베를린이 동서로 갈라졌을 때도 '중간 지대'를 상징했던 유명한 거리다. 파스빈더(Rainer Wermer Fassbinder)는 1929년 소설 『베를린 알렉산더플라츠』를 번안해 15시간 반짜리 영화로 만든 유명한 감독이다.

이 책은 헨더슨이 처음 싸움의 표적으로 삼은 국회프락치사건을 중심으로 그린 한국 현대사에 대한 한 소묘다. 그는 이 사건에 직접 개입하여 대사관의 힘을 지렛대로 견제하려 했으나 성공하지는 못했다. 그러나 그는 이 역사적 사건의 공판 기록을 남기는 '사관'의 일을 해냈다. 이 공판 기록과 함께 프랭켈 법률보고서는 한국 정치가 풀어야 할 과제를 던지는데, 그것은 회오리 정치를 어떻게 극복하느냐 하는 것이다. 그 처방이 바로 헨더슨의 한국 정치 담론인 것이다.

프락치사건 피고인 최태규의 이야기

헨더슨은 1981년 가을 오랜 노력 끝에 한반도의 북녘을 방문했다. 부인 마이아와 함께한 이 북한 여행은 1981년 9월 8일부터 22일까지 꼭 2주간에 걸친 것이었다. 그는 이 북한 여행에 관해 장문의 글을 남겼다. 그것이 바로「북한을 생각하다: 어떤 조우에 관한 묵상(The North Considered: Ruminations on an Encounter)」이며, 이와 함께 그는 북한 문화 유적에 관해서도 장문의 관찰기,「조선민주주의인민공화국의 예술, 고고학, 옛 건축물(Art, Archeology and Classical Architecture in the Democratic People's Republic of Korea)」을 썼다. 그런데 재미있는 것은 전자의 여행기에서 헨더슨이 국회프락치사건 이야기를 계속한다는 점이다.

그것은 여행 중에 강원도 정선 출신 국회의원 최태규를 극적으로 만난 데서 비롯된다. 최태규는 프락치사건으로 체포된 30대 초반의 소장파 국회의원으로 헨더슨과도 친교를 맺은 사이였다. 헨더슨은 북한 방문 중 그를 만난 경위를 이렇게 말하고 있다.

1949년 나는 새로이 국회와의 대사관 연락관 임무를 수행하면서 많은 국회의원 가운데 이 대통령과 경찰에 대해 비판적인 의원들과 친하게 되었는데, 이들은 뒤에 국회 안에 파괴적인 '세포'를 구성했다는 혐의로 기소당했다. …… 나는 그들 중 가장 젊은 의원과 특별히 친했는데, 그가 강원도 정선 출신의 최태규다. 그는 사실 죄를 뒤집어씌울 만한 증거가 전혀 없는 사람이었다. 그는 나와 비슷한 연배였기에 32년이 지났지만 살아 있을 가능성은 많았다. 나는 그를 만나게 해달라고 요청했다. 구두로 거듭 요청했지만 그를 만날 수 있는 가능성은 낮아 보였다. 그러나 우리가 떠나기 전날 안내원이 최태규 씨를 호텔로 데려왔다. 우리는 뜨겁게 인사를 나누고는 약 1시간 반 동안 이야기를 했다(Henderson, 1981: 34쪽).

헨더슨은 그때 최태규로부터 몇몇 프락치사건 관련자와 김규식, 안재홍 등 남한의 중도파 지도자들에 관한 소식을 듣는다. 먼저 프락치사건 관련 국회의원들은 유엔군의 인천 상륙작전 뒤 황황히 북한에 끌려왔다. 북한군이 패퇴할 때 집에 돌아갈 겨를도 없이 끌려와 가족과 생이별을 당했던 것이다. 그들이 폭격을 당하면서 평양에 당도한 것이 1950년 9월 20일이었다. 그 이틀 뒤 안재홍(미 군정 기간 민정장관이며 정치적인 온건파), 김규식(임시정부 외교부장이며 남조선 과도입법의원 의장), 조헌영 의원(북한 함양 출신이며 한민당의 보수파)이 당도했다.

김규식의 경우 심장병을 앓아 만포 병원에서 특별 의료진이 돌보았으나 1951년 5월 숨을 거뒀다. 'GL(Great Leader, '위대한 수령 김일성'을 이름)'이 사회장을 명했으며 처음에는 만포에 묻었으나 1961년 그를 추억해 무덤을 신미리로 옮겨 대리석으로 만든 높은 비석을 세웠다. 국문학자 정인보도 북한으로 오는 도중 병에 걸려 죽었고 지금 신미리 묘에 훌륭한 비석이 세워져 있다. 백상규의 경우 평화통일협의회의 창설자가 되었는데, 영어 사전을 편찬하는 일을 하다가 1960년 별세했다.

다음으로 최태규는 프락치사건 관련자와 몇몇 국회의원에 관한 소식을 전했다. 이들은 한 그룹이 되어 평화통일협의회[28]와 관련을 맺고 있었으며, 최태규 자신은 상임위원으로 전임직을 맡고 있었다. 김약수의 경우 1965년 평양에서 숨을 거뒀고, 노일환, 강욱중, 이문원은 몇 해 전 죽었다고 했다. 그러나 권태희, 김병회, 박윤원, 배중혁은 평양에서 그때까지 생존해 있었다. 70세가 넘은 조헌영은 평화통일협의회 최고위원으로 당시까지 활약하고 있었는데, 그는 "보수적 의식을 극복했다"고 전했다.

헨더슨이 최태규로부터 들은 소식은 그때까지 풍설로만 알려졌던 프락치사건 피고인들에 관한 믿을 만한 정보였다. 풍설에 따르면, 그들은 아오지 탄광에 수용되었다느니 숙청되었다느니 했다. 예컨대 한 다큐멘터리(동아일보사, 1975, 제2권)에 의하면, 배중혁과 강욱중은 재북 평화통일협의회 상무위원으로 있다가 1958년 숙청되었으며(같은 책: 150쪽), 김약수의 경우 "평화통일협의회 집행위원을 지내다가 1959년 2월 반동분자로 숙청되어 강제 노역에 종사하고 있다"고 전하고 있다(같은 책: 151쪽). 그러나 최태규에 의하면 이문원, 노일환, 강욱중은 1970년대 중반까지, 배중혁, 김병회, 박윤원은 당시까지(1981년 9월) 생존해 있었다. 이들은 모두 재혼해 평양에서 잘 살고 있었다고 한다. 김약수의 경우 1965년 노환으로 별세했다.

---

28 최태규에 의하면, 평화통일협의회는 '자율적이고 독립적인' 기구로 몇몇 계층으로 구성되었다. 처음에는 조소앙, 안재홍, 오하응이 최고위원이고, 그 밑에 상임위원이 있었으며, 그다음 단계에는 집행위원과 정회원이 일하고 있다고 했다. 정부는 사려 깊게도 최고위원은 장관급으로, 상임위원은 차관급으로 예우하고 있으며, 이 협의회는 통일문제를 토론할 수 있는 자유가 보장되는데, 고려연방제를 추진하는 일을 하고 있다고 했다(Henderson, 1981: 35쪽).

헨더슨이 전하는 프락치사건 이야기 중 가장 인상적인 부분은 최태규가 말하는 김일성 예찬론이다. 헨더슨이 "당신은 지주 집안 출신의 부르주아적인 배경을 갖고 있는데, 지금 공산주의자인가?"라고 묻자 최태규는 "공산주의에는 관심이 없다"면서 "위대한 수령의 확고한 숭배자"라고 밝혔다. 그는 "남한 사람들은 모두 그들의 과거 행위와 사고방식을 깨끗하게 없애주려는 수령님의 은덕, 그들을 받아들이려는 그의 배려와 전쟁 중 최악의 시절에도 따뜻한 옷과 음식을 보내주는 그의 사려 깊은 친절성에 크게 감동을 받았다"고 답하는 것이었다. 그는 또한 김일성이 역경 속에서 전해주는 선물을 받고 그의 위대함, 리더십과 사상을 믿게 되었다면서 "우리들이 그에게 끌린 것은 그의 인격이며 주체사상인데, 그것은 이승만 정권 아래서는 전혀 발견할 수 없던 것"이라고 말했다.

최태규는 아들 둘과 딸 하나를 두었는데, 첫째 아들은 김일성대학을 졸업해 현재 조선중앙방송위원회 기자로 일하고 있고, 둘째 아들은 '국가기획위원회(State Planning Commission)'에 근무하고 있는데, 그해에 위대한 수령으로부터 연하장을 받는 은혜를 입었다고 했다. 헨더슨은 최태규와 나눈 대화에 관한 자신의 감상을 다음과 같이 전한다.

최태규와의 만남은 우리 여행 중 가장 깊이 있는 체험이었다. 왜냐하면 여기에 한 정치인, 곧 내가 알기로 남한의 신념, 분위기, 생활에 정치인의 위상을 정착시켰던 한 정치인이 정직하고 소신에 찬 어조로 말했으며, 그 세계에 더 깊이 뿌리를 내린 다른 사람에 관해서도 말했기 때문이다. 그의 말은 나의 마음을 흔들었다. 그가 김일성 우상 숭배의 길을 따른 과정은 상상할 수도 믿을 수도 없었지만, 이해할 수는 있을 것 같았다. 그러나 그런 현상은 한 사람의 미국인에게는 놀라운 것이고 당황스러운 것이다

(Henderson, 1981: 36쪽).

그는 여행기에서 '김일성 우상 숭배(the Kim cult)'와 주체사상을 하나의 종교적 신앙이라고 표현하면서 그 행태와 형성 과정을 추적한다. "나는 가끔 역설적으로 '우리가 숨 쉬는 공기는 축복받은 처녀에 비유된다'는 홉킨스(Hopkins)의 시를 생각했다"면서 김일성 우상 숭배에 대해 놀라움을 표한다. "그는 우리가 숨 쉬는 공기다. 우리는 그의 신민이다. 우리는 그의 미소 속에서 사과를 재배한다. 모든 것은 그 역사적 원천이 그의 영감에서 나온다. …… 독립이나 혁명을 위해 싸운 사람은 아무도 없다. 오직 그뿐이다." 문제는 그가 만난 최태규 같은 중간파 정치인, 한때 이승만 정권에 대해 포효했던 소장파 정치인이 이와 같이 김일성을 숭배하는 광신자처럼 변했다는 것이다.

헨더슨은 이와 같은 김일성 우상 숭배가 1950년대 전쟁의 막바지 26개월간 엄청난 미군 폭격 과정에서 김일성 자신이 위기를 기회로 삼아 인민에게 신뢰를 주는 행동을 보이고 이를 선전술로 포장한 것이 계기가 되지 않았나 추측한다. 그는 1953년 전쟁이 끝난 뒤 김일성 체제가 박헌영과 같은 잠재적 경쟁의 원천들을 도려내고 유일 체제를 확립하는 수단으로 주체사상과 김일성 숭배를 성공적으로 종교화했다고 쓰고 있다. 그는 김일성 우상 숭배 역시 다음과 같이 회오리 정치의 틀로 설명한다.

한편 김일성 우상 숭배와 그 종교는 아마도 정치이론가에게는 아시아의 정치 현상 중 가장 극단적이며 가장 흥미로운 것이리라. 확실히 그것은 고립된 환경에서 사회화와 선전의 힘을 일깨워주는 강력한 각성제다. 그러나 그것은 그 이상이다. 이 극단적인 현상이 가장 비권위주의적인 전통을 이어받은 동북아 국가 조선 땅에서 발생한 것은 남북한의 현대적 리더십이 역사의 함수라기보다는 조직의 함수라는 명제를 확인해주는 듯하다. 다시 말하면 과도한 중앙집권화의 국가 권력에 맞선 대응 기구가 취약한 데서 나온 현상일 것이다. 나는 이곳에 올 때까지 [공산주의] 노동당이 회오리 현상을 걸러내고 부분적으로나마 통제할 수 있는 기구로서 힘을 가졌다고 생각했으나 그것은 전적으로 환상이었다. 실상 김일성은 회오리 유형을 신격화한 그 자체이며 당은 허풍떠는 그의 그림자에 불과하다. 그러나 그의 통제력이 그렇게 완벽하기에 조선민주주의인민공화국은 촌락부터 수도를 포함한 회오리의 흐름을 억제할 수 있는 전 세계에서 유일한 나라가 되었다(Henderson, 1981: 42쪽).

헨더슨은 최태규가 믿는 종교의 세계 저편에서 남한과 북한의 재판을 통해 각각 사형선고를 받고 처형당한 조봉암과 박헌영의 그림자를 본 것은 아닐까? 또 그들 뒤에 서 있는 김규식, 안재홍, 조소앙의 실루엣을 보지 않았을까? 그는 이렇게 조용히 개탄하지 않았을까? 아아, 이들 소장파 국회의원들이 북한에서도 역사적 무명인간이 되었구나!

참고문헌

1. 한국어

1) 책과 저술

강성재. 1986. "박정희와 민정이양전야." ≪신동아≫, 1986년 10월호.
_____. 1987. "버거 대사에게 언성높인 버거 미 대사." ≪신동아≫, 1987년 1월호.
강준만. 2004. 『한국 현대사 산책: 1960년대 편 2』. 인물과 사상사.
강원용. 2003. 『역사의 언덕에서』(전 5권). 한길사.
고원섭 편. 2000. 『반민자죄상기』. 백엽문화사.
고은. 2006. "이인수, 근현대사." 『만인보』, 제43권. 창작과 비평사.
김갑수. 1965. "진보당 판결에 의혹은 없다." ≪신동아≫, 1965년 10월호.
_____. 1966. "진보당 사건과 나." ≪신동아≫, 1966년 3월호.
김교익. 1970. "반민특위와 국회푸락치사건." 『광복 20년』 7. 동양방송 편. 계몽사.
김남식. 1984. 『남로당 연구』. 돌베개.
김삼웅 등 편. 1995. 『반민특위: 발족에서 와해까지』. 가람기획.
김세배 편. 1964. "국회 내 남로당푸락치 사건." 『좌익사건실록』, 상권(1945. 8. 15~1950. 6. 24). 623~816쪽.
김인식. 2005. 『안재홍의 신국가건설운동: 1944~1948』. 선인.
김준길. 2001. "그레고리 헨더슨…… 빛과 그림자"(김준길의 글로벌 문화기행 15). ≪월간조선≫, 2001년 6월호.
김정기. 1987. "케네디, 5·16 진압 건의를 묵살." ≪신동아≫, 1987년 5월호.
_____. 1993a. 「한국언론윤리강령의 비역사적 공리주의: 그 혈통의 내력과 족보에 관한 이야기」. ≪언론문화연구≫, 제10집. 서강대학교 언론문화연구소.
_____. 1993b. 「정치체제의 변동과 정치 커뮤니케이션의 다이나믹스」. ≪언론사상과 언론사≫. 최정호교수회갑기념논문간행위원회.
_____. 1996. 「전후 분단국가의 정치커뮤니케이션 하부구조의 특성」. 『전후 분단국가의 언론정책』. 언론연구원.
_____. 2000. "한국어판 추천사: 그레고리 헨더슨의 인간과 학문." 그레고리 헨더슨. 『소용돌이의 한국 정치』(박행웅·이종삼 옮김). 한울아카데미.
_____. 2006. 『전후 일본정치와 매스미디어』. 한울아카데미.
김태호. 1982. 『끝나지 않은 심판』. 삼민사.
김학준. 1996. 「민세 안재홍 – 신국가건설론 제창한 좌우합작 지지자」. 『해방공간의 주역들』. 동아일보사.

김호익. 1949. 『한국에서 최초로 발생한 국제간첩사건: 일명 金昊翊 수사일기』. 三八社.
남재희. 1994. 「그레고리 헨더슨의 "한국: 소용돌이의 정치"」. 『책을 어떻게 읽을 것인가』. 민음사.
도진순. 1997. 『한국 민족주의와 남북관계: 이승만 김구 시대의 정치사』. 서울대학교출판부.
동아일보사. 1975. 『비화-제1공화국』, 제2권 "국회푸락치사건" 편. 홍자출판사.
민세안재홍선집위원회. 1992. 『민세 안재홍 선집 4』. 지식산업사.
라종일. 1988. 「1952년의 정치파동」. ≪한국정치학회보≫, 22집 2호.
리영희. 2003. "인간적인 죄책감을 안겨준 그레고리 헨더슨". ≪월간중앙≫, 2003년 4월호.
부산일보사. 1983. 『비화-임시 수도 천일: 부산 피난 시절 진상을 파헤친 다큐멘터리 대하실록』, 상·하.
박권상. 1997. "21세기 한국 권력구조 개편방향." ≪시사월간 WIN≫, 1997년 9월호.
_____. 『미 군정하의 한국 언론』(미발표 논문).
박명림. 1996. 『한국전쟁의 발발과 기원』 I, II. 나남.
박용구. 2001. "제8부 박용구." 『내가 겪은 해방과 분단』. 한국정신문화연구원 한국민족연구소.
박원순. 1989a. 「국회푸락치사건 사실인가」. ≪역사비평≫. 1989년 가을호.
_____. 1989b. 『국가보안법연구 1: 국가보안법 변천사』. 역사비평사.
_____. 1992. 『국가보안법연구 2: 국가보안법 적용사』. 역사비평사.
박태균. 1995. 『조봉암 연구』. 창작과 비평.
박태균. 강선천. 조이현. 『한국 민주주의와 남북관계』.
백운선. 1992. 「제헌국회 내 소장파에 관한 연구」. 서울대학교 사학과 박사학위 논문.
_____. 1998. 6. 「그레고리 헨더슨의 한국현대사 이해」. ≪한국현대사연구≫, 제1권 1호.
서용길. 1989. "제헌국회 푸락치사건의 진상." ≪민족통일≫, 1989년 12월호.
서중석. 1991. 『한국 현대 민족주의 운동: 해방 후 민족주의 건설 운동과 통일전선』. 역사비평사.
_____. 1996. 『한국현대민족운동연구 2』. 역사비평사.
_____. 1999. 『조봉암과 1950년대: 조봉암의 사회민주주의와 평화통일론』 상·하권. 역사비평사.
선우종원. 1965. 『망명의 계절』. 신구문화사.
_____. 1989. 「국회푸락치사건과 서경원」. ≪북한≫, 1989년 9월호.

_____. 1992. 『사상검사』. 계명사.
손충무 편저. 1966. 『이것이 진상이다: 백범 김구 선생 암살 폭로기』. 진명문화사.
_____. 1976. 『암살 작전: 김구와 이승만과 안두희』. 교학사.
송남헌. 1982. "정치암살."『전환기의 내막』. 조선일보사.
실천문학사. 1986. 『프레이저 보고서』.
심지연. 2001. 『역사는 남북을 묻지 않는다: 격랑의 현대사를 살아온 노촌 이구영 선생의 팔십년 이야기』. 소나무.
안두희. 1955. 『시역의 고민』. 학예사.
어니스트 프랑켈(에른스트 프랭켈). 1988. 「주한 미 군정의 구조」. ≪한국현대사연구≫. 이성과 실천사.
오익환. 1979. 「반민특위의 활동과 와해」. 『해방전후사의 인식』. 한길사. 1980.
오재호. 1972. 『특별수사본부』(전 21권). 제3권, "붉게 물든 그림자. 국회푸락치사건."; 제4권, "푸로파공작원1. 살인집단 K대." 청담문학사.
오제도. 1957. 『사상검사의 수기』. 창신문화사.
_____. 1968. 「8·15 해방과 '남조선노동당'」. 『현대사와 공산주의』. 공보부.
_____. 1969. 『추격자의 증언』. 희망출판사.
_____. 1970. "남로당국회프락치사건." ≪세대≫, 1970년 9월호.
_____. 1982. "국회프락치사건."『전환기의 내막』. 조선일보사 출판국.
양한모. 1982. "남로당."『전환기의 내막』. 조선일보사.
_____. 1990. 『조국은 하나였다』. 일선기획.
유영구. 1992. "거물간첩 성시백 비화", 상·하. ≪월간중앙≫, 1992년 6월~7월호.
_____. 1993. 『남북을 오간 사람들』. 도서출판 글.
윤민재. 2004. 『중도파의 민족주의운동와 분단국가』. 서울대학교출판부.
이상우. 1984. "박정희와 미국, 그 갈등의 전말." ≪신동아≫, 1984년 4월호.
이영석. 1983. 『죽산 조봉암: 그 슬픈 삶과 죽음의 이야기』. 원음출판사.
이영신. 1993. 『비밀결사 백의사』, 상·중·하. 도서출판 알림문.
이영희선생화갑문집간행위원회. 1989. "李泳禧 선생 年譜", 『李泳禧先生華甲文集』. 두레.
이정복. 1996. 「제1공화국: 성격, 정치제도 및 주요정책」. ≪한국정치연구≫, 제5호.
이정식. 2007. 「몽양 여운형과 평화통일」. 몽양추모심포지엄 논문자료집(2007년 7월 19일, 서울 역사박물관 강당 발표).
이태호. 1991. 『압록강변의 겨울: 남북요인들의 삶과 통일의 한』. 다섯수레.
임대식. 1995. "친일·친미경찰의 형성과 분단활동."『분단 50년과 통일시대의 과제』. 역사비평사.
임홍빈. 1965a. "竹山 曺奉巖의 죽음." ≪신동아≫, 1965년 8월호.

_____. 1965b. "죽산 조봉암의 죽음과 사법권." ≪신동아≫, 1965년 12월호.
_____. 1983. "죽산 조봉암은 왜 죽어야 했나." ≪신동아≫, 1983년 8월호.
정경모. 2002. 『찢겨진 산하: 김구. 여운형. 장준하가 말하는 한국 현대사: 雲上鼎談』. 한겨레신문사.
정용욱. 2003. 『해방 전후의 미국의 대한정책』. 서울대학교출판부.
정윤재. 2000. "집권 전기 이승만 대통령의 정치리더십 연구: '카리스마적' 권위의 정치적 성격과 전개과정." ≪한국정치외교사논총≫, 제22권 1호.
_____. 2002. 『민세 안재홍: 다사리 공동체를 향하여』. 한울.
_____. 2003. 『정치 리더십과 한국 민주주의』. 나남.
전상인. 1998. "브루스 커밍스의 한국현대사 이해." ≪한국현대사연구≫, 창간호. 한림대 아시아문제연구소.
조갑제. 1985. "김재규 최후의 날." ≪월간조선≫, 1985년 6월호.
_____. 1987. 『고문과 조작의 기술자들』. 한길사.
_____. 1988. "이승만 대통령 제거 계획: 육본심야회의." ≪월간조선≫, 1988년 6월호.
조 국. 1988. 「한국 근현대사에서의 사상통제법」. ≪역사비평≫, 1988년 3월호.
조용중. 2004. 『대통령의 무혈혁명: 1952 여름, 부산』. 나남.
조병옥. 1959. 『나의 회고록』. 민교사.
중앙정보부. 1972. 『북한대남 공작사』.
천관우. 1978. "민세 안재홍 연보." ≪창작과 비평≫, 1978년 겨울.
한배호. 1984. 『한국의 정치』. 박영사.
한옥신. 1975. 『사상범죄론』. 최신출판사.
허종. 2003. 『반민특위의 조직과 활동』. 선인.
헨더슨, 그레고리. 2000. 『소용돌이의 한국정치』(박행웅·이종삼 옮김). 한울.
홍만춘. 1989. "남로당 '국회푸락치사건'의 진상." ≪북한≫, 1989년 9월호.
해방20년사편찬위원회. 1965. 『해방 20년사』. 희망출판사.

2) 신문 및 기타 자료
국사편찬위원회. 2001. ≪자료한국사≫, 12~17. 1949~1950.
국회사무처. 1948. 『국회 속기록』. 1948. 5.~1961. 5.
_____. 1971. ≪국회사≫. 제헌국회, 제2대 국회, 제3대 국회.
_____. 1987. 『제헌국회 국회 속기록』(전 10권). 대한민국 국회 발행, 여강출판사 영인.
대한민국건국10년지 간행회. 1956. 『대한민국건국10년지』.
≪다리≫. 1972년 4~8월호. 미발표 자료 "국회푸락치사건 판결문" 전문 5회 연재.

≪조선일보≫. 1963. 3. 29. "군정연장 제의에 사전 흥정 없었다: 추원은 의문, 미 태도 곧 밝힐 터." 합동통신 제공.

≪중앙일보≫. 1982. "반민특위." ≪중앙일보≫ 연재기획기사 "중앙청" 중 '반민특위'라는 제목으로 실린 기사 1982. 5. 10~7. 1 중에서 "10. 국회푸락치사건 터져 시련."

≪프레시안≫. 2001년 11월 15일, 16일, 19일. "그레고리 헨더슨의 현대사의 뒷모습." 1. 박정희의 좌익 전력, 2. 김종필의 좌익 활동, 3. 이 문서 어떻게 작성됐나(박태균). http://blog.naver.com/les130&/80007073138.

김정기. "한국인의 영원한 친구 그레고리 헨더슨." ≪문화일보≫, 1998. 9. 18.

實錄민주화운동. 블로그. 2004. 9. 28. http://blog.naver.com/one2only/8000-6109685.

안기석. 블로그. 2004. http://blog.naver.com/les130/80003903615.

정일준. 블로그. "버거 대사 보고서. '한국의 변혁: 1961~1965' 통해서 본 미국의 한국 통치." 2005. 7. 16. http://blog.naver.com/kitc_1st/80015079306.

2. 영어

1) 책과 저술

Alexander, Bevin. 1986. *Korea: The First War We Lost*. New York: Hippocrenne Books.

Allen, Richard C.. 1960. *Korea's Syngman Rhee: An Unauthorized Portrait*. Tokyo: Charles E. Tuttle Co.

Armstrong, Charles K.. 2002. *Korean Society: Civil Society, Democracy and the State*, London and New York: Routelege.

Baldwin, Frank(ed.). 1973. *Without Parallel: The American-Korean Relationship Since 1945*. New York: Pantheon Books.

Bailey, Sydney D.. 1950. *The Korean Crisis: Some Background Information*. London: National Peace Council.

Carr, E. H.. 1961. *What Is History?* The George MaCaulay Revelyan Lecrtures Delivered in the University of Cambridge(January-March. 1961.) London: Collier Macmillian Publishers.

Clark, Mark W.. 1954. *From the Danube to the Yalu*. New York: Harper.

Cohen, Jerome Allan and Baker, Edward J.. 1991. "U.S. Foreign Policy and Human Rights in South Korea." In *Human Rights in South Korea*. Shaw,

William(ed.). The East Asian Legal Studies Program of the Harvard Law School and the Council on East Asian Studies/Harvard University.
Constantinides, Helen. 1998. "Jurgen Habermas, What Is Universal Pragmatics?" *IEEE Transactions on Professional Communication*. vol. 41, no. 2. June 1998.
Cook, Fred J. 1971. *The Nightmare Decade: The Life and Times of Senator Joe McCarthy*. New York: Random House.
Cumings, Bruce. 1974. "Is Korea a Mass Society?" In James Palais(ed.). *Occasional Papers on Korea*. The Joint Committee on Korean Studies of the American Council of Learned Societies and Social Science Research Council. April 1974.
_____. 1981. *The Origins of the Korean War, vol. I: Liberation and the Emergence of Separate Regimes 1945~1947*. Princeton University Press.
_____. 1983. *Child of Conflict: The Korean-American Relationship 1943~1953*.
_____. 1990. *The Origins of the Korean War vol. II: The Roaring of the Cataract 1947~1950*. Princeton University Press.
_____. 1997. 2005. *Korea's Place in the Sun*. New York: W. W. Norton & Company. Inc.
_____. 2002, "Civil Society in West and East." In Armstrong, Charles, 2002. *Korean Society: Civil Society, Democracy and the State*. by Charles K. Armstrong(ed.). London and New York: Routelege.
_____. 2003. "A Career and a War." 서울 성균관대학교에서 한 강연(September 26. 2003).
Dobbs, Charles M.. 1981. *The Unwanted Symbol: American Foreign Policy, the Cold War, and Korea, 1945~1950*. Kent, Ohio: Kent State University Press.
Doughty, Howard A. "Jurgen Habermas' Concept of Universal Pragmatics: A Practical Approach to Ethics and Innovation." www.innovation.cc/peer-reviewed/doughty-ethics.pdf
Earl, David M.. 1960. "Korea: The Meaning of the Second Republic." *Far Eastern Survey*. 29. 11: 169~175. November 1960.
Foot, Rosemary. 1985. *The Wrong War: American Policy and the Dimensions of the Korean Conflict, 1950~1953*. Ithaca. New York: Cornell University Press.
Foucault, Michel. 1970. *The Archaeology of Knowledge*. trans. A. M. Sheridan Smith. New York: Pantheon. 1972.

_____. 1977. "Nietzsche, Genealogy, History". In Foucault, Michel(ed.). *Language, Counter-Memory, Practice*, trans., by Donald F. Bouchard and Sherry Simon. Ithaca, New York: Cornell University Press.
Fraenkel, Ernst. 1941. *The Dual State.* trans. by E. A. Shils with Edith. Lowenstein and Klaus Knorr, Oxford University Press.
_____. 1944. *Military Occupation and the Rule of Law: Occupation Government in the Rhineland. 1918-1923.* New York: Oxford University Press.
_____. 1950. "Legal Analysis of the Case Against Thirteen Members of the National Assembly"(프랭켈 법률보고서).
_____. 1951. "Korea: Ein Wendepunkt im Voekerrecht?". Berlin: Weiss.
Gaddis, John Lewis. 1972. *The United States and the Origins of the Cold War 1941~1947.* New York: Columbia University Press.
_____. 1951. "Korea: Ein Wendepunkt im Voekerrecht?" Berlin: Weiss(독일어본).
_____. 1982. *The Strategy of Containment.* New York: Oxford University Press.
Grajdanzev, Andrew. 1944. *Modern Korea.* New York: John Day Co.
Harrington, Fred H.. 1944. *God, Mammon, and the Japanese,* Madison, Wisconsin.
Horowitz, Donald L.. 1990. "Comparing Democratic Systems". *Journal of Democracy.* fall 1990.
Huntington, Samuel P.. 1968. *Political Order in Changing Societies*, New Haven and London: Yale University Press.
_____. 1971. "The Change to Change: Modernization, Development and Politics." *Comparative Politics*, vol. 3, April 1971.
_____. 1984. "Will More Countries Become Demoratic?" *Political Science Quarterly*, vol. 99, no. 2. summer 1984.
Huntington, Samuel P. and Nelson, Joan M.. 1976. *No Easy Choice: Political Participation in Developing Countries.* Mass.: Harvard University Press.
Henderson, Gregory. 1950. "A Memorandum Concerning United States Political Objectives in Korea"(Gregory Henderson. Vice-Consul. November 30th, 1950. Cambridge. Massachusettes, Box 1. official correspondence and memorandum—wartime).
_____. 1956. with Hurvitz, Leon N.. "The Buddha of Seiryo-ji: New Facts and New Theory." *Artibus Asiae.* November 1956.
_____. 1957. "Chong Ta-san, A Study in Korea's Intellectual History." *Journal of Asian Studies.* May 1957.

_____. 1958. "Koryo Ceramics: Problems and Sources of Information." *Far Eastern Ceramic Bulletin*, vol. X, no. 1~2. March~June 1958.

_____. 1958. "A Tale of the Black Valley". 미발표 수상록.

_____. 1959. "Korea through the Fall of the Lolang Colony." *Koreana Quarterly*, vol. 1, no. 1. June and September 1959.

_____. 1959. "A History of the Chongdong Area and the American Embassy Compound." *Transactions*, the Korea Branch of the Royal Asiatic Society. vol. xxxv. September 1959.

_____. 1959. "Dated Late Koryo Celadons." *Far Eastern Ceramic Bulletin*. December 1959.

_____. 1961. "The Inheritance of Buddhism for Modern Times." *Journal of the China Society*.

_____. 1968. *Korea: the Politics of the Vortex*. Harvard University Press; 1988. "회오리의 한국 정치" 수정판 원고.

_____. 1968. "Korea's Division: Prospects and Dangers." presented at a seminar. November 1968.

_____. 1969. "Korean Ceramics: An Art's Variety"(catalogue for the Hendersons collection). Ohio State University.

_____. 1970a. Historic Witness: Communication. Defense and Unification. A Friend of the Forties Faces Korea's Seventies. March 24, 1970.

_____. 1970b. "Korea: Can Cold War Ground Thaw?" *War/Peace Report*. August/September, Vol. 10, no. 7. The Center for War/Peace Studies.

_____. 1970c. "Emigration of Highly Skilled Manpower from the Developing Countries." UNITAR Monograph Series no. 3.

_____. 1971. "The North-South Conflict Situation." In *Conflict in World Politics*. Spiegel, Stephen and Waltz, Kenneth(ed.). Winthrop Publishers.

_____. 1972. "Legal Development and Parliamentary Democracy: the 'Fraktsiya' Incident of 1949." April 10, 1972.

_____. 1973. "There's danger in Korea still." *The New York Times Magazine*. May 23, 1973.

_____. 1973a. "Korea: The Preposterous Division." *Journal of International Affairs*. vol. 27, no. 2. 1973.

_____. 1973b. "Korea in United States Foreign Policy: The Effects and Prospects of Present Policies." a keynote speech delivered at the annual convention of American Political Science Association, September 4~8. New Orleans,

Jung Hotel, Louisiana.

_____. 1973. "Japan's Chosen: Immigrants, Ruthlessness and Developmental Shock." In *Korea Under Japanese Rule*. Andrew Nahm(ed.).

_____. 1974. G. Henderson, Ned Lebow and John Stoessinger(eds.). *Divided Nations in a Divided World*. New York: David MacKay.

_____. 1974. "Political Repression in South Korea." Statement of Gregory Henderson. "Human Rights in South Korea: Implications for U.S. Policy." Hearings Before the Subcommittees on Asian and Pacific Affairs and on International Organizations and Movements. 93rd Congress. Second Session. Committee on Foreign Affairs. House of Representatives. July 30, August 5 and December 20, 1974. U. S. Government Printing Office. Washington: 1974.

_____. 1974. Committee on Foreign Affairs. House of Representatives. "Human Rights in South Korea: Implications for U.S. Policy." Hearings Before the Subcommittees on Asian and Pacific Affairs and on International Organizations and Movements. 93rd Congress. Second Session. July 30. August 5 and December 20. 1974. U. S. Government Printing Office. Washington: 1974. pp. 85~96. Statement of Gregory Henderson. "Political Repression in South Korea."

_____. 1975. "Gregory Henderson Describes His Experiences and Impressions in Pusan from the war's start until Noble's arrival as follows: letter". February 26, 1975. pp. 273~278. In Noble, Harold Joyce. 1975. *Embassy at War*. Seattle and London: University of Washington Press.

_____. 1976a. "South Korea's Defense and Northeast Asia's Peace: American Dilemmas and Priorities." presented at Korea Seminar of Columbia University and also at Harvard Forum Seminar. 1977.

_____. 1976b. "Korea: Militarist or Unification Policies?" William J. Brands(ed.). *The Two Koreas in East Asian Affairs*. Council for Foreign Relations.

_____. 1976c. "The Sword and Sharon's Rose." Banquet Speech at the Honorary Historical Fraternity at Case Western Reserve University. April 13, 1976.

_____. 1977. "New Korean Policy Priorities." a position paper submitted to Committee for a New Direction for US Korean Policy.

_____. 1978. "Arms, Information and the Rise of Insecurity in the Korean Peninsula." April 1, 1978. Association for Asian Studies의 제13차 연차총회가 주최한 "Conflict and Security in Korea" 주제의 panel paper.

_____. 1981. "The North Considered: Ruminations on an Encounter." Visit to the Democratic People's Republic of Korea by Gregory and Maia Henderson. September 8~22, 1981.
_____. 1982. "The Institutional Distortion in American-Korean Relations." *Korea Scope*. vol. III, no. 5. June 1982.
_____. 1983a. "Is There a Political Theory in Asia?: The Case of Korea". a paper presented at Fairbank Center, Harvard University. November 1983.
_____. 1983b. "The United States and the Militarization of Korea: The Effects on Political Development." *Korea Scope*. vol. 3, no. 2. The International Christian Network for Democracy in Korea.
_____. 1986a. "Gregory Henderson and Korean Studies." *Korean and American Studies Bulletin*. vol. 2, no. 3. fall/winter 1986. East Rock Institute, Inc.
_____. 1986b. "The Politics of Korea." John Sullivan and Roberta Foss(eds.). *Two Koreas—One Future?* University Press of America Network for Democracy in Korea.
_____. 1986c. "Korea's Traditional Military: Old Territòry, New Hypotheses." ≪국제관계≫. *The Korean Journal of International Studies*. vol. XVII, no. 3. summer 1986.
_____. 1987. "The Political Dangers of American Command in Korea." Korea Institute. Fairbank Center. Harvard. June 30, 1987.
_____. 1988. "Constitutional Changes from the First to the Sixth Republics: 1948 to 1987." In *Political Change in South Korea*. Ilpyong Kim and Young Whan Kihl(eds.). A Professors World Peace Academy Book. October 1988.
_____. 1989a. "Korea. 1950." In James Cotton and Ian Neary(eds.). *The Korean War in History*. Manchester University Press.
_____. 1989b. "U.S. Military Command in Korea: The Political Dangers." *Korea Report*. January/February 1989.
_____. 1991. "Human Rights in South Korea 1945~1953." In William Shaw(ed.). *Human Rights in Korea: Historical and Policy Perspectives*. the East Asian Studies Program of the Harvard Law School and the Council on East Asian Studies. Harvard University Press.
Im, Hyug Baek. 1987. "The Rise of Bureaucratic Authoritarianism in South Korea." *World Politics*. vol. 39, no. 2.
Kennan, George. 1905. "Korea: A Degenerate State." *Outlook*. October 7, 1905.
Kennan, George F.. 1967. *Memoirs: 1925-1950*. Boston and Toronto: Little, Brown

and Company.

Keefer, Edward C.. 1991. "The Truman Administration and the South Korean Political Crisis of 1952: Democracy's Failure?" *Pacific Historical Review*, 60:2. May 1991.

Kim, Han-Kyo. 1970. "Problems of Political Development." *Comparative Politics*. October 1970.

Kim, Woo-sik. *The Autobiography of Kim Woo-sik*. 김우식 씨의 미발표 영문 자서전.

Kim, Jong-ki. 1986. "Korean Journalism: An Endangered Species of the Free Press." presented at the University Seminar, Columbia University. December 4, 1986.

Kim, Joung-won A.. 1975. *Divided Korea: The Politics of Development 1945~1972*. East Asian Research Center. Harvard University.

Kornhauser, William. 1959. *The Politics of the Mass Society*, Glencoe, Ill.: The Free Press.

Lee, Kyong-hee. 1993. *Korean Culture: Legacies and Lore*. Seoul: The Korea Herald.

Linz, Juan. 1990a. "The Perils of Presidentialism." *Journal of Democracy*. autumn. 1990.

_____. 1990b. "The Virtues of Parliamentarism." *Journal of Democracy*. winter. 1990.

_____. 1994. "Presidential or Parliamentary Democracy: Does It Make Any Difference." In Juan J. Linz and Arturo Valenzuela(eds.). *The Crisis of Presidential Democracy: The Latin American Evidence*. Baltimore: The John Hopkins University Press. 1994.

Mainwaring, Scott and Shugart, Mathew S.. 1997. "Juan Linz, Presidentialism, and Democracy: A Critical Appraisal." *Comparative Politics*. vol. 19, no. 4. July 1997.

Matray, James Irving. 1985. *The Reluctant Crusade: American Foreign Policy in Korea. 1941~1950*. Honolulu: University of Hawaii Press; 구대열 옮김. 1989. 『한반도 분단과 미국: 미국의 대한 정책 1941~1950』. 을유문화사.

_____. 1989. "Diplomatic History as a Political Weapon: An Assessment of Anti-Americanism Today." *SHAFR Newsletter*. XX, no. 1.

McCune, George. 1946. "The Exchange of Envoys Between Korea and Japan during the Tokukawa Period." *The Far Eastern Quarterly*. vol. 5, no. 3.

_____. 1946. "Occupation Politics in Korea." *Far Eastern Survey.* vol. XV, no. 3. February 13, 1946.
_____. 1947. "Korea: The First Year of Liberation." *Pacific Affairs.* 20. 1: March 4, 1947.
_____. 1947. "Postwar Government and Politics of Korea." *Journal of Politics.* 8. 3. August 1947.
_____. 1948. "The Korean Situation." *Far Eastern Survey.* vol. XVII, no. 17. September 1948.
McCune, George and Grey Jr., Arthur L.. 1950. *Korea Today.* Cambridge: Harvard University Press.
McCune, Shannon. 1956. *Korea's Heritage: A Regional and Social Geography.* Tokyo: Charles E. Tuttle Company.
McLellan, David S.. 1976. *Dean Acheson.* New York: Dodd, Mead & Company.
Meade, Grant. E.. 1951. *American Military Government in Korea.* New York: King's Crown Press. Columbia University.
Merrill, John. 1989. *Korea: The Peninsular Origins of the War.* Newark: the University of Delaware Press.
Noble, Harold Joyce. 1975. *Embassy at War.* Seattle and London: University of Washington Press.
Oberdorfer, Don. 2001. *The Two Koreas: A Contemporary History.* new edition. Basic Books.
Oh, John Kie-chang. 1969. "Role of the United States in South Korea's Democratization." *Pacific Affairs.* vol. 42, no. 2. summer 1969.
Oliver, Robert T. 1954. *Syngman Rhee: The Man Behind the Myth.* New York: Dodd, Mead & Company.
_____. 1978. *Syngman Rhee and American Involvement in Korea. 1942~1960: A Personal Narrative.* Seoul: Panmun Book Company.
Osgood, Cornelius. 1951. *The Koreans and Their Culture.* New York: The Ronald Press Company.
Palais, James B.. 1973. "Democracy" In South Korea. 1948-72. In Baldwin. F(ed.). *Without Parallel: The American-Korean Relationship Since 1945.* New York: Pantheon Books.
Passin, Herbert. 1963. "Writer and Journalist in the Transitional Society." In Lucian W. Pye(ed.). *Communications and Political Development.* Princeton, NJ.: Princeton University Press.

Pye, Lucian W., and Verba, Sidney. 1968. *Political Culture and Political Development*. Princeton, NJ.: Princeton University Press.
Reeve, W. W.. 1963. *The Republic of Korea: A Political and Economic Study*. London.
Ringer, Fritz. 1997. *Max Weber's Methodology: The Unification of the Cultural and Social Sciences*. Cambridge. Mass.: Harvard University Press.
Sartori, Giovanni. 1976. *Parties and Party Systems: A Framework for Analysis*. vol. 1. New York: Cambridge, Cambridge University Press.
_____. 1994. *Comparative Constitutional Engineering: An Inquiery into Structures, Incentives and Outcomes*. 2nd(ed.). New York: Columbia University Press.
Sawyer, Robert. *Military Advisors in Korea: KMAG in War and Peace*. Washington, D.C..
Schlesinger Jr., Arhur M.. 1965. *A Thousand Days: John F. Kennedy in the White House*. Boston: Houghton Mifflin Company.
Shaw, William(ed.). 1991. *Human Rights in Korea: Historical and Policy Perspectives*. The East Asian Legal Studies Program of the Harvard Law School. Cambridge, Mass.: Harvard University Press.
Stueck, Jr.. William. 1981. *The Road to Confrontation: American Policy toward China and Korea. 1947~1950*. Chapel Hill: The University of North Carolina Press.
_____. 1998. "Democratization in Korea-The United States Role, 1980 and 1987." *International of Korean Studies*. fall/winter 1998.
_____. 2002. *Rethinking the Korean War: A New Diplomatic and Strategic History*. Princeton. N.J.: Princeton University Press.
Woodward, Garry. 2002. "The Politics of Intervention: James Plimson in the South Korean Constitutional Crisis of 1952." *Australian Journal of International Affairs*. vol. 56, no. 3. pp. 473~486.
Weems, Benjamin. 1964. *Reform, Rebellion and the Heavenly Way*. Tucson.
Wilbur, C. Martin. 1951. "George McAfee McCune(June 16, 1908~November 5, 1948)". *The Far Eastern Quarterly*.

2) 신문 및 기타자료

Henderson Papers(nine boxes): the Harvard-Yenching Library 소장. 헨더슨 부인이 1991년 10월 15일 기증.
헨더슨 프락치사건 자료. 1989년 헨더슨 부인이 지은이에게 기증.

State Department of the United States. 1947~1952. *Foreign Relations of the United States (FRUS)*.

_____. *United States Policy Regarding Korea 1834~1950*. Division of Historical Policy Research. Department of State. May 1947~December 1951. 한림대학 아시아문화연구소 편.

USAFIK. *G-2 Periodic Report*. 『한림대 아시아문제연구소 자료총서』 2. 1988~89 영인본.

_____. *Joint Weeka* 제1~8권. 정용국 편. 영진문화사 1993 영인본.

Muccio. John. 1971 and 1973. "Oral History Interview with John Muccio." by Jerry Hess. February 10 and 18, 1971; December 27, 1973. Harry S. Truman Library. http://www.trumanlibrary.org/oralhist/muccio.hmt.

Lightner Jr., E. Allan. 1973. "Oral History Interview with E. Allan Lightner." by Richard D. McKinzie. October 26, 1973. Harry S. Truman Library. http://www.trumanlibrary.org/oralhist/lightner.htm.

United Nations. 1949. *Report of the United Nations Commission on Korea*. UNGA Official Records: Fourth Session. Supplement No. 9(A/936) vol. I and (A/936/Add. 1) vol. II.

_____. 1950. *Report of the United Nations Commission on Korea*. UNGA Official Records: Fifth Session Supplement No. 16(A/1350) 1950.

Asiaweek. July 3, 1981. "A Case of Diplomatic Immunity."

Clifford, Mark. "Traveller's Tales." *Far Eastern Economic Review*, February 27. 1992.

The Korea Times. April 10, 1982. "Ex-Diplomat in Seoul Offers Collection for Sale."

_____. January 19, 1992. "150 Korean Ceramic Potteries Donated to Harvard Museum."

Henderson, Gregory. 1976. "Thought of The Times." *The Korea Times*. April 28, 1976.

_____. 1978. "Toward Korean Peace." *The New York Times*. April 17, 1978.

_____. 1980. "The 'Other Boot' in Seoul." *The New York Times*. January 16, 1980.

_____. 1981. "⋯⋯ and a red carpet we come?" *The Boston Globe*. February 2, 1981.

_____. 1984. "Revisiting a village from Korea's past." *The Korea Herald*. October

28, 1984.

_____. 1985. "The Mystery of the Missing Vase." *The Washington Post.* May 10, 1985.

_____. 1985. "The Missing Vase: a mystery in U.S.-Korea relations." *The Korea Herald.* May 16, 1985.

_____. 1985. "The armistice with no peace." *The Christian Science Monitor.* July 30, 1985.

_____. 1985. "Ending the US-North Korean estrangement." *The Boston Globe.* August 21, 1985.

_____. 1986. "Why Koreans Turn Against Us." *The Washington Post.* July 1, 1986.

Kim, Jong-ki. 1988. "The Death of a Koreanologist." *The Korea Herald.* October 30, 1988.

Sherrock, Tim. 1996. "Ex-leaders go on trials in Seoul." *The Journal of Commerce.* February 27, 1996.

3) 일어

蒲島郁夫. 1988. 『政治参加』. 東京: 東京大学出版会.

川島武宜. 1967. 『日本人の法意識』. 東京: 岩波書店.

高峻石, 1972. 『朝鮮 1945~1950: 戦後革命史への証言』. 三一書房; 고준석 지음, 정범구 옮김, 『해방 1945~1950: 공산주의 운동사의 증언』, 1989. 도서출판 한겨레.

グレゴリーヘンダーソン. 1973. 『朝鮮の政治社会: 渦巻型構造分析』. 鈴木沙緒・大塚 嵩重 訳. 東京: サイマル出版会.

中北浩爾. 2002. 『一九五五年体制の成立』. 東京大学出版会.

清水英夫. 1961. 『思想・良心および言論の自由』. 東京: 一粒社.

山田浩 外 共著. 1990. 『戦後政治のあゆみ』. 東京: 法律文化社.

李鐘元. 1994. "米韓関係における介入の原型: エバーレデイ計画再考." 仙台. ≪法学≫. 東北大学. 1994. 4, 1995. 4.

鄭敬謨. 1986. 『断ち裂かれた山河: 雲上鼎談: 韓国現代史』. 影書房.

_____. 1981. "秘話 反民特委 始末記." ≪シアレヒム≫(한국 문제 전문지), 1981年 7月 第2号.

林建彦. 1991. 『朴正熙の時代: 韓国. 上からの革命』 東京: 悠思社.

≪世界≫ 座談会. "自白とは?: 裁判と自白の信憑性." ≪世界≫, 99戸. 1955年 3月.

_____. 座談会. "自白とは?(二), 101戸. 1955年 5月.

찾아보기: 인명

ㄱ

가디스(John Lewis Gaddis)　41
강병도　107
강병찬　107
강욱중　32, 89, 107, 114~115, 139~140, 150, 163, 165, 170, 179, 184~187, 202, 210, 258, 268, 376
강원용　351~356
곽상훈　71, 231
구채수　264
권승열　81~82, 85, 288
권인숙　156
김경호　179, 261, 269
김구　28, 33, 43~44, 49, 58, 60, 64, 304, 337
김규식　28, 33, 49, 302~304, 337, 349~355, 360, 375, 379
김기두　231
김낙영　80
김대중　345, 365, 368
김두한　72
김병완　76, 78, 81
김병회　28, 57, 68, 89, 104, 107, 114, 139, 150, 163, 165, 170, 180, 184~187, 194, 202, 210, 240, 255, 376
김봉두　89~90
김사복 → 하사복
김삼룡　108, 137, 262, 264
김석원　78~79
김성광　80
김성민　106, 108, 120
김수선　56
김수임　372
김약수　14~15, 26, 29~30, 43, 49, 53~54, 60, 89, 95, 98~99, 102~103, 113~114, 139~140, 142, 150, 155, 170, 172, 176, 179~182, 187, 200~202, 210, 256, 268, 280, 376
김영기　63, 89, 139
김옥주　56~57, 89, 99, 104, 106~107, 115, 139, 150, 163~164, 170, 184~186, 199, 202, 206~207, 210, 239
김용암　262, 264
김우식　90, 105~117, 128~138, 170, 208, 227
김윤쾌　99, 144
김익로　89
김익진　95
김인식　92, 139
김일성　16, 62~63, 86, 105, 121, 124, 128~130, 187, 304, 308, 340, 361, 375, 377~379
김장열　92, 139
김점곤　231
김정환　141, 147, 157~160
김종원　86
김준연　58~64, 74, 76, 81, 94, 139, 184~187, 220, 241
김준원　231
김지웅　58, 61~62, 64
김태수　72, 75~76, 78, 80~81
김호익　98~99, 138, 142, 145~147, 233
김효석　78~79, 145

ㄴ

남재희　356
노병권　186
노블(Harold J. Noble)　36~39, 295
노일환　30, 51, 60, 67, 69, 96, 99~107, 115~116, 136, 139~140, 143, 150~156, 162~163, 165, 170, 172~174, 177, 179, 184, 186, 188, 191, 194~195, 198, 201, 206, 208, 210, 212~214, 218~219, 231, 234, 240, 242, 247~250, 258, 261, 263~269, 271~276, 290, 292, 376

찾아보기 | 395

ㄷ

도상익 233, 238, 279
돕스(Charles M. Dobbs) 41
드럼라이트(Everett Drumright) 15, 25~28, 31, 37, 39~40, 114, 237, 246, 248, 294

ㄹ

라티모어(Owen Lattimore) 17~18
라팔롬바라(Joseph Lapalombara) 309
러너(Daniel Lerner) 309
러스크(Dean Rusk) 47
러스토(Dunkwart Rustow) 309
레디(Harold Lady) 45
린츠(Juan J. Linz) 363~366

ㅁ

말리크(Jacob Malik) 296
매트레이(James Irving Matray) 42, 114
모윤숙 187
무초(John Muccio) 13, 15, 17, 20~21, 24~26, 34~40, 76~77, 84~86, 290, 295~297, 301
밀러(Arthur Miller) 222

ㅂ

박권상 365~367, 369
박명림 89, 92
박문 76, 80
박시현 99, 141, 158
박용원 170
박원순 65, 157, 289~290
박윤원 30, 89, 102, 114, 139~140, 150, 153, 162~163, 165, 170, 176~177, 179, 184~185, 187, 194~195, 202, 210, 255, 376
박정휘 141, 147, 152, 157~159, 160, 234
박헌영 40, 104, 108, 137, 140, 143, 150, 153, 213, 262~266, 272, 352, 355, 378~379
배중혁 89, 107, 139, 150, 170, 179, 184~185, 196, 202~203, 208, 210, 376
백상규 375
백성욱 70, 76~82

백운선 51, 315, 318~319, 325
버터워스(W. Walton Butterworth) 22~23, 42~46
번스(Arthur C. Bunce) 21, 45, 117
베르트하이머(Egon Ranshofen-Wertheimer) 29, 30, 36, 237, 295
베이커(Edward Baker) 229
베어드(John Beard) 372
본드(Niles W. Bond) 22, 36, 43, 46

ㅅ

사광욱 67, 113~116, 153, 155, 170~197, 206, 208~215, 217, 230~233, 240~245, 252, 262~263, 269, 277~278, 280, 284, 286, 299~300
사르트르(Jean-Paul Sartre) 222
사토리(Giovanni Sartori) 348, 369
서우석 184
서중석 11, 52, 68~69, 87, 113, 151, 163
서한용 254, 269
서홍옥 62, 99
석주일 83
선우종원 68~70, 72, 74~75, 79~80, 82~85, 170, 230~231, 236
성시백 86, 104~107, 109, 120~122, 128~130, 136~137
송태경 126, 128~129, 131~133, 136~137
슈워츠(Sanford Schwarz) 31~32, 170, 208, 237, 295
스탠포드(W. E. Stanford) 234, 236~239
스톤(I. F. Stone) 59
신명규 76, 78
신성균 32, 89, 170, 184~185, 190~191, 193, 196, 202~203, 208, 210, 256, 269
신순언 142~143, 201, 230~231
신정균 170, 208
신태영 76, 81, 157
쑨원(孫文) 340

ㅇ

아몬드(Gabriel A. Almond) 309

안일 83~84
안재홍 348~349, 355, 359, 375~376, 379
암스트롱(Charles K. Armstrong) 346~347, 373
양한모(홍민표) 86, 121, 127~128, 130, 262
얼(Stanley Earl) 119~120, 123, 125, 132~134, 136
여운형 234, 302, 305, 337, 349~352, 360
염동진 70~71
염응택 71~72
오견인 201, 234
오관 90, 102, 142, 202, 210, 268
오스굿(Cornellius Osgood) 105
오재호 58, 149, 199, 222, 233~235, 238~239
오제도 29, 61, 67, 81, 88~90, 95~99, 101~102, 113, 133~134, 138, 144~145, 148~152, 156, 160, 169, 170~171, 179, 184, 187, 191, 195~199, 203, 206~207, 219, 222, 230~239, 257, 262, 269, 277, 279
우상덕 141, 158, 234
워드(Robert Ward) 222
원용한 184~185, 242, 315
원장길 89, 139, 185
유영구 104~106, 109, 121, 129, 136~137
유의상 58~60, 133, 236~238
윤민재 50
윤재욱 68
윤형준 284~285
이구수 14, 55, 62~63, 88~89, 96~97, 99~100, 139, 150, 170, 179~181, 184~185, 187, 199, 202, 208, 210, 259, 269~270, 274
이강국 372
이기석 262~263
이무열 74~78, 80~81
이문원 14, 26, 30, 49, 55, 62~63, 67, 88~91, 94~106, 115, 136, 139~143, 150~155, 162~163, 165, 170~179, 184, 186, 191, 194~195, 198, 201, 206, 208, 210, 213~214, 218~219, 229, 234, 240, 242, 245, 248, 250, 261, 266~268, 271, 273~276, 280, 284~285, 290, 292, 297~300, 376

이범석 21, 73, 75, 77, 79, 119
이삼혁 99, 101~103, 150, 153, 174~177, 191, 194, 212~213, 233~234, 242, 248, 250~251, 260, 264~265, 268, 277, 292
이순영 73
이승만 12~14
  국가보안법 체제 24~25
  국가보안법 개정 287~291
  대한정치공작대 69~87
  독촉 337~338
  새 유엔한위 31~33
  소장파 탄압 23~48, 91
  이승만-장제스 진해 회담 106, 120, 130
  일민주의 340
  자유당 338~343
  작은 장제스 15~23
  조병옥 특사 42~44
  총선 연기 21, 46~47
  노블(Harold J. Novel) 36~39
  프랭켈 법률보고서 294~297, 301
  평의회 지배 331~332
이승엽 104, 108, 262
이영근 86
이원장 83
이원홍 93
이응준 78, 129
이인 119, 230~231, 233, 291
이인수 135
이재남 99, 142, 151, 158, 179, 210~214, 219, 228, 235, 241, 247~249, 260~263, 272~278
이정복 318
이정현 83
이주하 108, 117~119, 137, 262
이철원 104
이태철 149, 233, 238, 279
이태희 231, 235, 237
이훈구 184
임영신 77~78, 184

ㅈ

장도영 85
장병만 139, 184~185, 242
장윤석 73
전정환(김정환) 141, 147, 157~160
정경모 58~61, 64
정동엽 72, 75~76, 80~81
정운수 70, 72~79, 81, 83~84
정인상 170
정재한 21, 60, 65, 90, 97~99, 135, 137, 141, 143~147, 149, 151~152, 154~160, 178, 196, 202, 219, 233~236, 238, 243~244, 251, 257, 260, 269, 275, 277, 372
정주영 354
정해근 152, 158, 179, 210, 214, 241, 243, 262, 269, 272, 274, 276~278
제섭(Philip C. Jessup) 19~21, 288
조국 288
조동영 212~214, 264, 271
조봉암 50, 86, 119, 184~185, 221, 334, 355, 379
조소앙 376, 379
조헌영 70, 74, 80, 375~376
존슨(Edgar Johnson) 44

ㅊ

차경모 89~90
채병덕 64, 162
최기표 90, 179, 202, 208, 210, 245, 284, 297~300
최동석 80, 83, 84
최범술 231
최영희 76, 81, 269
최용식 34, 202
최운하 56, 64, 88, 98, 146, 234, 238
최태규 14, 55, 57, 62~63, 88~89, 96~97, 99~100, 114~116, 139, 143, 150, 163, 165, 170, 184~187, 202, 208, 210, 270, 274, 371, 374~379

ㅋ

커밍스(Bruce Cumings) 39, 41, 68, 70, 78, 304, 312, 314~315, 345~346
콘하우저(W. Kornhauser) 311~312, 315
콜먼(James S. Coleman) 309
키퍼(Edward C. Keefer) 42

ㅍ

파이(Lucian W. Pie) 309
편동현 72, 74, 77
프렌더개스트(Curtis Prendergast) 132~133
프랭켈(Ernst Fraekel) 67, 122, 125~128, 133, 136, 178, 215, 225~228, 247, 249, 257~260, 278, 286, 297

ㅎ

하사복 89, 99, 102~103, 154, 177, 191, 212~213, 233~234, 248~251, 260, 262, 264~265, 269, 271, 273, 275, 277, 292
하지(John R. Hodge) 12~13, 18, 72, 105, 226, 228, 286, 302~304, 330, 341, 351
한명숙 356, 357
한배호 317
허종 56
허헌 262~263
헌팅턴(Samuel P. Huntington) 308~310, 314~315, 319
헨더슨(Gregory Henderson)
　국가보안법 개정 막후 활동 287~291
　공판 기록 13, 116, 143, 153~156, 171, 176, 179, 181~186, 190~191, 194~198, 201~203, 206~207, 213, 218, 234, 245~249, 254, 263, 276, 283, 286, 300
　공판 기록 논평 245~249
　김일성 우상 숭배 377~378
　북한 방문 374~379
　사광욱과의 인터뷰 240~244
　서울 방문(1972년 7~8월) 157, 231~244
　서울 방문 인터뷰 인사 231
　육필 원고 231~244

오제도와의 인터뷰　233~239
정치발전론　308, 310~315
중간 지대의 상실　371~372
중간 지대의 정치 합작　305~306, 308, 339, 345~348, 350, 370
중간매개체　332~333, 340~341, 349~351
프락치사건 연구　229~245
프락치사건 피고인(재북) 소식　375~376
회오리 정치 이론　306~349
회오리 정치의 고고학　322~332

회오리 정치의 현상학　332~345
홍민표(양한모)　86, 121~122, 127~130, 238
홍순엽　231
황윤호　62~63, 89, 92~93, 99~100, 102, 106~107, 114, 139, 150, 162, 164~165, 170, 176, 184~185, 187, 194, 202, 210, 254, 269, 270, 274
황희　205
히비(Heebee)　125, 130~132, 134~135

찾아보기: 주제

『19호 검사실』 222
6월 공세 14

ㄱ

격차 가설 310
고문 64, 83~84, 103, 123~126, 160~166, 175, 177, 193~194, 196, 200, 202, 217~218, 221, 225, 240~241, 251, 301, 356
고문 수사 161~162, 164~167, 193
고백 원문 163, 165~166, 200
공론장 이론 347
공판 기록→헨더슨 공판 기록
공화당 315~317, 332, 336, 338~343, 365
국가보안법 19~20, 24~25, 33, 62~64, 67, 71, 93~94, 96, 99~100, 112, 161, 170, 172, 201, 226, 228~229, 244, 250, 274, 287~293
국가안전보장회의(NSC) 18~19, 27~28, 35
국민당 정권 16, 18, 42, 55, 338
국민회 316, 338
국방경비대법 157~158, 240
국제공산당 음모 사건 69, 87
국회프락치사건
　고문 64, 103, 113, 160~167, 175, 177, 193~195, 200, 203, 217~218, 221, 225, 240~241, 251, 301
　국회의원 체포(검거) 구속 14~15, 20~21, 30~33, 37, 43~44, 49, 53, 56, 63~64, 88~90, 92~96, 98, 100~101, 186~187
　배경 14~40
　법률보고서 9, 227~228, 245~246, 249~286, 291~301
　성격 48~66
　수사 90~101, 160~167
　연구 157, 229~245
국회프락치사건 재판

기소 29, 64, 95~97, 101~103, 170, 199
공판 90, 101, 103, 114, 151~155, 172~197, 241, 243~244, 278
결심 공판 142~143, 169, 171, 179, 196, 198~207, 245, 251, 300
무죄 판결 298~301
변론 196~197, 201~206, 245, 258
선고 공판 168~169, 171, 199, 208~215, 249
유죄 입증 228, 249, 252, 261~279
정치적 색깔 심리 172, 178, 180~192, 215
증거 조사 152, 163, 198, 228, 277
최후 진술 171, 179, 198, 200, 206~207
군사고문단 26, 31, 47, 95~96, 98, 180, 182~183, 185, 209, 213~214, 266, 295
기독교민주당 348
『김호익 수사일기』 145, 155, 158, 163, 166

ㄴ

남로당 7원칙 90~91, 94, 96, 99, 155
남로당 23, 34~35, 39~40, 62, 66
　국회 공작 100~104
　국회프락치부 146
　공작원 141~142, 238, 262
　공작원 증언 262~279
　대한정치공작대 75~76, 78
　이삼혁(하사복 또는 김사복) 99, 101~103, 174~177, 191, 212~213, 233~234, 248, 250~251, 260, 264~265, 268, 275, 277, 292
　이재남(중앙위원) 211~214, 247~248, 262~279
　정재한 21, 60, 65, 90, 97~99, 135, 137, 141, 143~147, 149, 151~160, 178, 196, 202, 219, 233~236, 238, 243~244, 251, 257, 260, 269, 275, 277, 372

정해근 262, 269~271, 274, 276~277
5·10 총선 280~286
7원칙 90~96, 99, 101, 114~116,
홍민표(전향 간부) 121~122, 127~130
특수조직부 143
남조선노동당→남로당
남북 평화통일에 관한 긴급결의안 28~29, 37, 104
남북한 관계 306, 357~362
남의사 71~72, 80, 82
내각책임제 101, 116, 119, 172, 183, 202, 243, 343, 369

ㄷ

단심제 244, 289~291
대간제(臺諫制) 329~330
대구 폭동 302
대중 사회 305, 310, 312, 314~315, 321~322, 349, 356
대통령제 116, 346, 363~369
대한정책 14~23, 28, 35, 39~48, 55, 117, 181, 287, 357
대한정치공작대 사건 67~86
독립촉성국민회 → 독촉 337
독촉(독립촉성국민회) 50, 337, 338
동방정책(Ostpolitik) 348

ㅁ

마녀 재판 222, 301, 370
『마녀 재판의 시련자들(The Crucible)』 222
미군 철수 42, 103, 107~108, 115, 155, 176, 181, 185, 204, 240~242, 256, 266, 273~274, 372
미소공동위원회 18, 226
민국당 51, 80, 94, 116, 119, 129
민정당 316~317, 332, 338~343
민주국민당 → 민국당
민주정의당 → 민정당

ㅂ

반공 신화 215, 220, 222
백의사 70~72, 80~82
범의예단 154, 250, 255
뿌리 없는 정당 316, 339, 343, 346, 354

ㅅ

사회과학연구협의회(SSRC) 157, 228~230, 245, 294
사회민주당 348
사회적 담론 215, 217~222
새 유엔한위 26~29, 31~35, 38~39, 95, 101, 151, 160, 170, 180, 188, 194, 255, 273, 294~296
새 유엔한위 보고서 35~37
서북청년단 64
소급 처벌 규정 289~290
『소용돌이의 한국 정치』 10, 306, 325
소장파 14, 18~19, 23, 25~30, 32~33, 36~37, 40~41, 44, 47~57, 62~67, 94~95, 98~99
소장파 의원 공작 103~108
소통 불능 90, 161
소환 운동 57
승자 독식 318, 346, 363~364, 367, 369
신간회(新幹會) 350~352
신군부 정권 344
신도가(新都歌) 328

ㅇ

알렉산더플라츠(Alexanderplatz) 372~373
암호 문서 21, 97~98, 135~138, 140, 142~143, 145~150, 152, 155~156, 159~160, 162, 178, 188, 196, 235, 277, 279
야당 39, 49, 74, 161, 330, 332, 337~339, 342~344, 351, 363~364, 367
오스트리아식 해결 방안 360
외군 철군 28, 62, 96, 99, 101~102, 104, 150, 179, 181, 195~198, 203, 209, 212~213
외군 철수 진언서 29, 30, 33, 67, 96, 101~103, 138, 140, 148, 150~151, 153, 178, 180,

186~188, 197, 214, 240, 242, 255, 258, 267, 273, 295
우유부단의 정치 41, 47
원자 사회 302, 307, 310~311, 313, 319~320, 322, 333
유신 (체제) 161, 342, 344, 357, 365
유엔 한국위원단 → 새 유엔한위
육필 원고 228, 231~236, 244
음부운반설 138~139, 155~156
응집력 305, 307, 309~311, 313~314, 317, 321~322, 328, 332~335, 338~341, 344~346, 349~351, 370
의미 기호 326
"의정 단상 1년" 62, 187
의회주의 14, 21, 53, 215, 347, 370
이원집정제 369
일민구락부 184
일민주의 340
일진회(一進會) 350

ㅈ

자백 64~65, 80, 84, 90, 103, 115, 129, 133, 136~137, 152, 154, 160~167, 175~177, 193, 195, 202, 206, 215, 218, 250~252, 276
자생 이익 333~339
자유당 315, 317, 332, 338~343, 351, 353
자유민주당(자민당) 338, 353
재벌 352~354, 367
정당제 339, 342, 348
정보전략처(OSS) 73~75
'정을 알고'의 경우 291~293
정치 담론 345~348, 370, 374
정치 언어 326~327, 349, 354~355
정치 재판 48, 65~66, 114, 178, 193, 215, 369
정치발전론 308, 310~315
정치적 제도화 308~310, 315, 322
정치적 중간 303, 355, 369
정황 증거 250, 253~254, 257, 284, 286, 299
제도화 41, 309, 339
제왕적 대통령제 346, 362~368

『좌익사건실록』 89, 98, 100, 139, 146, 148, 150
주주 총회 보고서 139, 143, 159
주체사상 340, 377~378
준대통령제 368
중간 303~305, 311~312, 317~319, 324, 332, 361
중간 지대 303, 308, 345~348, 354~355, 369, 372~373
중간 지대의 정치 합작 305~306, 308, 339, 345~348, 350, 369~370
중간 집단 교육 354~356
중간매개체 332~333, 340~341, 343, 346, 349~350, 353, 355, 369
중도 304~305, 345, 349, 354
중도파(온건파) 19, 28, 33, 39, 50, 303, 305, 349, 354, 375
중심이탈형 경쟁 347~348
중심지향형 경쟁 348
중심지향형 정치 346~348
중앙정보부 156, 161, 315~316, 356, 367
중앙집중화 318~319, 322, 324~329, 332, 340
증언 분석 272
증언 탄핵 250, 260
증제 1호 90, 137, 139, 141~144, 148, 151~154, 159, 177, 188, 196, 198, 201, 204, 206, 210, 213, 215, 219, 233, 235, 243~244, 251, 257~258, 260, 266, 267, 269, 271, 275~279
진해 회담 106, 120, 130
『찢겨진 산하』 58~60

ㅊ

철군 정책 18
청년단체 45, 51, 78, 303, 321, 337
촌락과 제왕 311~312, 332, 349
최량증거법칙 250, 257, 259

ㅋ

크리스천 아카데미 351, 355~357
크리스천 아카데미 사건 357

ㅌ

토지개혁안 334
『특별수사본부』 149, 199, 233~235, 238, 279

ㅍ

파벌주의 330~332, 342, 344~346
평의회 지배 319, 322~323, 329, 330~332
평화통일협의회 375~376
프락치 59, 68, 95~96, 101, 107~108, 136~137, 150, 177, 200, 218, 220~222, 227
프락치 공작 104~109
프랭켈 법률보고서 245, 249~262, 269~278, 284, 287, 291~297, 300~301
프랭켈-헨더슨 조의 막후 활동 287~293

ㅎ

한국 분단 223, 357
한국 사회
  대중성 310~312, 314~315, 321~322, 349
  동질성 310~313, 318~319, 323
  상승기류 313, 318,
  유동성 319~321, 324, 328, 333~334, 344, 354
  원자성(모래알) 302, 307, 310, 313, 317, 320, 322, 337, 341, 344, 351~352, 369
  응집력 310~311, 313~314, 317, 321~322, 328, 332, 334~335, 338~340, 344~346, 349~351, 370
  자생이익 332~338
  중간매개체 332~333, 340, 346, 349~351, 353, 370
  중앙집중성 314, 318, 323~329, 364
  파벌주의 330~331, 342~346
한국민주당 → 한민당
한국전쟁 17, 40, 59, 61, 72~73, 77, 79, 86, 121, 130, 133~134, 136, 169, 221, 227, 305, 319~320, 336, 349, 372
한민당 30, 50~51, 61, 80, 188, 285, 331~332, 334~337, 375
한양가(漢陽歌) 328
헨더슨 공판 기록 13, 116, 143, 153~156, 171, 176, 179, 181~186, 190~191, 194~198, 201~203, 206~207, 213, 218, 234, 245~249, 254, 263, 276, 283, 286, 300
헨더슨 인터뷰 157, 228, 230~235, 237, 239, 240, 244
화백(和白) 329
회오리 정치
  고고학 322~332
  모델론 306~322
  모래알 개체 307, 313, 317, 320, 322, 337, 341, 344
  원자 사회 302, 307, 310~311, 313, 319~320, 322, 333
  유동성 319~321, 324, 328, 333~334, 344, 354
  응집력 305, 310~311, 313~314, 317, 321~322, 328, 332, 334~335, 338~341, 344~346, 349~351, 370
  중간매개체 332~333, 340, 346, 349~351
  중앙집중화 318~319, 322, 324~329, 332, 340
  촌락과 제왕 311~312, 332, 349
  토네이도(회오리) 306~307
  파벌주의 330~331, 342~346
  평의회 지배 319, 322~323, 329, 330~332
  현상학 332~345
『회오리의 한국 정치』 316, 325, 356
흑룡회(黑龍會) 350

지은이 김정기(金政起)

서울대학교 법과대학 행정학과(1963), 행정대학원 졸업(행정학 석사, 1966)
미국 컬럼비아대학 정치학과 대학원 정치학 박사학위 취득(1992)
현 한국외국어대학교 사회과학대학 언론정보학부 명예교수
한국외국어대 서울캠퍼스 부총장(1998. 9~1999. 9)
한국언론학회 회장(1996~1997)
방송위원회 위원장(1999. 9~2002. 1)
민주화운동 관련자 명예회복 및 보상심의위원회 위원(2000. 8~2002. 8)
한국 정치커뮤니케이션학회 회장(2003~2005)
주요 저서: 『분단국가의 언론정책』, 『우리 언론의 숨겨진 신화 깨기』, 『전환기의 방송정책』, 『전후 일본정치와 매스미디어』 외 다수
E-mail: jkkim63@hotmail.com

한울아카데미 1068
국회프락치사건의 재발견 II
그레고리 헨더슨의 한국 정치 담론 II: 중간 지대의 정치 합작

ⓒ 김정기, 2008

지은이 | 김정기
펴낸이 | 김종수
펴낸곳 | 도서출판 한울
편집책임 | 김경아
편　집 | 박록희

초판 1쇄 인쇄 | 2008년 9월 9일
초판 1쇄 발행 | 2008년 9월 19일

주소 | 413-832 파주시 교하읍 문발리 507-2(본사)
　　　 121-801 서울시 마포구 공덕동 105-90 서울빌딩 3층(서울 사무소)
전화 | 영업 02-326-0095, 편집 02-336-6183
팩스 | 02-333-7543
홈페이지 | www.hanulbooks.co.kr
등록 | 1980년 3월 13일, 제406-2003-051호

Printed in Korea.
ISBN 978-89-460-5068-6　94340
　　　 978-89-460-3962-9　(전 3권)

* 가격은 겉표지에 표시되어 있습니다.